HET BOEK VAN GEVONDEN VOORWERPEN

Lucy Foley

Het boek van gevonden voorwerpen

Twee generaties.
Twee oorlogen.
Twee grote liefdes...

BOEKERIJ

Eerste druk 2015
Tweede druk 2017

ISBN 978-90-225-8099-8
ISBN 978-94-023-0272-1 (e-boek)
NUR 302

Oorspronkelijke titel: *The Book of Lost and Found*
Vertaling: Ans van der Graaff
Omslagontwerp: Johannes Wiebel | punchdesign
Omslagbeeld: © Shutterstock
Vormgeving binnenwerk: CeevanWee, Amsterdam

Voor mijn oma's.

Het portret

Ze hangt nu in de National Portrait Gallery. Haar glimlach is door de jaren heen niet vervaagd en haar haar valt nog steeds net boven haar kaak, zo glanzend als de vacht van een kat. Ze zit wat ongemakkelijk: de pose van een moment voor de eeuwigheid bewaard. Haar ogen zijn iets dichtgeknepen en worden door haar hand beschermd tegen een niet-zichtbare zon.

Wie is ze? De tekening zelf bevat geen aanwijzing, evenmin als het kleine rechthoekje tekst ernaast. *Een vriendin van de kunstenaar, 1929 , pen en inkt.*

Vriendin is een lastig woord, het kan van alles verhullen. Wat betekende ze werkelijk voor de jongeman die er op een middag voor ging zitten om haar te schetsen, met de spullen voor hun picknick naast hen? Zelfs deze zeer getalenteerde kunstenaar wordt beperkt door zijn medium, hij kan alleen werken binnen het rijk van het zichtbare. Sommige dingen moeten verloren zijn geraakt.

DEEL I

Het werk van een meester

1

Hertfordshire, augustus 1928

De tuinen gonzen nu al van bedrijvigheid. De lucht is gekruid met verwachting, mensen zijn hier om roekeloze dingen te doen, domme dingen waar ze misschien later spijt van zullen hebben, al gaat het er natuurlijk om dat je geen spijt krijgt. Want het idee achter het feest is jeugd. Niet alle gasten zijn jong, maar dat doet er niet toe want met de juiste instelling kan jeugd ook gemakkelijk worden geveinsd. Het is die instelling die telt. Je ziet die terug in de bleke knieën die onder de zoom uit piepen, in het overvloedig klinken met champagne, het bijna oerwoudachtige ritme van de trommels. Je ziet die vooral in het dansen... snel, te snel om de afzonderlijke bewegingen te kunnen herkennen, zodat het enige wat je ziet een bruisende werveling is.

Tom is geen danser. Of in elk geval niet voordat hij minstens drie glazen champagne op heeft, waarvan hij het eerste nu dorstig leegdrinkt. De ranke steel en de brede coupe van teer kristal zijn niet geschikt voor haastige slokken en hij slaagt erin een behoorlijk gedeelte over de voorkant van zijn overhemd te gieten, dat nu doorschijnend tegen zijn huid plakt.

Tom staat er een beetje verloren bij. Hij is nooit eerder naar een dergelijk evenement geweest. Het is het soort feest waarover je in de societykolommen leest: dronken, rijke jongeren die extravagante stunts uithalen, de hippe jongelui. De pers houdt van ze en haat ze. De kranten zijn er als de kippen bij om over de luxe feestjes en de extravagante uitspattingen te kunnen vertellen, en ze weten verdraaid goed dat ze zonder hen lang niet zo veel kranten zouden verkopen. Er sluipen mannen met camera's langs de schaduwrijke grenzen van het terrein. Tom zag er een paar tussen de struiken staan toen ze arriveerden, al werden er aan zijn komst geen flitslampen verspild. Hij is hier als introducé, de gast van Roddy, zijn kennis uit Oxford die goede connecties heeft. Ze studeren daar nu een jaar en Tom is er niet helemaal zeker van dat hun vriendschap de eindexamens zal halen, want ze lijken praktisch niets met elkaar gemeen te hebben, en toch zijn ze hier nu samen. 'Jij bent knap,' had Roddy uitgelegd, 'dus jij trekt de meiden aan en dan kom ik om ze te verleiden.'

Het thema van de avond is Duizend-en-een nacht. Tom draagt een fez en een tabberd, opgesmukt met stukjes spiegelglas en gekleurde kralen. Hij heeft ze allebei gevonden in een antiekwinkeltje in Islington. Ze stonken naar mottenballen en iets verraderlijk vochtigs, maar hij was trots op zijn ontdekking, al was hij een beetje bang dat het te veel van het goede zou zijn.

Hij had zich geen zorgen hoeven maken; de andere gasten maken er kennelijk een sport van om volledig over de top te gaan. Roddy wees hem bij hun binnenkomst de gastvrouw zelf aan: lady Middlesford, gehuld in scharlakenrood chiffon, geringd en behangen met de schatten van de Orient, gesluierd met een shawl van hetzelfde rood, waaraan wel duizend metalen versiersels tinkelend als piepkleine belletjes bungelen. Een vrouw met zwarte kohlranden rond haar ogen kijkt glimlachend naar hem op. Bij de deuren die naar de tuin leiden staat een buikdanseres, haar blote buik alleen gesierd met een fonkelende robijn.

Roddy heeft Tom in de steek gelaten zodra ze de tuin in stapten, hij beloofde op zoek te gaan naar iets te drinken, maar er is al bijna een uur verstreken en hij is nog steeds nergens te bekennen.

Er komt een vrouw naar hem toe. 'Heb je een vuurtje, lieverd?' Haar accent is chic en heel nauwkeurig, heel zuiver Engels, hoewel haar outfit van lange zijden pofbroek en strakke fuchsiakleurige buis op en top Scheherazade is. Een ondeugend gezicht – niet knap, de ogen te dicht bij elkaar, de voortanden te lang – maar niettemin interessant. Een androgyn lijf als van een vogeltje en onvoorstelbaar fel abrikooskleurig, kort opgeknipt haar. Dan herkent hij haar. In de regel leest hij de *Mail* niet, maar je zou wel een kluizenaar moeten zijn om niets over deze rijke jonge vrouw te weten. Babe Makepeace: 'Eenentwintig en leeft voor de lol'. Ze leeft, als de geruchten kloppen, van een armzalige toelage die haar misprijzende ouwe pa haar met tegenzin geeft. En ze overleeft kennelijk op een dieet van noten en Prairie Oysters om te zorgen dat dat jongenslichaam zo modieus tenger blijft in een hemdjurk.

Hij steekt zijn hand in zijn zak en haalt er zijn aansteker uit. Ze brengt de sigaret naar haar lippen en inhaleert diep, waarbij ze een grappig gezicht trekt.

'Je bent een schat.' Ze stompt speels tegen zijn arm. 'Hoe heet je?'

'Thomas. Thomas Stafford.'

'Nou dan, Thomas... Tommie... wil je met me dansen?' Tussen de met sieraden behangen lussen van haar hoofdtooi door kijkt ze verwachtingsvol naar hem op.

'Dat lijkt me heerlijk... maar misschien later? Ik ben niet zo'n danser.'

'Wat jij wilt, Tommie.' Voor een van beiden nog iets kan zeggen, pakt een of andere man haar bij haar middel en wordt ze de menigte op de dansvloer in gesleurd. Tom vindt het niet erg. Hij vindt het zelfs prima om hier te blijven staan en de exotische taferelen die zich voor hem afspelen in zich op te nemen. Op het meer komt een kleine boot los van de oever. Er zitten twee mannen in en tussen hen in staat een vrouw. Ze lacht en giet champagne recht uit de fles in hun open monden. Een van de mannen trekt haar op zijn schoot. Ze gilt en het bootje schommelt hevig op het donkere water.

Hij richt zijn aandacht weer op de krioelende groep dansers. Hij zou Babe Makepeace wel willen zien dansen, dat schijnt nogal bijzonder te zijn. Midden in de menigte ziet hij een bekend rossig hoofd: Roddy. Dus daar is hij gebleven. En dan ziet hij haar. Haar manier van dansen doet hem aan de beweging van een zwaan denken, met alle energie en activiteit onder het oppervlak, de vloeiende bewegingen erboven. Ze ís de muziek. De naakte huid van haar armen is bleek in het licht van de lantaarn en haar haar is donker en in een boblijn geknipt. Zelfs van een afstand weet hij zeker dat het waar het de nek raakt zo zacht en dicht moet zijn als de vacht van een kat. Ze is simpelweg betoverend. En er is nog iets anders... meer dan alleen haar bijzondere aanblik. Ze lijkt... wat? Vertrouwd. Toch weigert het besef van herkenning zich volledig aan hem te onthullen.

Hij probeert beter zicht op haar te krijgen. Zijn waarnemingen van haar zijn vluchtig en onvolledig. Eindelijk stopt de band en begint er een nieuwe, langzamere melodie. Dansers lopen glanzend van het zweet, met glazige ogen en blozend van plezier de vloer af, naar de bar. En ook zij loopt weg, glimlacht naar Roddy en schudt beleefd zijn hand van haar arm. Ze komt Toms kant op, de kant van het huis. Tom twijfelt. Zal hij met haar praten? Hij vindt het niet zo gemakkelijk om met vrouwen te communiceren. Het feit dat hij twee zussen heeft zou hem voorbereid moeten hebben, maar doordat hij de jongste is van de drie en de andere twee het altijd op hem gemunt hadden, heeft hij vooral de indruk gekregen dat vrouwen intimiderende, wereldvreemde wezens zijn.

Als ze dichterbij komt, ziet hij dat haar schoonheid charmante gebreken vertoont. Haar mond is iets te groot voor haar verfijnde gezichtje met de kleine, smalle neus en donkerblauwe ogen. Ze is langer dan de meeste vrouwen hier en aan de dunne kant... 'schriel', zou zijn zus Rosa wellicht zeggen.

Ze is nog maar een paar passen bij hem vandaan en hij weet dat hij staat te staren. Nog even en dan krijgt ze hem in de gaten en staat hij voor aap. Net op tijd slaat hij zijn ogen neer. Zijn hart bonkt in zijn oren. Ze loopt vlak langs hem heen en de zilverachtige stof van haar jurk strijkt langs zijn been. Hij voelt het amper en toch trilt elke zenuw in zijn lijf.

'Tom?'

Hij weet in eerste instantie zeker dat hij het zich heeft verbeeld en kijkt niet op.

'Je bént het toch, of niet? Tom Stafford?'

Wanneer hij opkijkt, staat ze pal voor hem, haar gezicht op gelijke hoogte met het zijne. Er is vaag iets van sproeten te zien op haar neus en haar ogen hebben een heel ongebruikelijke kleur, toch niet donkerblauw, zoals hij eerst dacht, maar vreemd kwikzilvergrijs.

Hij schraapt zijn keel. 'Ja... dat klopt.' Zijn stem klinkt hem vreemd in de oren, als een instrument dat op de verkeerde toonhoogte wordt bespeeld. 'Mag ik vragen hoe...?'

'O, Tom, het is niet te geloven!' Ze glimlacht breed, opgetogen. En dan gaat het gevoel van herkenning dat hem dwarszat over in besef. Alice.

'Alice?'

Tom heeft Alice Eversley voor het laatst gezien in 1913. Ze was zes jaar oud, een schamele paar maanden jonger dan hij. Haar benen waren te lang voor haar lijf, dun als ooievaarspoten, met geschaafde knieën en ze had de ruige haardos van een schooiertje, zwart als onyx. Niet wat je zou verwachten van de dochter van de beeldschone lady Georgina Eversley, blonde godin van de beau monde. Of van de poolreiziger lord Robert Eversley, die – althans in Engeland – altijd gladgeschoren en piekfijn gekleed ging, al had hij op expeditiefoto's een baard die met walvisvet was ingevet.

Toms ouders hadden die zomer besloten dat het gezin de vakantie zou doorbrengen in Cornwall. Mevrouw Stafford had een artikel gelezen over de positieve invloed van zeelucht op de gezondheid van kinderen, en haar jongste dochter, Caro, was nog steeds herstellende van kinkhoest.

Mevrouw Stafford en de kinderen zouden twee maanden in Winnard Cove verblijven, niet ver van het vissersdorp Fowey. Meneer Stafford, advocaat, zou bij hen blijven zo lang zijn werk dat toeliet. Toms moeder had de advertentie in haar tijdschrift gezien:

Eyrie House, beschikbaar voor gezinnen. Een pittoreske, besloten omgeving aan een idyllische baai met zandstrand. Het was echt iets voor hen. Het keek uit op de zee en was klein, verweerd en met zout overdekt, maar ook robuust en charmant. Zoals beloofd lag er een lange strook strand beneden het huisje, die bezaaid was met interessante juttersbuit en door de omringende kliffen beschermd werd tegen de wind.

Het enige waarin ze enigszins waren misleid was de belofte van beslotenheid. De baai zou van hen alleen zijn geweest, ware het niet dat er vanaf de andere kant een reusachtig elizabethaans herenhuis van bruingrijze steen op uitkeek dat gedeeltelijk schuilging achter een dicht bos. Dat was Eversley Hall, zo vertelde hun oudere verhuurster trots, al meer dan driehonderd jaar eigendom van dezelfde familie.

Op de derde dag van de vakantie kwam meneer Stafford drijfnat en blozend van kou en opwinding terug van een tochtje met de jol. Zijn vrouw en kinderen, die thee zaten te drinken in de tuin, hadden nieuwsgierig opgekeken.

'Je gelooft niet wie ik vandaag heb ontmoet. Lord Eversley in eigen persoon. Hier in Cornwall. Niet te geloven dat ik het verband niet eerder heb gelegd... maar nu snap ik het. Dat herenhuis is van hem.'

Het verhaal kwam er geleidelijk uit. Meneer Stafford bleek erin geslaagd te zijn chaos op het water te veroorzaken door zijn jol te laten kapseizen toen hij een prachtig jacht kruiste. Om het allemaal nog erger te maken was zijn reddingsvest, nadat hij in het water was gevallen, aan zijn drijvende grootzeil blijven haken en kon hij het niet los krijgen.

Hij had een schreeuw gehoord en was zich plotseling bewust geworden van een ander lichaam naast hem in het water. De roerganger van het jacht was erin gedoken en had de boot aan zijn bemanning overgelaten.

'Zomaar, zonder een moment te aarzelen... hij sprong erin en trok me los. Hij was het: lord Robert Eversley. Volgens mij een van de aardigste mannen die ik ooit heb ontmoet.' Hij keek hen stralend aan. 'Hij heeft ons voor het avondeten uitgenodigd... ons allemaal, de kinderen ook.'

En dus waren de Staffords die avond het strand overgestoken en een lange trap op gelopen met treden die waren afgesleten door voorouderlijke Eversley-voetstappen om aan de voordeur te worden opgewacht door een butler in livrei. Binnen had het herenhuis de kille elegantie van een kathedraal: donker hout, antiek glas en oude steen. Hun voetstappen echoden en ze keken geïntimideerd en vol ontzag om zich heen. Ze konden het gevoel dat ze hier niet thuishoorden maar moeilijk negeren.

Robert was echter de vriendelijkheid zelve, net als zijn blonde zoon Archie. Zelfs de vreemde, bleke dochter schonk hen een scheve glimlach. Ze probeerden allemaal op hun eigen manier hun gasten het gevoel te geven dat ze als gelijken welkom waren in hun huis.

Allemaal... behalve de vrouw van lord Robert. Zoals mevrouw Stafford later zou opmerken, behandelde lady Eversley hen als 'bedienden die een verrassing kregen voor tweede kerstdag en de volgende morgen weer voor hun werk moesten aantreden'. Ze had geen enkel blijk van belangstelling of sympathie gegeven en zelfs de kinderen hadden haar minachting opgemerkt. Ze had kil geglimlacht toen meneer Stafford vertelde wat zijn beroep was en haar wenkbrauwen opgetrokken toen mevrouw Stafford over het huis in Parson's Green vertelde.

'Ze is een vreselijke snob,' klaagde Toms moeder de volgende ochtend aan het ontbijt. 'Ze vindt dat we haar tijd niet waard zijn en dat liet ze ons duidelijk merken. Ik gaf het na een halfuur maar op, het kostte gewoon te veel energie. Het verveelt snel als iemand je het gevoel geeft minderwaardig te zijn.'

Lady Eversleys koelheid was de enige smet op een avond waar verder iedereen van genoot. Toms ouders hadden de hele avond geboeid geluisterd naar Eversleys verhalen over kruiend ijs dat een schip – om van een mens maar niet te spreken – in zijn reusachtige vuist kon vermorzelen, over ijs dat zo blauw en hard was als de saffieren in de halsketting van lady Eversley en over ijs met zwarte, verraderlijke spleten erin die een man voor altijd konden verzwelgen.

Rosa en Caro – veertien en tien – hadden de hele avond zitten zwijmelen over Charlie, die met zijn zeventien jaar lang en breedgeschouderd was als een volwassen man. Hij had het geluk dat hij zowel zijn vaders knappe heldenuiterlijk als zijn moeders goudblonde haar had geërfd.

En dan was er de dochter, Alice. Toms zussen lieten de vreemde wildebras met het ruige haar die bijna tot een andere diersoort leek te behoren dan haar oudere broer, al snel links liggen. Tom had in Alice echter een verwante geest gevonden. Ook zij was ervan overtuigd dat ze piraten had gezien door haar slaapkamerraam, en smokkelaars die met lichtsignalen communiceerden met iemand aan de kust. En ze had een indrukwekkende reeks curiosa verzameld door urenlang langs de vloedlijn te struinen: een parasol, een bril, een vreemd krom mes waarvan Tom moest toegeven dat het verbazingwekkend veel weg had van een miniatuur-kortelas.

Terwijl de volwassenen verder aten, ontsnapten Alice en Tom naar buiten en renden ze onder dekking van de duisternis over het bedauwde gras naar de plek waar ze de kust konden controleren op tekenen van activiteit op zee. Alice' vader had een platform voor haar gebouwd in een boom. Dat vormde een uitstekende uitkijkpost. Ze waren daar blijven zitten tot lord Robert op verzoek van zijn vrouw door de tuin naar hen toe liep en hun met een glimlach in zijn stem verzocht terug naar binnen te komen.

Gedurende die zes weken in Winnard Cove waren Tom en Alice onafscheidelijk. Ze keken uit naar piraten, joegen op krabben, bouwden hutten van drijfhout en trotseerden de koude branding om onder de bezorgde blikken van Toms moeder en Alice' kinderjuffrouw in het relatief rustige water te zwemmen. Alice was klein voor haar leeftijd en bijna onnatuurlijk bleek, maar ze was sterk en onbevreesd, dapperder dan wie dan ook die Tom kende. Ze vertelde hem dat ze net als haar vader avonturier wilde worden, de allereerste vrouwelijke ontdekkingsreiziger, en Tom twijfelde er niet aan dat het haar zou lukken. Zelfs nu kon hij zich het spitse gezicht voorstellen, bedekt met walvisvet, de kleine voeten in met bont gevoerde laarzen.

Zoals gebruikelijk bij hechte kindervriendschappen, leek het alsof er nooit een eind aan zou komen. En Toms ouders – die dat zelf maar al te graag wilden – beloofden dat ze het jaar daarna zouden terugkeren naar Winnard Cove.

Op een ochtend in oktober van dat jaar liet meneer Stafford echter zijn theekopje vallen. EVERSLEY OMGEKOMEN IN BEVROREN ZUIDEN luidde de kop. Lord Robert was zijn dood tegemoetgevallen in een spleet die onder een dun laagje sneeuw en ijs verborgen zat. Het lichaam kon niet worden geborgen.

De Eversleys keerden nooit meer terug naar Winnard Cove. Evenmin als de Staffords. De oorlog brak uit. Meneer Stafford, een trotse patriot, meldde zich om in Frankrijk te gaan vechten en kwam als een heel ander mens terug. Hij had echter meer geluk dan sommige anderen. Archie Eversley sneuvelde bij Ieper tijdens een van de eerste dagen van de veldslag.

2

Kate

Hoe moet ik mijn moeder beschrijven?

Ze was klein, maar erg sterk. Sterk in die zin dat ze uren achtereen met feilloze gratie en precisie kon dansen, al moest elke spier in haar lichaam branden van pijn, sijpelde het bloed van haar arme, gepijnigde tenen in de houten blokjes waar ze op steunden, al werd ze omhooggegooid en rondgezwierd en verblind door de felle podiumlampen. Sterk op een manier die inhield dat ze in staat was haar positie in de wereld – in de steek gelaten, ouderloos – te accepteren en tot een deel van haar kracht te maken, het essentiële element in het sprookje van June Darling. Ik wil het niet over de dingen hebben die alleen ik van haar wist. Want dat is wat ik nog van haar heb, wat ik kan koesteren. Bovendien zijn de mensen vooral geïnteresseerd in het dansen en het sprookje.

Je hebt vast wel van mijn moeder gehoord. Zelfs mensen die niets van ballet weten, kennen haar naam... zo groot was haar roem toen ze stierf. En toen ze stierf, die nacht dat het vliegtuig uit de lucht omlaagtolde alsof het van papier en lollystokjes was gemaakt, hoorden ook de weinigen die haar nog niet kenden over haar. June Darling, de kleine danseres die er door puur talent in was geslaagd aan de povere toekomst te ontsnappen die voor haar voorbestemd leek.

Mijn moeder spotte altijd met wat ze de mythe van haar achtergrond noemde. Ze had het helemaal niet zo slecht gehad, zei ze dan.

Ze was niet verwaarloosd of mishandeld en hoewel ze misschien begonnen was zonder familie om de hare te noemen, kreeg ze al snel Evie en daarna mij en vormden we een volmaakt drietal, een hecht liefdestrio.

Zo leek het althans. Tijdens mijn heimelijkere, gênantere ogenblikken vroeg ik me af of Evie het me wellicht kwalijk nam dat ik de zaken gecompliceerd had gemaakt... dat ik de onschendbaarheid van de band tussen haar en mijn moeder had verstoord. Had ik daar bewijzen van? Dat niet precies, al geloof ik niet dat het onjuist zou zijn te zeggen dat Evie tegen mij nooit op dezelfde manier sprak als tegen mijn moeder, dat ze tegen mij scherp en prikkelbaar kon zijn zoals ik vermoedde dat ze tegen mam nooit was geweest.

Ik raakte nogal geobsedeerd door het idee van grootouders... van de soort waar mijn schoolvriendin Georgina in de weekends op bezoek ging. De soort die boeken voorlas, taart met je bakte en je meenam naar exposities. Zo'n relatie hadden Evie en ik niet. Ik noemde haar ook geen oma of zo. Ik noemde haar Evie en we praatten met elkaar als volwassenen. Nu ik terugkijk, ben ik ervan overtuigd dat ze wel degelijk van me hield, maar wat ze voor mij voelde viel volkomen in het niet bij alles wat ze voor mijn moeder had gevoeld. Mijn moeder was evenzeer haar redding geweest als zij die van mijn moeder, zie je, en ik denk gewoon dat Evie van niemand anders zo ontzettend veel had kunnen houden als van haar.

Misschien had ze ook wel een hekel aan wat ze in mij terugzag van mijn vader, die ze het leek aan te rekenen dat hij door middel van de zwangerschap mams carrière had laten ontsporen, ondanks het feit dat mam in termen van ballet al oud was toen ze mij kreeg. Mijn vader had de rol van schurk uitstekend gespeeld door er bij het eerste teken van problemen vandoor te gaan. Maar dat kon je ook anders bekijken. Als je het mam vroeg, zou ze je hebben verteld dat mijn vader weinig voor haar had betekend, afgezien van het feit dat hij had geholpen mij te verwekken. We hadden hem niet in ons leven nodig: we hadden elkaar.

De nonnen die de instelling runden waar mijn moeder sinds kort na haar geboorte had gewoond, hadden haar June gedoopt. Ik vond altijd dat haar naam een vreemd Amerikaanse klank had, maar – zo had ze me uitgelegd – die hield verband met de maand waarin ze was geboren, juni. Het was maar goed dat ze toen kwam want als ze in februari voor de deur was achtergelaten, zou haar verhaal daar misschien wel geëindigd zijn.

Weeshuizen krijgen vaak slechte kritieken, maar dit was er geen van de dickensiaanse soort, en 'instelling' suggereert een niveau van ontbering waarvan mijn moeder altijd stellig beweerde dat zij het niet had ervaren. Natuurlijk was er niet veel op het gebied van eten en vermaak, maar ze hadden drie bescheiden maaltijden per dag, ze hadden onderwijs, muzikale sessies en uitstapjes naar het park. Vergeleken met de ervaring van sommige kinderen was het zo slecht nog niet. Bovendien had mijn moeder nooit iets anders gekend.

Een paar van de oudere meisjes beweerden een vrouw te hebben gezien. Ze waren in de vroege ochtend wakker geworden door het zachte gesnor van een automotor onder het raam van de slaapzaal. Ze waren opgestaan om naar buiten te kijken en hadden haar met een bundeltje in haar amen naar het gebouw zien lopen en een paar tellen later zonder terug zien komen. Ze had niet aangebeld. Ze had er, zouden ze later zeggen, net zo keurig en duur uitgezien als de auto waarin ze werd weggereden, al konden ze het niet eens worden over de details: de kleur van haar haren onder haar hoed, haar lengte, haar leeftijd. Wel was bij allebei de indruk van een grote en bijzondere schoonheid blijven hangen.

Ik heb mijn moeder weleens gevraagd of ze van de nonnen had gehouden. Ze bekende dat ze hen zich niet allemaal afzonderlijk kon herinneren... behalve als een soort goedgezinde, alomtegenwoordige abstractie, ongeveer zoals de indruk van God die de zusters bij haar hadden gewekt. De enige uitzondering was zuster Rose, die er niet uitsprong vanwege een bijzondere karaktertrek, maar omdat ze een actieve rol speelde bij het bepalen van mijn moeders toekomst. Zij was de zuster die de leiding had over de muzieklessen, waar niet veel meer bij kwam kijken dan een stel oude instrumenten die door diverse begunstigers waren gedoneerd en in een houten kist in het gymnastieklokaal werden bewaard. Elke vrijdagmiddag werden ze eruit gehaald en heel eerlijk onder de meisjes verdeeld om ze op hun ongeschoolde manier te bespelen.

Op een zeker moment gebeurde er iets nogal ongebruikelijks. Toen mijn moeder ongeveer zes jaar oud was, werd er een nieuw plan geïntroduceerd. Het was het geesteskind van een rijke begunstiger – een anonieme weldoener die het idee had een programma op te zetten waarbij de meisjes kennis zouden kunnen maken met de vreugde van zang en dans.

Als mijn moeder een paar jaar later geboren was, zou haar leven een heel andere wending hebben genomen. Een dergelijk project kon niet doorgaan terwijl de Duitse bommen op de stad neer regenden. Maar nu kreeg ze haar kans.

De balletlerares, die ook de dochter bleek te zijn van de weldoener die het initiatief had bedacht, was een vrouw die Evelyn Darling heette.

Het verhaal van Evelyn Darling

Evelyn Darling werd geboren voor het soort leven waarin bijna alles gegarandeerd kon worden. Haar vader Bertram had zijn vaders metaalverwerkingsbedrijf geërfd en had de zaken tijdens de Eerste Wereldoorlog een hoge vlucht zien nemen. Als zijn enig kind was Evelyn verzekerd van een grote erfenis en een liefdevolle toekomst. Al snel werd echter duidelijk dat ze zich niet tevreden zou stellen met het soort leven dat erfgenames gewoonlijk leiden. Ze had ambitieuzere en ongebruikelijkere plannen voor haar toekomst.

Als meisje was Evelyn diverse keren met haar ouders naar het ballet geweest en ze had nooit iets gezien dat zo mooi, zo magisch was als de wezens die over het toneel heen en weer fladderden. Het was haar enige wens ook zo te leren dansen en haar vader – die haar niets kon weigeren – betaalde voor de lessen... zoveel lessen als ze kon volhouden. Hij wist echter niet zeker of hij haar wel wilde laten optreden, want dat leek niet echt gepast voor meisjes van het soort klasse waarnaar hij streefde. Uiteindelijk vond hij het toch goed dat ze op besloten bijeenkomsten danste.

Evelyn werd behoorlijk goed. Misschien niet van het allerhoogste kaliber, maar ze was op negentienjarige leeftijd talentvol genoeg om de aandacht te trekken van een bepaalde jonge heer. Ze was misschien niet knap op de conventionele manier, maar Evelyn bewoog sierlijk en had een stem zo hoog en helder als een klokje.

In 1935 waren Evelyn en Harry verloofd. Evelyn zou weer gaan dansen nadat ze waren getrouwd, maar ze zou waarschijnlijk nooit meer optreden. Dat was niet gepast voor een getrouwde vrouw en bovendien was Harry nu de grote liefde van haar leven.

Een paar maanden voor de datum die voor de ceremonie was vastgesteld nam Harry Evelyn op het platteland van Sussex mee uit rijden in de nieuwe auto die Bertram als vroeg huwelijksgeschenk voor hen had gekocht. Het was een prachtige dag, de lucht was vol zonlicht en de belofte van een mooie zomer en de wegen waren droog, zodat niemand naderhand met zekerheid kon zeggen waardoor de banden waren gaan slippen. Wat echter wel kon worden vastgesteld was dat de auto erg hard reed, veel te hard om Harry de kans te geven de auto weer op koers te brengen voordat ze tegen een van de beukenbomen knalden die langs de weg stonden. Evie had geluk. Ze verloor de baby waarvan ze niet eens had geweten dat ze hem droeg en haar rechterbeen was op zeven plaatsen gebroken en zou voor altijd bijeen moeten worden gehouden door een ingenieus geraamte van metalen pinnen en banden. Voor Harry liep het niet goed af: hij was op slag dood.

Ondanks alle luxe en comfort in haar jeugd beschikte Evelyn van nature over een heel sterk karakter. Ze wist dat ze nooit meer zou dansen, dat ze nooit meer kinderen zou baren en dat ze waarschijnlijk nooit meer een man zou liefhebben zoals ze Harry had liefgehad. En toch stortte ze zich met grote vastberadenheid op het voor haar bedachte revalidatieprogramma. Elke dag legde ze de weg af naar Battersea Park – vanaf haar vaders villa aan de rivier net de brug over – om te midden van het groen haar krachtoefeningen te doen. Daar zag ze ook de groep weesmeisjes in hun bruine schortjes hun wandeling maken, met twee van de zusters ervoor en erachter. En op dat moment werd het idee geboren.

Ik denk niet dat het gelogen is als ik zeg dat Evie in mijn moeder de dochter vond die ze nooit het leven had kunnen schenken, en daarbij misschien ook het succesverhaal dat nooit het hare was geworden. Ze leerde haar alles wat ze wist. Een jaar nadat mam voor het eerst bij de balletstudio naar binnen stapte, had Evie haar geadopteerd.

In 1938 verwierf mijn toen achtjarige moeder een beurs voor de Sadler's Wells Ballet School and Company. De rest is, zoals ze zeggen, geschiedenis. Het weeshuis, het afgedragen balletpakje dat ze in het begin had gedragen om in te trainen... ze werden onderdeel van mijn moeders sprookje.

Sprookjes hebben echter niet altijd een happy end. In feite is het juist vaak het tegenovergestelde, al willen veel moderne hervertellingen je anders doen geloven. Dat is moeilijk te accepteren, en misschien ben ik daar nog steeds mee bezig. De veertiende april 1985. Achteraf probeerde ik te bedenken waar ik mee bezig was op het exacte tijdstip waarop het gebeurde. Wist ik het op dat moment, ergens diep vanbinnen? Ik heb het vreselijke vermoeden dat ik een rondje aan het bestellen was voor enkele van mijn oude vrienden van de kunstacademie in de pub waar we altijd bij elkaar kwamen, dat ik onbezorgd mijn gewone dingen deed zonder er een idee van te hebben hoezeer mijn leven plotseling was veranderd.

Na het vliegtuigongeluk trok ik weer in het huis in Battersea waar we gedrieën hadden gewoond. Het was een groot, onoverzichtelijk, gesplitst pand aan een van de straten die bij het park vandaan liepen. Ik woonde er nu alleen. Evie was een paar jaar geleden na een diagnose van progressieve dementie naar een tehuis gegaan. Mam had lang geweigerd de mogelijkheid van een opname in een zorginstelling te overwegen. Voor haar werk als choreografe moest ze veel reizen, maar ze zei dat ze kleiner zou gaan wonen en werk dichter bij huis zou zoeken zodat ze meer tijd had om voor Evie te zorgen. Evie werd echter steeds verwarder en labieler. Toen ze met een gebroken elleboog aan de andere kant van de stad werd gevonden en geen benul had hoe ze zo ver van huis was geraakt, werd duidelijk dat ze niet alleen méér, maar zelfs de klok rond verzorging nodig had. Mam kon het zich niet veroorloven helemaal te stoppen met werken en ik moest op de Slade zijn, waar ik kunst studeerde.

'Het zou beter voor haar zijn,' zei de maatschappelijk werkster van St George's Hospital, die praatte alsof ze voorlas uit een geïllustreerd studieboek, 'als ze het gezelschap van anderen had, wat bereikt kan worden met huisbezoeken, maar veel gemakkelijker te verwezenlijken is in een verpleegtehuis, waar ze ook een sociaal leven kan hebben.'

Ik begrijp waarom mijn moeder het zo'n zware beslissing vond. Dit was de vrouw die vanaf haar kinderjaren voor haar had gezorgd, zonder wier liefde en invloed ze nooit het leven zou hebben kunnen leiden dat ze nu leidde. Ik wist dat ze het er moeilijk mee had en het gevoel had dat ze een vreselijke vorm van verraad pleegde. Ook was er de extra complicatie dat Evie er niet altijd zo vreselijk slecht aan toe leek te zijn. Ze kon zomaar ineens verbazingwekkend heldere momenten hebben en er waren dagen waarop het leek of er niets aan de hand was. Maar de slechte dagen waren erg slecht en de mogelijkheden van wat er kon gebeuren in de uren dat Evie alleen was, waren angstaanjagend. Uiteindelijk had mam geaccepteerd dat er geen alternatief was.

3

Londen, mei 1986

Het gebeurde allemaal een jaar nadat mam was overleden. Ik had me er net zo'n beetje van weten te overtuigen dat het goed met me ging. Nu ik terugkijk, besef ik dat dat niet zo was. Ik was zevenentwintig en mijn dagen hadden een onveranderlijke routine: werken en bij Evie langsgaan. Ik slaagde erin tegenover de buitenwereld een redelijk veelbelovende indruk van overleven te wekken. Het helpt dat mensen vaak na de eerste drie maanden niet meer vragen of je het wel redt en, als er geen duidelijk bewijs is voor het tegendeel, het idee hebben dat je je leven weer hebt opgepakt.

Ik zag mijn vrienden van de kunstacademie nauwelijks nog. Dat was geen bewuste beslissing geweest, maar ik zie nu wel in dat ik me in toenemende mate van hen distantieerde. Ik begon uitnodigingen voor feestjes, exposities en zelfs de wekelijke bijeenkomsten in ons stamcafé af te slaan. Ik was al snel gaan beseffen dat mijn verdriet me van hen vervreemdde, en ik was gaan begrijpen wat voor kloof dat verdriet veroorzaakte tussen hun leven en het mijne. Zelfs als ik over mam had willen praten – wat niet zo was – dan had ik dat niet met hen kunnen doen. Onze gesprekken draaiden om licht geroddel, wie sliep er met wie, wie had 'zichzelf verkocht' aan een grote verzamelaar... de vele kleine intriges van ons kleine, incestueuze wereldje. Het was voor mij ondenkbaar dat ik de dood in dat gelukkige, frivole bestaan binnen zou brengen.

Tot voor kort was ik een van hen geweest: jong, zorgeloos en op een onschuldige manier licht egoïstisch. Ik had ongewild het gevoel dat mijn aanwezigheid een negatieve invloed was. Ik weet dat ze het vreselijk zouden hebben gevonden te weten dat ik me zo voelde... en ik zag dat ze erg hun best deden om me te behandelen alsof ik niet was veranderd.

Ondanks mijn vervreemding van mijn vrienden en die oude wereld had ik wel de behoefte bezig te blijven. Bezig zijn betekende dat ik niet te veel tijd in het huis in Battersea door hoefde te brengen, waar de stilte en de leegte een vreemde, vreselijke zwaarte bezaten. Ik bracht meer tijd dan ooit door met door de stad dwalen met mijn camera, vooral tijdens de vele ochtenden waarop ik in de vroege uurtjes wakker werd door de bulderende stilte die me omringde en begreep dat ik niet meer zou slapen. De concentratie die nodig was om een goede foto te maken – het zorgvuldig beoordelen van het licht, de belangrijke beslissingen over belichtingstijd, beeldkeuze en scherpstelling – was het enige waardoor ik alle andere gedachten kon uitbannen.

En naderhand was er de bescherming van de donkere kamer. Mam had die als cadeau voor mijn achttiende verjaardag laten maken in de kelder onder het huis. Ze had dat laten doen in de week dat ik met school op kunstreis naar Rome was. Toen ik terugkwam was hij klaar: twee reusachtige werkbanken, de vergroter om een film te projecteren, een rode lamp, de ontwikkelbakken en twee planken vol met alle benodigdheden die ik maar nodig zou kunnen hebben. Ze had zelfs een setje speciale overalls voor me gekocht. De doka gebruiken was een excuus geworden om mezelf een paar uur in die besloten ruimte op te sluiten en te proberen de lege kamers te vergeten die boven mijn hoofd stof vergaarden.

Ik bracht ook meer tijd dan ooit op mijn werk door. Dat was in een camerawinkel vlak bij King's Road die, toen ik er solliciteerde, de een na beste keus leek na een carrière als professioneel fotograaf. Het was zo'n winkel die niet uit geldzucht maar uit liefde werd gedreven, hoewel mijn baas Nick ooit een behoorlijk grote jongen was geweest in het vak. Hij had schitterende foto's gemaakt van mensen als Veruschka, Bianca Jagger, de Stones en zelfs mijn moeder. Hij heeft me eens verteld dat mijn moeder waarschijnlijk de meest natuurlijke schoonheid was die hij ooit had gefotografeerd. 'Omdat ze zo op haar gemak was met zichzelf,' had hij gezegd, 'zo gracieus, zo één met haar lichaam.'

Veel van de foto's die hij maakte zijn nu beroemd– ze worden voortdurend gebruikt bij artikelen – ook al geldt dat niet voor de naam van de fotograaf. Nick heeft dat allemaal achter zich gelaten en die wereld was hem snel vergeten. Hij stopte ermee omdat hij er te veel deel van was gaan uitmaken. Hij ging naar dezelfde feestjes, gebruikte dezelfde drugs, onderging dezelfde vernederingen. Hij had gehad wat hij een driejaarskater noemde en die had hem bijna de das omgedaan. Dus had hij zichzelf afgestoft en was hij een nieuw, eenvoudiger leven begonnen.

Soms, als het rustig was in de zaak, liet Nick de boel de boel, sloot hij de winkel en gingen we op stap voor 'colleges'. Dan gingen we naar de rivier en maakten we foto's vanaf de Albert Bridge of probeerden we heimelijk de punkerige jongeren – slappe aftreksels van hun voorgangers in de jaren zeventig– te kieken die op de bankjes dicht bij de brandweerkazerne bij elkaar kwamen. Soms stapten we in Nicks auto en reden we naar het oosten om à la Steven Siegel foto's te maken van oude fabrieken.

Mijn belangstelling voor fotografie was ontstaan toen ik na school mee zat te kijken bij mams choreografiesessies en probeerde de ballerina's te kieken terwijl ze hun spieren rekten, sprongen of zelfs fouten maakten. Ik had al vroeg ontdekt dat ik nooit een goede danseres zou worden. Ik miste de discipline, de aangeboren gratie en – en dat was misschien nog wel het belangrijkste – ik was geen artieste. Dat mijn moeder toekeek terwijl ik mijn oefeningen aan de barre deed, was al erg genoeg, laat staan iemand anders. Ik deed voor haar alsof ik er plezier in had, maar mam doorzag me al snel en stelde voor dat ik een andere hobby zou proberen. Dat was echt iets voor haar. Andere ouders zouden me misschien hebben gepusht omdat ze zo graag wilden dat hun kind hun eigen interesse deelde, maar mam streefde bovenal naar eerlijkheid tussen ons.

Maar ik vond het heerlijk om mensen te zien dansen, vooral haar. Een keer nam ze me in het weekend mee naar een expositie van de fotografe Barbara Morgan: zwart-witfoto's van danseressen, fel verlicht en midden in een stap of sprong vereeuwigd. Ik heb tot op de dag van vandaag ontzag voor haar werk: zoals ze de onveranderlijkheid van het medium gebruikt om het besef van beweging te versterken. Toen ik ze voor het eerst zag, toen ik zag hoe ze de kracht en de zwaartekracht-trotserende atletische eigenschappen van die danseressen wist vast te leggen – hoe ze het onmogelijke had bereikt door een moment in de tijd te bevriezen – was ik razend enthousiast.

Op Eerste Kerstdag dat jaar mocht ik een nieuwe Nikon uitpakken. Mijn eigen camera, met een houten kistje erbij dat mam had gevonden en vol films had gestopt. Een interesse werd een obsessie, een geheel nieuwe manier om naar de wereld te kijken. Enkele van die eerste foto's, zelfs de foto's die mam me van haar had laten maken terwijl ze blootsvoets door de keuken danste, kwamen in mijn aanmeldingsportfolio voor de Slade School of Fine Arts, de kunstacademie.

Nick was fantastisch toen mam stierf. Hij was heel lief voor me en gaf aan dat ik altijd met hem kon praten als ik dat wilde. Daar had ik niet echt zin in, hij was immers mijn baas en hoewel hij soms eerder een vriend leek, was er toch altijd een zekere mate van professionele afstand die ik liever niet wilde overbruggen. Meer dan wat ook wilde ik dat hij me zag als een veelbelovende fotografe, niet als iemand die zijn medelijden behoefde.

Nick had in eerste instantie voorgesteld dat ik misschien iets van een sabbatical moest nemen, maar ik geloof dat hij al snel doorhad dat niet werken – vrij zijn om over alles na te denken – het ergste was wat me zou kunnen overkomen. Het zou het excuus zijn geweest dat ik nodig had om me helemaal van de wereld af te sluiten.

En natuurlijk was er Evie. Het verpleegtehuis was vanaf de winkel een paar minuten fietsen in de richting van World's End en ik ging er bijna elke dag na het werk heen voor een kop thee en steeds surrealistischer wordende gesprekken. Ze was na de vliegtuigcrash hard achteruit gegaan, verdriet leek de voortgang van de dementie te hebben versneld. Soms sprak ze over mam alsof die nog leefde. Als ze daarna dan hoorde dat dat niet zo was, leek het of ze dat net pas te weten was gekomen. Dat was voor ons allebei heel moeilijk.

Die middag in het voorjaar verliep grotendeels zoals gewoonlijk. Ik had wat *cannelés de Bordeaux* – Evies favoriet – gekocht bij de Franse patisserie tegenover de winkel en was naar het verpleegtehuis gefietst. Miriam, een van de verzorgsters, wachtte in de hal op me.

'Ze vraagt de hele dag al naar je.'

'Echt waar?' Als Evie naar iemand vroeg, dan was het meestal naar mijn moeder.

'Ja. Ik zei steeds tegen haar: "Ze komt straks, lieverd, net als altijd." Ze zal blij zijn je te zien.'

'Ik heb nieuwe foto's voor haar meegebracht.'

Het waren foto's van mijn moeder. Die verzamelde ik voor haar. Er waren er heel wat te vinden in oude tijdschriften en programmaboekjes van optredens... sommige had ik zelf gemaakt. Evie smachtte ernaar en ze leken een positief effect op haar te hebben. En ik, ach, ik vond het proces van het zoeken vertroostend en pijnlijk tegelijk, een vreemde combinatie.

'Daar zal ze blij mee zijn. Ik moet je trouwens wel waarschuwen... ze lijkt nogal geagiteerd.'

'Erger dan normaal?'

'Nou, dat is het juist. In zekere zin is ze veel beter, ze lijkt lang niet zo verward als ze de laatste tijd was. Nee, dat is het niet. Het is alsof haar iets dwarszit.'

Ik wist dat er iets anders was zodra ik de kamer binnenkwam: ik voelde het. De lucht was bedompt en droog als altijd, maar bevatte een ongebruikelijk element, een soort scherpte. Evie zat met een bleek gezicht in haar leunstoel op me te wachten. Ze keek naar me op met een uitdrukking die ik aanvankelijk niet herkende omdat die zo onverwacht was. Het was geen onwetendheid of verdriet... de twee geestestoestanden waartussen ze afwisselde. Het duurde een poosje voor ik doorhad wat het was: angst.

'Evie,' zei ik, 'gaat het?'

Ze antwoordde niet meteen, maar zakte nog dieper weg in haar stoel en keek naar haar gevouwen handen. Ik stond daar machteloos terwijl de secondenlange stilte voortduurde. Toen ik zag dat ze een beetje begon te bibberen, raakte ik in paniek en vreesde ik dat ze misschien een soort toeval had. Ik wilde haar bij haar schouders pakken, maar ze wees dat hoofdschuddend af en ik deed geschrokken een stap achteruit.

'Evie, alsjeblieft, zeg me wat er is.'

'Ik heb het haar nooit verteld.' Ze sprak heel zacht, bijna in zichzelf. Ik wist niet zeker of ik haar goed had verstaan en moest haar vragen het te herhalen.

'Ik begrijp het niet, Evie, Heb je het over mam?' Ik zou meegaan in haar waanidee, besloot ik, dat was meestal beter dan proberen haar te corrigeren, wat het vaak alleen maar nog verwarrender maakte. 'Wat heb je haar niet verteld?'

'Ik heb tegen haar gelogen.'

Het verontrustte me. Zoals Miriam al had gezegd klonk ze verrassend helder... niets van het gebruikelijke onsamenhangende gebrabbel. Wat ze me ook probeerde te vertellen, ik wist opeens niet meer of ik het wel wilde horen. Ik ging naast haar zitten en probeerde haar hand beet te pakken. Ze trok hem weg.

'Evie, je bent van streek. Ik weet zeker dat het er nu niet meer toe doet, wat het ook was.'

'Het doet er juist meer toe. Ik had het haar moeten vertellen en nu is ze er niet meer en heeft ze het nooit geweten..'

'Maar ik denk...'

'Nee.' Ze klonk scherp, zo anders dan het gebruikelijke gefluister, zo alarmerend anders dan de volgzame, kinderlijke persoon aan wie ik gewend was geraakt. Ik vroeg me af of het een nieuwe, voorbijgaande fase in het aftakelingsproces was. Maar toen ze daarna weer sprak, was dat weer met die ongebruikelijke helderheid.

'Nee. Het moet gezegd worden. Ik had... lang geleden al iets moeten zeggen, maar ik hield zoveel van haar dat ik het niet kon.' Ze keek me smekend aan en ik zag dat haar ogen vol tranen stonden. 'Het was vreselijk en egoïstisch wat ik heb gedaan.'

Mijn onbehagen was overgegaan in iets wat dichter bij ontzetting kwam. 'Alsjeblieft, Evie, vertel het me: waar heb je het over?'

'Haar moeder. Ze is haar komen zoeken.'

Ik keek haar wezenloos aan. 'Wiens moeder?'

'Die van June. Ze kwam haar zoeken en June heeft dat nooit geweten.'

Mams biologische ouders hebben nooit een rol gespeeld – zelfs niet als een afwezigheid – in ons leven. We hadden het gewoon nooit over hen, met misschien één uitzondering. Ik herinner me nog heel goed de enige keer dat ik mam ooit naar haar biologische ouders heb gevraagd. Het was mijn eenentwintigste verjaardag en mam had me mee naar het Café de Paris genomen om wat te drinken, alleen wij tweeën.

Ik voelde me heel volwassen in een prachtige zwarte jurk van crêpe de Chine die mam me had geleend en ik was veel te opgewonden en had veel te veel champagne gehad. Het leek me het juiste moment om het te vragen, nu ik volwassen was geworden. Was ze nieuwsgierig, vroeg ik. Had ze er ooit over gedacht hen te gaan zoeken? Ze leek niet boos door de vraag. Ik denk dat ze wel had verwacht dat ik hem ooit zou stellen. Haar antwoord was ondubbelzinnig. 'Als ze me hadden gewild, waren ze me zelf wel komen zoeken, dus waarom zou ik hen achterna lopen? Ik heb jou en Evie. Jullie zijn alle familie die ik nodig heb. Ik hoef verder niets te weten over iemand die een baby voor de deur van een weeshuis legt.'

En dat was dat. Er zou duidelijk niet verder over het onderwerp worden gesproken. Ik nam aan dat ik daar tevreden mee moest zijn. Ik vergat hen niet, die onbekende grootouders die nog ergens op aarde waren, of in elk geval waren geweest. Voor mij waren ze mythische wezens: diverse nuances verwijderd van de realiteit, alleen beschikbaar in het rijk van verbeelding en fantasie.

Evie had haar handen voor haar gezicht geslagen en toen ik haar aanraakte in een poging haar te troosten, stootte ze een angstaanjagend geluid uit, een soort gejank. Ze keek tussen haar gespreide vingers door naar me op en het zou komisch hebben geleken als de omstandigheden niet zo vreselijk waren geweest. Een tachtiger die als een klein kind verstoppertje speelde. Nu vond ik het echter angstaanjagend. Het bleef een tijd stil terwijl ik probeerde te bedenken wat ik kon zeggen of doen. Toen slaakte ze een diepe, haperende zucht, die haar voldoende kracht leek te geven om verder te praten. Rustig, langzaam, maar nauwgezet.

'Toen June twintig was, kreeg ik een brief. De vrouw die hem had geschreven beweerde haar moeder te zijn. Het was... zo raar. Hij kwam zomaar uit het niets. Ze zei dat ze alles zou uitleggen als we elkaar konden ontmoeten.'

'Heb je haar ontmoet?'

Evie keek naar me op. Ze voelde zich duidelijk ellendig en ik kon het antwoord al raden. 'Nooit. Ik kon het niet, begrijp je dat? Ik was te bang. Ik was te bang dat ze misschien de waarheid vertelde. Ik probeerde mezelf er toen van te overtuigen dat het niet mogelijk was. Je moeder begon net beroemd te worden. We kregen post van allerlei rare mensen, mensen die deel wilden uitmaken van haar leven, die dingen van haar wilden.'

'Dus je dacht dat de brief van een gekke fan zou kunnen zijn?'

'Dat hield ik mezelf voor, ja. Maar ze stuurde me iets anders. En daardoor wist ik dat ze de waarheid sprak, maar ik kon niets zeggen. Ik was doodsbang, nog erger dan eerst. Die angst is nooit meer weggegaan. Ik heb hem elke dag bij me gedragen als... als iets dat op mijn schouder zat.' Ze vouwde zich bijna dubbel, alsof ze dat gewicht daar nu voelde.

'Evie,' zei ik, een van haar knokige handen in de mijne. 'Ik weet zeker dat je hebt gedaan wat juist was.' Ik koos mijn woorden met zorg. 'Die vrouw, dat kon wel weet ik wie geweest zijn, misschien wel een echte psychopate.'

Ze schonk me een angstige glimlach en schudde haar hoofd. 'Toen ik de tekening zag die ze me een paar dagen later stuurde, wist ik dat ze de waarheid sprak.'

'Welke tekening?'

Evie hees zich overeind en schuifelde naar het bureau. Het was een gevernist art-decomeubel, het enige wat ze uit het huis mee hierheen had willen nemen. Erbovenop stond zoals altijd de ingelijste foto van een knappe jongeman: haar aanstaande die nooit haar echtgenoot was geworden.

Ze pakte de sleutels die ze nog steeds heel excentriek aan een touw om haar middel had hangen – alsof ze een kasteelvrouwe was – en boog stijfjes voorover om de onderste la open te maken. Het maakte me altijd verdrietig als ik haar zag bewegen, zij die haar lichaam ooit met zoveel gratie had gebruikt: de onbeholpen bewegingen van de schouderbladen die ooit een sterke, rechte wervelkolom hadden geflankeerd en die nu als kleine, ongelijke vleugelstompjes uit haar kromme, magere rug staken.

De envelop die ze me gaf was licht en heel oud, het bruine papier zo droog en teer als een bladskelet. De druk van mijn duim was al genoeg om een scheurtje in het oppervlak te veroorzaken. Ik keek ernaar, verbaasd dat iets zo iels de oorzaak van zo'n verpletterende angst kon zijn.

'Ik wil dat je het meeneemt en het in je eentje bekijkt,' zei Evie tegen me. 'Ik wil dat je zelf ziet wat erin zit.'

Ik keek haar aan en ze knikte. 'Alsjeblieft, neem het mee.'

Eenmaal thuis ging ik rechtstreeks naar mijn oude plekje. Het huis was een van die edwardiaanse voorbeelden van ongebreidelde verbeeldingskracht met rechthoeken van regenboogkleurig glas in het halvemaanvorige raam boven de voordeur en een enkel, nogal verloren uitziend torentje, het stadshuisequivalent van zinloze buitensporigheid. Als kind had dit vreemde stukje magisch realisme me erg aangesproken en jarenlang was de kleine ronde ruimte in het torentje mijn favoriete leesplek geweest. Mam had er zelfs een zitje voor me laten maken in de vensterbank. Daar besloot ik me met de envelop terug te trekken terwijl het grote lege huis om me heen mijn voetstappen weergalmde.

Ik hield de tere envelop voorzichtig ondersteboven en liet de inhoud eruit glijden, op het kussen van het zitje. Twee velletjes papier, net zo flinterdun als de envelop, verbleekt van ouderdom. Het ene was een brief, geschreven in een interessant, zwierig handschrift.

Geachte juffrouw Darling,
Ik begrijp dat deze brief een beetje een schok zal zijn, zowel voor u als voor June. Ik vrees dat ik niet goed weet hoe ik verder moet gaan zonder meteen ter zake te komen, dus aanvaard alstublieft mijn excuses voor het gebrek aan inleiding. Ziet u, ik ben de moeder van June. Ik heb haar bijna op de dag af twintig jaar geleden het leven geschonken.

Ik weet hoe dit er waarschijnlijk voor u uitziet: dat ik mijn kind in een moment van zelfzuchtigheid in de steek heb gelaten en dat ik na al die tijd van gedachten ben veranderd. Zo zit het echter niet. Als u me zou willen toestaan het aan u beiden uit te leggen, denk ik dat u zult inzien dat ik geen keus had.

Het is moeilijk allemaal in een brief uit te leggen en ik ben me ervan bewust dat als ik het hele verhaal zou opschrijven, het nauwelijks geloofwaardig zou overkomen. Daarom smeek ik u – en June – mij te ontmoeten. Mocht u dat willen, ik zal volgende week elke middag op u wachten in mijn kamer in het Claridges Hotel. Vraag beneden alstublieft naar Célia, dan zult u naar mij worden verwezen. Ik stel absoluut geen eisen, ik weet dat ik daartoe het recht niet heb. Ik vraag u alleen me de kans te geven mijn dochter te ontmoeten en haar te doen begrijpen dat ik haar nooit in de steek heb gelaten.

Hoogachtend,
Célia

Ik leunde achterover en keek uit het raam naar waar ik de sierlijke boog van de Albert Bridge kon zien. Deze Célia, de vrouw die beweerde mijn grootmoeder te zijn, had een week in die hotelkamer zitten verkommeren, wachtend, gespannen, misschien de gezichten bekijkend van degenen die onder haar raam langsliepen op zoek naar het ene gezicht dat ze zocht: dat van haar dochter. Misschien had ze zelfs wel langer dan een week gewacht. Als je wanhopig was, kon je jezelf gemakkelijk wijsmaken dat de brief vertraagd was of dat de ontvanger tijd nodig had om te beslissen. Ze had gezegd dat ze geen eisen zou stellen. Had Evie het recht gehad zo wreed te zijn? Zo hoorde ik echter niet te denken. Ik wist niets van die persoon, maar Evie had ik mijn hele leven gekend, ze was goed en ethisch en had ontzettend veel van mam gehouden. Het was niet aan mij een oordeel over haar te vellen.

Ik pakte het andere vel papier. Het was stijver, een dunne kaart, de ene kant blanco. Ik draaide hem om en mijn adem stokte. Een verfijnde tekening, gemaakt met pen en inkt. Het was mijn moeder. Ze zat op wat een picknickdeken leek te zijn, met achter haar de vage suggestie van een wateroppervlak, een rivier of een meer misschien. Ze keek me recht aan, half glimlachend.

Heel langzaam drong tot me door dat het toch niet mijn moeder was. Dat kon niet, want ook al was het kapsel niet helemaal verkeerd geweest, de kleren zagen er vreemd en haast antiek uit, en ze leken in niets op wat ik mam ooit had zien dragen. Het jaartal boven de signatuur was 1929. Ik kreeg kippenvel toen het tot me doordrong. Nu begreep ik Evies ellende, haar vreselijke schuldgevoel over wat ze had gedaan.

Toen ik de tekening nog eens bekeek, kon ik dat met meer objectiviteit doen en merkte ik de vaardigheid en lichte hand van de kunstenaar op. Het was een studie geweest, het hele tafereel was met slechts een paar vloeiende pennenstreken verbeeld. Toch was het ook zeer scherp geobserveerd, de uitdrukking van de vrouw zat ergens tussen een glimlach en een grimas, alsof ze het niet prettig vond te worden geportretteerd.

Ik pakte mijn portefeuille op en haalde er de foto van mijn moeder uit, mijn lievelingsfoto van haar, omdat die precies was zoals ik haar altijd had gezien. Ze was daarop ongeveer van mijn leeftijd en droeg haar vrijetijdskleding van een zwarte capribroek en een wit shirt. Ik vond haar op die foto weergaloos chic en knap. Welke journalist had haar ook weer beschreven als 'qua uiterlijk een combinatie van de twee Hepburns'? Haar zwarte haar had een bijna filmische glans... keurig sluik, in de nek bijeengebonden. Wat had ik als kind graag zulk haar gehad.

Ik kon zien dat de vrouw van de tekening mijn moeders natuurlijke, ongekunstelde elegantie bezat: die was zelfs in de ietwat ongemakkelijke pose duidelijk zichtbaar. Die glimlach was echter beslist van haarzelf. Het was een Da Vinci-glimlach – een niet-helemaal-glimlach – raadselachtig en complex.

Dit was het werk van een zeer getalenteerde kunstenaar. Ik betwijfelde of ik ooit een foto zou kunnen maken die het karakter van het model zo sterk liet uitkomen. Ik keek naar de signatuur onder het jaartal. Ik kon twee verstrengelde letters onderscheiden. Een S en een T. Of een T en een S. Het zei me niets, maar ik tuurde ernaar alsof het een hiëroglief was die het geheim van de tekening zou kunnen onthullen.

Evie overleed een paar dagen later. Het was een zwaar herseninfarct, vertelden ze me. Ik moet tot mijn schaamte bekennen dat ik haar niet meer had opgezocht. Ik had haar schuldgevoel, maar zeker ook mijn eigen verwarde gevoelens over wat ze me had verteld, niet onder ogen kunnen zien. Ik had mezelf wijsgemaakt dat het beter voor ons allebei zou zijn als we elkaar een paar dagen niet zagen. Ik had inmiddels moeten weten dat een leven binnen veel kortere tijd onomkeerbaar kon veranderen. Ik had de kans verspeeld om haar te vertellen dat ik het begreep.

De begrafenis bevestigde dat mijn moeder en ik haar hele leefwereld hadden gevormd: de kleine kerk was nog niet eens halfvol. Het oude, heimelijke gevoel dat ik altijd had gehad, dat we niet zo hecht waren als we hadden kunnen zijn, werd absoluut tenietgedaan door het tij dat me overspoelde en me gedurende enkele weken onderdompelde in verdriet. Pas toen het te laat was, pas toen ik haar had verloren, begreep ik hoeveel ik van haar had gehouden.

Ik ging elke morgen naar de winkel, maar verder hadden mijn dagen geen patroon of doel meer. Evies gezelschap had, hoe onvoorspelbaar ook, veel meer voor me betekend dan ik me realiseerde. Bovenal was ze mijn laatste band met mam geweest. Dit was een nieuw soort eenzaamheid die ik nooit had gekend of voor mogelijk had gehouden.

4

Een paar dagen na de begrafenis werden Evies spullen teruggebracht naar het huis in Battersea. De aanblik vervulde me van een verward besef van rouw en schuldgevoel: over het feit dat ik misschien niet de kleindochter was geweest die ik voor haar had kunnen zijn, omdat ik mam altijd heel zelfzuchtig voor mezelf had willen hebben. Dus bleef alles enkele weken onaangeroerd in de salon staan. Dat was een vertrek dat we zelden hadden gebruikt. Nu ik alleen over was, kwam ik er helemaal niet meer.

Hoewel Evie er al een poos niet meer had gewoond leek het huis nog stiller nu zij er niet meer was. Soms vroeg ik me af of ikzelf ook geleidelijk een geest aan het worden was. Mijn povere aanwezigheid leek geen stempel op het huis te drukken. Hoe vaak ik ook schoonmaakte – na een poosje gaf ik het op – het stof leek vastberaden zich permanent te vestigen. Ik keek niet in de spiegels. Ik was niet blij met wat ze me over mezelf vertelden, maar ik was vooral bang dat ik op een dag helemaal niets meer zou zien.

In de loop van de weken groeide mijn nieuwsgierigheid naar Evies spullen. Ik begon me af te vragen of de kamer iets bevatte wat meer licht op het geheim zou kunnen werpen. Misschien was er meer, dacht ik, waarvoor ze de tijd niet meer had gehad om het me te laten zien.

De kamer begon aan me te trekken. Uiteindelijk liep ik er op een zekere ochtend vroeg heen met de ferme, maar onbewuste doelgerichtheid van een slaapwandelaar. Ik duwde de deur open en zag de donkere berg bezittingen midden op het tapijt... kleiner dan je misschien zou verwachten, maar daarom niet minder waardevol.

Voor iemand die rijk was geboren had Evie zich nooit met veel spullen omringd, ze had niets om juwelen, dure kleding of andere tekenen van rijkdom gegeven. Er lagen hier echter schatten van een andere orde: een hele reeks herinneringen. Een paar kleine zijden balletschoentjes, hopeloos versleten, het roze verbleekt tot dof grijs. Gemaakt voor kleine voetjes, besefte ik, kindervoetjes. Gezien de maat en ouderdom mogelijk mijn moeders allereerste paar. Ik pakte ze vast en drukte ze als een talisman tegen mijn borst, alsof ze nog steeds iets van haar wezen konden overdragen.

Er lagen programmaboekjes van misschien wel elke uitvoering waarin mam had gedanst, de eerste al uitgedroogd door ouderdom. Er waren ook foto's en ik nam de tijd om die te bekijken, zwevend tussen plezier en pijn. Eén ding dat me verbaasde was de hoeveelheid foto's die er van mij waren. En niet alleen maar foto's waar ik samen met mam op stond. Eentje van mij in mijn basisschooluniform op mijn eerste schooldag, met een uitdrukking van slecht verborgen afgrijzen op mijn gezicht. Ik was als kind pijnlijk verlegen. En eentje van mij als tiener, in T-shirt en korte broek in Battersea Park, te oordelen naar het uitgedroogde gras op de achtergrond was het hartje zomer. Nog eentje van mijn eenentwintigste verjaardag, in de zwarte jurk van crêpe de Chine die ik tijdens het etentje met mijn moeder had gedragen. Ik voelde me plotseling ellendig, omdat ik me herinnerde hoe blij ik was geweest dat we maar met ons tweetjes zouden zijn... dat Evie niet meeging. En zij had de foto al die jaren bewaard, bij haar dierbaarste herinneringen aan mam.

Daarna kwam ik bij de brieven. Het waren er honderden – misschien zelfs wel duizenden – allemaal stapeltjes die met koord bijeen waren gebonden. Toen ik het grote aantal daar verzameld zag begreep ik wel waarom het voor Evie verleidelijk was geweest om zich voor te houden dat de brief gewoon door weer een fan was gestuurd. Het waren er zo veel dat ik me nauwelijks kon voorstellen dat elke brief iemand vertegenwoordigde die aan tafel was gaan zitten om mijn moeder een brief te schrijven, om haar te vertellen hoe haar uitvoering hen had geraakt. Maar dat was wat mam met je deed, denk ik. Zo getalenteerd was ze... al had het vaak meer geleken dan een talent, bijna een magisch vermogen.

Ik wist niet precies wat ik hoopte te bereiken toen ik het koord van de dichtstbij liggende bundel losmaakte. Ik las de eerste paar brieven van begin tot eind en zou daarmee zijn doorgegaan als ik me niet had gerealiseerd dat het me dagen zou kosten. Dus begon ik te schiften, mijn blik bleef alleen hangen bij de stukken die gelezen wilden worden: ... *het mooiste wat ik ooit heb gezien ... ik zal me je mijn leven lang blijven herinneren ...*

Ergens voelde ik bij het lezen van de meest recente brieven, degene die na haar dood waren binnengekomen een soort verontwaardigde bezitterigheid. Ik wist dat het irrationeel was, maar het voelde alsof die mensen – die vreemden – een deel van haar voor zichzelf probeerden op te eisen. Snapten ze niet dat de herinnering aan haar kostbaar en eindig was, en niet iets waarop ze een claim konden leggen?

Ik legde ze terzijde en pakte de brieven die verbleekt en teer van ouderdom waren, sommige zo kwetsbaar dat ze met ongelooflijk veel zorg behandeld moesten worden, wat het tot een moeizaam proces maakte.

Toen vond ik wat ik had gehoopt – en gevreesd – te zullen ontdekken. Het handschrift was het eerste dat me opviel: zo zorgvuldig en anders, al kon dat op zich niet als eenduidig bewijs gelden. Maar de naam was er ook nog.

Ik las het briefje in zo'n staat van nerveuze opwinding dat de tekst helemaal niet tot me doordrong. Toen las ik het nog eens en dwong ik mezelf dat langzamer te doen. Als ik op iets onthullends had gehoopt, dan was dit het niet. Het kwam grotendeels overeen met de andere brieven van fans en viel alleen op door zijn beknoptheid. Wat het bijzonder maakte was het feit dat het van haar kwam, van Célia.

16 november 1956

Beste June,
Ik was gisteravond bij de uitvoering en heb je zien dansen als Giselle. Je gaf me zo sterk het idee dat je echt dat arme boerenmeisje wás, verheven en vervolgens bruut gebroken door de liefde, dat het eind in één woord verpletterend was. Het was misschien wel het mooiste én het meest tragische dat ik ooit heb gezien.

Groet,
Célia

Ik keerde terug naar de stapel en bladerde met bevende vingers voorzichtig door tere velletjes papier. Na een paar minuten zoeken vond ik er weer een. Hetzelfde handschrift, een kort briefje... en daaronder die naam. Ik vond het een ongebruikelijke naam. Die zou gewoon Engels kunnen zijn als dat accent niet op de 'e' had gestaan, wat de naam meteen iets buitenlands gaf. Italiaans misschien, of Frans.

Snel, minder tijd nemend voor voorzichtigheid, doorzocht ik de andere stapeltjes. Wat ik ontdekte was veel meer dan ik had kunnen denken. Een brief, zo bleek, voor elk jaar dat mam had gedanst. Toen ik ze allemaal had neergelegd, lag het tapijt vol. Ik liet me achteroverzakken, mijn achterwerk op mijn hielen en staarde ernaar terwijl mijn hartslag in mijn hoofd bonkte van opwinding en een zekere angst. Had Evie deze gezien? Dat moest wel. En mam moest ze ook gezien hebben, al had ze er nooit iets over gezegd. De brieven op zich waren echter niet bijzonder. Er hadden vast wel meer enthousiaste fans keer op keer geschreven. Pas als je ze in de context van die eerste, zeer belangrijke brief plaatste, kregen ze extra betekenis.

Het leek plotseling het bewijs van een obsessie: tientallen jaren van het leven van de afzender gewijd aan deze eenzijdige communicatie. De adembenemende nutteloosheid ervan. Maar misschien was het voor haar – die Célia – niet nutteloos geweest. Misschien had zij gedacht dat het mam uiteindelijk bij haar zou brengen. Wat zei dat over haar… over haar geestestoestand?

Het geheim dat Evie me had gedwongen te ontdekken was plotseling veel fascinerender geworden. Tegelijk besefte ik dat er een gevaar in school waarvan ik me eerder niet bewust was geweest. Het was mogelijk dat Evie – ook al had ze gemeend dat haar redenen zelfzuchtig waren – mam inderdaad tegen haar verleden had beschermd. Wellicht had het volstaan dat ze haar hart had kunnen luchten en hoefde ik het geheim niet verder uit te pluizen. Wat voor goeds kon daaruit voortkomen? Het was allemaal al zo lang geleden en als de vrouw die de brief had geschreven van Evies leeftijd was, was ze misschien ook al dood.

Ik liep terug naar mijn kamer en haalde de tekening uit de envelop. Ik stond opnieuw als aan de grond genageld door deze vrouw die zozeer op mijn moeder leek dat zelfs ik, haar eigen dochter, aanvankelijk had gedacht dat zij het was. Elke keer als ik de tekening zag, benam die me de adem. Hoe konden een paar simpele pennenstreken zoveel herinneringen en emoties oproepen? Ik twijfelde er niet aan of het was het werk van een meester. En ik wist ook dat ik niet zou kunnen rusten voor ik meer te weten was gekomen.

5

Londen, juli 1986

'Ik vroeg me af of je er naar zou willen kijken.'

'Natuurlijk, lieverd, maar ik kan je niets beloven.'

'Charlie, als iemand iets over deze tekening te weten kan komen, ben jij het.'

Charlie was een vriend van me van de Slade. Hij was ook korte tijd mijn vriendje geweest, al koos ik er meestal voor dat te vergeten. Ik was ooit verliefd op hem geweest en had nauwelijks kunnen geloven dat iemand als hij – zo vol vertrouwen en talent – belangstelling voor me had. Hij bleek echter niet zo geschikt te zijn voor monogamie. Toen er een eind aan de relatie kwam, dacht ik dat mijn hart gebroken was. Pas na de dood van mam, toen ik de ware betekenis van het begrip kende, besefte ik dat dat niet het geval was geweest. Het was een bevlieging geweest en mijn pijn en schaamte waren, hoewel vreselijk, niet de symptomen geweest van een gebroken hart.

Een ander bewijs daarvoor was wellicht het feit dat onze vriendschap de breuk had overleefd. Het enige wat die uiteindelijk niet had overleefd was mams dood... en dat lag helemaal aan mij. Ik dacht tenminste dat die dat niet had overleefd. Nu verbaasde het me hoe normaal het voelde met hem te praten, bijna alsof er maar een paar dagen waren verstreken sinds we elkaar hadden gesproken in plaats van een maand of zes. Ik had vormelijkheid of zelfs kilte verwacht, maar hij leek gewoon blij iets van me te horen.

Charlie was een van de weinigen onder ons geweest die carrière had kunnen maken met zijn werk, wat hij ten volle verdiende, want zijn talent was fenomenaal. Hij kon zich ook beroemen op een bijna encyclopedische kennis van de kunstwereld. In mijn ervaring kiezen veel kunstenaars tussen twee verschillende benaderingen van de artistieke canon. Ofwel ze besluiten alle kennis van wat is voorafgegaan af te wijzen om 'vrijelijk' en zonder het gewicht van al die kennis te kunnen scheppen, of ze kennen de kunstwereld door en door. Charlie hoorde tot die laatste groep. Hij had me ooit verteld dat hij zijn tijd niet kon verspillen aan onderwerpen die hem niet interesseerden – vandaar dat hij met de hakken over de sloot voor de middelbare school was geslaagd – maar over datgene wat hem wel interesseerde, zoals het vakgebied waarvoor hij had gekozen, was hij buitengewoon goed geïnformeerd.

Hij leek blij met mijn vleierij, zoals ik van tevoren had geweten. 'Goed. Ik zal ernaar kijken. Tijdens een etentje? Ik kan wel voor je koken.'

Dat was gevaarlijk. Ik hield mezelf niet voor de gek, als Charlie ook maar even de kans kreeg iemand – wie dan ook – te verleiden zou hij die waarschijnlijk aangrijpen.

'Ik wil je niet tot last zijn. Waarom treffen we elkaar niet in een eettentje bij jou in de buurt? Ik betaal.'

We aten bij een goedkope, eenvoudige Italiaan waar Charlie het personeel leek te kennen, al was het me niet duidelijk of ze alle klanten met dezelfde namaakhartelijkheid behandelden. Toen ik opstond om naar het toilet te gaan zag ik een van de kelners bij de achterdeur met een sigaret in zijn hand naar de stoep staan fronsen en ik merkte dat ik bloosde, alsof ik hem naakt had gezien.

We bestelden twee grote borden boterrijke linguine vongole en een fles goedkope rode wijn. Charlie bracht uiteindelijk de tekening ter sprake.

'Nou, laat dan maar eens kijken.' Hij veegde met zijn servet over zijn mond en leunde achterover op zijn stoel in de verwachting, zo vermoedde ik, er niet van onder de indruk te zullen zijn.

Ik haalde, plotseling nerveus, met onhandige vingers en bonkend hart de envelop uit mijn tas. Hoewel het het doel van onze afspraak was, denk ik dat ik dit gedeelte onbewust voor me uit had geschoven. Ik aarzelde even: wilde ik het hem echt laten zien? Ik had mezelf ervan overtuigd dat de tekening om een of andere reden uitzonderlijk was. Als dat klopte zou ik hiermee wellicht iets in gang zetten waarop ik misschien geen invloed had. Maar het zou nog erger zijn als ik te horen kreeg dat het helemaal niet bijzonder was, dat ik me had vergist.

Ik liet de tekening uit de envelop glijden en zag haar gezicht weer. Het geometrisch geknipte haar, de elegant gebogen wenkbrauwen en de contrasterende zachtheid van de andere gelaatstrekken: de volle lippen, de vragende, intelligente blik. Het was zoals ik al heb gezegd een simpele schets, misschien een studie voor een ander werk. Maar telkens als ik ernaar keek zag ik iets wat me eerder niet was opgevallen. Nu waren het de vingernagels aan de elegante hand die ze tegen haar nek hield. Ze waren afgekloven, als die van een kind. Dat detail overtuigde me ervan dat de kunstenaar het model goed kende. In een uitgebreidere studie zou er tijd zijn geweest om zoiets op te merken en het te verwerken, Voor een snelle schets zoals deze moest de kunstenaar er al van op de hoogte zijn geweest.

Charlie bestudeerde de tekening een hele tijd zwijgend. Zijn gezicht, gewoonlijk zo beweeglijk, was verstard in concentratie, zijn wenkbrauwen naar elkaar toe getrokken. Hij bracht het papier steeds dichter naar zijn gezicht, tot hij er bijna met zijn neus tegenaan zat en ik zou erom hebben moeten lachen als ik niet zo gespannen was geweest. Ik zat diverse kwellende minuten te wachten terwijl het gebabbel in het eethuisje over me heen spoelde en buiten een sirene blèrde. Eindelijk keek hij op. Zijn uitdrukking was onmogelijk te doorgronden.

'Kate.' Pas toen werd ik me bewust van zijn opwinding, hoorde ik de trilling in zijn stem.

'Ja?'

'Ik denk... ik bedoel, ik ben er bijna zeker van dat je hier weleens iets heel interessants zou kunnen hebben.'

Ik boog voorover, klaar om mijn vragen af te vuren, maar hij stak een hand op en schudde zijn hoofd.

'Ik wil je niet te veel hoop geven voor ik het heb gecontroleerd.'

'Maar herken je de signatuur? Weet je van wie het is?'

'Nou, dat is het punt... het zou kunnen, maar ik moet het eerst zeker weten. Ik moet de tekening een paar dagen van je lenen.'

'Nee! Dat kan niet, het spijt me.' Ik stak mijn hand ernaar uit.

'Luister, vertrouw me alsjeblieft. Ik zal er zo voorzichtig mee zijn als met stofgoud, dat beloof ik je. Als ik gelijk heb, dan ís het praktisch stofgoud. Beter zelfs.'

'Dat is niet waarvoor ik...'

Hij stak zijn handen op. 'Dat weet ik, dat weet ik, maar zoals gezegd, moet ik het controleren. Ik ken iemand die met zekerheid kan zeggen of ik gelijk heb of niet.' Hij keek me smekend aan.

'Goed dan.' Ik kon nauwelijks geloven dat ik dat had gezegd. 'Maar je moet me beloven...'

'Ik beloof het.' Hij legde zijn hand op de mijne. 'Ik zal het met mijn leven bewaken.'

Ik ging opgetogen, maar ook een beetje bezorgd terug naar huis en probeerde niet aan de keer te denken dat Charlie het portfolio met zijn examenwerkstuk was kwijtgeraakt op Waterloo Station. Ik sliep de volgende paar nachten ook niet goed en zag allerlei angstwekkende scenario's voorbijkomen waarin hij de tekening in de metro liet liggen of hem per ongeluk in brand stak. Het was een geweldige opluchting toen hij drie dagen later eindelijk belde en me vertelde hoe ik bij een galerie in Islington kon komen. Ik zou hem daar om zeven uur ontmoeten, wanneer ze gesloten waren voor bezoekers.

Toen ik er vijf minuten te vroeg arriveerde, zat Charlie al buiten op het stoepje gretig aan de restanten van een sigaret te trekken en met zijn voet te tikken. Zodra hij me zag, liet hij de peuk vallen, sprong hij op en kwam hij op me af. Hij trilde van opwinding, dat zag ik, al probeerde ik niet te snel conclusies te trekken. Hij pakte me bij mijn arm. 'Kom kennismaken met Agnes.'

Agnes was Zwitsers-Duits, in de vijftig, aantrekkelijk met een bril met grote ronde glazen en grijs haar dat was opgestoken in een hoge knot. Ik onderdrukte een glimlach. Charlie kennende had ik een razendknappe jonge ingénue met haar tot op haar middel verwacht. Ze trakteerde me op een stevige handdruk en nam ons mee naar een onberispelijk kantoor achter de tentoonstellingsruimte. De enige kleur stamde van de glanzende ruggen van de boeken op een plank achter het bureau en een reusachtig doek met felgekleurde rechthoeken in mozaïek aan de muur ertegenover die ik als een Paul Klee herkende.

Agnes wilde graag snel ter zake komen. Ze opende de lade van haar bureau, haalde er voorzichtig de tekening uit en legde die met een zekere eerbied tussen ons in. Op het gelakte zwarte hout van het bureau, in een smetteloos nieuw hoesje zag het stuk papier er vreselijk klein, oud en groezelig uit.

'Nou.' Agnes boog voorover en keek me aan met lichtblauwe ogen die op surrealistische wijze werden vergroot door haar brillenglazen. 'Kate... vertel me eens hoe je aan dit werk bent gekomen, alsjeblieft.'

'Tja... dat is moeilijk uit te leggen.' Ik zocht naar de beste manier om het uit te leggen. 'Het is al een hele poos in de familie en is onlangs in mijn bezit gekomen.'

Agnes knikte. 'De reden dat ik dat vraag is dat ik geloof dat dit extreem waardevol is. Had je daar een vermoeden van?'

'Ik... ik wist het niet, eerlijk gezegd. Ik heb daar geen oog voor, niet zoals Charlie, bijvoorbeeld, maar het leek me wel goed. Ik hoopte dat het bijzonder zou zijn.'

'Dat is het. Vertel me eens,' zei ze, me aankijkend, 'ben je bekend met een kunstenaar genaamd Thomas Stafford?'

Ik lachte. 'Nou, ja... natuurlijk.' Je hoefde geen kunsthistoricus te zijn om van de man te hebben gehoord: hij was wereldberoemd. Er was nog maar een paar maanden geleden een grote overzichtstentoonstelling van zijn werk geweest in het Tate, en ik had de poster ervoor op metroperrons gezien. Dat beeld was me bijgebleven omdat het zo'n contrast vormde met het regenachtige aprilweer dat we toen hadden. De poster toonde een uitzicht over een zongebleekte vensterbank naar buiten: een stukje blauwe zee, de witte driehoeken van zeilen scherp afstekend.

'Toch lijkt deze tekening niet op het werk dat ik van hem heb gezien.' Maar nog terwijl ik dat zei dacht ik aan de initialen. S en T, T en S. Was het mogelijk?

'Nee,' zei Agnes geduldig, 'het lijkt zeer zeker niet op zijn recente werk... zelfs niet op het merendeel van het werk waar hij bekend mee geworden is.'

Charlie mengde zich in het gesprek: 'Maar jij bent wel een expert op het gebied van zijn werk, nietwaar, Agnes?'

Agnes knikte bescheiden. 'Dat moest wel. Ik heb mijn dissertatie over hem geschreven.' Ze keek vol genegenheid naar de tekening. 'Dit komt in feite qua stijl, uitvoering en zelfs gebruikte materialen overeen met ander vroeg werk dat ik van hem heb gezien. Hij gaf in die beginjaren de voorkeur aan pen en inkt en aan houtskool voordat hij voldoende vertrouwen had om met de complexere materialen te werken. Maar ook omdat je er snel mee kunt werken. Hij kon er het effect van spontaniteit mee weergeven dat je hier ziet. Door zijn latere werk, van na de oorlog, werd hij erg bekend.' Ze glimlachte. 'Enkele van zijn grootste fans, onder wie ikzelf, vinden dat zijn eerdere werken hun eigen rustige genialiteit hebben, maar dit...' zei ze met een stem die trilde van opwinding, 'is het vroegste werk dat ik van hem heb gezien;, dat scheelt wel enkele jaren. De andere vroegste bekende werken dateren van halverwege de jaren dertig.' Ze streek over het hoesje. 'Dit is misschien wel het beste dat ik ooit heb gezien, het meest expressief, het meest waarachtig.'

Ik boog voorover. 'U weet het dus zeker? Dat het van hem is?' Ik bedacht iets. 'De vroege datering betekent niet dat het niet van hem is?'

Ze schudde vastberaden haar hoofd. 'Nee, ik durf er heel wat om te verwedden dat het van hem is.' Ik keek toe terwijl ze met haar vingers over de lijnen van het knappe gezicht van het model streek. 'Weet je wie die vrouw is, trouwens? Ik ben nieuwsgierig naar haar.'

Er trok een rilling over mijn rug. 'Ik denk dat ze wellicht familie van me is.'

Agnes trok haar wenkbrauwen op. 'Tja, het lijkt een erg...' zei ze, zoekend naar het juiste woord, 'persoonlijk, bijna intiem werk, alsof hij haar erg goed kent.'

Ik knikte. 'Dat dacht ik ook.'

'Maar ze komt voor zover ik me kan herinneren niet in zijn latere werk terug. Dus misschien is het niet zo.'

'Dat is de reden waarom ik in de tekening geïnteresseerd ben,' zei ik, 'vanwege haar. Het is een lang verhaal, maar ik ben pas kort van haar bestaan op de hoogte.'

'De beste persoon om het aan te vragen,' zei Agnes peinzend, 'is natuurlijk de kunstenaar zelf.'

'Maar hij is een kluizenaar,' zei Charlie, 'hij woont niet eens in ons land.'

Agnes knikte. 'Dat klopt. Hij is niet vaak meer in het openbaar gezien sinds zijn vrouw is overleden. Sommige verzamelaars worden daar bijna gek van. Hij is altijd erg productief geweest en ik vermoed dat ze denken dat hij daar ergens werken zit te produceren die niemand in handen krijgt. Hij lijkt nooit echt belangstelling te hebben gehad voor geld, zie je, dus ik denk dat hij niet echt een reden heeft om ze iemand te laten zien als hij dat niet wil.'

'Hoe kom ik met hem in contact?'

Agnes zuchtte. 'Dat is het nu juist. Ik vrees dat dat niet gemakkelijk zal zijn. Laat me erover nadenken.'

Dus ging ik naar huis en probeerde ik mezelf ervan te overtuigen dat dit een stap vooruit was. In werkelijkheid vond ik het vreselijk ontmoedigend dat ik die nieuwe aanwijzing had, maar kennelijk geen mogelijkheid om die verder te onderzoeken. Ook Agnes had er nogal somber uitgezien toen ik wegging, al kon dat ook best te maken hebben met het feit dat ik de tekening meenam.

Om het allemaal nog erger te maken was het die week rustiger dan gewoonlijk in de winkel. Het was vreselijk weer, ook al was de zomer inmiddels begonnen. De lucht was dreigend, somber grijs en zelfs het licht had iets grauws, iets vuils. Het was dus niet zo vreemd dat de mensen niet met hun camera's in de weer waren.

Het betekende ook voor mij dat mijn gebruikelijke vorm van afleiding, fotograferen, geen optie was. Het was meestentijds te nat om het risico te nemen mijn dierbare camera mee naar buiten te nemen. Het was inmiddels een oud ding – ik had hem voor mijn achttiende verjaardag gekregen – en hij haperde nogal eens. Ik wist dat hij door regenwater gemakkelijk helemaal kapot kon gaan. Ik wist ook dat ik hem gemakkelijk kon vervangen, want Nick zou me flinke korting op een camera uit zijn winkel hebben gegeven. Toch bleef ik hem koppig gebruiken, vermoedelijk uit bijgelovigheid. Dit was de camera waarmee ik de ene na de andere foto van mam had gemaakt en ik had mezelf wijsgemaakt dat er een laatste beeld van haar in de zwarte kast aanwezig was. Bovendien lag het ding lekker in de hand, alsof het zich naar mijn handen had gevormd, of ik mij naar de camera, een onmogelijke transmutatie.

Ik had iets anders nodig om me af te leiden. Op een dag nam ik, bijna zonder te beseffen wat ik deed, de metro naar Green Park en liep ik de Royal Academy binnen. Pas toen ik in de foyer met mijn ogen stond te knipperen in het felle licht dat zo'n sterk contrast vormde met de miezerige dag buiten, begreep ik waarom ik daar was. Ik was gekomen om naar het werk van de kunstenaar te kijken die plotseling zo belangrijk voor me was geworden.

Ik was onder de indruk van wat ik vond. Ik was vaag bekend geweest met het werk van Stafford en ik denk dat ik gemakkelijk een van zijn werken zou hebben herkend als ik die ergens zag hangen. In elk geval een van de recentere stukken. Maar hier hingen veel oudere werken, die duisterder en revolutionairder waren dan ik zou hebben verwacht, evenals werken met humor en sereniteit. En van een grote verscheidenheid. Hij gaf de voorkeur aan houtskool en pen en inkt voor schetsen en aan olieverf voor schilderijen, maar er hingen ook pastels, aquarellen, collages. Wat ze met elkaar verbond was misschien vooral het ongelooflijke zelfvertrouwen, de vloeiende lijnen, en de emotionele impact die elk werk had. Ik kon niet precies aangeven wat ik voelde bij het tafereel van een New Yorkse straat, misschien omdat het een complexe mengelmoes van emoties opriep. Medelijden met de dronken of dakloze mannen die ineengedoken op de stoep zaten, bewondering voor de purperachtige suggestie van de schemering, de slim aangebrachte speldenprikken van licht die het invallen van een nieuwe avond suggereerden, vol mogelijkheden voor de mannen en vrouwen die in hun mooie kleren langs minderbedeelden liepen. Ik kon maar niet beslissen of ik het nou mooi vond of niet, het maakte dat je je ongemakkelijk voelde. Dat was ongetwijfeld precies de bedoeling... weer een bewijs van de vaardigheid van de kunstenaar.

En het uitzicht op een kalme zee. Dat was vast en zeker de Middellandse Zee, dacht ik. Vanuit de ene invalshoek bekeken verhaalde het van een verrukkelijk alleen-zijn. Vanuit een andere kreeg die eenzaamheid iets melancholieks. Misschien was het uiteindelijk toch afhankelijk van wat je er zelf van maakte, wat je er van jezelf in stopte.

De volgende dag ging ik naar de bibliotheek, waar ik een boek over Thomas Stafford uit de kast haalde. Het beweerde een geïllustreerde biografie te zijn, maar de tekst was teleurstellend mager. Het gedeelte 'vroege jaren' was erg oppervlakkig en er werd slechts summier melding gemaakt van zijn tijd in Oxford, waar de kunstenaar kennelijk lid was geworden van een kunstkring voor studenten. Tot mijn frustratie kon ik niets vinden over een vrouw die Célia heette, maar ook niets over andere vrouwen, tot het gedeelte over zijn huwelijk met een Corsicaanse vrouw die Elodia heette. Het volgende boek leverde nauwelijks iets meer op. Er was echter wel één alinea die me aan het denken zette.

Aangenomen wordt dat er een aantal onbekende werken van de vroege jaren zijn, toen de kunstenaar nog aan Oxford University studeerde. Er gaan geruchten dat die het product zijn van een emotioneel en creatief bijzonder belangrijke periode in Staffords leven. Geen van die werken – als ze al bestaan – is echter in openbaar bezit. De vroegste bekende werken dateren van halverwege de jaren dertig, al ligt het voor de hand dat Stafford al voor die tijd productief was. Op het moment van publicatie kunnen we alleen maar hopen dat die waarschijnlijk eerste werken ooit boven water zullen komen en meer licht zullen werpen op de creatieve beginperiode van zijn buitengewone artistieke carrière.

De vroegste bekende werken dateren van halverwege de jaren dertig. Nu begreep ik waarom Agnes zo opgetogen was geweest. De tekening die ik in mijn bezit had stamde uit 1929, meer dan vijf jaar eerder. Toch was het niet zozeer opgetogenheid als wel een zekere ontzetting die ik bij dat besef voelde. Hield het ontbreken van die stukken wellicht in dat iemand gewoon niet wilde dat ze werden gevonden?

Op zaterdag diezelfde week kwam er ten slotte een eind aan het slechte weer. Het was mijn vrije dag, dus ik pakte mijn camera en fietste over het pad langs de Theems naar Richmond. Het was echter een trieste, nevelige dag en ik wist dat de foto's die ik maakte op z'n best middelmatig zouden zijn. Gefrustreerd fietste ik weer naar huis.

Toen ik binnenkwam, knipperde het lampje van de voicemail. Ik beluisterde het bericht en mijn hart bonkte plotseling in mijn oren, zo hard dat ik bijna niets anders meer hoorde. Het was Agnes. 'Ik heb misschien een mogelijkheid gevonden,' zei ze cryptisch.

Ik belde haar terug.

'O, mooi,' zei ze zodra ze mijn stem hoorde. 'Ik zit al de hele morgen bij de telefoon.' Ze zweeg even. 'Ik hoor dit eigenlijk niet te doen. Het is volstrekt onprofessioneel, weet je, maar onder de omstandigheden...' Ze ging zachter praten, samenzweerderig. 'Ik kan je het adres van zijn zus geven. Ze heeft een liefdadigheidsinstelling opgericht die gevangenen een kunstbeurs verleent. Een vriend van me heeft enkele van de gelukkigen in zijn galerie laten exposeren en heeft me het adres gegeven.' Ze lachte kort en enthousiast. 'Ik heb hem wijsgemaakt dat ik contact met haar wilde opnemen voor een nieuw project, anders had hij het me ongetwijfeld niet gegeven. Vertel dus als het even kan niet hoe je eraan bent gekomen.' Ze las me het adres voor. 'Geen telefoonnummer, dus je zult naar haar toe moeten gaan om het uit te leggen.'

'Zomaar langsgaan?'

'Ja, ik denk het wel. Ze is je beste kans als je hem rechtstreeks wilt bereiken. Als je de weg volgt van de verzamelaars – en daarbij iemand anders ervan op de hoogte stelt dat je dit werk in handen hebt – raak je alleen maar verstrikt in papierwerk en financiële zaken.'

Dit was het dan, dacht ik toen ik de telefoon neerlegde, een eind aan mijn machteloosheid, mijn kans om tot handelen over te gaan. Maar daarmee keerde ook de twijfel terug. Ik zou mam er natuurlijk op geen enkele manier mee helpen als ik dit ging doen. Belangrijker nog, zou mam gewild hebben dat ik het deed? De ene keer dat we het erover hadden gehad, had ze heel stellig gezegd dat ze geen belangstelling had voor haar biologische ouders.

Toch kon ik me niet voorstellen dat ik nu zou opgeven. Ik denk dat ik vooral gedreven werd door de hoop iets te zullen vinden waardoor ik me niet meer zo alleen zou voelen. Voor iemand zonder familie was het vooruitzicht iets over deze vrouw – en de gedeelde geschiedenis waarvan ze deel had uitgemaakt – te weten te komen, onweerstaanbaar.

En dus ging ik naar Staffords zus, mevrouw Delaney, in het victoriaanse gebouw vlak bij Upper Street waar ze woonde. Ik moest zo lang wachten nadat ik had aangeklopt dat ik me al begon af te vragen of er wel iemand thuis was, maar net toen ik me omdraaide om weg te gaan, werd er opengedaan.

'Neem me niet kwalijk,' zei ze, 'ik zat televisie te kijken met mijn kleinkinderen en hij stond nogal hard. Het duurde even voor ik me realiseerde dat het geluid niet van de televisie kwam.'

'Mijn naam is Kate Darling,' zei ik. 'Ik kom u om hulp vragen. Het gaat over een kunstwerkje...'

'Prima,' zei ze tot mijn verbazing en ze nodigde me meteen uit om binnen te komen.

Ik was zo verrast door die vlotte acceptatie dat ik een paar seconden op de drempel bleef staan aarzelen. Ik had tijdens de reis naar Islington precies voorbereid wat ik zou zeggen, manieren bedacht om Agnes' aandeel te verhullen en bedacht hoe ik precies de aanloop naar het belangrijkste gespreksonderwerp zou nemen. Maar dat bleek allemaal overbodig.

Mevrouw Delaney ging me meteen voor naar de keuken achter in het huis. De twee kleinkinderen zaten kennelijk een film te kijken in de woonkamer die uitkwam op de gang. Lawaai en tienergelach sloegen als een golf over me heen toen ik het huis betrad en ik wapende me er onwillekeurig tegen. Ik was zo gewend geraakt aan de stilte van het huis in Battersea, dat het bijna voelde als een aanval.

Mevrouw Delaney was ondanks haar leeftijd vitaal en liep rechtop. Ze had zo'n uiterlijk dat alleen maar knapper werd naarmate je ouder werd en waaraan de ingewikkelde landkaart van lijntjes op haar huid geen afbreuk aan deed. De ogen waren het meest opvallende kenmerk: blauw als die van een wolf, maar onmiskenbaar vriendelijk. Toch werd ik enigszins nerveus door haar blik. Ze zag te veel naar mijn gevoel.

'Nou,' zei ze, 'wat kan ik voor je doen?'

Ik had er van tevoren over gepiekerd hoeveel ik haar moest vertellen, vooral omdat ik zelf zo weinig wist. 'Ik moet contact opnemen met uw broer,' begon ik, maar zweeg toen. Nee... dat was helemaal niet zoals ik het had gepland. Ik probeerde het opnieuw: 'Ik probeer meer te weten te komen over iemand die uw broer heeft gekend.' Mevrouw Delaney wachtte geduldig terwijl ik naar een manier zocht om door te gaan.

Uiteindelijk haalde ik maar gewoon de tekening uit mijn tas. Ik hield haar die voor en zag haar even schrikken toen ze er goed naar keek en de initialen onder in de hoek zag.

'Hoe bent u hier aan gekomen?' vroeg ze zacht.

'Het is al een hele tijd in mijn familie.' Ik hoopte dat dat genoeg zou zijn. Tot mijn opluchting leek ze het te accepteren. Ze nam de tekening zwijgend van me aan en de keukenklok tikte twee volle minuten weg terwijl ze die bestudeerde. Eindelijk verbrak ik, enigszins van mijn stuk gebracht, de stilte. 'Ik probeer iets over haar te weten te komen, de vrouw die hij heeft getekend.'

'Nou,' zei ze, terwijl ze de tekening nog steeds bestudeerde, alsof ze haar ogen er niet van kon afwenden, 'dit is... nogal onverwachts. Ik moet toegeven dat ik niet verwachtte dat het over mijn broers werk zou gaan. De meeste mensen brengen ons niet met elkaar in verband, omdat we niet dezelfde achternaam hebben. Ik dacht eigenlijk dat het iets te maken zou hebben met Het Canvas Voorbij, de liefdadigheidsinstelling waarvoor ik werk.' Toen keek ze me aan. 'Ik neem aan dat je zo aan mijn adres bent gekomen... via iemand daar?' Het klonk niet als een beschuldiging, maar toch voelde ik mijn wangen warm worden van schaamte. Ik knikte.

'Maar goed,' zei ze, en ze maakte een gebaar alsof het er niet toe deed, 'hoe je er ook aan bent gekomen, ik geloof wel dat ik zie hoe belangrijk dit voor je is. En mijn antwoord is ja.'

'Pardon?' vroeg ik, nogal onnozel.

'Ik bedoel dat ik je zal helpen contact met hem op te nemen. Dat was toch je vraag, of niet?'

'O... nou, dank u. Ik...'

'Je moet hem schrijven,' zei ze. 'En ik vind dat je de tekening moet meesturen.'

'Nee... dat kan ik niet doen.' Het kwam er feller uit dan ik had verwacht en leek misplaatst. Het was immers haar broers werk. Ik probeerde het uit te leggen. 'Sorry,' zei ik, 'maar ik kan de gedachte het kwijt te raken niet verdragen.'

Ze knikte. 'Goed, een fotokopie ervan dan. Ik vergeet soms dat die moderne alternatieven er zijn. Maar als ik mijn broer ken is het een tekening die zijn aandacht zal trekken.'

Ze liet me uit. 'Tot ziens dan, Kate Darling.' Ze schonk me een snelle glimlach. 'Succes.'

In de metro op weg terug naar huis bedacht ik wat het zou kunnen betekenen dat ik het adres van Thomas Stafford had. Wilde ik dit draadje volgen terwijl ik niet wist waarheen het zou leiden? Weer had ik het gevoel dat ik al met me meedroeg sinds Evie zich tegenover me had uitgesproken, dat ze mam bijna zonder het te weten tegen haar eigen verleden had beschermd. Ik dacht aan wat de meisjes in het weeshuis hadden beschreven. De vrouw die de baby voor de deur had achtergelaten zonder daarna nog om te kijken, zelfs zonder aan te bellen. Wie deed haar kind nou zoiets aan? Wat nou als ik iets vreselijks ontdekte, dat eenmaal boven water gehaald niet meer kon worden verborgen of vergeten?

Toen hoorde ik echter een opstandige stem in mijn hoofd. *Het is aan jou*, fluisterde die. *Jij bent de enige die er nog over kan beslissen.*

Tegen de tijd dat ik thuiskwam had ik mijn besluit genomen. Ik zou de brief schrijven en ik zou het op een na beste doen met de tekening, namelijk er een foto van maken en die meesturen. Ik maakte er verschillende in de keuken, omdat het licht daar goed was en ontwikkelde ze met zorg in mijn donkere kamer. Ze waren allemaal behoorlijk goed, maar ik koos de foto waarop haar gezichtsuitdrukking het beste uitkwam: de zuinige glimlach, de licht opgetrokken wenkbrauw.

Ik probeerde de brief kort en zakelijk te houden en weerstond de verleiding mijn spanning en hoop erin te laten doorklinken.

Geachte heer Stafford,
Verontschuldig me alstublieft dat ik u op deze manier schrijf, maar ik heb uw adres gekregen van uw zus, mevrouw Delaney, en ik hoop dat u me kunt helpen met iets wat me erg na aan het hart

ligt. Ingesloten treft u een foto aan van een werk dat, naar ik geloof, van uw hand is. Ik heb het onlangs in mijn bezit gekregen, samen met een brief die ongeveer dertig jaar geleden werd verzonden door een vrouw die beweerde mijn moeder het leven te hebben geschonken. De brief was geadresseerd aan mijn adoptiegrootmoeder en simpelweg ondertekend met 'Célia'. Célia vroeg daarin of ze mijn moeder kon ontmoeten... een verzoek waaraan nooit gehoor is gegeven. Mijn moeder, de ballerina June Darling, overleed vorig jaar zonder hier iets van te hebben geweten.

Als de tekening inderdaad uw werk is, weet u dan misschien iets over de vrouw die erop staat? De gelijkenis met mijn moeder is verbijsterend en bewijst naar mijn idee de waarheid van de bewering in de brief. Ik zou heel graag alles van u horen wat u weet of wat u zich nog herinnert. U bent, denk ik, de enige persoon die me kan helpen, die me iets kan vertellen over wie ze was.

Hoogachtend,
Kate Darling

Ik vermeldde mijn adres en telefoonnummer. Mijn hand beefde toen ik de envelop in de brievenbus deed.

Ik hoorde een paar weken niets. Ik was extreem oplettend. Mijn hoop – een stille, maar vertwijfelde hoop – was sterk. Elke dag, zodra de postbode er was, rende ik de trap af en keek ik naar de brieven die door de deur kwamen, soms ving ik ze zelfs op voordat ze op de mat vielen. Ik was abnormaal geïrriteerd als de postbode later kwam dan gewoonlijk, al was het maar een paar minuten.

Nick wist dat er iets aan de hand was want ik was lusteloos en afwezig tijdens mijn werk. Zelfs een uitstapje naar het nabije Cadogan Arms voor een 'medicinaal' glaasje wijn hielp niet. Hij vroeg of ik misschien ergens over wilde praten. Hij wist van Evie en dacht waarschijnlijk dat het met haar te maken had. Ik wilde echter niet praten. Ik wilde namelijk niet uitleggen dat nog iets anders dan het verlies van Evie me bezighield. En ik voelde, hoe dwaas het ook was, een bijgelovige angst dat het ongeluk zou brengen als ik erover praatte.

Ik denk dat het vaak zo gaat. Je wacht en hoopt, tot je hoop uiteindelijk tevergeefs lijkt en datgene wat je wilt onmogelijk lijkt. Dan probeer je het te vergeten, door te gaan. En soms, als je dat hele pijnlijke proces hebt doorstaan, gebeurt het dan door een of andere vreemde tovenarij alsnog.

Het antwoord kwam, zomaar. Juist die keer had ik de post niet zachtjes op de vloer horen vallen. Ik was niet eens thuis, want ik was melk en de kranten gaan halen. Toen ik terugkwam, lag hij daar. Een kleine witte envelop, beschreven in een onbekend handschrift en met een buitenlandse postzegel erop. Onhandig maakte ik hem open.

Beste Kate (als ik dat mag zeggen),
Vergeef me alsjeblieft dat ik pas zo laat antwoord. De post doet er hier buitengewoon lang over omdat het huis nogal afgelegen ligt. Het heeft me ook wat tijd gekost om mijn gedachten goed op een rijtje te zetten voordat ik kon gaan zitten schrijven. Ik moet eerlijk zeggen dat je brief en de foto me enigszins van streek hebben gemaakt. Ik had nooit gedacht die tekening nog terug te zullen zien.

Ik vind dat je naar Corsica moet komen. Heb je daar tijd voor? Ik geloof dat we veel te bespreken hebben, dingen die niet zomaar per brief afgehandeld kunnen worden.

Weet alsjeblieft dat, als je besluit te komen, je je niet druk hoeft te maken over accommodatie: je zou mijn gast zijn in het Maison du Vente. Het is niet vreselijk chic, maar ik denk wel dat je het comfortabel zult vinden.

Ik hoop dat het bijgevoegde zal helpen. Het is, dunkt me, voldoende voor de kosten van een vlucht naar het eiland. Misschien een vreemd idee, maar we hebben hier geen telefoon. Dus als je genegen bent mijn aanbod te aanvaarden (al begrijp ik dat het misschien moeilijk zal zijn om voldoende tijd vrij te maken voor een bezoek) stuur me dan alsjeblieft bericht wanneer je verwacht aan te komen, dan zorg ik dat er op het vliegveld iemand op je wacht.

Als je niet gebonden bent aan tijd, zou ik adviseren dat je een enkele vlucht boekt en hier ter plaatse besluit wanneer je een vlucht terug wilt boeken. Ik denk dat hetgeen we te bespreken hebben, ons wel wat tijd zal kosten. Ik wacht je antwoord af, Kate en ik hoop – nee, meer dan dat – dat je ons zo snel mogelijk zult komen opzoeken.

Hartelijke groet,
Thomas Stafford

Toen de cheque in mijn hand viel, zakte ik pardoes op de bank neer en staarde ik er verbijsterd naar. Hij was voor een bedrag van duizend pond.

DEEL 2

De logica van een sprookje

6

Corsica, augustus 1986

De hitte was drukkend, tastbaar, en door de ramen van de aankomsthal zag ik de lucht trillen boven de droge aarde. Toen ik uit het vliegtuig was gestapt, had ik onmiddellijk het zweet op mijn gezicht en tussen mijn schouderbladen voelen kriebelen. De Corsicaanse lucht was precies zoals op die poster in de metro: van een vlekkeloos blauw dat zich als een spinnaker naar de lichte horizon uitstrekte. De geur van het eiland was overal merkbaar, zelfs in het luchthavengebouw: kruidig, harsachtig, zwaar. Ik dacht aan het voor het jaargetijde abnormaal natte Londen dat ik had achtergelaten, de metaalachtige geur van nat asfalt, de laaghangende monochrome bewolking. En toch verlangde iets in mij ernaar weer de trap naar het vliegtuig op te rennen en de bemanning te smeken me mee terug te nemen.

Stafford had in zijn brief uitgelegd dat iemand me zou komen afhalen, maar niet gezegd wie ik kon verwachten. Aan de andere kant van het hek stond een rij wachtende taxichauffeurs en familieleden. Ik keek naar de bordjes, maar zag nergens mijn naam. Op dat moment realiseerde ik me dat ik niet eens een telefoonnummer had dat ik kon bellen als er niemand kwam opdagen. Alleen de naam van het huis, ergens op het eiland. Het absurde van de situatie drong opnieuw tot me door. Als dit van Staffords kant nou eens gewoon een dure grap was en ik hier oneindig lang moest blijven wachten? Het vergde minder van mijn fantasie om dat te geloven dan om aan te nemen dat hij, een wereldberoemde kunstenaar, me had uitgenodigd bij hem te komen logeren.

Toen zei een stem: 'Kate Darling?'

Ik draaide me om en zag een lange man, zo te zien niet veel ouder dan ik, met zwart haar in die ongebruikelijke tint die niets van bruin heeft, het blauwzwart van de veer van een raaf.

'Ik ben Oliver,' zei hij bij wijze van begroeting en hij keek niet bijzonder blij terwijl hij mijn koffers oppakte. Toen gebaarde hij naar de glazen deuren. 'Mijn auto staat daar.'

Zijn accent intrigeerde me. Het was onberispelijk, bijna ouderwets, wat het vreemd genoeg iets buitenlands gaf. Toen ik achter hem aan naar de parkeerplaats liep, realiseerde ik me dat hij niet had uitgelegd wie hij was en ik had niet het gevoel ernaar te kunnen vragen. Dit was geen goed begin. Ik had gehoopt dat mijn twijfels op wonderbaarlijke wijze zouden verdwijnen zodra ik op Corsica was, dat ik van een hernieuwd zelfvertrouwen en vastberadenheid vervuld zou worden. Door dit niet bepaald vriendelijke welkom was mijn bezorgdheid echter alleen maar toegenomen.

De auto was een oude, mintgroene 2CV, als een met roest bespikkelde oude appel. De man, Oliver, leek daarnaast uit de toon te vallen: hij was te lang en te serieus voor zo'n klein, vrolijk uitziend voertuig en ik zou waarschijnlijk hebben geglimlacht om het contrast als ik niet zo gespannen was geweest.

De lange, lage gebouwen van de luchthaven maakten al snel plaats voor een nieuwe omgeving: steil en dor, de weg een stoffig lint met aan weerszijden droge doornstruiken. We reden over de ruggengraat van Corsica, zei Oliver, een bergketen die zich over het hele eiland uitstrekte. De auto denderde voort met wat mij een gevaarlijke snelheid leek en achter ons wervelden stofwolken op. We zagen een hele tijd geen tekenen van beschaving. Toen dook er op de top van de volgende helling plotseling een man op, die aan de andere kant van de weg in onze richting rende. Hij had geen shirt aan, zijn borst was tot een diepe mahoniekleur gebruind en zijn huid glom van het zweet. We moesten een heel eind van het vorige dorp verwijderd zijn. Ik keek naar hem en draaide me verbijsterd om om hem aan de steile helling te zien beginnen die de auto net was afgedaald.

'Corsicanen zijn een sterk volk,' zei Oliver met een onmiskenbaar trotse ondertoon in zijn stem. Was hij Corsicaans? Ik vroeg me opnieuw af wat zijn connectie met Stafford was. Was hij wellicht een personeelslid, een protegé... misschien zelfs een minnaar? Ik wist dat Stafford een vrouw had gehad, maar dat wilde niets zeggen. Ik bestudeerde zijn profiel en dacht daarover na.

Op dat moment draaide hij zijn hoofd naar me om en zag hij dat ik naar hem keek, dus ik wendde snel mijn blik af. Ik concentreerde me resoluut op het uitzicht door het zijraam en liet de wind het vochtige haar van mijn voorhoofd wegblazen en mijn verhitte huid afkoelen.

Plotseling dook voor ons aan de horizon de zee op: een strook fel glinsterend blauw tussen de toppen van twee bergen die haar leken te bewaken. Het leek eerst gezichtsbegoocheling. Het uitzicht was zo majestueus dat mijn vingers jeukten om mijn camera te pakken – die diep in mijn rugzak zat – en als ik dapperder was geweest had ik hem gevraagd te stoppen.

Het dorre landschap maakte geleidelijk plaats voor wijngaarden, zo ver als het oog reikte. De geur van kruiden werd sterker en ik rook zout in de lucht. Ik vroeg me af of je dat zou kunnen proeven in de wijn die werd gemaakt van de druiven die om ons heen groeiden. Het uitzicht op de kust werd niet onderbroken en ik kon tot aan de plek kijken waar de grote brok grauwe rots die het eiland was in steile klippen eindigde waar zich enkele verspreide gebouwen als wit korstmos aan vastklampten.

'Bonifacio,' zei Oliver.

Ik rekte mijn hals om het allemaal te kunnen zien. Hiervandaan leek het of het hele dorp elk moment in de Middellandse Zee kon storten. 'Je hebt er vast ongelooflijke uitzichten.'

Hij haalde zijn schouders op. 'Het uitzicht vanaf het huis is mooier.'

We reden nog ongeveer een halfuur door tot aan een splitsing in de weg, vanwaar we twintig minuten langzaam over een pad vol kuilen hobbelden. Net toen ik me begon af te vragen of ik het gehots zelfs nog een minuut langer zou kunnen verdragen, waren we er.

Het Maison du Vente bekroonde de overhangende rotspartij waarop het stond als een citadel, hoog boven het diepe, kalme blauw van de Middellandse Zee. Eronder lag een rechthoek grind waar Oliver de auto naast een nog ouder vervoermiddel parkeerde. Het was een driewielertruck van bijna speelgoedafmetingen. Een uit de rots uitgehakte trap leidde vanaf het pad naar boven. In de spleten tussen de steen groeide rozemarijn.

'Dat is Gerards auto,' zei Oliver, naar de truck wijzend. 'Hij is het manusje-van-alles hier. Zijn vrouw Marie is de huishoudster.'

Alsof ze was aangeroepen verscheen een kleine, donkere, forse vrouw boven aan de trap die iets onverstaanbaars over haar schouder naar binnen riep alvorens zich naar ons toe te haasten. Ze droeg een smetteloos witte jurk van stugge katoen, die scherp afstak bij haar zongebruinde huid. Toen ze dichterbij kwam, zag ik dat ze ouder was dan ze van een afstand had geleken. Ze was zestig of misschien nog iets ouder, maar alles aan haar – de sterke handen en plompe armen, het dikke zwarte haar dat op haar hoofd in een knot gedraaid was – deed de kracht en vitaliteit van een veel jongere vrouw vermoeden.

'Welkom, welkom.' Ze sprak met zo'n zwaar accent dat ik eerst dacht dat de woorden in een andere taal waren. Ze stond erop een van mijn koffers van het rek op het dak van de auto te halen en pakte die onder haar arm alsof hij niets woog. Toen draaide ze zich om en liep ze de trap weer op. Oliver pakte mijn andere koffer, waardoor ik nogal nutteloos met mijn armen zwaaiend achter hem aan naar boven liep.

Boven liepen we om een muur heen een terras op dat uit dezelfde brokken steen was gemaakt als het huis. Ik zag meteen dat het niet draaide om de villa, een laag gebouw met plat dak. Het draaide om het uitzicht. Het was alsof je vanuit het hoge nest van een klifvogel omlaagkeek: een onmogelijk perspectief. Ik zag in de verte een boot als een klein wit kruimeltje langzaam over het kalme blauwe watertapijt voortglijden. Het was niet moeilijk te begrijpen waarom Stafford ervoor had gekozen deze plek tot zijn thuis te maken, en ook niet waarom hij die bijna nooit verliet. We bleven even gedrieën naar de zee staan turen en zelfs Marie, van wie ik gedacht zou hebben dat ze er inmiddels aan gewend was geraakt, leek een pauze te nemen. Misschien raak je wel nooit aan zoiets moois gewend. Toen ging de deur achter ons open en stapte Thomas Stafford het zonlicht in.

Ik had natuurlijk foto's van hem gezien, maar zelfs ik moet toegeven dat foto's niet altijd volstaan om iemands ware wezen over te brengen. Ik denk dat ik had verwacht dat hij er excentrieker zou uitzien, misschien zelfs het cliché van een artistiekeling: kleren vol verfspetters, ruige haren. Stafford was echter lang en elegant, en gekleed in licht linnen. Zijn witte en nog steeds dikke haar was achterovergekamd. Zijn gelaatsuitdrukking toen hij me aankeek was het enige aan hem dat verward was. Ik had me nooit zo nauwkeurig bekeken gevoeld als onder zijn intense blik.

'Mijn god.' Hij fluisterde het zo zacht dat ik eerst niet zeker wist of ik het me niet had verbeeld. Maar toen hij dichterbij kwam, sprak hij weer. 'Buitengewoon...' zei hij, '... eigenaardig.' Ik wendde verlegen mijn blik af toen ik zag dat hij tranen in zijn ogen had. Na een poos vermande hij zich. 'Neem me niet kwalijk,' zei hij, met vastere stem, 'ik geloof dat ik me niet erg netjes gedraag. Ik zou gewoon heel even hebben durven zweren...' Hij schudde zijn hoofd en glimlachte behoedzaam. 'Ik weet niet wat me bezielde. Vergeef een dwaze oude man, alsjeblieft. En welkom, juffrouw Darling.' De kwetsbare persoon die ik even had gezien was meteen verdwenen en Stafford had zichzelf weer in de hand. 'U hebt Marie al ontmoet,' zei hij wijzend, 'en Oliver, die... eh... die schijnt te zijn verdwenen.' Oliver was inderdaad nergens meer te bekennen.

'Noem me alstublieft Kate,' zei ik, en veel meer wist ik niet uit te brengen. Er kwam iets in me naar boven waardoor ik me plotseling overweldigd voelde. Ik weet niet wat het was: de vreemde situatie misschien, of Staffords reactie op mij. Ik wankelde en deed mijn ogen dicht in een poging me te herstellen.

Stafford keek bezorgd. 'Gaat het?'

Ik schudde mijn hoofd en voelde me dwaas. 'Het komt door de hitte,' zei ik, 'en ik heb vannacht niet bepaald goed geslapen. Dit alles is nogal overweldigend.' Ik gebaarde naar de omgeving.

'Ik geloof,' zei Stafford, 'dat we eerst maar eens een paar minuten moeten gaan zitten.'

Hij nam me mee naar een ijzeren tafeltje en trok een stoel voor me bij. Ik liet me er dankbaar op neerzakken en hij nam tegenover me plaats. Ik had niet eens gemerkt dat Marie weg was gegaan, maar ze kwam een paar minuten later terug met thee. Ondanks de warmte van de dag was die vreemd verfrissend en vertroostend.

Stafford keek me peinzend aan. 'Je moet het afgelopen jaar heel wat hebben meegemaakt,' zei hij. 'En nu dit. Kate... ik wil dat je weet hoe erg ik het vond te horen dat je moeder was overleden. Ik heb haar zien dansen, weet je, als Julia. Ik moet toegeven dat ik voor die tijd nooit veel aan ballet had gevonden – ik had altijd veel meer belangstelling voor opera – maar ze danste haar rol zo prachtig, zo gracieus, dat ik bij de laatste scène tranen in mijn ogen voelde.' Hij glimlachte vriendelijk. 'Ik besef dat de herinnering van een oude man waarschijnlijk niet veel voor je betekent, maar... ik vond toch dat ik het je moest vertellen. Ze was fantastisch.'

Zijn vriendelijkheid had een verlammend effect op me. Ik voelde iets in me breken en raakte in paniek, bang dat ik zou gaan huilen. Met grote inspanning wist ik mezelf weer onder controle te krijgen. Ik nipte voorzichtig van mijn thee, keek naar de vorderingen van het bootje in de verte en merkte dat ik geleidelijk tot rust kwam.

Toen hij ervan overtuigd leek dat ik me voldoende had hersteld, bood Stafford aan me een rondleiding te geven. Het oudste deel van het huis, zo legde hij uit, had zo'n driehonderd jaar geleden aan een Genuese edelman toebehoord. Het was een plek geweest waar de man zich met zijn gezin kon terugtrekken, gemodelleerd naar een eenvoudige boerenwoning, maar dan diverse malen groter. Het gebouw was volkomen vervallen geweest toen Stafford en wijlen zijn vrouw Elodia het tijdens een wandeling langs dit deel van de kust toevallig hadden zien staan. Destijds was het nauwelijks te bereiken geweest door de dichte braamstruiken en klimop die zich strak om het gebouw hadden gewikkeld en de stenen trap die de enige toegang vormde helemaal aan het zicht hadden onttrokken.

'Het is een nooit-eindigend project,' zei Stafford. 'Elk jaar is er wel weer een ander stuk versleten pleisterwerk dat moet worden opgelapt of een stenen muur die moet worden gerepareerd. Allemaal maatregelen om te voorkomen dat het hele gebouw in zee stort. Ik word er waarschijnlijk te oud voor, maar ik kan het niet laten want ik ben verliefd op dit huis. Het ziet er bijna uit alsof het *wíl* vallen, vind je niet? Dat heeft me hier altijd zo van aangesproken, het drama, de stoerheid. Elodia dacht dat ik gek was geworden toen ik mijn zinnen erop had gezet, hoewel ze er uiteindelijk nog meer van ging houden dan ik. Haar familie was door en door Corsicaans. Ze konden hun voorouders terugvoeren tot de tijd van de Genuese heerschappij over het eiland. Dus voor haar betekende het hier wonen dat ze nog sterker verbonden was met haar vaderland, met haar geschiedenis.'

Aan de andere kant had het door de zon gebleekte oude gebouw een bijzonder toevoeging gekregen, zag ik: een aanbouw van glas en chroom die door de vakkundigheid van de architect toch niet vloekte met de oude stenen. Stafford legde uit dat het zijn nieuwe atelier was. 'Oliver heeft het voor me gebouwd. Hij is architect.'

'Het is prachtig.'

'Je zou kunnen zeggen dat het zijn handelsmerk is geworden, het oude te verenigen met het nieuwe. Een verfijnde kunst om die twee samen te laten smelten.'

'Hebt u hem daarvoor ingehuurd?'

'Nee.' Hij keek me vorsend aan. 'Dat was niet nodig.'

'O, ik begrijp het.' Alleen was dat niet zo.

Stafford keek me aan en lachte toen. Een zorgeloze lach die jong en krachtig klonk. 'Oliver is mijn kleinzoon.'

De verbazing moet van mijn gezicht af te lezen zijn geweest, want Stafford lachte weer en schudde zijn hoofd. 'Ik denk dat hij je dat niet heeft verteld.'

'Nee.'

'Tja, dat is typisch Oliver. Hij is altijd al een man van weinig woorden geweest.'

'Hij lijkt niet op u.'

'Nee, dat klopt,' zei Stafford.

Ik geneerde me omdat ik me te laat had gerealiseerd hoe onbeschoft dat klonk en bedacht wat ik nog kon zeggen. 'Woont hij hier?'

'Meestal niet. Parijs is zijn basis. Hij is pas een paar jaar geleden afgestudeerd, maar heeft al diverse grote opdrachten gehad. Zijn gevoel voor esthetiek is geliefd en hij lijkt een evenwicht te hebben gevonden tussen commercieel en avant-garde.'

Ik onderdrukte de gedachte dat het Olivers carrière vast ook geen kwaad had gedaan dat zijn grootvader de positie in de kunstwereld bekleedde die Stafford had.

'Dus hij is hier met vakantie?'

Het bleef net iets te lang stil. 'Ja,' zei Stafford toen. 'Ja, zoiets.' Ik wachtte af of hij nog meer zou zeggen, maar kennelijk was dat alles. Toen vroeg hij me naar mijn bezoek aan mevrouw Delaney. 'Ze heeft me geschreven, weet je,' zei hij.

'O ja?'

'Haar brief kwam maar een paar dagen na de jouwe. Het is echt iets voor Rosa, begrijp je, om te denken dat ze ervoor moest zorgen dat ik deed wat juist was, er niet van overtuigd dat ik dat uit mezelf zou doen.' Hij glimlachte. 'Ze is de best denkbare zus, maar ze is tegelijk om gek van te worden. Maar ja, ze is de oudere zus en ik ben de jongere broer – de benjamin van het gezin – en zo zal het altijd blijven.'

We vervolgden de rondleiding. Beneden de binnenplaats waar we stonden leidde een stenen trap naar een zwembad waarvan ik, vooroverbuigend, alleen een blauwe hoek kon zien.

'Het is verre van groot en nogal koud, vrees ik: het water komt uit het gesteente. Daar was voorheen een bron. Het zat me eerst wel dwars, het idee van water in de klif waarop mijn huis was gebouwd, water dat erdoorheen sijpelde en misschien wel alles ondermijnde, maar het is al eeuwen zo, dus waarom zou er nu iets veranderen? Een oude man hoort zich niet over zulke dingen druk te maken.'

Voorbij het zwembad leidde weer een stenen trap naar een besloten inham. 'Aha,' zei Stafford toen een man boven aan de trap opdook: klein en pezig, van onbestemde leeftijd, met een mager, zongebruind gezicht en een pet op zijn hoofd. 'Hallo, Gerard.' De man zwaaide en grinnikte en liep toen door naar waarheen hij op weg was.

'Daar beneden ligt een roestbak van een vissersboot die je gerust mag gebruiken als hij waterdicht is. Gerard is bezig geweest haar zeewaardig te maken. Misschien kan Oliver je meenemen. Hij vaart er al mee sinds hij klein was, dus hij weet de mooiste plekjes, plekken die alleen vanaf de zee te bereiken zijn.'

Het idee nog meer tijd door te brengen met de zwijgzame Oliver was niet bepaald aanlokkelijk. 'Maar,' zei Stafford tot mijn opluchting, 'daarvoor ben je natuurlijk niet hier.'

7

Stafford en ik aten samen. Oliver kwam soms pas laat naar huis, legde Stafford uit, als hij met zijn camera weg was. Fotografie was namelijk zijn andere passie, naast architectuur. Ik vroeg me vaag nieuwsgierig af wat voor foto's hij zou maken, wat voor invloed zijn architectenblik op de kiek zou hebben.

'Hij gaat er vaak helemaal in op en vergeet dan dat hij ook nog moet eten tot hij bijna van de honger in elkaar zakt,' zei Stafford, 'vooral als het licht zo goed is als nu. Het beste tijdstip om foto's te maken, zegt hij, is 's morgens vroeg of 's avonds, wanneer de schaduwen langer en de kleuren rijker zijn.'

'Hij heeft gelijk,' zei ik. 'Ik fotografeer zelf ook.'

Hij keek me belangstellend aan, net toen Marie ons eten voor ons neerzette: gebakken vis, gekruid met tijm op een hoopje gebakken aardappelen. Stafford schonk de wijn in. Die was Corsicaans en smaakte, vond ik, inderdaad een beetje zout en kruidig.

Toen vroeg Stafford me naar mijn werk. Ik vertelde er uitgebreider over dan ik van plan was geweest. Iets in zijn houding – belangstellend zonder veeleisend te zijn – hield me aan de praat.

'Ik vind het werk in de winkel heus wel leuk,' zei ik, 'en ik mag mijn baas erg graag. Ik weet dat ik van geluk mag spreken dat ik iets doe wat in elk geval zijdelings te maken heeft met wat ik eigenlijk zou willen doen, maar ik ben zevenentwintig. Ik denk dat ik had gehoopt dat ik inmiddels meer zou doen, iets belangrijks. Toen... nou ja, toen mam zo oud was als ik, was ze al acht jaar prima ballerina.' Ik vertelde hem zelfs over mijn heimelijke angst dat ik misschien niet goed genoeg was om het echt te maken.

Ik verwachtte dat Stafford zou lachen en zeggen dat ik nog jong was, dat ik gewoon geduld moest hebben, het standaardantwoord van mensen die hebben bereikt wat ze wilden bereiken, voor wie het, vanuit het perspectief dat het succes hun verleent, gemakkelijk lijkt. Hij dacht er echter serieus over na. 'Ik weet dat het moeilijk is,' zei hij. 'Geloof me, ik heb het ook meegemaakt. Het belangrijkste is dat je blijft doen wat je wilt doen, dat je ervoor blijft knokken. Dat is naar mijn mening essentieel. De meesten geven het op als het te moeilijk lijkt.'

Toen stond hij zonder waarschuwing op en verdween hij naar binnen. Toen hij terugkwam, zag ik dat hij iets vasthield, maar ik realiseerde me pas toen hij het op tafel legde dat het de foto was die ik hem had gestuurd.

'Heb je het bij je?' vroeg hij. 'Het origineel?'

Ik pakte de envelop uit mijn tas en gaf die aan hem. Hij haalde het vel papier eruit en legde het voorzichtig op de tafel neer. Heel langzaam streek hij met zijn vinger over de tekening terwijl ik aan mijn stoel gekluisterd zat en het vreemde gevoel had dat ik getuige was van iets wat ik niet geacht werd te zien.

'Toen ik dit tekende,' zei hij ten slotte, 'was ik nog niet waar jij nu bent. Ik wist dat ik dol was op kunst... en ja, ik neem aan dat ik wist dat ik er goed in was. Maar ik had nog niet het lef om te besluiten dat ik er echt iets mee wilde doen.' Hij glimlachte. 'Maar ik had geluk. Ik had iemand die veel meer vertrouwen in mijn kunde had dan ikzelf.' Hij draaide de tekening naar me toe. 'Kate Darling, dit is Alice Eversley.'

Ik keek naar de wereldvreemde blik die ik zo goed had leren kennen, de inktzwarte pupillen. 'Maar ze heet Célia.'

'Nee, dat is niet waar. Of misschien ook wel. Ik denk dat elk mens wel aspecten in zijn karakter heeft die niemand helemaal begrijpt. Wat ik wel weet is dat deze vrouw ooit een meisje was dat Alice heette.' Hij glimlachte alsof hij een binnenpretje had. 'Maar natuurlijk!'

'Wat is er?'

'Ik probeer het al uit te puzzelen sinds ik je brief heb ontvangen, en ik heb het nu pas door. Het zijn de letters van haar naam, maar anders gerangschikt. Dat is ook echt iets voor Alice. We schreven elkaar als kinderen gecodeerde berichten en ze was altijd erg dol op anagrammen.'

'O.' Ik spelde de letters in gedachten en realiseerde me dat hij gelijk had.

Staffords aandacht ging weer naar de tekening. 'Allereerst,' zei hij, 'moet ik je vragen hoe je hieraan bent gekomen.' Zijn vraag klonk niet dwingend, maar hij sprak met een intensiteit die me van mijn stuk bracht.

'Er valt niet veel meer te vertellen dan wat ik u al schreef.' Ik vertelde hem over die vreselijke dag in het verzorgingstehuis, over Evie en haar grote schuldgevoel.

'Wat ze gedaan heeft was in veel opzichten onvergeeflijk,' zei Stafford. 'Hoeveel ze ook van je moeder gehouden mag hebben, het was niet aan haar het geheim te houden.' Ik voelde plotseling de sterke behoefte haar te verdedigen en wilde al reageren toen hij zei: 'Maar het is wel begrijpelijk, vind je ook niet? Ze had haar leven rondom je moeder opgebouwd. Ik stel me zo voor dat de brief haar heel bang maakte. Haar hele levensdoel kon haar plotseling worden ontnomen.'

Ik knikte. 'Ze had een tijdlang een goed excuus om de brieven te negeren,' zei ik. 'Mijn moeder was toen al behoorlijk beroemd. Ik denk dat Evie zichzelf daarom in het begin gemakkelijk wijs kon maken dat de brief was geschreven door een fan die loog in de hoop dicht bij mijn moeder te kunnen komen. Het is nooit een geheim geweest dat mam wees was, ziet u.'

'En toen kwam de tekening,' zei Stafford.

'Ja. En mijn moeder en de vrouw op de tekening... ze zouden één en dezelfde persoon kunnen zijn. Toen Evie hem kreeg, toen mam voor in de twintig was, was het waarschijnlijk nog veel duidelijker.'

Stafford keek me peinzend aan. 'Ik heb foto's van je moeder gezien. En ja, nu zie ik het, hoewel ik vreemd genoeg nooit eerder het verband zou hebben gelegd. Toen ik jou zag, was het anders. Je bent – hoe zal ik het zeggen? – haar exacte evenbeeld zoals ik me haar herinner. Daarom was ik zo verbijsterd toen je de trap op kwam. Dat was een heel vreemd moment voor me.' Hij zuchtte zacht. 'Het is niet mijn bedoeling dat je je ongemakkelijk gaat voelen. Ik ben een oude man en het is allemaal jaren geleden gebeurd. Maar toen jij daar boven aan de trap verscheen, dacht ik dat ik een geest zag. Het dwong me bijna op de knieën. Ze was namelijk de liefde van mijn leven.'

Hertfordshire, augustus 1928

Ze is het: Alice. Onmiskenbaar nu hij het eenmaal doorheeft. De band is weer begonnen te spelen, een ander snel nummer, maar ze verroeren zich geen van beiden. Hij merkt dat hij stompzinnig naar haar staat te glimlachen. Hij zal er wel idioot uitzien met die onnozele grijns en de belachelijke fez op zijn hoofd. Maar ze glimlacht terug en is plotseling weer het meisje van al die jaren geleden.

Ze blijven de hele avond samen. Het is alsof je dronken bent, denkt Tom even, het gevoel dat je je maar op één ding, op één persoon kunt concentreren, al moet de champagne inmiddels wel zijn uitgewerkt. Misschien is het het gevoel dat je die ene ziel hebt teruggevonden die zo duidelijk tot de jouwe spreekt.

Alice is niet meer het meisje dat hij in Winnard Cove heeft ontmoet, ze is een volwassen vrouw, beeldschoon en beschaafd. Toch lijkt ze onder dat nieuwe uiterlijk in essentie onveranderd. Tom herkent in deze Alice hetzelfde verlangen naar avontuur, dezelfde liefde voor het onconventionele, dezelfde scherpe intelligentie die hij bij haar als zesjarige zag.

Hij volgt haar over het bedauwde gras naar een stenen prieel dat aan de andere kant van het meer tussen de bomen verborgen staat. Precies zoals hij haar al lang geleden overal naartoe zou zijn gevolgd.

Ze gaan samen op het stenen bankje zitten en als hij naar haar bleke gezicht kijkt, vertrouwd en vreemd tegelijk, wordt hij overspoeld door herinneringen die hij was kwijtgeraakt, verdwenen in de vage, nostalgische nevel van de vroege kinderjaren. Het lijkt wel of haar aanwezigheid de verloren sleutel naar dat verleden vormt.

Hij herinnert zich nu weer verbazingwekkend helder hoe ze hem al haar favoriete plekjes van Winnard Cove liet zien, hem vertrouwd maakte met de geheimen ervan. De kliffen waar je bij laag water kon komen door rond de scherpe rotsen te klimmen die het strand aan een kant omzoomden. Hij herinnert zich die nu weer: donker en vochtig, met de geluiden van de wind en het water die er vreemd in werden weerkaatst, soms klinkend als het langgerekte gekreun van een dier dat pijn leed of erger nog, de laatste kreet van een stervende.

Alice, zo herinnerde hij zich, had hun bezoeken aan die grotten altijd heel zorgvuldig gepland, precies wetend wanneer haar kindermeisje het minst alert was: na de thee, wanneer de vrouw de walnotentaart zat te verteren waar ze dol op was en hoogstwaarschijnlijk in haar stoel in slaap zou vallen. Een paar keer hadden ze de pech gehad te worden betrapt en flink te worden uitgefoeterd, maar die ervaring was nooit pijnlijk genoeg om de aantrekkingskracht van die donkere grotten en de grenzeloze en beangstigende mogelijkheden ervan teniet te doen. Ze wachtten altijd gewoon een paar dagen voor ze hun expeditie opnieuw ondernamen.

En de kelders van Eversley Hall, denkt hij verrast wanneer de herinnering weer bij hem boven komt. Aan de toegang tot die kelders kleefde een ander gevaar: lady Eversley zelf. Tom had met het scherpe instinct van een kind beseft dat zijn aanwezigheid daar niet op prijs zou worden gesteld. Maar opnieuw was de verleiding te groot om die te negeren. De kelder van het huis van de Staffords in Parson's Green was niet meer dan een gat onder de salon van het huis; amper half manshoog, pikkedonker en teleurstellend klein. De kelders onder Eversley Hall waren van een andere rangorde geweest. Ze waren een doolhof van verschillende vertrekken en gangen en leken bijna net zo groot als het gebouw erboven. Het eerste vertrek werd in beslag genomen door de uitgebreide wijnverzameling van lord Eversley. Daar had Tom voor de allereerste keer de bittere maar vreemd verleidelijke drank geproefd: een Bourgogne van voor zijn geboorte, toen de oude koningin nog leefde. Na slechts een paar slokken daarvan had de wereld nieuwe vormen aangenomen. Ze hadden hallucinerend en allerlei vormen in de schaduwen ziend door het doolhof gerend.

Tom herinnert zich de vertwijfelde hoop dat Alice wanneer ze echt op ontdekkingsreis zou gaan hem zou willen meenemen als lid van haar bemanning. Bij elk van hun expedities probeerde hij haar zijn moed te bewijzen wanneer het tegenzat. Hij kon ook op andere manieren nuttig voor haar zijn. Alice had zijn vaardigheid in het tekenen van plattegronden uitvoerig geprezen. Hij maakte een plattegrond van het strand en de grotten voor haar en ook eentje van die ondergrondse wereld onder het huis. En nog een – veel meer uit zijn verbeelding geboren – van mogelijke smokkelroutes tussen Winnard Cove en Frankrijk. Alice had hem gevraagd ze stuk voor stuk met zijn initialen te signeren, voor het geval hij ooit een beroemd cartograaf zou worden, zei ze.

'Ik heb de plattegronden nog steeds,' zegt ze nu op haar vertrouwde samenzweerderige toon. En ze glimlacht, maar hij ziet aan die glimlach dat de herinneringen ook voor haar gekleurd zijn met verdriet. Het is het besef dat dat verleden slechts gezien kan worden als een vredige, bijna ongelooflijke tijd... een verloren paradijs. Daarna is alles veranderd, voor hen allebei, voor de wereld.

'Mijn moeder hertrouwde,' zegt Alice tegen Tom wanneer hij naar haar familie vraagt, 'niet lang na het einde van de oorlog. Het was alsof ze eerst mijn vader had gehad om voor haar te zorgen, en daarna Archie... en ze een nieuwe beschermer nodig had toen die er allebei niet meer waren. Ik vraag me wel eens af of ze echt wel van hem kan houden, van haar nieuwe man.' Ze kijkt naar Tom, haar gezicht in de schaduw.

'Wat voor man is hij, je stiefvader?'

'Hij is... ambitieus, zou je kunnen zeggen. Probeert het te maken in de politiek.'

Zo te horen passen lady Eversley en hij goed bij elkaar, denkt Tom. 'En je hebt een stiefbroer?'

'Ja. Matthew. Een zuivere kopie van de boze stiefvader... alleen minder charismatisch. Ik zou dat niet moeten zeggen, ik weet het, maar volgens hem verdoe ik mijn tijd met homo's en dégénerés, dus ik zou zeggen dat de gevoelens wederzijds zijn.' Ze lijkt niet genegen verder uit te weiden.

Dan vertelt Alice over haar kinderverdriet om haar echte vader en broer: haar ongeloof over het feit dat ze haar allebei zo snel ontnomen zijn. Ze vertelt Tom over haar verbanning naar een kloosterschool in Zwitserland kort daarna. 'En dat was vreemd, want ik besloot juist dat ik niet in God geloofde toen ze waren gestorven.'

Tom praat over zijn vader. Hij vertelt Alice wat hij nog nooit iemand heeft verteld, over meneer Staffords grillige gedrag, de nachtmerries die erop uitdraaien dat hij het hele huishouden wakker gilt. Hij praat over zijn moeders hoop dat hij in zijn vaders voetsporen in de advocatuur zal treden en over zijn vertwijfeling, telkens als hij over die mogelijkheid nadenkt. En in een roekeloze bui vertelt hij Alice over zijn heimelijke verlangen om kunstenaar te worden.

Ze blijven zo een hele tijd zitten. Ze kijken naar de lichten van het feest op de andere oever, de aantallen die slinken naarmate meer feestgangers in de kleine uurtjes slaperig vertrekken, tot de eerste gloed van de nieuwe dag aan de hemel verschijnt en het zilveren oppervlak van het meer roze kleurt.

Corsica, augustus 1986

Het laatste daglicht was uit de lucht verdwenen en we waren voor verlichting aangewezen op de kaarsen. Er was iets vreemds met Staffords verschijning gebeurd, misschien was het het chiaroscuro-effect van de kaarsvlam, al kon het ook iets anders en complexers zijn. Door die illusie leek zijn haar niet wit maar blond en werd zijn huidoppervlak verzacht, zodat ik, al was het maar even, kon geloven dat ik naar een veel jongere man zat te kijken. Gedurende die paar seconden dacht ik dat ik de jonge, verliefde Tom Stafford zag.

Toen sprak hij weer en werd de betovering verbroken. 'Het leek wel een wonder dat ik haar weer had gevonden. Er was sindsdien zoveel gebeurd dat 1913 wel een andere eeuw leek. Vijftien jaar is lang – vooral als je jong bent – maar toen was het het verschil tussen twee werelden: Voor en Na. Mijn vader was de oorlog in gegaan en heel anders teruggekomen. Lichamelijk mankeerde hij niets, wat een wonder was als je bedenkt in wat voor toestand veel anderen terugkeerden. Maar daarna was hij niet meer gezond van geest. Tegenwoordig zouden ze het een oorlogsneurose noemen, maar toen werd het niet herkend en dat maakte het alleen maar angstaanjagender. Mijn moeder had er erg onder te lijden.

'De wereld was veranderd. Dat zal na elke oorlog wel zo lijken, maar omdat het voor mij samenviel met het einde van mijn kinderjaren betekende het het verlies van onschuld, alleen vele malen versterkt. Al die mannen die lichamelijk en geestelijk verminkt terugkeerden. Mannen die veel jonger waren dan mijn vader, maar oud waren geworden door wat ze hadden meegemaakt. En degenen die nooit meer terugkeerden, zoals de broer van Alice.

'In Alice' leven was nog veel meer veranderd dan in het mijne. Haar moeder en zij woonden nu bij de stiefvader en zijn zoon. Geen aardige man, lord Hexford.'

Ik probeerde te bedenken waarom die naam zo bekend klonk. 'Toch niet...'

'Jawel,' zei Stafford, die had geraden waar ik naar zocht, 'de fascist. Een van Mosleys maatjes.'

Nu herinnerde ik het me weer. 'Hij viel in ongenade, toch?'

Hij knikte. 'Churchill liet hem in 1941 opsluiten en Alice' moeder werd kort daarna gevangengezet... al was het maar voor korte tijd. Na de oorlog leek ze helemaal van de society-radar te verdwijnen, waarschijnlijk om de vernedering te ontvluchten. Ze zou zich echt vreselijk vernederd hebben gevoeld. Als ik ook maar iets weet van het type persoon dat ze was, vermoed ik dat de val van haar echtgenoot haar bijna kapotgemaakt moet hebben.'

'Wat was ze voor iemand, de moeder van Alice?'

'Ik kan alleen maar afgaan op mijn herinneringen van toen ik een klein jongetje was. Maar ik geloof wel dat je vaak een scherpere kijk op karakters hebt wanneer je jong bent, omdat je indruk dan alleen gebaseerd is op instinct, op gevoel.

'Toen ik haar voor het eerst zag was ik nog jong genoeg om schoonheid te associëren met goedheid. Al laten sommige mensen dat idee misschien wel nooit varen.' Hij glimlachte. 'Met name kunstenaars moeten ervoor oppassen die fout te maken. En lady Eversley was een buitengewoon mooie vrouw, een van de grootste schoonheden van haar tijd. Ze leek op de illustratie van een engel in een kinderboek.

'Ik denk dat mijn kinderlijke geest maar moeilijk kon begrijpen dat iemand die er zo uitzag zo kil kon zijn, zelfs tegen haar eigen kind. Dat wil zeggen tegen Alice, niet tegen Archie. Ze was dol op Archie, die in haar ogen niets verkeerd kon doen. Maar Alice keurde ze nauwelijks een blik waardig.'

'Arme Alice.'

'Ja. Ik denk dat haar moeder hoopte dat ze haar op de school in Zwitserland zouden bijschaven. Dat plan was ongetwijfeld ten dele geslaagd. Maar Alice was ook nog steeds het meisje dat ik in 1913 had gekend. Dat vond ik zo geweldig: haar trouw aan zichzelf, een bepaald soort moed.'

Ik wilde meer horen, wilde Stafford om meer details over haar vragen, maar we werden onderbroken door het kenmerkende gekuch van de motor van de 2CV op het pad.

Even later verscheen Oliver boven aan de trap, zijn camera aan zijn nek: een zware, professioneel uitziende Nikon. Hij ging tussen ons in zitten, maar leek niet bepaald van plan te praten, zelfs niet toen hij het bord eten leeg had dat Marie hem had gebracht. Met hem aan de tafel konden Stafford en ik ons eigen gesprek onmogelijk voortzetten.

Ik voelde me plotseling vreselijk moe. Het was een lange dag geweest. Stafford merkte dat op met een fijngevoeligheid waarvan ik nu al besefte dat die karakteristiek voor hem was, en hij vroeg Marie me naar mijn kamer te brengen.

Ik zei hun beiden goedenacht. Daarop keek Oliver op en bij het kaarslicht zag ik de duistere gloed van zijn ogen. Ik voelde die vijandige blik nog steeds op me gericht toen ik wegliep en kreeg er de rillingen van.

T.S.

Toen ik het meisje voor het eerst zag, stond mijn oude hart bijna stil. Daar was ze, in alle opzichten Alice: bijna exact zoals ik me haar herinnerde. Ze droeg de kledij van haar generatie. Een boven de knieën afgeknipte spijkerbroek en een pastelkleurig T-shirt. Mijn eerste gedachte was dat Alice een hekel aan zulke kleren gehad zou hebben en dat ze die evenmin zou dragen als de kleding van een indiaan. Toen herinnerde ik me de wijde mannenhemden en donkere broeken die ik haar in Parijs had zien dragen en besefte ik dat dat misschien toch niet waar was.

Het haar was anders – lang, met wat slag erin – maar het gezicht was hetzelfde. De vorm van de mond: de bovenlip voller dan de onderlip, de rechte neus met het onverwacht schuine puntje, de spitse kin. Maar al die dingen verdwenen in het niet bij de ogen, die zuiver die van Alice waren. De gelijkenis had me van mijn stuk gebracht. Het was bijna – en dit is er absoluut het juiste woord voor – griezelig.

Ik moest nog een feit onder ogen zien, een feit dat misschien nog wel ontmoedigender was dan het eerste. Ook al zou Alice die trap op komen, dan zou ze niet meer de vrouw zijn die ik me herinnerde. De tijd zou ook haar hebben veranderd, zowel van binnen als van buiten. Zou ik in haar nog degene herkennen die ik zoveel jaren geleden had liefgehad? Die gedachte verontrustte me.

Toen de brief van het meisje was gearriveerd, met de bijzondere foto erbij, had ik niet geweten wat ik moest doen. Ergens wilde ik geloven dat het bedrog was, dat de tekening op de foto niet echt was, dat ik er niets mee moest doen. Maar ik wist dat de tekening wel echt was.

Ik had het meisje in mijn antwoord verteld dat alles vertraagd was door het trage Corsicaanse poststelsel. Dat was slechts de halve waarheid. Ik had haar brief een hele week in mijn bezit gehad, een week waarin ik had geprobeerd te beslissen wat ik zou doen en heen en weer geslingerd werd tussen opwinding en afgrijzen. Er zou vast niets goeds uit voortkomen, dacht ik in mijn verstandiger buien. Het zou alleen maar pijnlijke herinneringen naar boven halen, die al heel lang begraven waren.

De greep die het verleden op me had bleek nog sterker dan ik me had gerealiseerd. De gedachte eraan hield me 's nachts uit mijn slaap. Of als ik wel sliep, droomde ik van lang geleden, zo verbazingwekkend helder dat de werkelijkheid zelf vals leek wanneer ik ontwaakte en ik niet wist waar ik was, hoe ik gevangen was geraakt in dit oudemannenlichaam op een eiland midden in de Middellandse Zee. Via de brief van het meisje riep het verleden me aan en maakte het weer aanspraak op me. En de verleiding om weer een bezoek te brengen aan die tijd – de blijdschap en het verdriet ervan – bleek uiteindelijk onweerstaanbaar.

Ik had Oliver de aanwezigheid van het meisje niet uitgelegd, niet echt. Ik had gewoon gezegd dat ze over een van mijn werken kwam praten dat al heel lang verloren was. Ik had hem echter niets verteld over de geschiedenis of betekenis van het werk.

Oliver was maar een paar dagen vóór haar onverwachts gekomen. Het was te stil in Parijs, zei hij. En daardoor waren de herinneringen – daar was ik van overtuigd – te luidruchtig aanwezig en waarde het spook van zijn voormalige leven door de stad.

Een paar maanden geleden was hij ook hierheen gekomen, toen het allemaal net voorbij was. Marie had gehuild toen ze hem destijds voor het eerst weer zag en ik moet toegeven dat ik ook elke keer schrok wanneer ik naar hem keek. Voor een zo aantrekkelijke man had hij er in één woord verschrikkelijk uitgezien. Hij was afgevallen en dat was vooral goed te zien in zijn gezicht, waar de botten net onder de huid lagen. Ik had hem in jaren niet zo gezien, niet sinds hij een kleine jongen was, na de gruwelen die hij had meegemaakt. Wat waren Elodia en ik opgelucht geweest toen hij eindelijk het verdriet en het schuldgevoel van zich af leek te schudden en we hem af en toe weer zagen glimlachen. Ik had de ijdele hoop gekoesterd dat ik hem in de toekomst zou kunnen beschermen zodat hij een dergelijke pijn nooit meer zou hoeven doorstaan. Maar toen werd de jongen een man die zijn eigen keuzes en zijn eigen fouten moest maken.

Het was fijn te zien dat hij niet meer zo uitgemergeld was en te horen dat hij zijn leven weer had opgepakt. Hij had me met hernieuwde energie over zijn werk verteld, zijn nieuwe project, een hotel. Maar als ik van tevoren had geweten dat hij wilde komen, had ik misschien geprobeerd het bezoek van het meisje uit te stellen. Helaas was daar geen tijd meer voor geweest en ik vond het voor één keer jammer dat er geen telefoonaansluiting in het huis was.

Ik wist dat het Maison du Vente altijd een toevluchtsoord voor Oliver was geweest en ik wilde niet dat daar verandering in kwam, evenmin als ik hem lastig wilde vallen met de dingen die ik met het meisje moest bespreken. Misschien was dat verkeerd, maar het idee dat ik hem pijn zou doen, weerhield me ervan. Hij had heel veel van Elodia gehouden en het bestaan van de tekening – naar behoren uitgelegd – zou in zijn ogen misschien verraad hebben geleken.

8

Ik sliep die nacht niet goed. Ik was moe, maar te geagiteerd. Mijn hoofd was te vol van alles wat Stafford me had verteld, van zijn verleden dat plotseling een deel van mijn eigen geschiedenis was geworden, waar voorheen niets dan leegte was geweest.

Ik vreesde nu dat Stafford misschien plotseling zou besluiten dat hij niet verder wilde vertellen. Hoewel hij er plezier in leek te hebben de herinneringen op te halen, was het ook duidelijk dat ze pijnlijk voor hem waren. Misschien had hij het gevoel dat het de pijn niet waard was. Als dat zo was, kon ik dan gewoon terugkeren naar Londen en doorgaan alsof er niets was gebeurd? Daar wilde ik niet over nadenken.

Ik stond opgelucht op zodra het eerste daglicht door het raam zichtbaar werd, trok mijn badpak en afgeknipte broek aan, hing mijn Nikon om mijn nek en sloop de slaapkamer uit en de gang in.

Ik liep stilletjes door het slapende huis en keek nieuwsgierig om me heen. Ik had verwacht overal Staffords werk te zullen zien, maar afgezien van een kleine landschapsstudie in mijn kamer hing er niets. Dat getuigde van zijn bescheidenheid. Er hingen wel foto's. Veel waren van een ernstig kijkend kind en ik realiseerde me met een schok van herkenning dat het Oliver moest zijn. Zijn zwarte haar en spitse kin gaven hem iets van een elf. Daar zat hij, een glimlach op zijn gezicht, met Stafford in een bootje, met een donkere, glimlachende oudere vrouw van wie ik vermoedde dat ze Staffords echtgenote was en een andere, veel jongere vrouw... knap, dat wel, maar op een weloverwogen, zwaar opgemaakte manier. Een kleine witte hand rustte op de schouder van de jongen, maar ze stond niet dicht bij hem. Dat moest Olivers moeder zijn. Ze hadden dezelfde ogen: amandelvormig, half gesloten. Ze had iets vreemds over zich. Ik kon er niet precies de vinger op leggen, maar het had te maken met de manier waarop ze de lijst uit keek naar een punt achter je schouder, alsof ze naar ontsnappingsmogelijkheden zocht.

Toen ik naar buiten stapte, was het nog fris, al deed de wolkeloze hemel vermoeden dat het weer een erg warme dag zou worden. De maan was nog zichtbaar, hoog aan de violetkleurige hemel: een bleke sikkelvormige schijf.

De zee was op dit uur bijna paars, diep en donker: minder vriendelijk dan midden op de dag. Ik hief mijn camera, maakte een foto, maar voelde me ongewoon gefrustreerd door de beperkingen van mijn kunstvorm. Ik wilde het allemaal vastleggen: de geur van de kruiden, de fluisterende bries, de aarzelende warmte van de opkomende zon op mijn blote schouders. Ik vroeg me af of Stafford dit ook zo ervoer wanneer hij het met verf probeerde te vertolken.

Ik besloot te gaan zwemmen, het was nog zo vroeg dat ik mocht hopen dat ik het zwembad voor mezelf zou hebben. Ik liep de trap af die Stafford me had aangewezen. De steen was zo ruw als puimsteen onder mijn voetzolen en op sommige plaatsen zo uitgedroogd dat er kleine bergjes gruis omlaagvielen.

Toen ik bij het zwembad aankwam, zag ik dat het van bescheiden afmetingen maar behoorlijk diep was. Alleen al het bestaan ervan gaf reden tot verwondering: het was uit de staalgrijze rots van de klif zelf gehakt, die aan de andere kant steil afliep naar de inham. Er was geen duikplank en geen trapje, het bad was niet meer dan een zeer eenvoudige bak vol – ik stak er voorzichtig een teen in – ijskoud water.

Ik trok mijn korte broek uit en legde die met mijn camera en handdoek enkele meters verderop. Kippenvel verspreidde zich over mijn huid en ik bleef even besluiteloos aan de rand van het bad staan. Toen sprong ik erin voordat ik nog meer tijd kreeg om na te denken. Ik voelde een schok bij het doorbreken van de oppervlakte, het ruisen van het ijskoude water rond mijn oren en toen raakten mijn voeten de gladde bodem. Naar adem happend en onnozel lachend kwam ik weer boven. Mijn hart ging hevig tekeer door de kou en ik ademde oppervlakkig, waardoor ik het gevoel had niet genoeg lucht in mijn longen te kunnen krijgen. Maar ik begon bijna meteen te acclimatiseren en de temperatuur werd bijna draaglijk. Ik dook en kwam weer boven, schudde als een hond met mijn hoofd en genoot.

'Goedemorgen.'

Ik proestte en knipperde gedesoriënteerd met mijn ogen. Het water dat van mijn wimpers drupte verblindde me, maar langzaam kon ik een donkere vorm onderscheiden boven aan de trap die naar het strand leidde.

Ik realiseerde me dat het Oliver was. Ik zag dat hij zijn camera aan zijn nek had hangen.

'O, hallo,' zei ik in een poging tot vriendelijkheid. 'Ben je op het strand geweest?'

'Ja.' Meer zou ik duidelijk niet te horen krijgen. De andere vragen die ik had willen stellen – over de foto's die hij daar had gemaakt – bestierven op mijn lippen. Toen gebaarde hij naar het water. 'Heb je het niet koud?'

'Nee,' zei ik met enige bravoure. 'Als je er eenmaal in bent is het wel lekker.' Ik begon echter af te koelen, besefte ik, en begon te watertrappelen om mijn bloedstroom weer op gang te brengen.

'Je lippen worden blauw.'

'Goed dan,' gaf ik toe. 'Het is ijskoud. Nu ik erover nadenk, geloof ik dat ik wel genoeg ben opgefrist. Wil je me mijn handdoek even aangeven?'

Oliver raapte hem op en hield hem voor zijn borst. Ik stak mijn hand uit, maar hij deed een stap naar achteren. 'Probeer er eerst maar eens uit te komen. Hier...' Hij stak me zijn hand toe, kennelijk suggererend dat ik die zou vastpakken. 'Ik zeg steeds tegen grand-père dat hij een trapje moet maken.'

'O, maak je geen zorgen... ik red me wel.' Nogal koppig besloot ik zijn hulp niet te accepteren. Toen ik de rand van het bad echter eens goed bekeek, leek de kleine stenen klif plotseling intimiderend en veel steiler dan ik me had gerealiseerd.

Uiteindelijk accepteerde ik mijn nederlaag en pakte ik Olivers uitgestoken hand beet. Hij trok me omhoog en ik duwde me met mijn andere hand tegen de stenen rand af en voelde het water zacht over mijn benen en buik glijden voordat het me bruisend liet gaan en ik nogal onhandig voor zijn voeten landde. Ik bedankte hem opgewekt en probeerde op te staan, maar hij hees me met gemak overeind.

Mijn zwempak voldeed aan de kuisheidsregels van een Zwitserse kostschool en was van stevige zwarte stof met een beschaafde halslijn. Als je keek naar wat het verhulde, was het niet veel anders dan de badpakken van zwemsters uit de victoriaanse tijd, alleen minder opzichtig. Toch voelde ik me naakt, bleek en mager onder zijn ogen. Ik keek omlaag en realiseerde me dat het materiaal toch niet dik genoeg was om mijn door de kou pijnlijk harde tepels te verhullen. De hele ervaring was nogal vernederend. Het was alsof een olympiër van zijn troon was gekomen om een stuntelende sterveling goddelijke assistentie te verlenen. Ik dacht aan de jongen met de sombere donkere blik op de foto's. Konden ze werkelijk dezelfde persoon zijn?

'Waarom ben je hier?'

Zijn vraag kwam zo onverwacht dat die me even van mijn stuk bracht. Er school iets uitdagends in, en een zekere argwaan.

'Wat bedoel je?' vroeg ik om tijd te rekken. Ik bukte om mijn handdoek te pakken en sloeg hem om me heen als een inadequate wapenrusting.

'Mijn grootvader is erg op zijn privacy gesteld.' Het klonk als een beschuldiging.

'Nou,' zei ik, 'hij heeft me wel uitgeno...'

'Sommige mensen proberen alles,' onderbrak hij me, 'gewoonweg alles om maar met hem in contact te komen. Grappig, hoe meer hij probeert mensen te ontlopen, hoe meer ze hun best doen. Je bent kunststudent, is het niet?'

Ik begreep plotseling waar hij me van beschuldigde. 'Je denkt dat ik een of andere groupie ben,' zei ik. En ik begon te lachen omdat het zo vreselijk belachelijk was.

Hij wilde weer iets zeggen, maar nu was ik hem voor. 'Je hebt het mis,' zei ik. 'Het gaat om iets heel anders.'

'Wat dan?'

Ik wees naar mezelf, naar mijn doorweekte handdoek en mijn kippenvelhuid. 'Ik geloof niet dat dit het moment is om het daarover te hebben.' Hij hoefde niet te weten dat ik helemaal niet van plan was het met hem te bespreken. Hoe dan ook, besloot ik, als Stafford het niet nodig had gevonden hem alles uit te leggen, dan was het waarschijnlijk niet aan mij dat wel te doen.

Ik keek naar hem op en zag dat hij niet overtuigd was.

'Eén ding kan ik je wel vertellen,' zei ik. 'Het gaat om iets heel belangrijks, iets wat me heel na aan het hart ligt. En ik denk je grootvader ook.' Ik bleef hem aankijken terwijl ik dat zei en voelde een zekere triomf toen hij als eerste zijn blik afwendde.

Toen hij weg was, besefte ik dat ik lichtjes stond te trillen en dat was niet alleen van de kou. Ik was ontzet dat ik erin was geslaagd een dergelijke antipathie in hem op te roepen, en nog zo snel ook. Ik hield me voor dat ik het niet persoonlijk moest opvatten. Maar hoe ik ook mijn best deed mezelf van het tegendeel te overtuigen, het voelde wel persoonlijk.

'Hulde,' zei Stafford aan het ontbijt tegen me. 'Ik ga er alleen op het warmst van de dag in, als het water door de zon is opgewarmd. Jij bent kennelijk sterker dan ik.'

We zaten te eten aan de tafel bij het zwembad, dat voor ons lag te glimmen en er weer uitnodigend uitzag nu ik warm en droog was. Marie was behendig met een volgeladen dienblad de trap af gekomen, had mijn nogal zinloze poging te helpen weggewuifd en allerlei heerlijks uitgestald: warme broodjes, verse vijgen, koffie, een goudkleurige plak boter. Stafford en ik praatten terwijl Oliver – kennelijk in gedachten verzonken – naar de zee zat te turen en geen pogingen deed zich in ons gesprek te mengen. Zo nu en dan keek Stafford in zijn richting, al kon ik niet zeggen of het bezorgde of geïrriteerde blikken waren. Het was verbijsterend: hier zat een man van naar schatting begin dertig te mokken als een tiener. Een temperament dat meer afweek van dat van Stafford was niet denkbaar. Duidelijk bewijs, besloot ik, van de stelling dat aanleg boven opvoeding ging.

'Kate,' zei Stafford terwijl hij vooroverboog om me koffie bij te schenken. 'Ik had gehoopt dat jij en ik ons gesprek na het ontbijt konden voortzetten.'

'Ja, heel graag.' Hij wilde dus toch verder vertellen, dacht ik opgelucht.

'Mooi. Ik heb bedacht dat we wel in mijn atelier konden gaan zitten om de warmte te mijden. En ik heb een idee dat ik aan je wil voorleggen. Ik vertel het je straks wel.'

Nu keek Oliver wel naar ons. Ik wist zeker dat het hem irriteerde dat zijn grootvader en ik samen iets hadden waarvan hij was buitengesloten en ik voelde onwillekeurig een soort kinderlijke triomf bij die gedachte.

Het atelier was, eigenlijk net als Stafford zelf, gespeend van excentriciteit en creatieve wanorde. Het was een koele witte ruimte vol licht. De reusachtige ramen voorkwamen echter dat het geheel iets steriels kreeg, want ze haalden buiten naar binnen... de zee en de lucht leken heel dichtbij.

Ik keek om me heen. 'Wat een prachtige ruimte.'

Stafford glimlachte. 'Mijn kleinzoon heeft echt talent. Het was een van zijn eerste projecten nadat hij was afgestudeerd. Je zou kunnen zeggen dat het zijn handtekening draagt doordat hij de nadruk heeft gelegd op de omsloten ruimte in plaats van op datgene wat de ruimte omsluit, waardoor het bouwwerk slechts bijzaak wordt, een omlijsting. Je moet maar tegen hem zeggen dat je het mooi vindt.'

Ik knikte beleefd.

Tegen de verste muur stonden diverse grote doeken, maar ze stonden met hun rug naar ons toe, zodat er helemaal geen verf zichtbaar was. Stafford legde uit dat het werken waren waaraan hij nog bezig was, maar dat hij ze niet andersom wilde zetten tenzij hij er specifiek voor koos ze te bekijken, 'anders schreeuwen ze naar me en zie ik alle onvolkomenheden en dan krijg ik de neiging alles weg te gooien en opnieuw te beginnen.'

Misschien, dacht ik, school daarin toch een zekere, goed verborgen excentriciteit. Er stonden twee stoelen in het vertrek. De ene was duidelijk voor de kunstenaar, met een kleine ezel aan een van de armleuningen bevestigd. De andere stoel stond er als in voor een gesprek naartoe gekeerd.

'Ik zal je mijn idee uitleggen,' zei Stafford. 'Voel je vrij om nee te zeggen, maar ik hoopte dat je het goed zou vinden dat ik een studie van je maak terwijl we praten. Ik heb de ervaring dat ik vrijer denk en praat wanneer ik aan het werk ben. Dat is altijd al zo geweest.'

Thomas Stafford, internationaal geroemd kunstenaar, vroeg mij model voor hem te zitten. Het was bijna lachwekkend dat hij de behoefte voelde mij om toestemming te vragen. Het idee sprak me niet bijzonder aan want ik wist gewoon dat ik teleur zou stellen als model. Maar meer dan wat ook voelde ik me gerustgesteld. Het leek weer te bewijzen dat Stafford ervan uitging dat ik zou blijven.

'Ik zou het een eer vinden,' zei ik. 'Al moet ik u wel waarschuwen dat ik betwijfel of ik een goed model zal zijn. Er is me verteld dat ik het niet goed doe op foto's omdat ik niet stilzit. En ik weet nooit wat ik met mijn gezicht moet doen, ik vind het lastig om één gezichtsuitdrukking vast te houden. Ik voel me eigenlijk altijd prettiger aan de andere kant van de lens.'

'Dat doet er allemaal niet toe,' zei Stafford. 'Ik vind dat in feite zelfs prettiger. Een beetje beweging vertaalt zich goed in een schets. Het helpt om het sterke, zichtbare karakter vast te leggen. Alice was ook zo'n model dat niet stil kon zitten. Je ziet dat terug in de tekening die je hierheen heeft gebracht. Het besef dat het een indruk is van een moment in de tijd, dat ze elk moment kan opstaan, zich omdraaien en in het water springen.'

Dus ontspande ik me zo goed mogelijk op de stoel en pakte Stafford een staafje houtskool. Ik hoorde hem lange strepen op het papier zetten... een, twee, drie keer. Toen begon hij te praten.

'Na het feest was ik doodsbang haar weer uit het oog te zullen verliezen. Ik ging terug naar Oxford, zie je. Ik gaf haar mijn adres op Magdalen College en ze beloofde me te schrijven, maar ik weet niet zeker of ik haar wel geloofde. Ik wist niet of ze mijn vriendschap nog wel wilde. Vanbinnen mocht ze dan nog de Alice zijn die ik me herinnerde, maar ze was ook een schoonheid geworden: elegant, verfijnd en vreselijk intelligent. Er zouden genoeg echte mannen, mannen met ervaring, om haar gezelschap wedijveren, en ik was eigenlijk nog steeds maar een jongen. Hoe kon ik daar nou tegenop?'

9

Oxford, oktober 1928

Met plotseling onhandige vingers vouwt Tom de brief open. Hij wist zeker dat die van haar was zodra hij het onbekende handschrift op de envelop zag. Groene inkt. Prachtig gekalligrafeerde letters: een kenmerk van die dure Zwitserse opleiding. Maar haar stijl had ook iets revolutionairs, een bepaalde zwierigheid die onmiskenbaar de hare was.

Hij had de hoop iets van haar te horen al opgegeven. Er is een hele maand verstreken sinds hij haar heeft gezien. En nu, als door een wonder, is hier de brief van Alice.

Als hij een lange brief had verwacht, zal hij zeker teleurgesteld worden. Een paar regels, meer is het niet.

Beste T,
Logeer bij tante Margaret in Oxfordshire. Ze heeft een auto en haar knecht gaat me leren ermee te rijden. Het stelt kennelijk niets voor! Misschien kan ik bij je langskomen? We kunnen nog wel een paar weken picknicken, volgens mij...

A

Geen datum om naar uit te kijken, geen zekerheid dat ze zal komen. Maar dat maakt de mogelijkheid dat het zal gebeuren alleen maar spannender.

Als Tom drie dagen later naar buiten loopt, ziet hij dat er voor het gebouw iets aan de hand is. De lucht gonst van opwinding en een kluitje studenten staat zich op straat te vergapen aan iets wat voor hem nog onzichtbaar is. Zodra hij door de poort stapt, ziet hij het. Daar staat, bijna te groot en te modern om echt te lijken naast het oude gebouw, een enorme auto, het chroom duur glanzend in het schijnsel van de najaarszon. Voorin zit een vrouw als van een *Vogue*-illustratie – een visioen – met een smaragdgroene hoed laag boven het bleke gezicht dat wordt omlijst door de zachte, donkere zweem van haar haren. Alice is naar Oxford gekomen.

'Het leek me wel leuk om me in stijl te kleden,' zegt ze als ze door de lanen zoeven die hen nog dieper het platteland in brengen. De handen die het stuur vasthouden zijn in strak aansluitende handschoenen van zacht geitenleer gestoken en ze draagt een jasje van hetzelfde schitterende groen als de hoed. Dezelfde hoed die ze, zodra ze de hoek om waren gereden van de straat waaraan het college stond, had afgerukt zodat ze haar donkere bos haren kon losschudden. 'Het is wat overdreven voor een picknick, maar het leek me zo leuk. Een beetje toneelspel.'

Tom denkt aan de trots die hij voelde toen hij onder de ogen van zijn studiegenoten naast haar instapte, een gevoel dat maar voor een klein deel met de spectaculaire auto te maken had.

Het is ongewoon warm voor oktober, al lijkt het vreemd om te picknicken op de met dode en rottende bladeren bedekte grond. Ze pakken de spullen uit die ze onderweg bij een kruidenier hebben gekocht. Een rustiek maal: brood, een stuk kaas met een waslaag eromheen, een paar flessen goedkope rode wijn.

'Een Franse boerenlunch,' zegt Alice verrukt. Ze heeft een veeg motorolie op haar verhitte wang, maar Tom kan zich er niet toe brengen haar daarop te wijzen. 'De ideale maaltijd,' verkondigt ze. 'Wie geeft hier nou niet de voorkeur aan boven zo'n eindeloos diner met zes gangen van piepkleine porties, die allemaal lauw zijn door het gehannes en gedraal voordat ze op tafel komen?'

Tom knikt, al heeft hij eigenlijk niet veel ervaring met zulke diners. Hij leeft op boterhammen in zijn studentenkamer en af en toe een warme maaltijd in de eetzaal, als hij daarvoor op tijd weet te komen. Dat is de kloof tussen hen, de kloof waar zij zich altijd zo heerlijk onbewust van is.

Ze nuttigen hun lunch en gaan dan op het kleed liggen, tevreden, verwarmd door de wijn, waardoor ze geen van beiden merken dat de lucht koeler wordt en de schaduwen lengen. Ze zijn allebei een beetje aangeschoten en het moment voor bekentenissen die je het beste in die toestand kunt doen is aangebroken.

'Weet je,' zegt Alice, 'ik heb altijd gedacht dat je zussen een hekel aan me hadden.'

'O nee, hoor. Ik denk dat ze je gewoon niet snapten. Ze begrepen niet waarom jij je als een jongen vies wilde maken op het strand terwijl zij met hun schone, saaie poppen speelden.'

'Daar heb ik tot mijn moeders grote wanhoop nooit mijn tijd aan besteed. Hoe zijn ze nu, je zussen?'

'Niet meer zo gek op poppen. Mijn oudste zus...'

'Rosa?'

'Ja, Rosa, die heeft onlangs haar tweede kind gekregen.'

'O, wat leuk. Het verbaast me niets want ze was altijd al een zorgzaam type. Dat kon ik merken aan de manier waarop ze op jou lette. En...'

'Caro?'

'Ja. Ze was toen al een schoonheid. Weet je, ik denk dat ma ons tweeën omgewisseld zou hebben als ze dat had gekund.'

Daar is Tom niet zo zeker van. Ja, de moeder van Alice leek het inderdaad vreselijk te vinden dat ze zo'n jongensachtige dochter had voortgebracht, maar hij betwijfelde of lady Eversley ooit veel aandacht aan de kinderen Stafford had besteed, behalve wellicht om ze af te keuren als kennissen van de hare.

'Ik herinner me dat Archie gek op haar was.'

'O, volgens mij was *zíj* vooral gek op Archie.' Hij weet dat het niet erg loyaal is, maar de wijn heeft zijn tong losgemaakt. 'Ik denk dat ze behoorlijk verliefd op hem was, zo verliefd als een veertienjarige maar kan zijn. Ze maakte tekeningen van hen samen: hun bruiloft, hun kinderen. Ze was vreselijk kwaad toen ik haar schetsboek vond.'

'Arme Rosa,' zegt Alice, maar haar toon is niet meer luchtig. 'Arme Archie.'

Tom denkt aan de oorlog en knikt. 'Het moet vreselijk voor je zijn geweest. Hij was nog zo jong...'

Ze draait zich naar hem om. 'O, je denkt dat ik het over zijn dood heb.'

Hij kijkt haar verbaasd aan. 'Eh... ja.'

'Nou ja, dat bedoel ik ook wel, maar ik dacht ook nog aan iets anders.' Ze fronst. 'Ik wou elke dag dat hij er nog was. Maar hij zou het moeilijk hebben gehad als hij was blijven leven, weet je.'

'Wat bedoel je?' vraagt Tom, aan de fantastische, innemende persoon denkend die hij zo had bewonderd. Hij had het vast gemakkelijk gehad. Archie Eversley leek uit te blinken in alles wat hij deed.

Alice steunt op haar onderarm. Haar wangen zijn roze van de wijn – twee opvallende kleurvlekken in haar bleke gezicht – en haar haren vallen over haar voorhoofd. Hij herinnert zich dat ze op dezelfde manier naast hem lag en geheimen met hem deelde in de boomhut.

'Tom, ik weet dat ik dit tegen je kan zeggen omdat ik ervan overtuigd ben dat je er met niemand anders over zult praten.'

Hij schudt zijn hoofd. 'Nee, dat zal ik niet doen.'

'Dat weet ik.' Ze wacht even. 'Herinner je je die vriend van hem, Ralph, die halverwege de zomer bij ons kwam logeren. Er waren problemen met zijn ouders, een echtscheiding geloof ik.'

Tom knikt. Hij herinnert zich de tengere, donkere jongeman met het gezicht dat aan een veel ouder iemand leek toe te behoren, iemand die veel had meegemaakt, die veel wist. Een vreemde vriend voor Archie, had hij destijds gedacht. De twee waren heel verschillend: Archie straalde energie en sportiviteit uit en Ralph was waakzaam en teruggetrokken, op een klassieke manier introvert.

'Ik ben ze een keer gevolgd. Ik was kwaad op Archie omdat hij er altijd vandoor ging en ons achterliet.' Ze glimlacht naar hem. 'Niet dat ik niet tevreden was met jouw gezelschap, maar het idee dat Archie zich te goed en te oud voelde voor Winnard Cove stond me niet aan. Ralph en hij verdwenen altijd voor de hele dag op hun fietsen, en vroegen nooit of we misschien mee wilden. En er was nog iets waar ik niet goed de vinger op kon leggen.'

Tom heeft een voorgevoel, al weet hij nog niet precies waarvan.

'Ik volgde ze naar de paddock en zag ze de stallen in gaan. Eerst dacht ik dat ze met een van de pony's weer naar buiten zouden komen, maar toen realiseerde ik me dat ze de lege achterste box in waren gegaan, die klaar was gemaakt voor de nieuwe merrie. Ik wachtte diverse minuten en toen ze niet terugkwamen, besloot ik dat ze daar een schuilplaats gemaakt moesten hebben, zoals wij in de boomhut.

'Het werd een spannende missie voor me. Ik wist dat er aan de achterkant een hoog raam was om wat licht binnen te laten als allebei de staldeuren dicht waren. Ik klom zo stilletjes als ik kon omhoog naar het raam. Ik weet nog dat mijn schoen klem kwam te zitten in een inkeping in het hout en dat ik hem los moest wrikken, maar daarin slaagde zonder geluid te maken en heel trots op mezelf was.

'Ik kon hen eerst nauwelijks zien, alleen vage vormen. Ik wreef over de ruit tot die schoner was en ze... omhelsden elkaar. Niet zoals vrienden zouden doen, maar zoals ik had begrepen dat een man en een vrouw soms deden. En ik zag dat ze elkaar kusten, heel heftig.

'Ik schrok zo dat ik vergat mezelf vast te houden en naar beneden viel, waarbij mijn been een spijker schampte. Het deed geen pijn, maar het begon bijna meteen te bloeden. Het was die dunne huid op het scheenbeen. Er liep behoorlijk wat bloed over mijn been en in mijn sok. Ik rende zo hard ik kon naar het bosje achter de paddock en ik dacht dat ik het op tijd had gehaald. Even later kwamen ze naar buiten, eerst Archie, daarna Ralph en ik keek vanachter mijn boom naar hen.

'Ze keken een paar seconden door de paddock heen en weer en

leken toen te besluiten dat het niets geweest was. Archie liep terug in de richting van het huis en Ralph deed alsof hij hem wilde volgen, maar draaide zich toen plotseling om en keek recht naar de boom. Ook al zag hij me niet, hij wist dat ik daar was.

'Toen ik Archie bij de thee weer zag, gedroeg hij zich behoedzaam. Ik wilde dat hij me plaagde, zoals hij altijd deed. In plaats daarvan behandelde hij me als een vreemde. Hij informeerde beleefd naar mijn been, maar niet met de gebruikelijke genegenheid. Hij bleef zich min of meer zo gedragen tot hij naar het front ging.'

'Wat erg,' zei Tom.

'Ach, laat maar. Er is niets aan te doen. Ik wou alleen dat hij me genoeg had vertrouwd om te weten dat die behoedzaamheid niet nodig was, dat ik het nooit zou hebben verteld, dat ik zijn geheim zou hebben bewaard.'

Tom wordt wakker – zonder zich te herinneren dat hij in slaap is gevallen – en ziet dat de lucht donker begint te worden. Alice ligt met haar ogen dicht op haar zij, haar gezicht dicht bij het zijne. Hij ziet de vele vage sproetjes, een verrassing op haar bleke huid, op haar neusbrug en wangen. Hij kan de vorm van haar mond bestuderen, de scherpe inkeping boven de bovenlip die, wanneer ze niet glimlacht, haar lippen iets pruilends geeft. Hij zucht.

Alice komt twee dagen later terug en veroorzaakt weer een sensatie bij de poort. Ze draagt een donkere rijbroek, een kort tweed jasje en herenschoenen. Haar hoed is deze keer een rode cloche die ze schuin over haar voorhoofd heeft getrokken.

Ze rijden over met afgevallen bladeren bezaaide landwegen. De velden achter de hagen zijn nevelig en goudkleurig in het vreemd volle licht van het vroege najaar. Ze passeren mannen die de laatste oogst binnenhalen en die zich omdraaien om naar hen te kijken. Er zijn tegenwoordig door motoren aangedreven tractors, maar hier laden boerenknechten korenschoven op een paardenkar. Ze kijken Tom en Alice aan alsof ze bezoekers uit de toekomst zijn.

Ze stoppen voor thee in een plaats die Woodstock heet. De opwinding van de rit heeft hen hongerig gemaakt en ze bestellen brood met ham en een grote goudkleurige kruidcake.

'Vertel eens over Oxford.' In het gedempte licht van de tearoom lijken Alice' haren, die ze achter haar oren heeft geduwd, zwart als inkt. Het effect is charmant en eenvoudig.

'Het is wel aardig.'

Ze kijkt verontwaardigd. 'Alleen maar "wel aardig"? Tom, als je wist hoezeer ik je benijd, zou je zoiets niet durven zeggen.'

'Ik denk dat jij een veel betere student zou zijn dan ik. Op school vond ik geschiedenis altijd leuk en het is interessant genoeg, maar het dóét me niets. Het zou helpen als we bijvoorbeeld de recente geschiedenis behandelden in plaats van de Franse revolutie, maar de Grote Oorlog lijkt verboden terrein. Misschien moet er eerst meer tijd verstrijken voordat het veilig wordt geacht die te behandelen.'

Alice knikt en kijkt hem aan. 'Wat doet je dan wel iets?'

'Schilderen.'

'Dat herinner ik me nog, weet je. Je had echt talent. Zelfs de tekeningen die je in het zand maakte en de kastelen die je op het strand bouwde. Is dat wat je eigenlijk zou willen doen?'

Hij lacht. 'Als dat zou kunnen, ja.'

'Waarom doe je dat dan niet?'

'Ik geloof niet dat het zo simpel is. Ik weet bijvoorbeeld niet of ik goed genoeg ben en, belangrijker nog, of mijn werk de mensen wel zou aanspreken. Bovendien word ik geacht carrière te maken. Dat verwachten mijn ouders van me.'

Alice glimlacht en laat haar vingers over het tafelkleed glijden tot ze de zijne raken. Hij kijkt omlaag en ziet hoe klein en schoon haar hand is naast de zijne, die vol verfvlekken zit.

'Ik geloof niet dat het iets is om je voor te schamen,' zegt ze, 'als je doet waar je van houdt.'

Ze razen over nieuwe wegen terug naar Oxford. Alice geeft meer gas en Tom voelt de motor onder hen brommen. Zijn ogen tranen door de wind alsof hij huilt, en misschien is dat ook wel zo, van pure blijdschap. Hij kijkt opzij naar Alice. Haar donkere haar zwiept als een zijden massa om haar hoofd: een wilde, prachtige dans. Ze draait zich lachend naar hem toe. Haar wangen zijn verkleurd en het puntje van haar neus is roze. Hij beseft dat hij haar eerder zo heeft zien kijken. Hij herinnert zich een dag dat ze samen in de witte schuimkoppen sprongen van de hoge golven die door de wind de inham in werden geblazen, allebei buiten zinnen door een heftige mengeling van opwinding en angst. En hij herinnert zich dat Alice hem aanspoorde verder en verder in zee te gaan tot haar doodsbange kindermeisje schreeuwde dat ze terug moesten komen naar ondieper water.

Dit is het dus, denkt Tom. Zo is het om jong te zijn, dit is wat mensen bedoelen als ze het over de vrijheid en dwaasheid, de roekeloze betovering van de jeugd hebben. Het is de puurste vorm van vervoering, over de ruige grond vliegen zodat de lucht uit je longen wordt gestoten, met zoveel macht, elegantie en roekeloosheid door de wereld razen.

Tom ploetert op de studie van een naakte vrouw. Hij is lid geworden van de kunstkring van het college: een wisselende groep die wordt geleid door een decadente postdoctoraal student die rouge gebruikt en in bedrukte Chinese zijde rondloopt, een zelfbenoemde cultuurbeschermheer.

Sommige anderen zijn druk aan het werk, maar weer anderen praten zacht, maken dubbelzinnige opmerkingen, alsof dit geen artistieke oefening is, maar ze in een of ander etablissement in Soho zitten. Tom voelt zich alleen en kwetsbaar. Hij probeert, zoals wellicht velen van hen, zelfs de grapjassen, voor te wenden alsof het hem niets doet, alsof dit niet de eerste vrouw is die hij zonder kleren ziet.

Tom heeft niet veel ervaring met vrouwen. Hij was op school niet een van de jongens geweest die liever met elkaar experimenteerden dan helemaal niets deden. Hij heeft in totaal twee meisjes gekust, wat niet echt telt. Hij had het gedaan omdat het kon, maar het stelde niets voor vergeleken met hoe hij weet dat een echte kus zou kunnen zijn.

Hij kijkt steels naar de gezichten om hem heen. Hij is ervan overtuigd dat hij niet de enige maagd is. Eerlijk gezegd is het moeilijk dat niet te zijn want het is niet zo dat de paar meisjes die hij kent zich op wat voor manier dan ook zouden willen bezoedelen. Bovendien 'zijn Engelse vrouwen onmogelijk', zoals Toms studievriend Henry al meer dan eens heeft opgemerkt.

Henry woont in de vakanties bij zijn Franse moeder in Parijs en heeft – naar verluidt – al vaak succes gehad. Als Tom Fransman was, zou hij nu ongetwijfeld een minnaar met de ervaring en kunde van Casanova zijn, zo meent hij. Hij weet dat sommige van zijn studiegenoten uitstapjes naar Londen hebben gemaakt om een gewilliger type vrouw op te zoeken. Hem trekt dat echter niet, al is hij zich ervan bewust dat het behoorlijk hopeloos wordt.

Tom weet dat hij zich uitsluitend op de kunst zou moeten richten en zou moeten denken als een schilder, niet als een naar seks hongerende jongeman. De kunstenaars die hij het meest bewondert zijn vast in staat naar een naakt model te kijken en alleen vorm te zien en daarbij lagere zaken uit hun hoofd te zetten.

Hij kijkt naar de voor hem uitgestrekte vrouw en denkt, heel onverstandig, aan Alice. De ledematen van het model zijn compact en voluptueus en haar huid is op sommige plekken roze gevlekt door de warmte van de gaskachel, wat een mooie studie in huidtonen opleverde. Maar die van Alice – hij denkt aan de bijna doorschijnende huid van haar hals en schouders – zou bijna lichtgevend en bleek zijn. Haar benen, veel langer dan die van het model, zouden over de rand van de sofa steken. De borsten van deze vrouw zijn groot en hangen een beetje, met bruine tepelhoven zo groot als een shilling. Die van Alice – daar twijfelt hij niet aan – zouden net zo klein en welgevormd zijn als de delen van haar lichaam die hem vertrouwd zijn: de zachte ronding van haar oorschelpen, het charmant opwippende puntje van haar neus.

Hij kan maar beter ophouden en zich concentreren op waar hij mee bezig is. Hij kijkt naar wat hij tot dusver heeft gedaan en ziet nu al dat het niet volmaakt zal worden. De verhoudingen zijn niet helemaal goed. De ledematen zijn overdreven, de handen een fractie te klein. Toch zit er leven in, misschien wel meer dan hij ooit eerder voor elkaar heeft gekregen in een schilderij. Dit zou weleens zijn grootste succes tot dusver kunnen zijn met dit medium. Hij vindt olieverf nog steeds lastig om mee te werken. Het is zwaar, werkt niet mee en de kleuren raken gemakkelijk vermengd. Deze keer lijken ze echter mee te werken en zijn meesterschap te aanvaarden. De vleestonen zijn levensecht en hij heeft zelfs de lichte blos op de onderbuik en de bovenkant van de dijbenen weten te pakken. Het haar is ook goed, de koperkleurige massa valt levensecht over de schouder en de volle borst.

Het gezicht valt hem moeilijker en daar werkt hij nu aan. De ogen van het model zijn groot en rond, de irissen een ongecompliceerde tint blauw. Ze zouden niet moeilijk moeten zijn. Zoals zo vaak zijn ze niet echt een uitdaging, de enige uitdrukking erin is een lichte slaperigheid.

Waarom gaat het dan zo moeilijk? Het probleem is dat de ogen die Tom heeft geschilderd niet de ogen van de vrouw voor hem zijn. Ze zouden rond moeten zijn, maar zijn amandelvormig. En ze zijn ook niet blauw, maar uitdagend grijs... een vreemde, zilverkleurige tint grijs. De blik in de ogen is verkeerd: te vrolijk, te vrijpostig.

Het zijn de ogen van Alice Eversley. Hij heeft de ogen van Alice in het gezicht van de andere vrouw geschilderd. Ondanks het rode haar, de rijpe rondingen van het roze-met-witte lichaam, is het Alice die hem aankijkt, die zich naakt en zwoel op zijn doek heeft neergevleid.

Hij geeft het werk aan het schilderij uiteindelijk op en fietst terug naar het college. De lucht wordt donker, bijna paars en er hangt een frisheid in de lucht die er vorige week nog niet was. Er lijkt eindelijk een eind te komen aan de lange nazomer.

10

Corsica, augustus 1986

We stopten kort na drie uur voor een late lunch. Ik kon zien dat Stafford moe was van de lange ochtend, en klaar om er voor die dag mee te stoppen. Tijdens het werken had hij me verteld over de middagen in Oxford met Alice. Ik begon nu al een beeld te krijgen van de persoon die ze wellicht was geweest.

De maaltijd die op het terras werd geserveerd was eenvoudig: brood en kaas en een fles donkere wijn. Het deed sterk denken aan de picknick met Alice op het platteland van Oxfordshire die Stafford had beschreven. Ik vroeg me af of het hem ook opviel. De kaas was hier een sterk geurende Corsicaanse variëteit, kruidig en bros, gemaakt van de melk van de geiten op het eiland. En ons brood was een witte baguette met granen van een soort die je in Engeland niet ziet.

Ik keek naar Stafford en zag opnieuw dat vreemde dubbele beeld. Ik wist op dat moment zeker dat ik beide Thomas Staffords voor me zag, zoals in zo'n antieke compositiefoto waar vele gezichten over elkaar zijn gelegd om een gelaatsuitdrukking te vormen. Ik kon de oudere man zien – de beroemde kunstenaar die de hele ochtend had teruggekeken op zijn leven – en ik kon de jongeman zien, nog bijna een jongen, die nog niet zijn stempel op de wereld had gedrukt en niet zeker wist of hij daar ooit in zou slagen.

Toen we klaar waren met eten, ging Stafford naar binnen om te rusten. Ik besloot te gaan wandelen en nam mijn Nikon mee, al wist ik dat ik in het felle zonlicht geen echt goede foto's zou kunnen maken. Om vier uur had de zon nauwelijks minder kracht dan om twaalf uur en het was niet echt slim om in die hitte op pad te gaan, met mijn bleke huid en niet gewend aan het Corsicaanse klimaat. Maar nadat ik de hele ochtend binnen had gezeten, voelde ik de behoefte om op ontdekkingstocht te gaan, om me weer op het hier en nu te richten.

Ik volgde het pad dat langs het Maison du Vente liep en ontdekte al snel dat het steeds minder duidelijk te zien was. Staffords huis was kennelijk de laatste bebouwing voordat de natuur het weer overnam.

Het pad was met een dikke laag heel fijn, bijna wit los zand bedekt. Het had waarschijnlijk al weken niet geregend. De hitte was drukkend, maar ik begon er toch van te genieten. Aan weerskanten van het pad klonk overal het snelle staccato van krekelgezang in de vegetatie. De struiken gaven een overweldigend aroma af, complex, warm, soms zoet en soms kruidig. Het was de geur van de Corsicaanse maquis, een wirwar van kruiden, wilde vijgen en varens. 'Toen Napoleon in zijn gevangenis op Elba zat,' zo had Stafford me verteld, 'beweerde hij dat hij de geur van zijn vaderland kon ruiken, over het water meegevoerd door de wind.'

Ik volgde het pad, weg van de zee en inhaleerde diep om de geurige lucht mijn longen in te zuigen. Ik stak mijn armen omhoog en draaide ze naar opzij. Ik voelde me enigszins belachelijk en was blij dat ik alleen was.

Geleidelijk werd het struikgewas minder dicht en werd het vervangen door rijen lichte olijfbomen aan weerszijden van het pad met netten eronder uitgespreid om het afgevallen fruit op te vangen. De aanblik had iets vreemd tijdelijks, al groeiden hier voor zover ik wist al eeuwenlang olijfbomen. Het was alsof het eiland erin had toegestemd dat de natuurlijke vegetatie werd gerooid en de rotsige bodem werd getemd, maar wel onder het voorbehoud dat het land elk moment zonder waarschuwing weer kon worden opgeëist.

Ik hoorde een scherpe kreet hoog boven me en zag een roofvogel uit de blauwe lucht omlaagduiken, snel en dodelijk als een speerpunt. Ik keek ademloos toe terwijl hij naar de aarde stoof en zijn klauwen uitstak. Toen hij weer opsteeg, weg van mij, naar de purperen schaduw van de bergen in de verte toe, zag ik een klein dier kronkelen in zijn greep.

Corsica was wild, dacht ik. Ik was nog nooit op een dergelijke plek geweest. Mam en ik waren altijd naar steden gereisd – Rome, Parijs, Berlijn – omdat ze daar voor haar werk moest zijn. Toch wist ik dat ze het hier heerlijk gevonden zou hebben. Ze hield van alles wat ongetemd was. In de periode voor haar dood trad ze nog steeds op, al was het technisch gezien geen ballet. Het mooiste aan haar succes, had ze me eens uitgelegd, was dat het haar de vrijheid gaf om te experimenteren. Ze was improvisaties gaan dansen, blootsvoets, een verademing voor haar voeten. Die dansen waren prachtig, maar ruig, haar bewegingen niet opmerkelijk om de choreografische precisie, maar om hun instinctieve dierlijke gratie. Je zou het kunnen vergelijken met het verschil tussen vrije jazz en een pianorecital. Sommige puristen keerden haar toen de rug toe, maar ik geloof dat ze op dat punt in haar carrière het gelukkigst was. Zo danste ze ook voor mij wanneer ik haar dat als klein kind vroeg en dan volgde ik haar op mijn korte beentjes door de kamer.

De herinnering veroorzaakte pijn in mijn borst, alsof die daar iets had opengetrokken. Ik wist dat ik de pijn niet mocht toelaten, anders zou die me in tweeën scheuren. Dus ik pakte mijn camera uit de tas, haalde de lensdop eraf en richtte hem op de bewegende zwarte boog die de vogel was die doelgericht naar de bergen in de verte vloog. Het zou ongetwijfeld een vreselijke foto worden. Het licht was te fel en zou elk detail uitwissen. Maar de concentratie van het zoeken naar de juiste kiek, het scherpstellen, het zuchten tijdens die belangrijke klik... een betere manier om te vergeten kende ik niet.

Toen ik naar het huis terugkeerde en de – ik telde ze – vijfentachtig traptreden op ploeterde, stond Oliver met zijn rug naar me toe op het terras naar de zee te kijken. Hij stond heel stil. Ik kwam in de verleiding achter hem langs het huis binnen te sluipen om een ongemakkelijk beleefdheidspraatje te vermijden, maar besloot dapper te zijn.

'Hallo,' zei ik.

Lichtelijk geschrokken draaide hij zich om. In dat onbewaakte ogenblik meende ik iets in zijn gezicht te zien dat ik herkende. Iets wat leek op eenzaamheid, maar veel complexer was dan dat. Toen verdween het echter spoorloos en ik vroeg me af of ik het me had verbeeld.

Nu keek hij me uitdrukkingsloos als altijd aan. 'Doet het pijn?' vroeg hij.

Ik volgde de richting van zijn blik en zag dat het stuk huid boven mijn T-shirt felrood was. Dat gold ongetwijfeld ook voor mijn gezicht. Nu ik me ervan bewust was, voelde mijn huid ineens gespannen en pijnlijk aan. Ik had – roekeloze Engelse die ik ben – gedacht dat de zonnebrandcrème die ik die ochtend had opgesmeerd wel voldoende zou zijn.

'O,' zei ik, toch enigszins gefascineerd naar de verbrande huid kijkend, 'ik kan maar beter...'

Hij onderbrak me. 'Hoe lang blijf je?'

'Ik...' Zijn vraag overviel me en ik was even verbijsterd. 'Dat weet ik eigenlijk niet.'

'Nou,' zei hij, 'dan moet ik je even iets vertellen nu je hier bent. Ik weet dat grand-père te beleefd zal zijn om het te zeggen, maar hij is vaak moe. Dat is een van de redenen dat hij zelden gasten ontvangt. En de weinige keren dat er mensen komen, is dat maar voor een dag of twee. Nooit langer.'

De boodschap was duidelijk: blijf niet te lang.

'Dank je,' zei ik zo beschaafd mogelijk. Niet te geloven hoe onbeschoft hij was. 'Ik zal eraan denken.'

Eenmaal veilig in mijn slaapkamer liep ik naar de spiegel en ik zag dat het inderdaad zo erg was als ik had verwacht. Ik was kwaad en voelde me vernederd bij de gedachte hoe stom het eruit moest hebben gezien voor Oliver. Ik ging dichterbij staan om de schade te bekijken en schrok toen er werd geklopt. Een vreselijke tel lang dacht ik dat hij het misschien zou zijn, dat hij had besloten dat hij nog niet met me klaar was.

Het was Marie. Ze hield me een witte tube voor. Ik las het etiket: aloëvera lotion.

'Jij doet...' Ze gebaarde naar mijn borst en gezicht.

'O, dank u.'

'Hij vertel mij,' zei ze.

'Wie?' vroeg ik. 'Meneer Stafford.'

Ze schudde haar hoofd. 'Ollie.'

Het duurde een paar seconden voor ik me realiseerde wie ze bedoelde en dat zij hem zo noemde. 'O,' zei ik weer, nogal onnozel.

Toen Marie weer weg was, smeerde ik het spul royaal op de verbrande huid. Het was koel, verzachtte meteen en rook ongewoon zilt.

Ik begreep er niets van. Na zijn woorden op het terras leek het bizar, ondenkbaar bijna zelfs, dat Oliver daarna had besloten iets te doen dat alleen maar – er was geen ander woord voor – als vriendelijk kon worden betiteld. Maar toch, dacht ik, niet al te vriendelijk. Hij had immers niet de moeite genomen het zelf te komen brengen. En misschien wilde hij zijn grootvader wel gewoon het ongenoegen besparen om over zijn ezel heen naar mijn rode gezicht te kijken.

Ik werd de volgende morgen vroeg wakker. Mijn verbrande huid voelde warm en onprettig aan en allerlei gedachten tolden door mijn hoofd. Mijn eerste gedachte toen ik wakker werd, was aan mam gewijd. Zelfs nu nog moest ik me in die eerste bewuste momenten van de dag opnieuw herinneren dat ze er niet meer was, dat het geen nachtmerrie was geweest, dat ik haar echt nooit meer zou zien. Zoals elke keer weigerde iets in mij koppig om dat te geloven.

Nu waren die gedachten vermengd met alles wat Thomas Stafford me de vorige dag had verteld. Zelfs als hij me niet had verteld dat hij de vrouw die Alice heette had liefgehad, zou ik het hebben gehoord aan de manier waarop hij de eerste keer haar naam uitsprak. Het was echter meer dan dat, besefte ik. Hij hield nog steeds van haar.

Ik wist dat ik niet meer zou kunnen slapen, dus besloot ik naar buiten te gaan en de koele ochtendlucht op mijn verbrande huid te voelen. Ik glipte uit bed en stapte stilletjes de gang in. Ik wilde naar de voordeur, maar de foto's die in de gang hingen trokken weer mijn aandacht, onvermijdelijk, alsof ze een onzichtbare aantrekkingskracht op me hadden.

Toen ik deze keer naar de foto van Oliver en zijn moeder keek, realiseerde ik me iets. Hij had dezelfde uitdrukking op zijn gezicht als die ik de vorige middag had gezien. Gefascineerd haalde ik de foto van de muur zodat ik hem beter kon bekijken. Ik bestudeerde haar, indrukwekkend knap en onberispelijk, haar tengere bleke armen goed zichtbaar in de mouwloze zwarte hemdjurk, haar haren opgestoken zodat de fijne oorbellen goed te zien waren. Opnieuw viel me op dat haar hand op zijn schouder hem bij haar vandaan leek te houden, dat het helemaal niet de liefkozing was die het voorwendde te zijn.

Ik was zo in de foto verdiept dat ik niets hoorde – niet de deur die openging, niet de naderende voetstappen – tot het geluid van zijn stem, luid en heel dichtbij, me de stuipen op het lijf joeg.

'Wat ben je aan het doen?'

Ik draaide me om. Ik kon alleen maar de hand waarin ik de foto hield laten zakken in een poging die met mijn lichaam aan het zicht te onttrekken. Een vergeefse poging: zijn blik ging meteen naar de lege plek aan de muur waar de foto had gehangen. Ik weet niet of het zijn bedoeling was, maar ik had het gevoel door hem te zijn betrapt terwijl ik iets stal of spioneerde. Wat in feite niet eens zo ver bezijden de waarheid was.

'O, ik keek ergens naar.'

'Daarnaar?' Oliver wees naar mijn rug, waarachter mijn rechterhand de foto vasthield. Langzaam haalde ik hem naar voren.

‘Ja,’ zei ik en ik hoorde zelf dat het onzeker, schuldig klonk.

‘Heb je gezien wat je wilde zien?’

‘Ik was niet...’ begon ik. ‘Ik bedoel, ik was op weg naar buiten en zag de foto. Dat ben jij toch, of niet?’ Het leek me maar het beste om eerlijk te zijn. ‘Met je moeder?’

Hij knikte.

‘Ze was erg mooi.’

‘Ze is dood.’ Hij zei het onbewogen, gewoon een vaststelling van een feit.

Ik keek naar hem op, geschokt door zijn botheid. ‘Dat... wat erg.’

‘Maak je er maar niet druk over,’ zei hij bijna nukkig.

Toen liep hij langs me heen naar buiten en het terras op terwijl ik nog met de foto in mijn handen stond. Langzaam draaide ik me naar de muur om hem terug te hangen. Ik probeerde het beven van mijn handen te negeren.

11

Corsica, augustus 1986

'Het ziet er vandaag al veel beter uit,' zei Stafford toen hij me na het ontbijt over zijn ezel heen aankeek. Oliver was tot mijn opluchting niet komen eten. 'Minder pijnlijk. De Corsicaanse zon is erg krachtig, en vooral misleidend als er een briesje staat. Ik heb het nog veel erger gehad dan jij. Ik herinner me dat ik een dag het water op was geweest met Elodia, en omdat het door de wind koeler leek dan het was, had ik niet door dat ik levend gebraden werd voor het te laat was. Elodia vond mijn zonnebrand erg komisch.'

'Marie heeft me lotion gegeven om erop te smeren, aloë vera.' Ik zei niets over Olivers aandeel daarin want eigenlijk begreep ik er nu nog minder van dan eerst. Telkens als ik aan de foto dacht, voelde ik weer de schaamte.

'Ah, ja dat heeft ze van mijn vrouw geleerd. Elodia was altijd goed met alles wat met planten te maken had. Met Gerards hulp heeft ze zelfs iets van de tuin weten te maken, ook al is het heel schrale grond. Oliver hielp ook mee toen hij hier kwam wonen. Hij had zijn eigen kruidentuin en verzorgde die heel goed.

'We maakten altijd grapjes dat Elodia heksenkracht had en ik geloof dat Oliver heimelijk geloofde dat het waar was. Ze vertelde ons verhalen over het eiland, over de geschiedenis, over Napoleon en alle grote Corsicaanse mannen en vrouwen die hem voorgingen, maar ook de oude volksverhalen over bergwezens, magische dieren en elfen.'

Ik dacht aan Oliver zoals hij nu was en kon me moeilijk voorstellen dat hij ooit in sprookjes geloofd had. Maar toen herinnerde ik me dat hij ooit die jongen op de foto's was geweest die er zelf wat elfachtig uit had gezien.

Iets wat Stafford had gezegd had me geïntrigeerd en tegen beter weten in besloot ik hem ernaar te vragen. 'Ik vroeg me af... u had het over toen Oliver hier kwam wonen. Waarom was dat?'

Staffords uitdrukking werd meteen gesloten en ik realiseerde me dat hij het me niet zou vertellen. Hoewel hij bereid was heel vrij over zijn eigen geschiedenis te vertellen, leek het verleden van zijn kleinzoon een heel ander verhaal.

'Sorry,' zei ik snel, 'dat had ik niet moeten vragen.'

'Het geeft niet,' zei Stafford, 'je hoeft je niet te verontschuldigen omdat je het hebt gevraagd, maar het was een moeilijke tijd voor ons allemaal, vooral voor Oliver. Dus ik praat er liever niet over.'

Ik knikte, opgelucht dat hij kennelijk niet geïrriteerd was.

'Vertel eens,' zei hij toen in een duidelijke poging van onderwerp te veranderen, 'over je wandeling van gisteren.' Hij glimlachte. 'Ik hoop echt dat het de prijs van de zonnebrand waard was.'

'Ik ben niet zo erg ver gegaan,' zei ik tegen hem, 'een stuk langs het pad, tot aan de olijfbomen.'

'Heb je nog foto's gemaakt?'

'Ja, vooral van de olijfbomen, met de bergen op de achtergrond.'

Hij knikte. 'Ik weet zeker dat je er beter in geslaagd zult zijn de olijven vast te leggen dan ik. Ik heb heel vaak geprobeerd de volmaakte kleur voor het gebladerte te mengen – dat unieke zilvergroen – en exact te schilderen hoe de zon door de takken heen schijnt... maar het is me nooit gelukt. Elke poging strandde. Het is vreselijk frustrerend. Cezanne – of Matisse, uiteraard – zou precies hebben geweten wat te doen.' Hij glimlachte naar me. 'Laat je me je foto's een keer zien? Ik zou ze graag willen bekijken.'

'Ja,' zei ik gevleid door zijn belangstelling, 'al heb ik er nu geen bij me, en de foto's die ik hier heb gemaakt, moeten eerst ontwikkeld worden.'

Stafford keek teleurgesteld. 'Dat bewijst maar weer dat ik een donkere kamer moet laten inrichten, zoals Oliver steeds oppert. Maar misschien als je nog eens komt?'

'Natuurlijk,' zei ik, gesterkt door de suggestie – hoe vaag dan ook – dat ik misschien terug mocht komen.

Het bleef een paar minuten stil terwijl Stafford weer serieus aan het werk ging. Het viel me op dat de stilte niet gespannen of ongemakkelijk was zoals je dat met een vreemde vaak had, alsof het een kloof was die snel gevuld moest worden met woorden. Het korte moment van onbehagen na mijn vraag was helemaal verdwenen en het voelde nu heel natuurlijk, het soort stilte dat je met een oude vriend kon verwachten. Ik vroeg me af of het te maken had met een of ander kunstenaarstrucje om het model op zijn of haar gemak te stellen, maar zette dat idee uit mijn hoofd. Stafford wás gewoon zo, het was een teken van zijn kalmte, van zijn zelfvertrouwen.

Voor ik hem had ontmoet, beschouwde ik Stafford gewoon als een weg naar de vrouw van zijn tekening, als een middel om meer over haar te weten te komen. Ik had aangenomen dat hij het moeilijke, teruggetrokken type zou zijn dat zijn leefwijze deed vermoeden en had niet verwacht dat ik hem zo graag zou mogen.

Ik keek naar hem. Hij leek in gedachten verzonken. Toen hij sprak, leken zijn woorden uit een verborgen bron van emotie te komen. 'Vaak vergeet ik bij het ontwaken dat ik een oude man ben. Ik denk dat Elodia elk moment de trap op kan komen vanaf de inham, haar haren nat van het zwemmen in zee. En soms ga ik nog verder terug. Dan denk ik dat ik in Engeland ben, twintig jaar oud, en dat ik in mijn kleine, rommelige kamer in Oxford lig te wachten op een brief van Alice.'

Hij wees naar buiten. 'Dat uitzicht daar is al eeuwen, misschien zelfs millennia, hetzelfde, afgezien van een paar boten. Als je op deze manier geconfronteerd wordt met de onveranderlijkheid van andere dingen...' Hij zweeg even. 'Nou ja, dat versterkt het besef van je eigen korte tijd hier. Ik weet dat ik van geluk mag spreken dat ik zo lang heb geleefd en zo veel heb gezien. Meer geluk dan Elodia, meer dan veel mensen. Maar dat maakt het niet gemakkelijker om dit oudemannengezicht in de spiegel te zien wanneer ik dat niet verwacht.'

Ik zocht naar iets wat ik kon zeggen. 'Maar uw werk is wel blijvend.'

'Dat is aardig van je. Ja, ik hoop van wel, in elk geval in de meest letterlijke zin van het woord. Het zal hopelijk blijven voortbestaan wanneer ik er niet meer ben. Maar zal het belangrijk zijn?' Hij haalde zijn schouders op. 'Daar is niets van te zeggen.' Hij schudde zijn hoofd alsof hij zichzelf onder handen nam. 'Het spijt me, Kate, ik weet niet wat er met me aan de hand is. Ik ben vanmorgen in een vreemde stemming wakker geworden en het enige wat ik kan bedenken is dat het door die terugblikken op het verleden komt. Het staat me allemaal nog zo helder voor de geest dat ik ergens weiger te geloven dat er zo veel tijd is verstreken.' Toen glimlachte hij. 'Ze was de eerste die mijn werk zag, weet je, die het echt zag. Ze was ook de eerste die in me geloofde, als kunstenaar, niet als een jongen die ergens over fantaseerde.'

'Wie?' vroeg ik, nogal onnozel. 'Elodia?'

Hij schudde zijn hoofd. 'Nee, Alice, natuurlijk.'

12

Londen, april 1929

Tom is voor de paasvakantie teruggekeerd naar Londen en heeft een atelier gevonden: het boothuis in Putney dat al eigendom van de familie is sinds hij klein was. Ze hadden er een jol liggen voor tochtjes op de Theems, maar dat is verleden tijd sinds Toms vader terugkwam van het front en duidelijk werd dat hij er niet meer de man naar was om boottochtjes te maken.

Het boothuis had samen met de jol verkocht moeten worden, maar Toms moeder wil niet geloven dat ze nooit meer de rivier op zullen gaan. Als ze het boothuis verkocht, zou dat een onherroepelijke bevestiging van dat feit zijn. Dus staat het daar al veertien jaar praktisch onaangeroerd.

Het is een grote ruimte, die een beetje gevaarlijk is doordat er allerlei oude zeilspullen liggen. In een hoek ligt een oude rol zeildoek en op een hoge plank achterin ligt een wankele stapel reddingsvesten. Een paar beschimmelde roeiriemen leunen vermoeid tegen de muur en de vloer ligt bezaaid met hopen touw die in de knoop zitten, houten pennen en oude rommel. Het is echter een heel goed bruikbare ruimte en omdat Tom toch niet bepaald netjes is als hij aan het werk is, bevalt het hem prima. Alles is nu licht bespat met verf, wat de boel behoorlijk opvrolijkt. Het ziet er minder troosteloos uit dan eerst. Er is meer licht dan je misschien zou verwachten, dankzij een groot, schelpvormig raam boven de brede dubbele deur.

Mevrouw Stafford denkt dat Tom het boothuis gebruikt om te

studeren voor zijn tentamens, en hij heeft niets gedaan om haar op andere gedachten te brengen. De stukken waaraan hij de afgelopen weken heeft gewerkt staan tegen de muur, met de voorzijde ernaartoe. Tom vindt het ondraaglijk om zijn voltooide werk te kunnen zien terwijl hij aan het werk is. Het is ofwel deprimerend – er zijn dagen dat hij alles wat hij heeft gemaakt afschuwelijk vindt – of het intimideert hem als er bijvoorbeeld een paar werken bij staan waarvan hij denkt dat hij daarmee toevallig een hoogtepunt heeft bereikt dat hij misschien nooit meer zal meemaken. Het is hoe dan ook beter als hij ze niet hoeft te zien.

Soms gooit hij de deuren open zodat hij naar de strook water kan kijken die dan zichtbaar wordt en probeert hij dat uitzicht vast te leggen. Zijn aanwezigheid is een bron van nieuwsgierigheid voor de andere gebruikers van boothuizen. Er trainen diverse roeiteams op de rivier en die behandelen hem met een soort pesterige kameraadschap. Het derde gebouw voorbij het zijne is van een Italiaanse familie die altijd hun eigen kapitein meebrengt, tot in de puntjes gekleed in wit en blauw. Voordat Alice weer in zijn leven kwam, dacht hij dat hij verliefd was op hun oudste dochter met haar donkere ogen en dikke bos zwart haar.

Alice komt vanmiddag naar zijn atelier. Lord en lady Hexford zijn het land uit voor politieke zaken van haar stiefvader en Alice grijpt de gelegenheid aan voor een uitstapje waar ze anders geen toestemming voor zou krijgen. Lady Hexford verbiedt niet ronduit, maar heeft subtiele methodes om het haar dochter lastig te maken als die tegen haar wensen ingaat.

Voor Tom is het een heel belangrijke dag. Hij gaat zijn werk aan iemand anders laten zien en dat betekent dat hij zijn diepste innerlijk blootlegt. Alice is de enige in zijn naaste omgeving bij wie hij erop kan vertrouwen dat ze de waarheid zal zeggen. Zijn moeder zou door haar liefde voor hem niet objectief kunnen zijn. Hij weet dat in haar ogen alles geniaal zou zijn. Zijn vrienden in Oxford... ondenkbaar. Alice zal eerlijk zijn, maar hem in elk geval niet voor de gek houden.

Het is een grijze dag en de regen komt schuin omlaag, dus de deuren zijn dicht en Tom heeft alle lampen aan gedaan omdat het buiten wel lijkt te schemeren. Door de dichte deuren blijft hij weliswaar droog, maar het betekent ook dat hij Alice niet kan zien aankomen en geen tijd zal hebben om zich voor te bereiden. Hij heeft onderweg een goedkope fles wijn gekocht voor als ze er is, al heeft hij er zelf wel al een glas van genomen om zijn zenuwen te bedaren.

Kort na drieën wordt er op de deur gebonsd.

'Doe open! Het lijkt wel moesson!'

Hij neemt snel een slok wijn en zwaait de deur wijd open. Er staat een doorweekte gestalte voor zijn neus. Er gutst water van de brede rand van een regenhoed en ze houdt een fiets tegen haar heup. Tom staart naar haar. De gestalte lacht, legt de fiets neer en slaat haar kletsnatte armen om hem heen.

Eenmaal binnen duwt Alice haar hoed achterover. Haar neus is rood en haar ogen zijn nat, maar ook stralend van blijdschap. De fijne slierten vochtig haar zijn zo zwart als drop en staan alle kanten op boven de opgeslagen kraag van de regenjas.

Hij neemt haar verder mee naar binnen. Wil ze de jas uitdoen of hem misschien aanhouden tot ze is opgewarmd? Wil ze een glas wijn, een koekje?

Ze lacht. 'Ik heb niets nodig. Hou op. Het is hier lekker warm.' Ze kijkt om zich heen.

'Hoe kom je aan die fiets?'

'Hij is van William, een van onze bedienden. Hij gebruikt hem bijna nooit, alleen wanneer hij naar zijn moeder in Hackney gaat. Godzijdank is ma weg met de boze stiefvader. Ik weet zeker dat ze het niet goed zou keuren dat ik in een cricketsweater en een mannenbroek door Londen fiets.' Alice schudt de regenjas uit om te laten zien wat ze aanheeft. Ze ziet eruit als een knappe jongen.

Ze loopt rond en kijkt naar de spullen die overal liggen. 'Vind je het fijn om dit allemaal om je heen te hebben?'

Hij grinnikt. 'Ik heb er geen last van en het kan ook niet anders. Ik kan het nergens anders kwijt.'

Dan ziet ze de doeken. 'Waarom staan ze allemaal achterstevoren? Zo kan ik ze niet zien.'

'Ik heb het liever zo. Ik ben het niet gewend mijn werk te laten zien. Jij bent de eerste. Ik maak me zorgen dat je misschien... nou ja, voor niets helemaal hierheen bent gekomen.'

'Wat bedoel je?'

'Misschien zijn ze helemaal niet goed. Ik wil je tijd niet verspillen.'

Ze kijkt hem aan. 'Wat een volslagen onzin. Tom, ik heb gevraagd of ik ze mocht zien en je hebt me niet hiernaartoe gesleept. Het minste wat je kunt doen nu ik op weg naar hier bijna ben verdronken, is mijn grote nieuwsgierigheid bevredigen, vind ik.'

'Goed dan.' Waar zal hij beginnen? Kan hij haar het meest recente werk laten zien, waar hij het meest trots op is? Het is het olieverfschilderij van de roodharige vrouw. Hoewel hij de ogen nauwlettend heeft aangepast, is hij er niet zeker van dat Alice niet toch haar eigen ogen zal herkennen onder de lagen verf. Tom kijkt naar de blanco achterkanten van de doeken in hun lelijke houten lijsten. Hij kent ze allemaal zonder ze te hoeven omdraaien. Uiteindelijk neemt hij een beslissing. Het is een klein houtskoolportret van Rosa. Het karakter van zijn zus zit erin, ook al klopt de kin niet helemaal. De vorm van het voorhoofd en de neus is echter bijna perfect en ook wat uitdrukking betreft is het echt Rosa. Het is haar ouderezus-blik: taxerend, geamuseerd.

Alice draait zich om, ziet dat hij de kleine lijst vasthoudt. 'Mag ik?' Hij geeft haar het doek en kijkt naar haar terwijl ze het bestudeert. Er zit een kleine moedervlek – eigenlijk meer een sproetje – op de rug van haar linkerhand, bij de aanzet van de pink. Hij staart ernaar. Hoe kan zoiets kleins zo betoverend zijn?

Het lijkt een eeuwigheid te duren voor ze iets zegt, al zijn het maar enkele seconden. Dan, simpelweg: 'Het is prachtig.'

Hij kijkt verbaasd naar haar op.

'Ik meen het. Dit is Rosa... de Rosa die ik me herinner.' Ze lacht. 'Nou ja, niet precies, want ze was veertien toen ik haar voor het laatst zag, maar ze heeft exact dezelfde uitdrukking. Ik herinner me die nog zó duidelijk.'

'Dank je.' Zelfs in zijn meer zelfingenomen buien had hij dit niet verwacht. Hij voelt hoop.

Tegen het einde van de middag zijn alle doeken omgedraaid, zelfs die waarvan Tom zich heilig had voorgenomen ze nooit aan iemand te laten zien. Alice heeft elk werk uitgebreid bestudeerd. Als ze bij zijn studie van Winnard Cove aankomt, die hij heeft gemaakt op basis van de herinneringen die hij door de telescoop van de jaren nog steeds helder ziet, draait ze zich met tranen in haar ogen naar hem om.

'Tom,' zegt ze enthousiast, 'dit is wat jij moet doen. Ik weet het zeker. Ik weet dat ik helemaal geen ervaring heb met schilderkunst, maar dat hoef je niet te hebben om ergens door geroerd te zijn, om te beseffen... te vóélen hoe goed, hoe uniek het is.' Alice denkt na. 'Je zou kennis moeten maken met mijn tante Margaret. Ze is geen kunstenares, maar wel een expert.' Ze praat snel, opgetogen en noemt een stel namen op – kunstenaars die haar tante kennelijk heeft geadviseerd – en waar diverse van Toms persoonlijke helden bij zitten. Hij schuift gespannen van opwinding naar voren in zijn stoel.

'Ik wil graag met haar kennismaken.'

Alice knikte. 'Je vindt haar vast aardig. Ze is de zus van pa. Ze lijkt in veel dingen op hem. Pa was beroemd om zijn moed, maar tante M was op haar manier net zo avontuurlijk en net zo dapper. Ze streed in haar jeugd voor vrouwenstemrecht, weet je. Dat ze met een stok loopt komt daardoor. Ze betrapten haar toen ze bij Westminster over het hek probeerde te klimmen. Een van de agenten sloeg op haar knokkels, waardoor ze viel en haar heup brak. Mijn grootouders schaamden zich dood want ze waren erg traditioneel. Grappig dat hun kinderen zo heel anders zijn geworden.'

'Ze lijkt me een fascinerende vrouw.'

'Dat is ze ook. Haar huwelijk veroorzaakte ook een hoop heibel. Haar echtgenoot was jaren ouder dan zij, Italiaan én joods, wat niet bepaald goed viel bij mijn grootouders. Hij was ook enorm rijk, al heeft tante M geld nooit belangrijk gevonden, of alleen voor zover het haar zelfstandigheid mogelijk maakt.

Ma maakte altijd graag opmerkingen in de trant van "hij was de enige die haar wilde hebben", maar ik weet dat dat niet waar is. Ze had keuze genoeg. Tante M is misschien niet zo knap als ma, maar ze straalt zoveel energie uit. Ze maakt dat ik – ik kan het niet precies uitleggen – ze maakt dat ik meer wil zijn dan er van me wordt verwacht.'

Tom knikt. Hij begrijpt het.

De Londense woning van lady Margaret is een appartement in Bloomsbury: een prachtige verzameling kamers en een paar grote openslaande deuren die naar een leuk dakterras leiden met uitzicht op de gebouwen aan de andere kant van het plein. Het verbaast Tom dat iemand die zo buitensporig rijk is als zij zo bescheiden woont, ook al is het dan een chic adres. Het appartement is niet groter dan de benedenverdieping van het huis van zijn ouders. Alice legt uit dat dit de vierde woning van haar tante is, in de stad waar ze de minste tijd doorbrengt. De andere zijn in het buitenland, in Rome, Venetië en Marrakech.

De roodstenen buitenkant van het gebouw is hetzelfde als die van alle andere gebouwen aan het plein. Eenmaal binnen zou Tom echter gemakkelijk kunnen vergeten dat hij in Engeland is. Als je ervoor koos niet door de glazen deuren naar een tafereel te kijken dat zo onmiskenbaar Brits is dat het nergens anders zou kunnen zijn, zou je je best kunnen voorstellen dat dit een Marokkaanse *riad* is. Zelfs de lucht lijkt anders dan de lucht buiten, waar de geur van natte trottoirs overheerst. Hij ruikt vijgen, amber en de zware, exotische geur van wierook.

Tom ziet als eerste Margarets gelijkenis in een vroeg-kubistisch naakt aan de muur recht tegenover de voordeur. Het is gemaakt in naïeve stijl, met een cirkel als buik en twee kleinere cirkels voor de borsten. Ondanks de ruwe vormen en de eenvoud van het kleurenpalet is het doordrenkt van de persoonlijkheid van het model. De stijl is eerbiedig en speels tegelijk: de blik van de vrouw daagt de kijker uit, maar de glimlachende katachtige mond impliceert dat ze ook gevoel voor humor heeft. Wat een talent moet de kunstenaar hebben, denkt Tom, om dat allemaal over te kunnen brengen. Wat heeft hij de essentie van het onderwerp briljant in het werk gedistilleerd.

Overal hangen kunstwerken, van elke moderne school die hij kent en veel waarmee hij niet bekend is, schokkend in hun frisheid en lak aan conventies. Zelfs de deurklinken zijn hier van porselein dat beschilderd is in een aards dessin in primaire kleuren dat hem echt iets lijkt voor Bloomsbury. En daar hangt een prachtig olieverfschilderij van zittende vrouwen, de kleuren bijna zinnenprikkelend in hun levendigheid. In de stijl van Gauguin, of misschien van Gauguin zelf. Hier lijkt alles mogelijk.

Zijn schetsboek is zwaar onder zijn arm. Waarom heeft hij zich in vredesnaam laten overhalen het mee te brengen? Hij weet het antwoord: hij werd meegesleurd in Alice' enthousiasme, erdoor bedwelmd zelfs, en door haar zag hij zichzelf als een echte kunstenaar, de aandacht van lady Margaret waardig. Vergeleken met deze dappere, briljante werken waren zijn eigen pogingen echter onbenullig en vernederend in zowel hun aarzeling als hun pretentie.

Zijn angst verdwijnt wanneer lady Margaret haar zitkamer binnenkomt. De tante van Alice is in één woord verbazingwekkend. Ze draagt een wijde pantalon van felgroene zijde, veel schokkender dan zelfs de kortste rok van een vrijgevochten jonge vrouw. Daarop draagt ze kennelijk een mannenoverhemd, diverse maten te groot voor haar tengere gestalte en in de broek gestopt zodat het sterk opbolt bij de taille. Tussen haar sleutelbeenderen schittert een juweel in dezelfde kleur als de broek. Haar kreupele gang is duidelijk, maar ze maakt er het beste van en ze loopt met een stok van glanzend ivoor met een zilveren kop. Haar haar is nat en over de kruin van haar hoofd naar achteren gekamd en Tom kan zien dat het kort en erg rood is.

'Alice, lieverd.' Haar stem, zo laag als de zijne, heeft een lichte schorheid die van sigaretten en een goed leven getuigt. Ze neemt Alice in haar armen. Dan dwalen haar halfgesloten ogen in zijn richting en wordt ook Tom in haar geurige, knokige omhelzing getrokken.

'Jij moet Tom zijn.' Ze doet een stap achteruit, maar houdt hem bij zijn bovenarmen vast zodat ze hem kan bekijken. 'Aangenaam,' mompelt ze en hij zegt haar nogal sullig na.

Ze doet nog een stap terug en kijkt hen allebei aan. 'Hebben jullie verschrikkelijk lang op me moeten wachten?'

'Nee,' begint Tom, maar Alice antwoordt speels: 'Ja, tante. Tom heeft bijna een baard gekregen sinds we zijn gearriveerd. Gelukkig heb je al die kunst hier, dus we hebben ons wel vermaakt.'

'Ik ben inderdaad een beetje ondeugend,' bekent lady Margaret. 'Ik had specifiek om vier uur met jullie afgesproken, maar ik heb een voorliefde voor langdurige baden ontwikkeld, vooral in de namiddag. Als je er eenmaal in ligt, is het net of je een andere wereld binnentreedt en verlies je elk besef van tijd. Het is buitengewoon verkwikkend, zeker zo vlak voor de avond en dat is vooral belangrijk voor ons, ouderen.'

Tom kan zich niemand voorstellen op wie de term 'ouderen' minder van toepassing lijkt en moet onwillekeurig lachen.

Lady Margaret draait zich glimlachend naar hem om. Dan valt haar blik op het schetsboek onder zijn arm. Hij voelt zijn spieren aanspannen en zijn hand knijpt als vanzelf in de rug van het boek. Margarets ogen gaan over hem heen en ze lijkt een snelle inschatting te maken. 'Laten we eerst thee drinken met iets erbij. Op een lege maag kun je niet over kunst praten.'

De thee (muntblaadjes, in de pot getrokken) en het gebak (kruidig, vol amandelen en speciaal uit Turkije geïmporteerd) worden binnengebracht door de ondoorgrondelijke Beatrice, Margarets jonge huishoudster, die dromerig naar hen glimlacht, maar geen woord zegt. Margaret legt uit dat dit is omdat ze alleen Italiaans spreekt, en dan ook nog een Florentijns dialect. Ze ziet eruit, denkt

Tom, als een Modigliani-model, met grote, nogal vaag grijze ogen in een volmaakt ovaal gezicht en een dunne witte hals die naar voren gebogen is als de stengel van een bloem die te zwaar is geworden om overeind te houden.

Lady Margaret vraagt Tom haar zijn schetsboek aan te geven. Het is alsof de vreemde, heerlijke thee en de diepe klanken van haar stem een kalmerend effect op hem hebben gehad, want Tom realiseert zich dat hij helemaal niet meer gespannen is. Hij geeft haar het boek.

Lady Margaret bekijkt het zwijgend terwijl Tom en Alice wat geforceerd met elkaar babbelen, Tom met een half oog op zijn schetsboek. Hij merkt dat Margaret aan sommige bladzijden meer tijd besteed en andere zo doorbladert alsof ze leeg zijn: de inhoud ervan is kennelijk haar aandacht niet waardig. Het is een ervaring die hem nederig stemt.

Na wat een eeuwigheid lijkt richt lady Margaret zich plotseling op.

'Ik denk dat je nog een weg te gaan hebt,' zegt ze. 'Er zit beslist iets in, maar je moet er nog aan werken, het tevoorschijn halen.'

Tom knikt. 'Ja, ik moet veel meer ervaring opdoen voor ik iets kan maken dat...'

'Het is niet noodzakelijkerwijs een kwestie van ervaring,' onderbreekt lady Margaret hem. 'Het is een kwestie van vertrouwen. Vertel eens, als het niet de kunst is, wat wordt het dan?'

'Wat ik dan ga doen, bedoelt u?'

Ze knikt.

'Nou, de advocatuur waarschijnlijk. Mijn vader was – is – advocaat. Ik weet dat mijn ouders zouden willen dat ik dat ga doen.' Hij denkt aan de bezoekjes aan zijn vaders kantoor toen hij nog klein was – de geur van oud papier, de stoffige uren die voorbijgaan – en voelt de vertrouwde paniek opkomen.

'Zie je jezelf als kunstenaar of als advocaat?'

'Ik zou mezelf graag op een dag als kunstenaar zien.'

'Nee!' Lady Margaret schudt nadrukkelijk haar hoofd. 'Dat is niet de juiste benadering. Ik heb altijd gevonden dat je om een kunstenaar te zijn, een echte, van de enige soort die ertoe doet, je onvoorwaardelijk in je roeping moet geloven. Hoop alleen is niet genoeg. Als je het aanpakt als een knulletje met een hobby zul je nooit werk van het hoogste kaliber maken.' Ze wijst naar het kubistische naakt achter haar. 'Wat zie je?'

'Het is een fantastisch stuk,' begint Tom. 'De kunstenaar moet buitengewoon talentvol zijn, de...'

'Dat is niet wat ik bedoel,' berispt ze hem. 'Wat ik erin zie is dapperheid. De moed om de conventies, de ingesleten ideeën over stijl en vorm los te laten. Je hebt oefening nodig, inderdaad: je blik moet nog scherper worden, zeker, maar dat is niet wat je weerhoudt. Hoewel deze technisch gezien uitstekend zijn,' zegt ze, naar het schetsboek gebarend, 'hebben ze bijna iets... verontschuldigends. Als je echt wilt scheppen, innoveren, dan mag je je er niets van aantrekken of je misschien iemands gevoelens kwetst. Je mag er niet mee zitten dat mensen – misschien zelfs je eigen moeder – je werk vreselijk zullen vinden. Begrijp je me?'

Tom knikt en Alice glimlacht hem heimelijk bemoedigend toe.

'Wat ik hier zie...' Lady Margaret tikt met een lange vinger op de openliggende bladzijde van het schetsboek, '... is onontwikkeld potentieel. Je wordt belemmerd door een gebrek aan zelfvertrouwen. En dat,' zegt ze, hem aankijkend, 'is mijn diagnose.'

13

T.S.

Alice gaf me zelfvertrouwen en lady Margaret duwde me naar nieuwe hoogten. Ik was een beetje bang van haar en werd wellicht ook door haar gebiologeerd. Ze was niet knap, in elk geval niet op de conventionele manier, zoals de moeder van Alice, maar ze had een ingebakken zelfvertrouwen en kracht die aantrekkelijker waren dan welk hartvormig gezichtje of goudkleurige haardos ooit zouden kunnen zijn. Het was dezelfde kracht waarover Alice ook beschikte.

Lady M was een echt buitenbeentje. En ze was modern! Ik kon niet geloven wat ik zag toen ze weer een bladzijde in mijn schetsboek omsloeg. Haar mouw schoof bij die beweging iets omhoog en ik zag een tatoeage aan de binnenkant van haar pols, klein maar buitengewoon donker op haar lichte huid. Alice legde me uit dat het een slang voorstelde. Haar tante was tijdens een reis naar Nicaragua door een ratelslang gebeten en bijna gestorven. Ze had de tatoeage laten zetten nadat ze hersteld was. Het was een talisman, een symbool van de wilskracht die haar erdoorheen had gesleept. Zoiets is zelfs nu een teken van rebellie, van non-conformisme, maar destijds had niemand tatoeages, en vooral niet iemand van lady Margarets stand.

Ze was meedogenloos in haar kritiek op mijn werk, maar toen ze het veelbelovend noemde, voelde ik weer dezelfde hoop als toen Alice naar mijn atelier was gekomen. Alleen was die deze keer misschien meer gefundeerd want lady Margaret had echt veel verstand van kunst.

Sommige van de stukken keurde ze ronduit af. Ik had zoals veel kunstenaars van mijn generatie een Picasso-fase doorgemaakt, waarin ik niet zozeer onder zijn invloed werkte als wel hele elementen ervan overnam: hier een techniek voor dubbele arcering, daar een kleurblokeffect. In één schets had ik letterlijk de kruik van Picasso's *Stilleven met citroen en kruik* nagemaakt en ik schaamde me toen lady M me daarop aansprak. 'Het is een zeker talent,' zei ze, 'om iemands werk te kopiëren, maar niet het soort talent waar jij je op moet richten. In Montmartre doen tientallen Fransen precies hetzelfde, en veel beter omdat ze jaren de tijd hebben gehad om hun vaardigheid te verbeteren. Vind je eigen stijl en wees vooral dapper, want het vergt moed om nieuwe wegen in te slaan. Wees niet bang te worden bespot, misschien moet je zelfs spot opzoeken. Het is fantastisch als je heftige reacties kunt oproepen van welke aard dan ook. God verhoede dat de mensen je werk tolereren!'

Je had het gevoel dat je, als zij in je geloofde en je onder haar hoede nam, onmogelijk kon falen en dat het heel goed mogelijk was dat je iets zou bereiken. En hoewel ze in zekere zin mijn werk had afgekraakt, steunde ze me op de manier die er het meest toe doet: ze drong eropaan dat ik doorging. Ze dacht dat, ook al was ik er nog niet, ik er wel zou komen.

Ze zei me een jaar later terug te komen, wanneer ik mijn eigen stijl had gevonden en een nieuw portfolio met werk had om aan haar te laten zien. Ik ging terug naar mijn atelier, verscheurde de helft van mijn werk en verbrandde het in de stoof die ik daar had staan. Ik weet dat het drastisch klinkt, maar naderhand had ik het gevoel dat ik een vorm van loutering had doorgemaakt. Ik herinner me niet één van die schilderijen, maar ik twijfel er niet aan dat ik, als dat wel zo was, geen moment spijt van die actie zou hebben. De verzamelaars dachten er wellicht anders over want de eerste vreselijke kliederwerken van een kunstenaar zijn soms meer waard dan zijn volwassener werk. Vermoedelijk vinden ze het opwindend de stijl van de kunstenaar in embryonale toestand te zien. Maar voor mij waren die werken het equivalent van een tienerdagboek: vol overdreven sentiment en melodrama.

De tekening die Kate me had gebracht was echter anders. Het is een van de werken waar ik het trotst op ben. Ik weet niet of ik ooit weer zoiets had kunnen tekenen en niet alleen vanwege de manier waarop mijn stijl zich heeft ontwikkeld. De essentie van die schets had iets wat, net als mijn onschuld op die leeftijd, verloren moet zijn gegaan. Een zekere ongedwongenheid misschien. En hij vormde ook een herinnering aan wat ik nog steeds als de gelukkigste tijd van mijn leven beschouw.

Kate

Stafford leek genoeg te hebben van het praten, want de volgende paar uur verstreken in relatieve stilte, waarin het enige geluid dat van potlood op papier was. De warme lucht verstilde toen de warmte zijn maximum bereikte en de zee buiten het raam was een uniform blauwe vlakte, schijnbaar niet beroerd door de wind of het getij. Hij zag eruit alsof hij op de ruit geschilderd kon zijn. Ik voelde dat mijn ogen dicht begonnen te vallen.

'Tijd om te lunchen,' zei Stafford plotseling, alsof hij aanvoelde dat ik moe begon te worden.

Ik schudde de verdoving van me af. 'Ja, graag.'

'Uitstekend. Ik zal Marie vragen een maaltijd te bereiden.'

Ik bracht de middag in de inham door, deels lezend, maar vooral denkend aan wat Stafford me had verteld. Soms scheen het verleden dat hij beschreef me werkelijker toe dan mijn leven in Londen, dat nu onecht en ver weg leek. Ik wou alleen dat ik deze nieuwe ontdekking had kunnen delen. Ik wist zeker dat mam erdoor gefascineerd zou zijn, of ze wilde of niet.

Het zand was grofkorrelig, bijna wit en erg warm. Het strand was maar een paar meter breed: een deukje in de rotsen die zich aan weerskanten langs de kust uitstrekten. Op een gegeven moment liep ik het ondiepe water in en merkte ik dat als ik daar lang genoeg bleef staan en mijn voeten in het zand liet wegzakken, er kleine bruine visjes rond mijn enkels kwamen zwemmen. Dat wilde zeggen tot ik met mijn tenen wiebelde, want dan verdwenen ze in een oogwenk uit het zicht.

Naderhand ging ik weer op het warme zand liggen en ik moet een poosje hebben geslapen want ik schrok wakker toen iemand mijn naam riep. Ik keek met wazige blik om me heen en zag tot mijn ongenoegen dat het Oliver was, die met zijn handen in zijn zakken een stukje bij me vandaan stond. Ik was meteen op mijn hoede, maar de vijandigheid waarop ik me voorbereidde kwam niet.

'Marie heeft thee gezet,' zei hij en zijn stem klonk anders: niet precies vriendelijk, maar het kwam in de buurt van beschaafd. 'Ik kom maar even kijken of je misschien zin hebt.'

'O.' Ik ging verbaasd rechtop zitten. Mijn eerste reactie, hoe irrationeel ook, was: hij probeert me vast een streek te leveren. 'Ja,' zei ik voorzichtig, 'ik geloof het wel... dank je.'

Hij draaide zich om en verdween uit het zicht. Ik wachtte even tot ik niet meer zo versuft was door de slaap – ik wilde alert zijn voor het geval er een confrontatie zou komen – en volgde hem toen de trap op. Ik realiseerde me dat Stafford hem misschien gewoon had gevraagd me te gaan roepen, al verklaarde dat niet de nieuwe, beleefde manier waarop hij tegen me had gesproken, maar toen ik het terras bereikte, was de kunstenaar nergens te bekennen.

'Grand-père doet zijn dutje,' zei Oliver toen hij zag dat ik om me heen keek.

'Aha.'

We gingen samen aan tafel zitten, die gedekt was met een elegante porseleinen theepot, twee kopjes met bijpassende schoteltjes en een grote, typisch Engelse, met jam en room gevulde taart. Het had iets plezierig surrealistisch om dat daar allemaal te zien staan terwijl de erg on-Engelse zon op ons neer brandde en de cicaden in de omringende beplanting zaten te zingen.

'Het is de favoriete taart van grand-père,' zei Oliver. 'Grand-mère maakte hem altijd voor ons. Na haar dood is Marie hem blijven bakken.'

Ik keek hem nieuwsgierig aan. Hij had snel gesproken, nerveus zelfs. Hij sneed twee flinke stukken af, legde ze op een bord en gaf er een aan mij. Ik pakte het gespannen aan, alsof ik me voorbereidde op een sollicitatiegesprek, en probeerde nog steeds te gissen wat zijn bedoeling was. Misschien, dacht ik, stond hij op het punt me weg te sturen nu zijn grootvader niet in de buurt was.

Ik bracht met de vork een stukje taart naar mijn mond. Het heerlijke hapje van de luchtige, naar citroen smakende taart, de vette room en de wat zure frambozenjam leidde me even af. Ik keek op en zag dat Oliver naar me zat te kijken.

'Het is erg lekker,' zei ik tegen hem, omdat hij leek te wachten tot ik iets zou zeggen.

Er volgde een lange, gespannen stilte, waarin ik aarzelend nog een hapje van de taart nam. Toen verschoof Oliver op zijn stoel en boog hij naar voren. 'Tja...' Hij stopte en leek slecht op zijn gemak. 'Luister, ik weet niet zo goed hoe ik dit moet zeggen...'

Ik wachtte en zette me schrap, waarvoor dan ook. Deze keer zou ik klaar zijn om mezelf te verdedigen.

Tot mijn verbazing luidden zijn volgende woorden: 'Ik wilde je mijn excuses aanbieden.'

In mijn verbazing slikte ik de hap taart te snel door en die kwam vast te zitten in mijn luchtpijp. Ik hoestte en kon nauwelijks voorkomen dat ik hem met kruimels besproeide.

'Waarom?' vroeg ik schor toen ik weer in staat was te spreken. Wat ik feitelijk bedoelde, was: waarom nu? Nog maar een paar uur geleden leek hij absoluut geen last te hebben van wroeging.

'Nou,' zei hij, en hij spreidde zijn handen en haalde zijn schouders op, 'ik realiseer me dat ik me niet zo gastvrij heb opgesteld als ik had kunnen doen.'

'Het is al goed,' zei ik. Ik keek hem aan en vroeg me nog steeds vaag af of hij me voor de gek hield.

Maar toen kreeg ik plotseling een ingeving en begreep ik het. 'Gaat dit over mijn moeder?'

Ik wist meteen dat ik het antwoord had geraden, want ik zag het aan zijn gezicht: medelijden.

Oliver knikte en verschoon ongemakkelijk op zijn stoel. 'Grandpère heeft het me vanmorgen verteld,' zei hij. 'Nadat ik je tegen het lijf was gelopen.'

Nu snapte ik het. Hij was waarschijnlijk naar Stafford gegaan om hem over mijn 'misdrijf' in te lichten, en Stafford had het hem verteld om me te verontschuldigen. Dat had hij niet hoeven doen dacht ik, daar was geen reden voor. Ik had geen behoefte aan medelijden, vooral niet van Oliver. Nu ik erover nadacht was het zelfs bijna een opluchting geweest om iemand te hebben die niet op de hoogte was, die niet het gevoel had dat ik met fluwelen handschoentjes aangepakt moest worden.

Oliver schraapte zijn keel. 'Ik heb erover gelezen toen het gebeurde. Ik kon het dagenlang nauwelijks uit mijn gedachten zetten... al die mensen...'

Ik trok een grimas. Ik wilde niet aan de kranten denken, aan de foto's die ze om de een of andere reden hadden mogen afdrukken. Oliver voelde kennelijk aan dat dit de verkeerde insteek was en zei: 'Als ik het had geweten, zou ik niet...' Hij zweeg. 'Ik vrees dat ik te snel conclusies heb getrokken. Ik dacht dat je hier was om grandpère ergens over lastig te vallen. Hij heeft me uitgelegd dat je op zijn uitdrukkelijk verzoek hier bent en dat je hem een persoonlijke dienst bewijst met je aanwezigheid.'

Dat laatste zat me niet lekker omdat het niet helemaal waar was. Anderzijds, als Stafford had besloten de feiten te verdraaien, zou ik hem niet tegenspreken.

'Hij heeft me over je moeder verteld.'

'Heus,' zei ik vastberaden, 'er is geen reden je er druk om te maken. Het is al een poos geleden.'

'Een jaar,' zei hij. 'Dat is niet lang, niet als je iemand hebt verloren van wie je hield. Grand-mère is al enkele jaren geleden gestorven en ik mis haar nog steeds.'

Hij keek me indringend aan en ik merkte plotseling dat ik zijn blik niet kon beantwoorden. Tot mijn afgrijzen voelde ik mijn ogen branden. Niet nu, dacht ik, niet tegenover een vreemde die zich tot enkele ogenblikken geleden nog als een vijand had gedragen. Ik had er de voorkeur aan gegeven dat hij vijandig tegen me deed, daar kon ik veel gemakkelijker mee omgaan. Ik tuurde met intense concentratie omlaag naar mijn bord en drong de tranen terug.

Die avond en de volgende morgen aan het ontbijt bleef Oliver beschaafd tegen me, hetgeen me eigenlijk niet had moeten verbazen. En toch voelde het onwerkelijk, als je bedacht hoe hij voorheen was geweest. Hij gedroeg zich nu als een beleefde vreemde, een kelner of een treinconducteur. Het was een opluchting toen Stafford me vroeg of ik klaar was om mee te gaan naar zijn atelier.

Toen ik opstond om hem te volgen, hield Oliver me tegen.

'Kate,' zei hij.

'Ja?'

'Ik wilde je iets vragen. Ik was van plan vanavond naar Bonifacio te gaan. Ik probeer er altijd een bezoek aan te brengen als ik hier ben. Ik vroeg me af of je zin zou hebben om mee te gaan.' Weer sprak hij op die vreemde nieuwe toon met de afstandelijke, formele beleefdheid.

'Dank je, maar nee.' Het vooruitzicht een avond door te brengen met Oliver die me als een invalide behandelde was nog erger dan dat te doen terwijl hij op zijn vijandigst was. Bovendien was ik ervan overtuigd dat zijn aanbod niet voortkwam uit een oprecht verlangen naar mijn gezelschap. 'Ik bedoel,' zei ik, de behoefte voelend het uit te leggen, 'het is vriendelijk aangeboden, maar ik wil niet dat je het gevoel hebt dat je op me moet passen. Ik blijf met plezier hier bij je grootvader.'

Ik vroeg me feitelijk af of dit niet ook door Stafford was geregeld.

Het idee dat Oliver me mee zou nemen op aandringen van zijn grootvader maakte het nog minder aantrekkelijk.

'Prima,' zei Oliver, 'maar dat is niet de reden dat ik het voorstelde. Ik wil zelf graag gaan en ik weet dat grand-père te moe zal zijn om me te vergezellen, hij gaat 's avonds nooit meer weg. En... nou ja, als het kan ga ik liever niet alleen.'

Ik was niet overtuigd.

'Heeft je grootvader dit voorgesteld?'

Oliver keek me lichtelijk beledigd aan. 'Nee,' zei hij, 'het was mijn idee.' Zijn ergernis was bijna een opluchting, veel natuurlijker dan de onberispelijke beleefdheid.

'O.' Ik zocht naar een smoes. 'Maar het is toch zeker onbeleefd om hem alleen hier te laten?'

'Ik geloof niet dat hij het erg zal vinden.'

Nee, dacht ik, hij zou er ongetwijfeld niets op tegen hebben. Ik vermoedde zelfs dat Stafford het wel fijn zou vinden als Oliver en ik het zouden bijleggen.

'Luister,' zei Oliver. 'Ik begrijp waarom je niet mee zou willen, maar ik zal mijn best doen om beter gezelschap voor je te zijn, dat beloof ik.'

Ik keek hem aan en zag dat hij het meende. Dit was zijn zoenoffer en het zou onbeleefd zijn het niet te accepteren.

'Goed dan,' hoorde ik mezelf zeggen voor ik er verder over na kon denken. Ik had er meteen spijt van, maar hield me voor dat het maar één avond was. Hopelijk zou hij me met rust laten zodra hij vond dat hij zijn plicht had gedaan.

'Oliver heeft aangeboden me Bonifacio te laten zien,' zei ik tegen Stafford toen ik op mijn plek in het atelier ging zitten. 'Vanavond.'

Mijn vermoeden dat de uitnodiging het idee van de kunstenaar was geweest werd meteen weggenomen door zijn oprecht verraste reactie.

'Geweldig!' zei hij stralend. 'Het is er ongelooflijk mooi en je zou je geen betere gids kunnen wensen.' Hij leek erg in zijn nopjes met het idee en ik hoopte maar dat hij er niet te veel waarde aan hechtte. Ik kon me niet voorstellen dat Oliver en ik beste vrienden zouden worden. Ik bleef zelfs op mijn hoede en wachtte op een terugkeer van zijn vijandigheid.

'Kate,' zei hij, 'ik weet dat hij zich er rot over voelt dat hij niet zo vriendelijk tegen je is geweest als hij had kunnen zijn. Maar je moet weten dat Oliver het de laatste tijd erg moeilijk heeft gehad, zoals ik meen ik wel heb gezegd. Hij is niet helemaal zichzelf.'

Tot mijn opluchting stapten we over op het onderwerp Alice.

'Na Pasen ging ik terug naar Oxford,' zei Stafford, 'en hoewel ik dat wel had gehoopt kwam Alice niet meer op bezoek. Ze vertelde me dat ze dat niet kon omdat ze niet meer in Oxfordshire logeerde. Lady M had het land verlaten en was naar haar *riad*. Ze ging daar kennelijk heen om te schrijven.'

'Was ze schrijfster?'

'Zoiets. Ze schreef... een bepaald soort boeken, nou ja, nogal pikant. Het was veeleer een hobby dan een roeping, denk ik dat je zou kunnen zeggen. Ik kan me niet voorstellen dat het haar geliefd maakte bij lady Hexford, als die er al van op de hoogte was. Ze schreef onder een pseudoniem: Scherezade. De boeken zijn niet slecht geschreven, weet je. Ik geloof dat ze nu als klassiekers in dat genre worden beschouwd, al zijn ze wel wat expliciet. Lady Margaret hield niet van half werk.

Het was waarschijnlijk maar goed dat ik Alice niet zag, want ik geloof niet dat ik me op mijn studie had kunnen concentreren als ik haar elk moment had kunnen verwachten. En het was examentijd.' Stafford glimlachte. 'Al wil ik niet de indruk wekken dat ik een goede student was. Ik was veel te druk aan het proberen lady Margarets advies in praktijk te brengen: experimenteren met verschillen technieken, mezelf tot een radicalere aanpak dwingen. Mijn kamer lag vol met half voltooide doeken, niet met boeken.'

'Zag u Alice weer toen u terug was in Londen?'

Stafford knikte. 'Die zomer was de gelukkigste van mijn jeugd, misschien zelfs van mijn leven. Ik heb hier veel prachtige zomers doorgebracht, maar niets kan het opnemen tegen de perfectie van een Engelse zomer, wanneer het weer op zijn best is en je jong en verliefd bent. Want ik was verliefd, zie je, ook al was ik me daar zelf nog niet echt van bewust.

'Alice en ik werden voor diverse weekendparty's buiten de stad uitgenodigd, bij vrienden of bijna-vrienden thuis. Ik voelde me een beetje een indringer, wetende dat ik alleen maar was uitgenodigd vanwege mijn vriendschap met Alice.

'Alice was altijd de eerste om haar tenniskleren aan te trekken, of om haar laarzen aan te doen voor een wandeling. Als kind was ze ook al zo: altijd rusteloos, altijd actief, vol ongeduld om op de tennisbaan te komen, een ronde golf of croquet te proberen.

'Ze zag er tenger uit, maar ze was een uitstekende sportvrouw. Ze kon zich niet meten met iemand als Diana Ruston, die armen had als hammen en die een tennisbal zo hard kon raken als een man, maar Alice was heel vastberaden, soms zelfs fel. Niet dat ze per se wilde winnen, maar ze genoot zo van het spel – welk spel dan ook – dat ze zich er met ongelooflijke energie op stortte. Die energie was... bedwelmend.'

14

Sussex, september 1929

Het is de warmste dag van het jaar tot dusver. Warmer zelfs dan de weken die eraan vooraf zijn gegaan, waardoor de grond droog en gebarsten en het gras verdord is en de bladeren van planten in wanhopige dorst zijn omgekruld. De mensen beginnen te klagen dat september zo niet hoort te zijn. En toch is het eigenlijk fantastisch.

Alice geniet ervan. Ze baadt erin, strekt haar lange bleke ledematen in bijna katachtige verrukking uit en laat de zon op de tere huid van haar gezicht branden terwijl ze de bladzijden van haar boek omslaat. Er zit al een roze streep op haar neusrug, maar Tom peinst er niet over haar voor te stellen dat ze in de schaduw gaat zitten, want ze zou hem alleen maar uitlachen. Hij weet ook dat Alice, zoals een hoop kwetsbaar ogende dingen, veel sterker is dan ze lijkt. En afgezien van die streep blijft haar huid zo bleek als de binnenkant van een eierschaal terwijl de meeste gasten – hij ook – rood en bruin zijn geworden.

Ze zijn al een paar dagen in het huis. Het is een spectaculair zij het al wat ouder palladiaans gebouw. Het doet Tom denken aan een oude chique dame op een feest in Londen. De nobele lijnen van de voorgevel zijn een beetje uitgezakt door ouderdom – een pittoresk verval – maar de onderliggende constructie is sterk en werpt een belangwekkende schaduw voor zich uit. De grandeur heeft minder te maken met esthetiek dan met het simpele feit van de indrukwekkende leeftijd van het huis.

Het zou echter onjuist zijn te zeggen dat het huishouden binnen net als de stenen en de mortel van de buitenkant in verval is. De scheidslijn tussen eigenaren en ondergeschikten is nog net zo scherp gedefinieerd als altijd. Tom heeft al in een paar van dit soort huizen gelogeerd en hij verbaast zich over de extreme eerbied van het personeel en voelt zich wanneer hij terugkomt in zijn slaapkamer verward door het bewijs dat daar in de tussentijd iemand anders binnen is geweest. Hij heeft nooit geweten dat een pyjama zo onberispelijk opgevouwen kon worden. Het lijkt wel of al zijn wensen worden voorvoeld en iemand er een absoluut genoegen in schept eraan tegemoet te komen.

Tom kent de gastheer en gastvrouw niet goed en is er vrij zeker van dat hij alleen is uitgenodigd vanwege zijn band met Alice. Het kost hem geen moeite dat te accepteren en hij heeft het best naar zijn zin. De party telt een kleurrijke reeks gasten. De kleine blonde schrijver met de meisjesnaam die alles en iedereen uitvoerig observeert. En een jonge fotograaf, die vanwege zijn talent bij het retoucheren behoorlijk populair aan het worden is onder rijke jonge vrouwen. Hij is sarcastisch in zijn minachting voor de schilderkunst. Tom besluit dat dat waarschijnlijk is omdat hij nog niet zou kunnen tekenen als zijn leven ervan afhing. Hij houdt zich voor dat het niet de moeite waard is met de man in discussie te gaan, maar Alice denkt daar anders over.

'Het is vast bevrijdend voor de schilderkunst dat fotografie nu kan worden gebruikt om ons de dingen te laten zien zoals ze zijn,' zegt ze.

'Ik begrijp niet wat je bedoelt.'

'Nou, schilderen kan nu voor uitsluitend de beste, meest nobele doeleinden worden gebruikt, om ons dingen te tonen zoals ze zouden kunnen zijn of zoals ze zouden moeten zijn. Interpretaties van de werkelijkheid, geen exacte afspiegeling ervan.'

De jongeman kijkt nors, maar lijkt voor één keer geen weerwoord te hebben.

Roddy is er ook. Hij trekt zijn wenkbrauwen op wanneer hij

Alice en Tom naast elkaar ziet zitten en vormt in stilte enkele opgetogen woorden met zijn lippen. Tom besluit dat hij maar het beste kan doen alsof hij het niet heeft gemerkt, maar wanneer hij even frisse lucht gaat happen, komt Roddy hem achterna naar buiten.

'Zo,' zegt hij, terwijl hij naast Tom op de trap neerhurkt en een sigaret opsteekt, 'jij en de hooggeboren juffrouw Eversley, hè?'

'Ik weet het niet...'

'Ik ben blij voor je,' zegt Roddy. 'Meer zeg ik niet. Hoewel... ik hoop dat je het niet erg vindt dat ik het zeg,' vervolgt hij, Tom aankijkend, 'maar persoonlijk had ik dit niet zien aankomen.'

'Hoezo?' vraagt Tom onwillekeurig.

'Ik had gedacht dat ze meer het type was voor een oudere man.' Hij neemt een trekje van zijn sigaret. 'Heb je haar stiefvader al ontmoet?'

'Hexford? Nee.'

'Een interessante kerel voor zover ik weet. Hij hield een verschrikkelijk saai praatje voor de Unie, hij wond zich erg op over nationalisatie van de industrie, de Joden, ontaarde kunst en dat soort dingen. Behoorlijk opgewonden standje voor zo'n serieus ogende kerel.'

'En de stiefbroer? Ken je hem?'

'Matthew? Ik ken hem van Harrow. Hij was de voorzitter van mijn studentenvereniging.' Roddy lijkt voor één keer ingetogen en niet geneigd er meer over te zeggen.

De volgende morgen is er een jacht – naar aanleiding van het excentrieke plan van de gastheer om een zomerwedstrijd te houden – en een gezelschap dat uit het merendeel van de gasten bestaat zal halverwege de ochtend vertrekken om zich bij de anderen te voegen. Tom, die nooit heeft leren paardrijden, is niet op de uitnodiging ingegaan. Alice ook niet, hoewel Tom weet dat ze een uitstekende amazone is.

'Je hoeft voor mij niet hier te blijven,' zegt hij omdat hij het echt niet erg vindt een dag alleen te zijn, het huis en de omgeving te schetsen en misschien een verkoelende duik te nemen in het meer dat hij door zijn slaapkamerraam heeft gezien.

'Het punt is,' zegt Alice, 'dat ik niet inzie waarom iets zou moeten sterven omwille van de sport. Ik beleef evenveel plezier aan niet-bloeddorstige spelletjes. Bij tennis hoeft er niemand dood te gaan.' Ze zwijgt peinzend. 'Al leek het voor die arme Roddy wel die kant op te gaan tijdens de derde set gisterenmiddag. Het kan niet gezond zijn dat iemand zo rood wordt.'

De anderen vertrekken. Ze laten Tom, Alice en de moeder van de gastvrouw achter, die beweert hoofdpijn te hebben gekregen van de zon en ervoor kiest de ochtend zachtjes kreunend door te brengen in een verduisterde kamer met een koud kompres op haar voorhoofd. Tom vermoedt echter dat haar toestand meer te maken heeft met de grote hoeveelheden champagne die hij haar de vorige avond heeft zien nuttigen

Alice en Tom gaan op pad, hij met een schetsboek, zij gewapend met een roman. 'Hemingway,' zegt ze. 'Zijn manier van schrijven doet me denken aan de manier waarop jij schildert. De eenvoud, de waarachtigheid.'

Ze gaan naar het meer en vlijen zich neer in de schaduw van de bomen aan de rand van het water. Het is een ongelooflijk idyllische plek. Van dichtbij ziet het water er echter minder aantrekkelijk uit dan vanuit de verte: de ondiepe waterkant omzoomd door gedroogde lisdodden, het oppervlak ondoorzichtig, grijsgroen zo nu en dan onderbroken door een spoor van luchtbellen van wat er dan ook in het water mag leven. Er hangen stofdeeltjes in de stralende lucht.

Tom begint de twee wilgen te schetsen die over het water heen hangen, hun voorste takken onder het oppervlak. Hij vindt de zwoele lijnen van de gebogen takken en de ruwe, knoestige stammen prachtig. Ze zien eruit als twee vrouwen die zich mooi maken, hun lange haren doorlopend in hun spiegelbeeld.

Als hij klaar is met zijn studie van de bomen, richt Tom zijn aandacht op Alice. Ze is een slecht model als je iemand zoekt die stilzit.

Ze lijkt niet meer dan een paar minuten in dezelfde houding te kunnen zitten, maar uiteindelijk maakt het toch niet uit. De beweging komt terug in de tekening zelf, in de snelle lijnen van zijn pen. Hij realiseert zich opgetogen dat dit iets nieuws is.

Na een minuut of vijf koortsachtig werken leunt hij achterover om de schets te bekijken. Hij weet zonder enige twijfel dat dit het beste is dat hij ooit heeft gemaakt. Hij zet zijn pen weer op het papier om een suggestie van het water op de achtergrond, de picknickmand en het kleed te schetsen.

'Ben je bijna klaar?' vraagt Alice, naar hem voorover buigend.

Hij lacht. 'Ik zou al klaar zijn geweest als je stil had gezeten.'

'Ik zal harder mijn best doen, ik beloof het.' Er verstrijkt nog een minuut en dan kijkt Alice met een zucht achterom naar het water. 'Ik houd het niet meer uit, vrees ik. Het is te warm om op één plek te blijven zitten.'

'Oké, het is toch al bijna af.'

'Mooi zo. Dan vind ik dat we moeten gaan zwemmen.'

'Wat, daarin? Nee, dank je. Moet je dat water zien, het lijkt wel een moeras.'

'Ach, kom op, waar is je gevoel voor avontuur gebleven? De Tom die ik ken schrikt niet terug voor wat waterplanten. Het is vast verfrissend.'

Alice staat op en trekt in een vloeiende beweging haar tennisjurk over haar hoofd. Tom doet wanhopig zijn best niet naar haar bleke lichaam in een oesterkleurige zijden onderjurk te staren. Ze duikt met een ondiepe duik het water in en haar hoofd komt aan de andere kant weer boven, donker en glad als dat van een otter.

'Kom nou! Het is heerlijk, geloof me.'

Tom heeft haar nooit goed iets kunnen weigeren. Het kost hem maar even om zijn eigen kleren af te schudden en, veel minder gracieus, het meertje in te duiken. Hij komt weer boven, hoest het water uit en proeft het in zijn mond, een vreemde, metaalachtige smaak. Hij voelt de sponzige, slibachtige bodem onder zijn voeten, de glibberige ranken van de planten die langs zijn enkels strijken.

Alice zwemt met een ontspannen crawl naar hem toe. 'Zie je wel? Zo erg is het niet.'

Ze laat zich op haar rug drijven en Tom ziet haar lichaam door de nu doorschijnende stof van haar onderjurk, de verrassend volle borsten met de donkere schaduw in het midden, de suggestie van een tepel.

Hij zoekt afleiding. Hij zwemt onder de takken van de wilg, laat ze over de blote huid van zijn rug slepen terwijl Alice naar het midden zwemt, onderduikt en weer bovenkomt en met een gracieuze beweging het water van haar hoofd schudt.

Als ze er genoeg van hebben, kruipen ze weer op de oever om zich in de zon te laten drogen. Alice geneert zich niet voor haar bijna-naaktheid. Tom probeert zijn ogen af te wenden van de vage impressies van haar naakte lichaam in de onderjurk en krijgt het warm van inspanning. Als ze hem een enkel teken zou geven, denkt hij... als ze niet zo'n lange geschiedenis van vriendschap deelden.

'Alice,' zegt hij, en zijn stem klinkt laag, niet vertrouwd, niet helemaal de zijne. Hij buigt zijn lichaam over het hare heen. Hij kijkt naar haar opgeheven gezicht, naar de donkere wimpers die door het gewicht van het water uit elkaar getrokken zijn en naar de bijzondere ogen, die de lucht weerspiegelen. En dan, net als hij besluit iets te doen, zijn gezonde verstand overboord te zetten, duwt ze zich op haar onderarmen op, rolt ze onder hem vandaan en gaat ze zitten.

'Ik ben uitgehongerd,' zegt ze, 'zullen we gaan eten?'

Ze maken de mand open die in de keuken van het grote huis voor hen is klaargemaakt en pakken een overvloed aan voedsel uit: koud vlees en paté, pasteitjes, kaas, een wildschotel.

'Volgens mij hebben ze de lunches in de keuken verwisseld,' zegt Alice opgewekt, 'wij hebben de mand voor de jagers gekregen en zij moeten het doen met boterhammen met kaas en een paar appels.' Met een kreet van verrukking haalt ze een fles geurige witte wijn tevoorschijn en schenkt voor ieder van hen een glas in. Tom, nog met zijn gedachten bij wat er bijna was gebeurd, neemt flinke slokken uit het zijne.

'Een van de zusters op school was dol op wijn,' zegt Alice. 'Ze had een uitstekende voorraad. Een keer haalde ik een ander meisje over samen met mij een fles te pikken en we dronken die op een middag leeg, in de wei boven het schoolgebouw, uitkijkend over het dal. Ik vrees dat ik me vreselijk misdroeg. Maar ik verveelde me dan ook verschrikkelijk. Het is wel komisch, als je bedenkt dat ma me daarheen stuurde om aan mijn opvoeding te laten schaven.'

Tom lacht. 'Heeft het geholpen?'

'Wat denk je zelf?'

'Nou, ik zou zeggen dat ze het redelijk goed hebben gedaan. Ik herkende je nauwelijks op dat feest vorige zomer.'

Ze glimlacht ondeugend. 'Ik geloof niet dat het ook maar iets heeft uitgehaald. Ik slaagde erin een zekere indruk van beschaafdheid te wekken, zodat ma en de boze stiefvader geen argwaan kregen. En ik was goed genoeg tijdens de lessen om de zusters ervan te weerhouden me van school te sturen.' Ze leunt met haar rug tegen de stam van de boom achter haar en kijkt hem aan. 'Ik ben zo jaloers op jou.'

'Waarom?'

'Om alles. Dat je weet wat je wilt, dat je zoveel talent hebt dat alleen maar wacht tot jij hebt besloten hoe je het wilt gebruiken.'

'Je vleit me. Bovendien word ik geacht me nog minstens een jaar op mijn studie te concentreren en niet met verf te spelen.'

Alice rolt zich op haar buik. 'Wanneer ga je terug?'

'In oktober.'

'Verheug je je erop?'

'Niet echt.' Het zal natuurlijk fijn zijn om zijn vrienden weer te zien, om de ascetische kleine kamer waarop hij gesteld is geraakt weer in bezit te nemen, en hij geniet van de ritmes en rituelen van het college, van de bijzondere sfeer die er heerst. Maar het zal betekenen dat hij niet bij Alice kan zijn, niet naar zijn atelier kan, gedwongen wordt te werken aan iets waarvan hij het gevoel heeft dat het geen betekenis heeft voor wat hij echt met zijn leven wil doen.

Alice kijkt hem aan.'Weet je wel,' zegt ze bijna vinnig, 'dat ik er bijna alles voor over zou hebben om in jouw schoenen te staan? Ik heb gewoon het gevoel dat...'

'Wat?'

'Dat als ik naar de universiteit zou mogen, als ik de kans zou krijgen mijn intelligentie te gebruiken, ik misschien iets van mijn leven zou kunnen maken. Dat doen meisjes tegenwoordig, weet je.'

Alice vertelt Tom dat diverse onderwijzeressen in haar laatste schooljaar adviseerden dat ze door zou leren. De hoofdonderwijzeres had zelfs gesuggereerd dat ze een studiebeurs aan een van de vrouwencolleges zou aanvragen.

'De boze stiefvader heeft het me ronduit verboden,' legt ze uit. 'Wat ma betreft, het idee vervulde haar met afschuw: "Zó onvrouwelijk... zó beneden jouw stand."'

'Wat vreselijk, Alice.'

Ze schudt haar hoofd. 'Ach, ik krijg wel een ander soort opleiding. Ik weet dat Italië niet de wereld is, maar het is een begin.'

'Hoe bedoel je, Italië?'

'Tante Margaret heeft me uitgenodigd bij haar in Venetië te komen logeren. We vertrekken over een paar weken.'

'Voor hoe lang?'

'Een paar maanden. Tante M zegt dat Venetië in de herfst, wanneer de zomertoeristen weg zijn, op z'n best is. Ma heeft tot mijn verbazing haar goedkeuring gegeven. Gewoonlijk durft ze me niet zo lang uit het oog te laten, uit angst dat ik mezelf te schande zal maken.' Ze schenkt hem een scheve glimlach. 'Al vermoed ik dat het feit dat tante M rijk is en al die rijkdom op een dag aan iemand zal willen nalaten, geen onbelangrijke overweging is geweest. Dan kunnen ze hun handen van me aftrekken zonder dat hen dat in een al te ongunstig daglicht zet.'

Tom weet niet precies wat hij voelt nu hij Alice over haar reis hoort vertellen. Het lijkt op afgrijzen: een heel overdreven reactie op dergelijk nieuws. Hij kan het idee niet van zich afzetten dat het tot verandering zal leiden, dat het onherroepelijk de blije balans zal verstoren die ze hebben gevonden.

Het is na middernacht. Hoewel hij moe is en hij nog nooit zo'n zacht bed heeft gehad kan Tom niet slapen. Hij is te moe en zijn hoofd loopt over van gedachten. De kamer baadt in het blauwe licht van de maan dat ook het terrein buiten zijn raam en de zilveren vlek van het meertje verlicht. De aanblik van het meertje roept meteen weer het beeld van Alice op die in haar onderjurk uit het water stapt, aan de natte zijde die liefdevol aan de naakte huid eronder plakt. Tom draait zich om en duwt zijn gezicht in het kussen, maar ziet haar nog steeds. En hij herinnert zich kleinere details: de donkere impressie van haar tepels, de nog donkerder schaduw tussen haar benen.

Hij besluit dat hij maar het beste zijn schetsboek kan pakken om te proberen het beeld in zijn hoofd op papier te zetten in de hoop dat het een soort loutering zal blijken. Hij is nauwelijks uit bed gestapt of er wordt zacht, bijna onhoorbaar op zijn deur geklopt. Hij blijft ingespannen staan luisteren. Daar is het weer: drie snelle tikjes.

'Ja?' fluistert hij, al klinkt het in de volmaakte stilte als een schreeuw.

De deur zwaait open en daar staat ze, een glimlach op haar gezicht. Ze komt door de schaduwen van de kamer naar hem toe, haar lichaam melkwit in het maanlicht.

'Ik wist het niet zeker, vandaag bij het meer,' zegt ze terwijl ze dichterbij komt. 'Ik was bang dat het een vergissing zou zijn, dat we alles ermee zouden verpesten.'

Hij durft het nauwelijks te vragen. 'En nu?'

'Ik denk dat het een vergissing zou zijn om het niet te doen.'

15

T.S.

Corsica, augustus 1986

Het spreekt vanzelf dat ik Kate niet alles verklapte over dat weekend op het platteland. Ik vertelde haar wel dat het de laatste keer was dat we samen waren voordat ik voor mijn laatste jaar terugging naar Oxford. Toen ik haar over de picknick bij het meertje vertelde, begreep ze dat de tekening daar was gemaakt, de tekening die haar naar mij had geleid.

Wat de rest betreft, ach, het was een van die herinneringen die ik mezelf slechts zelden toesta. Ik heb namelijk een theorie, dat de dierbaarste herinneringen net als alle kwetsbare objecten beschadigd kunnen raken als je ze te vaak oppakt. En er is nog iets anders. Dat is dat er telkens wanneer ik terugdenk aan die nacht een wond wordt opengereten die zelfs na al die jaren nog rauw is en maar net onder het dunne laagje huid ligt dat hem bedekt.

Om dat tegen te gaan richtte ik mijn aandacht sterker dan ooit op de tekening die ik van Kate aan het maken was. Het ging goed. Er was zelfs iets heel bijzonders gebeurd. Ik had de drang, de soepelheid teruggevonden. Kwam het doordat ik een dergelijk gezicht – dat me zo aan een ander gezicht deed denken – als onderwerp had? Ik had me er bij neergelegd dat ik voortaan genoegen zou nemen met rust, maar als door een wonder was er nieuw leven in mijn werk opgevlamd.

Dat herontdekte vuur maakte me nerveus, en wel om twee redenen. Ten eerste omdat het zich zo plotseling en zo hevig had voorgedaan. Je moet wel argwaan koesteren voor een fenomeen van die aard, de veranderingen die het wellicht inluidt. Je kunt niet op een eiland wonen waar het klimaat onder invloed staat van de mistral zonder die les te leren. Ten tweede omdat ik vreesde dat ik de volgende ochtend, of die erna, wakker zou worden en het me net zo abrupt weer in de steek zou hebben gelaten. Maar het was er. Elke morgen wanneer ik mijn pen op het papier zette, leidde het mijn hand.

Ik wist dat ze nieuwsgierig was, maar ik voelde een bijna bijgelovige angst bij het idee het haar te laten zien voordat het klaar was. Het was alsof ze daardoor mijn hervonden vermogen teniet zou kunnen doen. De logica van een sprookje, ik weet het.

Het is grappig, want de afgelopen jaren is mijn werk voor grotere bedragen dan ooit verkocht. Het leek erop dat niemand behalve ikzelf en misschien een handvol van de beste kunstcritici in de gaten hadden dat het vuur aan het slinken was. Maar nu leek er nieuwe brandstof op te zijn gegooid, leek iemand het met zijn adem aan te wakkeren.

Ik was blij te zien dat Oliver zich beschaafder gedroeg tegen het meisje. Ik had niet kunnen volharden in mijn aanvankelijke beslissing om hem niet over haar achtergrond in te lichten. Ter mijner verdediging, ik had geen andere keus toen hij op een ochtend na het ontbijt naar me toe kwam om te zeggen dat ze niet te vertrouwen was.

'Ze moet weg,' zei hij woedend. 'Je bent te vriendelijk, grand-père, je bent al te bereid in iemands goede aard te geloven.'

Ik keek hem aan en voelde een grote droefenis. En jij bent al te bereid om het tegendeel te geloven, dacht ik. Hoe is het zover gekomen, mijn lieve jongen? Hij was niet altijd zo geweest, zelfs niet na de vreselijke gebeurtenissen toen hij nog klein was. Dit was een recent fenomeen.

Ik vroeg hem wat ze fout had gedaan.

'Ik betrapte haar terwijl ze aan het snuffelen was,' zei hij. 'Vroeg in de ochtend, toen ze waarschijnlijk dacht dat er niemand anders op was.'

Hij had kennelijk gezien dat ze de foto's aan de muur in de gang had staan bekijken. Nauwelijks het zware misdrijf dat zijn toon deed vermoeden, maar hij was er kennelijk behoorlijk door van streek.

'Ze had er zelfs eentje van de muur gehaald,' zei hij. 'Ze stond ernaar te staren.' Ik wist meteen welke foto het was geweest want geen van de andere zou zo'n sterke reactie bij hem hebben opgeroepen. Het werd tijd om die foto weg te doen, dacht ik. Elodia had gewild dat hij daar hing, maar ik wist dat Oliver er elke keer dat hij hem zag door van streek raakte.

Oliver moest weten hoe het met het meisje zat, besloot ik. Hij was in zijn hart een zachtaardig mens en ik hield heel veel van hem, maar recente gebeurtenissen hadden hun stempel op hem gedrukt. Ik had de vijandigheid opgemerkt waarmee hij haar komst had begroet, de minachting die hij haar tijdens de maaltijden betoonde. Ik moest iets doen om daar een einde aan te maken. En dus vertelde ik hem over de tragedie van het meisje.

'Ze heeft het ook moeilijk,' zei ik, 'net als jij. Ze heeft de twee mensen verloren van wie ze hield, de twee mensen die voor zover ik weet haar enige familie waren.'

Oliver luisterde aandachtig toen ik hem het verhaal uit de doeken deed. Hij wist weliswaar niets van ballet, maar had wel van June Darling gehoord en over de tragedie gelezen. 'Ik had geen idee,' zei hij ontzet. Het bleef een hele tijd stil en ik kon zien dat hij zijn aannames over het meisje opnieuw overwoog, ze tegen het licht van deze nieuwe informatie hield.

'Dus,' zei ik, 'zal ze vooral belangstelling hebben gehad voor een foto van een moeder met kind. Ik denk niet dat ze een dievegge is, of loopt te snuffelen, ze is alleen maar eenzaam. Alsjeblieft,' smeekte ik hem, 'wees vanaf nu vriendelijk tegen haar. Het is maar voor even.'

‘Ik zal met haar praten,’ zei hij, duidelijk beschaamd. ‘Ik zal mijn excuses aanbieden.’

Zijn reactie vervulde me van trots. Opluchting ook, want dit was plotseling weer de Oliver die ik me herinnerde. De oude Oliver zou zich nooit zo hebben gedragen als hij de afgelopen paar weken had gedaan. Hij zou haar vanaf het begin hebben verwelkomd, en niet van de tragedie hebben hoeven weten om zijn gedrag te bepalen.

Kate

Ik was die dag alleen met Stafford. Kort na het ontbijt was Oliver naar Bastia in het noorden gereden om het interieur van een kathedraal te gaan bekijken, kennelijk als inspiratie voor de vestibule voor een nieuw hotel. Dat was een opluchting, want toen Stafford zijn middagdutje deed, wist ik dat ik de boel voor mezelf had, zonder het risico van een ongemakkelijke ontmoeting met Oliver. En gelukkig slaagde ik er het grootste deel van de middag in het dreigende vooruitzicht van de avond die voor me lag te vergeten.

Toen ik het kenmerkende raspende geluid van de motor van de 2CV beneden op de weg hoorde, ging ik naar binnen om een linnen jurk aan te trekken. Ik voelde me zo ongeveer als een soldaat die zich kleedde om ten strijde te trekken. Ik bekeek het resultaat in de spiegel. Mijn huid, die was hersteld van de zonnebrand, had wat kleur gekregen en mijn haar leek donkerder en meer te glanzen dan gewoonlijk bij de lichte stof.

Ik wilde de kamer al uit lopen toen ik aarzelde: was de jurk, ondanks zijn eenvoud, te veel van het goede? Die besluiteloosheid was nieuw voor me, ik had me er nooit erg druk over gemaakt wat ik aanhad. Ik besloot dat dit niet het moment was om daarmee te beginnen en deed resoluut de deur dicht.

Het was zeven uur toen Oliver en ik naar Bonifacio vertrokken. We praatten in de auto nogal geforceerd – en allebei volmaakt beleefd – over koetjes en kalfjes. Ik realiseerde me dat Oliver zich net zo slecht op zijn gemak voelde als ik en die wetenschap maakte me extra dankbaar voor de inspanning die hij zich jegens mij getroostte. Toch was het een opluchting toen we voor even de wat drukkende atmosfeer van de auto verlieten zodat ik de majestueuze Leeuw van Roccapina kon fotograferen: een rotsformatie die zijn naam dankt aan zijn gelijkenis met een reusachtige versie van het beest, die uitkijkt over de zee.

Van dichtbij was Bonifacio nog mooier, het was een kleine stad uit een sprookje. We parkeerden bij de jachthaven en stonden even tussen de boten omhoog te kijken naar het oude centrum, waar de gebouwen hachelijk dicht bij de rand van de topzware klif stonden. Het was moeilijk je voor te stellen hoe ze zich door de eeuwen heen hadden weten vast te klampen en de drang hadden weerstaan om zich in de golven eronder te storten. Als om de indruk te versterken van een stunt die de zwaartekracht tartte, waren veel van de gebouwen vreemd hoog – misschien wel vijf of zes verdiepingen – maar slechts een of twee kamers breed.

Ik fotografeerde ze met mijn camera en was blij met de opname. 'Ze moeten vanuit architectonisch gezichtspunt nogal onhandig zijn.'

'Integendeel, eigenlijk,' zei Oliver. 'Ze waren ooit buitengewoon praktisch. Op een plek als deze is het uitzicht je grote voordeel, dat heeft prioriteit, vooral als je vijand misschien aan de andere kant van het water op de loer ligt.' Hij wees naar de paarse schaduw aan de horizon die Sardinië was. 'Er is niet veel ruimte op deze klif, dus hadden ze geen andere optie dan dicht op elkaar te gaan zitten en in de hoogte te bouwen in plaats van in de breedte.'

'Net als in Manhattan,' zei ik.

'Precies,' zei hij met een knikje.

'Nou ja, ik neem aan dat ze hun uithoudingsvermogen hebben bewezen door niet van de rand te vallen.'

'Dat is weleens gebeurd,' zei hij.

'Wat?'

'In de jaren zestig is er een gebouw in zee gegleden.'

'Zijn daar doden bij gevallen?'

'Dat weet ik niet,' zei hij zonder veel overtuiging, wat mij meteen het idee gaf dat hij het wel wist maar niet wilde zeggen. 'Het is lang geleden.'

Ik probeerde me niet voor te stellen hoe het moest zijn geweest om daar getuige van te zijn, van de rampzalige onvermijdelijkheid van de zwaartekracht op zo grote schaal. Toen dacht ik, met een ander soort onvermijdelijkheid, aan mams vliegtuig. De donkere aarde beneden. Ik voelde dat de vertrouwde zwaarmoedigheid dreigde en drong die terug.

'Het is daarna nooit meer gebeurd,' zei Oliver resoluut.

Ik keek zijn kant uit, merkte dat hij naar mij keek en vroeg me af wat hij in mijn gezichtsuitdrukking had gezien.

Zwetend beklommen we de steile helling naar het oude centrum. Mijn voeten gleden weg in mijn onpraktische teenslippers en mijn ademhaling ging moeizaam. We passeerden een gezinnetje magere, goede gecamoufleerde geelbruine katten die zich op de stenen hadden uitgestrekt en ons loom aankeken. Tijdens de klim bleef ik de duistere gedachten die me onverbiddelijk belaagden terugdringen.

Een paar meter vanaf de top maakte ik een onhandige stapbeweging en schoten de tenen van mijn rechtervoet naar voren, waardoor het dunne rubberen bandje dat de slipper op zijn plaats hield brak.

'Verdorie,' mompelde ik, en ik schoof hem van mijn voet om hem te bekijken. 'Hij is kapot.'

'Laat me eens kijken.' Oliver stapte naar me omlaag en nam de slipper van me aan. 'Hij is niet kapot, het bandje is alleen door het gat heen geschoten. Zie je?' Hij hield de slipper omhoog. 'Ik zal hem voor je maken.'

Binnen een paar seconden had hij hem gerepareerd en ik bedankte hem. Voor het eerst voor zover ik me kon herinneren zag ik hem glimlachen. Het was vast een reflex, zo snel dat ik het bijna over het hoofd had gezien, maar ik zag nog net dat een van zijn hoektanden scheef stond en een beetje voor zijn buurman stond. Als ik voorheen naar hem keek, had ik altijd een ondoordringbaar masker gezien en ik was vreemd blij met mijn nieuwe besef dat hij ook maar gewoon menselijk was.

Ik veegde het zweet uit mijn ogen en keek naar de zee. Onder het overhangende gedeelte lag een grote, lage rots als een met mos begroeide steen, aan alle kanten omringd door de groene zee, waarbij zelfs de grootste jachten die er voorbijvoeren in het niet verdwenen.

'Het heet de Grain de Sable,' zei Oliver. 'Je kunt hem het beste bekijken per boot. Van hier af heb je geen goed besef van de ware grootte.'

'Wat een vreemde naam ervoor. Het lijkt meer op het voetenbankje van een reus, vind ik.'

'Niet slecht,' zei hij. 'Maar ik geef toch de voorkeur aan "zandkorrel"; ik neem aan dat iemand dat grappig gevonden moet hebben. De kustlijn is hier heel indrukwekkend. Er zijn zeegrotten, maar ook die zijn alleen vanaf het water te bereiken.'

'Misschien kun je ze me een keer laten zien,' zei ik, plotseling enthousiast, 'in de vissersboot?'

'Ja,' zei Oliver, 'als je wilt.' Maar hij leek niet over te lopen van enthousiasme voor het idee. Hij vond deze avond ongetwijfeld voldoende als verontschuldiging, een eenmalige concessie die hij niet van plan was te herhalen. En waarom ook? Ik had hem immers verteld dat ik geen oppas nodig had.

Ik was duidelijk niet de enige die tegen dit uitstapje had opgezien. Ik wendde me snel weer af naar de zee, zodat hij mijn verlegenheid niet zou opmerken.

Toen de avond viel werd de sfeer feestelijk. Een boot in de jachthaven beneden ons werd plotseling verlicht door een guirlande van witte lampjes en er klonk gejuich van de mensen die aan de waterkant zaten te drinken. Gelach en gepraat vanuit de bars en restaurants klonk door tot in de straten en ergens begon een band te spelen. Vanwaar wij stonden klonk het blikkerig en niet erg mooi, maar niettemin geanimeerd.

'We kunnen maar beter iets gaan eten,' zei Oliver. 'Als we te lang wachten, is er geen stoel meer vrij.'

Het restaurant lag in het middeleeuwse centrum en de straatjes waar we doorheen liepen om er te komen waren in schaduwen gehulde smalle kronkelweggetjes. Overal waar je keek, viel je oog wel op een bijzonder detail: een plaquette ter herinnering aan een beroemde bewoner of een historische gebeurtenis. Bogen boven onze hoofden die een stenen prieel vormden en altaartjes voor diverse plaatselijke heiligen. Het was misschien maar goed dat het te donker was om foto's te maken, anders was ik daar nog wel een tijdje gebleven.

'Het spijt me,' zei Oliver toen we bij het restaurant aankwamen, 'ze hebben alleen pizza, maar wel de beste die je ooit hebt gegeten.'

'Pizza is prima.'

Het was echt een alleraardigste zaak: een eetgelegenheid in de openlucht, overdekt met druivenranken en met uitzicht op de met kinderkopjes geplaveide straat en op de zee.

Een kelner bracht ons door de menigte naar onze tafel en nodigde ons uit te gaan zitten en iets van de gelamineerde menukaarten te kiezen. Ik keek om me heen en vroeg me af wat de andere aanwezigen zouden denken als ze naar ons keken. Ze zouden een jong stel zien. Het idee verwarde me, maar was al met al niet onplezierig. Oliver zag er beslist niet slecht uit, vooral wanneer zijn blik niet van afkeer vervuld was. Desondanks was het een onzinnige – om maar niet te zeggen bizarre – gedachtegang. Ik zocht naar een luchtig gespreksonderwerp om me af te leiden.

'Hoe was Bastia?' vroeg ik, toen ik me herinnerde waar hij die ochtend heen was gegaan.

'Precies zoals ik had gehoopt,' zei Oliver. 'Mijn grootmoeder nam me als kind ooit mee naar de Lucciana-kathedraal. Ik maakte me zorgen dat ik me die verkeerd herinnerde, maar alles was precies zoals ik het in mijn hoofd had. Het interieur is extreem eenvoudig en de puurheid van de lijnen heeft bijna iets moderns, ook al is de kathedraal in de twaalfde eeuw gebouwd.'

'En is dat wat je voor dit project van plan bent?' vroeg ik. 'Het oude verenigen met het nieuwe?'

'Precies,' zei hij. 'Er heerst tegenwoordig een tendens om wat geweest is helemaal opzij te schuiven, maar we kunnen een hoop van het verleden leren.'

'Je grootvader vertelde me dat je zijn atelier voor hem hebt gebouwd,' zei ik.'Daar heb je ook het moderne met het historische gecombineerd.'

'Dat was precies mijn bedoeling.'

'Nou, ik vind het prachtig,' zei ik tegen hem.

'O... dank je.' Hij leek daar blij mee, en verrast door het compliment. Hij schraapte zijn keel en vervolgde toen wat onbeholpen: 'Ik heb nog steeds het gevoel dat ik je een verklaring voor mijn gedrag schuldig ben.'

'Het is al goed,' zei ik. 'Je nam gewoon je grootvader in bescherming.'

Hij schudde zijn hoofd. 'Dat was het niet. Als ik helemaal eerlijk ben, kon ik vanaf het begin zien dat grand-père je vertrouwde. Dat had genoeg voor me moeten zijn. Waar jullie ook over praten, het lijkt hem goed te doen. Ik geloof dat ik hem in jaren niet zo blij heb gezien.' Hij zuchtte. 'Het was puur egoïsme. Ik kwam hierheen om ergens aan te ontsnappen.'

Ik knikte.

'Ik weet niet of grand-père iets tegen je heeft gezegd...'

Stafford had wel ergens op gezinspeeld, maar ik schudde mijn hoofd en Oliver leek opgelucht. Misschien had hij ook een hekel aan medelijden.

'Nou ja,' zei hij, 'het punt is dat er pas een eind aan mijn huwelijk is gekomen.'

'O.' Dus dat was het.

'Ik kwam hierheen nadat al het papierwerk was afgehandeld in de hoop dat allemaal even achter me te kunnen laten. Corsica is altijd een plek voor me geweest waar ik heen kon wanneer ik het zwaar had.'

Ik herinnerde me weer mijn eerste indruk van hem, dat hij eruitzag alsof hij herstellende was van een ziekte. Het moest een vervelende scheiding zijn geweest.

'We waren jong toen we trouwden,' zei hij snel, alsof hij nu hij eenmaal was begonnen het er maar beter allemaal uit kon gooien, 'en stom, denk ik. Te jong of te naïef in elk geval om in te zien dat het maar een bevlieging was.' Hij haalde een hand door zijn haar. De beweging onthulde een klein stukje opvallend bleke huid bij zijn haarlijn dat niet door de zon was beroerd.

Als hij naar Corsica was gekomen om alleen te zijn met zijn grootvader, dan was ik op precies het verkeerde moment opgedoken. Ik begreep waarom hij niet blij was geweest met de komst van een vreemde naar zijn toevluchtsoord.

Onze pizza's werden gebracht en ze waren zo goed als Oliver me had verzekerd dat ze zouden zijn. Plotseling uitgehongerd at ik de mijne in hoog tempo op. Ik slaagde er bovendien in bijna zonder het te merken een heel glas wijn leeg te drinken. Misschien was het de invloed van de alcohol die maakte dat ik mijn nieuwsgierigheid de vrije teugel liet, al gebood de beleefdheid dat ik het onderwerp liet rusten.

'Hoe lang waren jullie getrouwd?'

'Zes jaar. Ik was vierentwintig.' Hij zweeg even. 'Ik geloof niet dat je kunt zeggen dat we al die tijd samen waren.'

Ik verwachtte dat hij het daarbij zou laten, maar tot mijn verbazing vervolgde hij: 'Achteraf gezien hadden we gewoon nooit met elkaar moeten trouwen.'

Toen lachte hij, maar het was geen echte lach, eerder een gekweld, humorloos geluid. 'Het was mijn schuld.'

'Hoezo?'

'Omdat ik me niet op tijd realiseerde dat ik met iemand ging trouwen die net zo was als mijn moeder.'

De vrouw op de foto. Ik wachtte tot hij door zou gaan, maar hij stopte en keek me verbaasd aan. 'Waarom vertel ik je dit allemaal?'

Dat had ik me ook afgevraagd. Vooral omdat Oliver in tegenstelling tot mij maar een klein beetje had gedronken. Hij schudde zijn hoofd als om het leeg te maken. 'Ik heb hier zelfs niet echt met mijn vrienden over gepraat.'

'Wellicht is dat het,' zei ik. 'Het is waarschijnlijk gemakkelijker omdat je mij niet kent.'

'Misschien,' zei hij, 'maar je wilt het vast niet allemaal horen.'

Ik realiseerde me echter dat ik het wel wilde horen. En niet zozeer uit nieuwsgierigheid. Ik voelde de behoefte om precies te ontdekken wat de oorzaak was geweest van de uitdrukking die ik tijdens dat onbewaakte moment op het terras op zijn gezicht had gezien.

Maar toen kwam plotseling de kelner met onze rekening en Oliver stond op alsof hij ineens terug was in het hier en nu. 'We kunnen beter gaan,' zei hij. 'Er valt nog een hoop te zien.' En daarmee waren de onverwachte openhartigheid en het begrip dat er net nog was geweest voorbij.

We verlieten het restaurant en liepen omlaag naar de muur vanwaar je uitkeek op de nieuwe stad en de donkere zee. Er stond ook een gezin waarvan de drie kinderen hun ouders vermoeid smeekten om nog wat langer buiten te mogen blijven.

Plotseling was er een uitbarsting van geluid en kleur en leek de lucht één explosie van vuur en de stenen van de gebouwen weerkaatsten die alsof ze vlam hadden gevat. Ik schrok, maar realiseerde me toen wat het was: vuurwerk. Naast ons slaakte de jongste van de kinderen een angstige jammerkreet, terwijl de oudere twee joelden en gilden van plezier.

Het donkere water beneden ons werd volledig getransformeerd door de weerspiegeling van het spektakel in de lucht. Oliver wees me waar het vuurwerk vandaan kwam, een reusachtig jacht dat aan de havenmonding lang afgemeerd. 'Een of andere miljonair die een feestje geeft,' riep hij naar me.

'En wij krijgen een gratis show.'

Tussen het geknal en geknetter door hoorden we het gejuich van toeschouwers in de jachthaven. Heel even was ik me ervan bewust dat er een last leek te worden weggenomen. Ik voelde een euforische lichtheid, een pure, kortdurende, kinderlijke vreugde.

Toen keek ik naar Oliver op. Terwijl hij naar het vuurwerk keek, bestudeerde ik de trotse lijnen van zijn voorhoofd, neus en kin die door de kleuren aan de hemel werden belicht; de glans die in zijn donkere ogen werd weerkaatst. Met wat ik nu wist in gedachten vroeg ik me af wat hij zou voelen. Misschien herinnerde hij zich dat hij met haar hier had gestaan? Ze moesten ooit gelukkig zijn geweest samen.

16

Corsica, augustus 1986

'Hebben jullie het leuk gehad gisteravond?' Stafford keek me over de ezel heen aan. Het plotselinge geluid van zijn stem verraste me. In plaats van over het verleden te vertellen was hij helemaal gefocust op zijn werk en de ochtend was in een relatief stilzwijgen verstreken. Het leek bijna of zijn enthousiasme voor het onderwerp was afgenomen. Of misschien was hij gewoon moe.

'Ja,' zei ik, 'het was leuk.' Het was inderdaad leuk geweest, of in elk geval minder vreselijk dan ik had verwacht. 'We kregen zelfs nog een gratis vuurwerkshow van een van de boten.'

'O?' Stafford glimlachte. 'Nou, dan moet je in juli terugkomen. Bonifacio is beroemd om zijn vuurwerk op Quatorze Juillet.'

Ik probeerde niet te veel waarde te hechten aan het feit dat hij het opnieuw over mijn terugkeer naar Corsica had. Ik hield mezelf voor dat het wellicht niets meer dan een beleefdheidsfrase kon zijn geweest. Maar hoe ik het ook probeerde, ik koos er toch voor te blijven hopen.

Stafford stond op en rekte zich moeizaam uit. Ik zag de stijfheid van zijn eerste bewegingen. Deze momenten, waarop je je plotseling herinnerde dat hij oud en zelfs broos was, waren bij hem zeldzaam. Het merendeel van de tijd wist hij het heel goed te verbergen.

Hij verdween door de binnendeur naar het huis zelf. De minuten verstreken en ik begon om me heen te kijken. Ik bedacht dat niets me ervan weerhield de doeken die tegen de muur stonden om te draaien en te bekijken, om misschien een eerste glimp te zien van nieuwe, nog nooit vertoonde Staffords, werken waar mensen zoals Agnes van droomden.

Ook weerhield niets me ervan naar de andere kant van de ezel te lopen en een blik op het werk in uitvoering te werpen, het portret van mezelf. Natuurlijk was ik er nieuwsgierig naar hoe het ging. Ik begreep echter dat ik zijn vertrouwen ermee zou beschamen en dat een vriendin zoiets niet hoorde te doen. Want, zo realiseerde ik me, ik was Thomas Stafford als een vriend gaan beschouwen.

Hij kwam terug met een plastic mapje dat hij aan mij gaf.

'Deze zijn van Alice,' zei hij. 'Uit de tijd dat ze in Venetië was.'

Ik keek naar de enveloppen in het mapje. Het papier was vergeeld door ouderdom en de kleur van de inkt was verbleekt. Het leken oude relikwieën. Wat moest het vreemd zijn voor Stafford, dacht ik, om te zien dat iets uit zijn eigen leven – iets waarvan hij zich herinnerde dat hij het had ontvangen met verse inkt, het papier stevig en wit – zo oud was geworden.

Hij verzocht me ze mee te nemen en ze te lezen als ik alleen was, dus ik nam ze die middag na de lunch mee naar de inham. Ik ging op een groot plat rotsblok zitten dat door de zon was verwarmd, maar dat rond vier uur aangenaam werd overschaduwd door de klif erachter. Ik liet de bladzijden in het mapje, uit angst ze te beschadigen of erger nog ze door een plotselinge bries te verliezen. Ik herkende het handschrift meteen. Cursief en met die levenslustige zwierigheid. Als ik nog bewijs nodig had gehad dat de Alice van Tom dezelfde vrouw was die naar Evie had geschreven, dan zou alleen dit al hebben overtuigd.

Ik wilde net beginnen te lezen toen ik door een vreemd, bijna schuldig gevoel werd overvallen. Stafford had me deze brieven toevertrouwd, had me uitgenodigd ze te lezen, maar toch leek het me een schending van de privacy me in deze persoonlijke woorden te verdiepen. Ik wist hoeveel een brief van haar voor hem betekend moest hebben en voelde me onwaardig. Ik begon dan ook slechts met grote aarzeling te lezen.

17

29 september 1929

Lieve T,

Hoe gaat het met je? Ik hoop goed. Ik ben nu in Venetië; we zijn gisteravond aangekomen nadat we na het ontbijt in Parijs de trein hadden genomen. We zijn nog bij tante M's favoriete bontwerker langs geweest omdat ze wat nieuwe jassen nodig heeft om haar de koudste maanden in Venetië door te helpen. Het kan hier kennelijk verbazingwekkend koud zijn. Ergens zou ik willen dat we wat langer in Parijs hadden kunnen blijven, maar onze tickets waren al geboekt en tante M werd in Venetië verwacht. Ze is hier extreem populair, weet je.

Ik reis heel graag met de trein en tante M doet dat met een zekere stijl. Onze coupé was voorzien van alles wat we maar nodig zouden kunnen hebben: een mand vol met tante M's favoriete delicatessen uit Parijs, minstens twintig romans, alle kranten en bovendien een backgammonspel. Ik had het echter te druk met naar het landschap kijken dat aan ons voorbij raasde en toe te kijken terwijl Frankrijk zomaar ongemerkt veranderde in Italië.

De oversteek van de lagune is indrukwekkend. Het enige wat je kunt zien als je uit het treinraam kijkt is grijsgroen water, aan weerskanten. Toen wij overstaken hing er een laaghangende mist boven het water, wat nog bijdroeg aan de illusie dat we boven het wateroppervlak zweefden.

Het werd al donker toen we het station binnen reden. Daar lag een boot te wachten om ons naar het palazzo te brengen, dat aan het Canal Grande staat. Op de oevers werden lampen aangestoken wat voor een enigszins spookachtig spel van licht en schaduw op de gebouwen zorgde. Ik heb nog nooit zoiets gezien als deze stad. Het lijkt iets uit een ander tijdperk, waar de moderne tijd nauwelijks de kans heeft gekregen binnen te dringen, waardoor alles er nog precies hetzelfde uitziet als het enkele honderden jaren geleden moet zijn geweest.

Wanneer tante M er niet is wordt het palazzo bijgehouden door een man die Ludovico heet en die iets tussen butler en een huisbeheerder is, al denk ik dat hij zich waarschijnlijk door beide benamingen beledigd zou voelen. Hij is mager, onberispelijk elegant en heeft een buitengewoon expressief gezicht. Wanneer hij praat zie je met verbijsterende snelheid allerlei uitdrukkingen voorbijkomen. Hij leek oprecht blij tante M te zien en kuste haar hand op een erg on-butlerachtige manier, waardoor het meer een weerzien van goede vrienden leek. Daarna haastte hij zich weg om terug te komen met een heel knap meisje dat een dienblad vol drankjes droeg die gemaakt waren van verse perzik en een Italiaanse mousserende wijn die naar champagne smaakt. Ludovico noemde het Bellini's, hét drankje van Venetië. Het viel me op dat hij zelf met ons mee dronk, alsof we allemaal gelijken waren. Kun je je voorstellen dat zoiets in een Engels huishouden gebeurt? Het spreekt mij wel aan.

Het palazzo zelf heeft afgezien van de Italiaanse architectuur aan de buitenkant veel weg van het huis van tante M in Londen, wat wil zeggen dat het vol hangt met kunst en allerlei souvenirs en curiosa van haar reizen: Afrikaanse vruchtbaarheidsbeelden, sculpturen van jade, lantaarns van Marokkaans zilver. Het heeft echter een unieke sfeer, wat denk ik te maken heeft met de weerspiegeling van het water op de binnenmuren waardoor het soms lijkt of je niet in een huis bent maar op een grote, mooie boot.

Tante M heeft hier veel vrienden. Sommigen wonen perma-

nent in Venetië, maar de meesten verblijven hier net als wij een paar maanden. Het zijn schrijvers, musici en kunstenaars, van wie ik er sommige gisteravond heb ontmoet tijdens een etentje hier. Ik weet zeker dat ze niet onder de indruk waren van mij en mijn gebrek aan bijzondere vaardigheden.

Ik wilde toen dat je hier was. Misschien zou ik door de associatie met zo'n veelbelovend talent als het jouwe in de achting van tante M's vrienden zijn gestegen.

Maar goed, lieve T, schrijf terug wanneer je kunt. Ik wil heel graag horen hoe het gaat met het schilderen, al weet ik dat je dit jaar niet veel tijd zult kunnen vinden om je daarop te concentreren.

Veel liefs,
A x

Venetië is in veel opzichten precies zoals Alice het zich had voorgesteld: sereen, eeuwenoud en enigszins macaber. En toch voelt ze zich er niet mee verbonden zoals ze dat had verwacht. Misschien komt het doordat de stenen en het water weliswaar overeenkomen met de stad uit haar verbeelding, maar datzelfde niet voor de mensen geldt. Waar zijn de elegante stedelingen in hun kleurige fluwelen kleren, golvende mantels en jurken? Ze behoren kennelijk tot het verleden. Ze hebben plaatsgemaakt voor blozende Engelse en Amerikaanse toeristen met reisgidsen van Baedeker, die op een kluitje in gondels zitten of de curiosawinkeltjes langs de waterwegen leegkopen. Erger nog, ze is zich er maar al te goed van bewust dat zij zelf een van die onzalige bezoekers is. Ze is ervan overtuigd dat er een ander leven – het leven van de echte Venetianen – schuilgaat achter een sluier die is neergelaten om het voor nieuwsgierige vreemdelingen verborgen te houden. Ze zou dat graag zelf ontdekken.

Er zijn hier ook vreemde dingen gaande, als rimpelingen in de vreedzame kalmte. Alice en tante M zitten in het prachtige barokke Café Florian als er een spektakel losbarst op het Piazza San Marco.

Een schare mannen rijdt en marcheert – alsof ze uit de coulissen het toneel opkomen – op de gebulderde bevelen van hun bevelvoerend officier voor hen langs. Ze zijn allemaal gekleed in onberispelijk zwart serge en hun laarzen glimmen onwaarschijnlijk. Het tafereel is komisch in zijn absurditeit en tegelijk vreselijk. Dit vertoon van moderniteit en precisie temidden van de prachtige maar zichtbaar in verval rakende omgeving is belachelijk. Tegelijk schuilt er iets onheilspellends in de bedoeling, de intrinsieke bedreiging ervan vindt Alice verontrustend.

'Heel triest,' zegt tante Margaret, die een slok van haar koffie neemt, die ze 'om de herfstkou te weren', heeft besteld met een scheutje cognac erin. 'Ik vrees dat dit land weldra zal veranderen. Je bezoekt het op het juiste moment. Je bent gekomen terwijl het tij hier aan het keren is. Wie weet wat er zal gaan gebeuren?'

Er heeft zich een kleine menigte verzameld om te kijken. Alice bestudeert de gezichten. De meeste mensen zijn druk bezig een schuilplaats te zoeken voor de plotselinge bui die over de lagune is komen opzetten. Velen lijken apathisch. Er zijn er echter enkelen die duidelijk door de vertoning geraakt zijn, zelfs opgetogen.

Alice neemt een slok van haar warme chocolademelk. Die is zo dik als custardvla, een kleine, fluweelzachte portie. Dit te proeven, deze beroemde smaak die ouder is dan het café zelf, is een hemels voorrecht. Een smaak van Venetië de stadstaat, Venetië de Augustus, het luisterrijke Venetië.

Terwijl ze geniet van de smaak, krijgt ze plotseling een heel vreemde indruk: dat zij en tante M in een vorige eeuw zitten en vanaf de eerste rij naar de toekomst kijken.

1 oktober 1929

Lieve T,

Bedankt voor je brief. Ik kan nauwelijks wachten tot ik je nieuwe stukken kan zien. Je klinkt zo opgetogen en ze zijn vast nog veel beter dan degene die ik al heb gezien. Ik ben ervan onder de indruk dat je kans ziet te tekenen of schilderen. Ik herinner me dat de boze stiefbroer in zijn laatste studiejaar een vreselijke tijd doormaakte.

Het weer is hier de laatste tijd nogal een drama. Zware stormen die over de lagune hierheen razen en het Piazza San Marco heeft een paar dagen onder dertig centimeter water gestaan. Je had een boot nodig om het over te steken en sommige mensen droegen laarzen zoals vissers, die tot halverwege je bovenbenen komen. Maar ik vind het geweldig. Hoewel ik de stad niet heb gezien in de zomermaanden, kan ik me niet voorstellen dat ik die net zo mooi zou vinden als deze stad van water en wind. Het betekent ook dat de meeste toeristen zijn verdwenen. Ze zijn hier liever als het druk, zonovergoten en misschien wat meer romantisch is, zoals veel Europese steden in de zomer worden, met lunchen in de zon, ijsjes en overal waar je kijkt blinkende verguldsels.

Venetië in oktober is stil en donker, zelfs tijdens de kortende dagen, want het ondoorzichtig groene water lijkt alle licht en geluid te absorberen. 's Nachts is het in de minder drukke delen pikzwart en kun je vanaf de bredere kanalen diverse inktzwarte waterwegen in kijken, waar afgemeerde boten in de duisternis aan hun meerlijnen trekken. Je kunt je moord en amourettes in de schaduwen voorstellen. Deze stad kent talloze schuilplaatsen voor wie niet gezien wil worden. Ik laat me meeslepen, ik weet het, maar dat effect heeft Venetië nu eenmaal.

Wat ik wel verontrustend vind is de aanwezigheid van soldaten in de hele stad. De zwarte uniformen duiken overal op – altijd plotseling en erg uit de toon vallend tegen de achtergrond van elegante oude straten en pleinen – wat het des te onheilspellender maakt. Tante M is er helemaal niet blij mee en heeft het steeds maar over wat zij een 'grote verandering' in Europa noemt. Die mannen zijn kennelijk de fascisten. Wat de reden ook mag zijn, ik vind hun aanwezigheid ook verontrustend.

Ik weet dat ik het al eerder heb gezegd, maar ik wou echt dat je hier was. Tante M is een geweldig mens, maar ze is meer dan twee keer zo oud als ik, net als de meeste van haar vrienden en vriendinnen. En haar versleten heup, waarvan ze in dit vochtige klimaat beslist meer last heeft (al weigert ze dat toe te geven) verhindert haar ver te wandelen of veel tijd buiten door te brengen.

Ik blijf maar denken hoe leuk het zou zijn de stad samen te verkennen, jij en ik, zoals Winnard Cove, de geheimen en verborgen schoonheid te ontdekken. Ik weet dat er hier nog zoveel meer te ontdekken valt: groezeligere, minder pittoreske en spannendere plekken waar ik nog niets van heb gezien. Schrijf alsjeblieft snel. Ik verlang naar nieuws van jou.

Veel liefs,

A x

Vanaf het balkon van haar slaapkamer kan Alice het drukke Canal Grande zien en daar voorbij het verre groene waas van de lagune zelf en de silhouetten van boten in de verte. Als ze naar die vormen kijkt die steeds dichterbij komen of verder weg gaan, die beginnen aan ongekende reizen naar andere landen, voelt ze dat zich in haar binnenste iets roert, een gevoel tussen opwinding en wanhoop.

Nu ze hier bij haar tante logeert, kan ze zich voorstellen dat ze iemand met een eigen doel is, onafhankelijk en met mogelijkheden die degene die gewoonlijk voor haar beschikbaar lijken te boven gaan. In werkelijkheid heeft ze geen van die dingen.

Haar komst naar Venetië, de verrukking van deze reis buiten haar gebruikelijke leefsfeer, heeft haar duidelijk gemaakt hoeveel meer ze met haar leven wil doen dan mogelijk is in die beperkende sfeer waarin haar moeder haar verwacht te zien. Ze wil een moedig leven leiden.

Later gaan Alice en lady Margaret naar een feest dat gegeven wordt door een van Margarets illustere vriendinnen. Alice voelt zich weer helemaal niet thuis in de met rook en gesprekken gevulde kamer, omringd door prominente en belangrijke figuren. Ze voelt zich talentloos en oninteressant. Die vrouw daar is kennelijk een beroemde romanschrijfster en deze man hier, met zijn ronde brillenglazen, is een voortreffelijk psychoanalist wiens recente verhandeling veel van de algemene opinie over het Freudiaanse concept van hysterie tart. Wat doet Alice, vragen ze. Niets? Echt niet? Waar brengt ze dan in vredesnaam haar tijd mee door?

Alice zoekt haar toevlucht bij de robijnrode drankjes die worden rondgebracht. Een 'Negroni,' vertelt de ober haar en na het eerste slokje besluit ze dat ze het vreselijk vindt want het is bitter, bijna als een medicijn, en zo sterk dat haar ogen ervan tranen. Toch houdt ze vol, want iets anders is er niet en verder lijkt iedereen het zonder klagen te drinken. Ze is vastbesloten dat ze niet nog meer zal opvallen door haar onvolwassen smaak.

Tegen de tijd dat Alice het derde glas leeg heeft, zijn Negroni's haar lievelingsdrankjes. Ze is bovendien tamelijk dronken, zij het nog in die tussenfase waarin ze nog niet zo beneveld is dat ze zich daar niet bewust van is. Ze realiseert zich nog net dat ze er iets aan moet doen. Door de glazen deuren aan de zijkant van de kamer glipt ze naar buiten, het balkon op om wat frisse lucht te happen en haar hoofd te zuiveren van de alcohol en de sigarettenrook.

Het is volmaakt: koel en rustig, afgezien van de stille klanken van het zacht bewegende water. Op de andere oever hangen diverse lantaarns die als lichtbollen weerspiegeld worden in het water. In haar versufte toestand werken de subtiele bewegingen van die weerspiegelingen hypnotiserend. Ze gaat op een stenen bank tussen de struikjes en potplanten zitten en gaat vervolgens half liggen met haar verhitte gezicht tegen de koele zitting. Het is een heerlijk vertroostend gevoel. Op een gegeven moment moet ze in slaap gevallen zijn, want plotseling komt ze verdoofd weer bij haar positieven. Alice heeft geen idee waardoor ze wakker is geworden tot ze een stem hoort: 'Nogal fris om onder de sterren te slapen,' zegt hij. Hij komt tussen de planten door naar haar toe.

Ze gaat rechtop zitten en zijn gezicht komt langzaam in beeld. Geen conventioneel knappe man, als ziet hij er wel romantisch uit, als zo'n onderscheid mogelijk is. Zijn neus is te lang voor zijn gezicht en de neusbrug is vreemd plat, wat doet vermoeden dat die ooit is gebroken.

Hij kijkt Alice onderzoekend aan, alsof hij een antwoord van haar verwacht en ze beseft dat ze naar hem zit te staren.

'Sorry,' zegt ze. 'Ik was naar buiten gegaan voor wat frisse lucht.' Haar woorden plakken aan haar tong en aan elkaar vast. Ze weet hoe ze op hem over moet komen: een slonzig, dronken kind.

Hij glimlacht en knikt echter. 'Ik ook. De lucht daarbinnen is te warm en er wordt te veel gebrald.'

Alice lacht aangenaam gechoqueerd en voelt de nevel van alcohol iets optrekken. Hij komt een paar passen dichterbij.

'Ik moet bekennen dat ik je naar buiten gevolgd ben. Het zag ernaar uit dat je de volmaakte ontsnappingsroute had gevonden. Maar ik wil me niet opdringen.' Zijn Engels is goed, maar niet volmaakt: ze hoort de veelbetekenende gutturale klank van de 'r' en het wegvallen van de 'h'. Een Fransman, denkt ze.

Ze schudt haar hoofd. 'Helemaal niet. Het is fijn om gezelschap te hebben.'

'Was het erg, daarbinnen?'

'Hmm. Behoorlijk. Ik had een beetje genoeg van al die... schrijvers.' Alice gebaart vaag met haar handen. Ze wil nog veel meer zeggen over het onderwerp, maar krijgt het niet uitgesproken. Ze schuift op de bank opzij om plaats voor hem te maken.

Hij gaat zitten en slaakt een dankbare zucht alsof hij een heel eind door de nacht heeft gereisd om naast haar te kunnen uitrusten.

Alice wordt zich weer bewust van de kilte van de novemberlucht en vraagt zich af of dat komt door het contrast met zijn warme gestalte naast haar. Nu hij zo dichtbij zit, merkt ze ook dat hij prachtig haar heeft, net zo donker als het hare en met fijne krulletjes. Ze voelt een plotselinge, bijna onweerstaanbare aandrang het aan te raken, de veerkracht ervan te onderzoeken. Ze weet niet zeker of ze het durft, haar hand al gevaarlijk geheven, als hij weer iets zegt.

'Dus jij bent Alice.'

Ze kijkt hem aan alsof hij een goocheltruc heeft uitgehaald. 'Hoe raadt u dat?'

'Lady Margaret heeft toch zeker niet nog meer knappe jonge nichtjes hier in Venetië?' Het zou brutaal kunnen klinken, maar hij krijgt het voor elkaar. Misschien heeft dat iets te maken met de manier waarop hij het zegt, met het ironische trekje om zijn mond. 'Ik heb gehoord dat je op bezoek bent uit Engeland.'

'Mag ik,' vraagt ze uitdagend, 'aangezien u zo veel over mij weet, misschien vragen wie u bent?'

'Ik ben Julien.'

'Waar kent u mijn tante van?'

'Een van mijn vrienden is een kunstenaar die haar een paar werken heeft verkocht,' legt Julien uit. 'En enkele bekenden van je tante koesteren sympathie voor mijn werk, onder wie onze gastvrouw, de romanschrijfster.' Hij trekt een wenkbrauw op. 'Ik moet namelijk bekennen dat ik ook een soort schrijver ben... word niet boos!' zegt hij, zijn handen opgestoken terwijl Alice met haar ogen rolt. 'Ik beloof dat ik je niet zal vervelen met een lange verhandeling over de moderne stijl. Ik schrijf geen romans. Mijn werk als auteur komt op de tweede plaats, na mijn werk als een man van actie. Ik schrijf over datgene waarin ik geloof, waarnaar ik liever zou handelen dan erover te schrijven, mocht de gelegenheid zich voordoen.'

Als hij haar wezenloze blik ziet, legt hij uit dat hij lid is van Le Parti Communiste Français. 'Diversen van ons zijn hierheen gekomen voor besprekingen met onze Italiaanse broeders. Om te zien hoe het met hen gaat, met alles wat hier aan de hand is. Hun leven is de laatste tijd nogal gecompliceerd.' Hij kijkt glimlachend op haar neer. 'En vertel eens. Wie is Alice? Wat doet ze?'

'Niets,' zegt ze, haar schouders ophalend. 'In elk geval niets noemenswaardigs. Ik heb geen talenten, ziet u. Op school kon ik wel goed leren, maar...'

'Alice,' onderbreekt hij haar, 'hoe oud ben je?'

'Eenentwintig.'

'Precies. Vertel me dan alsjeblieft eens hoe jij in vredesnaam op je eenentwintigste zou moeten weten wat je talenten zijn. Ik was op jouw leeftijd niet half zo interessant als jij nu.'

Ze kijkt naar hem op en vraagt zich af hoe oud hij is. In het licht van een van de lantaarns ziet ze ook dat zijn ogen niet zwart zijn, zoals ze eerder dacht, maar heel donkerblauw, met dikke wimpers eromheen. Die ogen geven hem bijna iets van een schurk, van een piraat.

'Laat je niet ontmoedigen door die mensen daarbinnen,' zegt hij. 'Ze mogen dan talent hebben – sommigen tenminste – ze mogen dan gevierd zijn, maar ze zijn van zichzelf niet per se interessant. De meesten van hen zijn bedriegers. Je tante Margaret, dat is een goeie. Ze weet het kaf van het koren te scheiden.'

Zijn kennis van die uitdrukking benadrukt zijn welbespraaktheid. 'Waar hebt u zo goed Engels leren spreken?' vraagt ze.

'Spreek ik het zo goed? Je vleit me. Ik heb drie jaar in Cambridge gestudeerd. Het is al lang geleden, maar de taal is blijven hangen. Het is een prachtige taal, minder geliefd dan die zou moeten zijn. De mensen hebben het er altijd over hoe charmant het Frans is, maar het is een stoffige taal, die zich niet ontwikkelt.'

Hij vraagt haar wat ze van Venetië heeft gezien. Ze noemt de bezienswaardigheden op en hij schudt schijnbaar ontzet zijn hoofd. 'Je bent dus nog niet buiten San Marco geweest?'

'Het plein?'

'Het *sestiere*. Het deel van stad waarin we ons nu bevinden.'

'Nee, ik geloof van niet.'

'In dat geval heb je amper een zesde deel van de stad gezien.'

'O,' zegt ze geprikkeld. 'Tja. Tante Margaret kan op het moment niet ver van huis, omdat ze zo'n last heeft van haar heup. Ik weet zeker dat ze me anders wel mee zou nemen.'

'Volgens mij heb je een gids nodig,' zegt Julien peinzend. 'Zou je tante mij een geschikte chaperon vinden? Ik ben hier al diverse keren geweest, weet je en ik ken behoorlijk goed de weg.'

'Ik denk niet dat ze bezwaar zou hebben. Ik ben er zelfs vrij zeker van dat ze me in mijn eentje had laten gaan als ik het haar gevraagd had. Ze vindt het waarschijnlijk een uitstekend idee.'

'Nou, wat zeg je dan van overmorgen? Morgen heb ik al plannen, maar donderdag sta ik geheel tot je beschikking.'

Alice stemt toe. Ondanks de mist van de alcohol die haar zintuigen heeft verdoofd voelt ze een plezierige spanning door zich heen gaan.

'Heb je een Baedecker?'

Ze knikt. 'Ja, natuurlijk.'

'Gooi die maar weg. Die heb je bij mijn rondleiding niet nodig. Ik hou van de meer uitdagender delen van de stad. Mijn versie van Venetië vind je niet in je reisgids.'

Als Alice er tijdens het avondeten over begint, is lady Margaret zo enthousiast over het plan als Alice had verwacht. 'Wat fantastisch dat je de kans krijgt de stad te verkennen met iemand die wat meer van jouw leeftijd is. Hoe oud is hij precies?'

Alice haalt haar schouders op. 'Dat heb ik niet gevraagd. Hij praat alsof hij oeroud is.'

'Uitstekend,' zegt lady Margaret. 'Een man van de wereld is verreweg het interessantst. Je zult er veel meer aan hebben, wed ik, dan wanneer je met mij op stap gaat.' Alice wil protesteren, maar lady Margaret steekt haar hand op. 'Het is lief van je om me tegen te spreken, maar ik weet zeker dat ik gelijk heb.' Ze neemt peinzend een slok van haar wijn, die trouwens perfect bij het pigment past dat ze op haar oogleden heeft gesmeerd.

Het is haar derde, of misschien wel vierde glas tegen het eerste van Alice, die al niet meer zou kunnen nadenken als ze net zoveel had gedronken. Toch lijkt de alcohol geen enkel effect op haar tante te hebben. Tante M is helder en welbespraakt als altijd, misschien zelfs nog wel meer.

'Julien Arnaud,' zegt ze in gedachten verzonken. 'Ik heb het een en ander van hem gelezen. Hij schrijft goed, al moet ik toegeven dat ik het niet eens ben met al zijn theorieën of de emoties waarmee hij ze tot uiting brengt. Dat wil niet zeggen dat ze me niet intrigeren, maar er schuilt te veel geweld in, terwijl de wereld al gewelddadig genoeg is.' Dan verandert ze, wispelturig als ze is, van onderwerp. 'Heb je nog van die vriend van je gehoord? De kunstenaar die je aanbidt?'

Alice voelt haar gezicht warm worden. Hoe komt het toch dat haar tante altijd meteen tot de kern van de zaak weet door te dringen? 'Hij aanbidt me niet, tante M.'

Lady Margaret kijkt haar aan. Alice zet zich schrap voor meer, maar haar tante krijgt medelijden met haar. 'Ik was onder de indruk van zijn werk. Ik weet dat ik waarschijnlijk wat hard tegen hem was toen ik het bekritiseerde.'

'Tja...'

'Over een paar jaar zou ik ontzettend graag willen zien hoe hij zich heeft ontwikkeld.' Ze haalt haar schouders op. 'Maar het kan ook nog op niets uitdraaien. Vooral als hij toegeeft en... wat zou hij ook weer gaan doen?'

'Advocatuur.'

'Ja, nu herinner ik het me weer.'

'Dat is wat zijn ouders willen.'

'Laten we dan maar hopen dat hij sterk genoeg is om hen te weerstaan. Voor ons aller bestwil.'

Hoe kwam het toch, denkt Alice op weg terug naar haar kamer, dat als tante M het over Tom heeft, ze zo'n vreemd, onplezierig gevoel kreeg, bijna alsof er iets klem zat in haar borst? In feite zit het er nog steeds. En vreemd genoeg lijkt het op schuldgevoel. Ze houdt zich voor dat ze niets heeft gedaan waarmee ze hem kwaad zou doen, niets waarvoor ze zich zou moeten schamen. Nog niet, zegt een stemmetje in haar hoofd. Dat heb je nóg niet gedaan.

29 oktober 1929

Lieve T,
Ik hoop dat het goed met je gaat, al weet ik eigenlijk zeker dat ik

het niet hoef te vragen, want het lijkt beter te gaan dan ooit. Gisteren kwam je brief met het nieuws over de tentoonstelling. Ik weet dat je zegt dat het maar drie stukken zijn, maar ik vind het vreselijk spannend. Ik twijfel er niet aan of deze drie zullen de andere ver in de schaduw stellen. Misschien niet erg sportief van me. Ik wou alleen dat ik erbij kon zijn om je lof te zingen bij de bezoekers en te pochen dat ik 'je heb ontdekt'. Verkoop alsjeblieft niet alles, je moet iets voor me bewaren dat ik kan kopen wanneer ik weer thuis ben. En verkoop vooral niet die tekening die je bij het meer hebt gemaakt, je weet wel welke ik bedoel.

Ik heb ook opwindend nieuws: ik heb een 'medeplichtige' gevonden. Hij is geen Tom Stafford, maar wel iemand om de stad mee te verkennen. Ik heb hem ontmoet op een feestje van een vriendin van tante M. Het was behoorlijk saai, voor mij in elk geval, omdat ik er een beetje genoeg van krijg me onhandig, ongetalenteerd en oninteressant te voelen. Jij zou als kunstenaar op handen gedragen worden. Ik ben in hun ogen echter niet veel meer dan een slecht opgeleid schoolmeisje. En toen ontmoette ik Julien, of misschien kan ik beter zeggen dat hij me redde.

Ik weet niet veel over hem, behalve dat hij Frans is en Venetië goed kent en hij spreekt uitstekend Engels omdat hij een paar jaar in Engeland heeft doorgebracht. Als ik moet schatten, denk ik dat hij ongeveer dertig is. Bovendien is hij een communist. Stel je voor wat de boze stiefvader zou doen als hij het wist! Maar goed, Julien heeft aangeboden me morgen de stad te laten zien. Hij noemt het 'de alternatieve rondleiding' en beweert dat die nooit in een reisgids zou komen te staan, wat natuurlijk alleen maar mooi is. Ik zal je laten weten hoe het gaat. Op een dag kunnen we misschien samen terugkomen naar Venetië, jij en ik, en dan kan ik je de rondleiding zelf geven.

Veel liefs,
A

18

Corsica, augustus 1986

De laatste brief was een verrassing: maar één velletje papier.

Lieve Tom,
Ik moest je schrijven en over gisteren vertellen. Ik voelde voor het eerst echt een band met de stad. Ik heb het Venetië gezien dat ik zou willen schilderen als ik jouw talent had. Het spijt me dat dit zo'n kort briefje is. Ik ben nog vreselijk moe doordat ik gisteren de hele dag heb gelopen, en misschien ook van de heerlijke drankjes waarmee Julien me heeft laten kennismaken. Morgenmiddag gaan we Santa Croce en San Polo verkennen: mijn Venetiaanse onderwijs wordt vervolgd.

A

Ik tuurde naar de laatste brief en probeerde een eventueel verborgen betekenis achter de woorden te ontdekken. De achteloosheid ervan verbaasde me. Begreep Alice niet hoe dit op hem zou overkomen? Ik had me geen zorgen hoeven te maken dat ik liefdevolle woorden zou lezen die niet voor mijn ogen bedoeld waren want die stonden er niet in. Ik wist niet wat ik tegen Stafford moest zeggen als hij me vroeg wat ik eruit opmaakte.

Ik was zo in gedachten verzonken dat het enkele tellen duurde eer ik me realiseerde dat Oliver onder aan de trap was verschenen.

'O,' zei hij, 'hallo.'

Hij leek niet bepaald verrukt me te zien. Misschien was hij ook hierheen gekomen om alleen te zijn. Nu ik de reden kende van zijn komst naar het Maison du Vente, voelde ik me schuldig omdat ik zijn toevluchtsoord was binnengedrongen.

'Ik vond het leuk, gisteravond.'

Ik keek verrast naar hem op, maar kon onmogelijk zien of hij het oprecht meende of alleen maar beleefd was.

'Ik ook,' zei ik, want ondanks mijn twijfels vooraf had ik het naar mijn zin gehad. 'Dank je.'

Hij wees. 'Wat heb je daar?'

'O,' zei ik zo nonchalant mogelijk, 'een paar brieven.' Mijn hartslag versnelde. Ik wist zeker dat Stafford niet zou willen dat ik ze hem liet zien.

Ik zag even iets op Olivers gezicht: irritatie of – begrijpelijk – gekwetstheid. Tot mijn opluchting ging hij er niet op door. In plaats daarvan ging hij een paar meter bij me vandaan aan de waterkant op het zand zitten. Op zijn onderarmen leunend staarde hij over de zee uit en zijn voeten draaiden loom rondjes in het ondiepe water. Het deed me plezier dat hij had besloten te blijven, dat hij niet meteen weer was vertrokken toen hij mij daar zag zitten.

'Dit is een fantastisch plekje,' zei ik.

'Wat?' Hij draaide zich om en ik zag dat hij in gedachten verzonken was geweest. Hij keek een paar tellen naar me alsof hij was vergeten dat ik er was. Toen leek mijn opmerking eindelijk tot hem door te dringen. 'O... ja. Het is het beste strand op het hele eiland, voor zover ik weet.'

'Al bestaat natuurlijk de kans dat jij bevooroordeeld bent.'

'Ja, inderdaad. Ik ging aan het eind van de vakantie altijd hierheen. Als ik wist dat het tijd was om terug te gaan naar Parijs, verstopte ik me daar altijd onder.' Hij wees naar de blauwe vissersboot die op het strand was getrokken en ondersteboven was gelegd. 'Om de een of andere reden kostte het grand-père altijd uren om me te vinden.'

'Aha,' zei ik, 'misschien wilde hij ook niet dat je wegging.'

Ik keek naar het uitzicht voor me: de kleuren van de zee en de lucht zo helder dat het nauwelijks geloofwaardig was. Het was zo mooi dat ik de brieven voor een poosje vergat en gewoon maar zat te genieten van de warmte op de blote huid van mijn schouders en benen en dat ik mijn voeten diep in het zand duwde tot ik de koude, verborgen diepere lagen bereikte die niet door de zon werden verwarmd.

Mam zou dit heerlijk gevonden hebben, dacht ik als vanzelf. Maar meteen daarna realiseerde ik me dat dat niet waar was. Ze had nooit lang stil kunnen zitten om zomaar ergens naar te kijken. Dat was ik, *ík* vond dat heerlijk. Mam daarentegen moest altijd actief zijn, constant bezig. De schamele paar keren dat we samen naar het strand waren geweest, had zij er al binnen een paar minuten genoeg van gehad om op haar handdoek te zitten en had ze me aangespoord tikkertje te komen spelen of met haar te gaan zwemmen. Hoe had ik dat kunnen vergeten, al was het maar heel even? Het beangstigde me dat dat gebeurd was. Want daar was het vreselijke gevoel weer dat ze me ontglipte, dat ik haar beetje bij beetje zou verliezen tot er niets meer restte dan vage contouren.

Ik keek op en realiseerde me dat Oliver naar me zat te kijken. Ik voelde me meteen paniekerig, kwetsbaar.

'Wat is er?' vroeg hij.

'Wat bedoel je?'

'Je zag er even uit alsof je... ik weet het niet, van streek was.'

Ik aarzelde, overwoog of ik het hem wel of niet zou vertellen. 'Het is moeilijk uit te leggen.'

'Probeer het maar.'

'Nou ja, ik zat te denken dat mijn moeder het heerlijk zou vinden om hier te zitten en niets te doen. En toen realiseerde ik me dat ik er helemaal naast zat. Ze zou het vreselijk vinden.' Ik merkte met enige verbazing dat mijn ogen zich hadden gevuld met tranen. Ik had zo lang niet gehuild, ik was er telkens in geslaagd die aandrang te onderdrukken. Nu had hij me overvallen.

Tot mijn opluchting zei Oliver er niets over. Hij keek me een poosje zwijgend aan en zei toen: 'Ik denk dat ik misschien begrijp wat je bedoelt.'

Ik geloofde het geen moment, maar waardeerde de moeite die hij deed.

'Je bent bang dat je haar zult vergeten.'

Ik keek hem aan. Hij wist het dus wel. Heel even vroeg ik me af of hij aan zijn eigen moeder dacht, maar toen zei hij: 'Zo was het voor mij ook toen grand-mère stierf. Ik was doodsbang haar te zullen vergeten, maar er komen meer dingen bij je boven, dingen die je je misschien niet eens kon herinneren toen ze nog leefde. Natuurlijk moet je accepteren dat je niet alles kunt onthouden, maar de herinneringen die het belangrijkst zijn, die raak je nooit kwijt.'

Ik kon me voorstellen dat Stafford zoiets zou zeggen.

'Dank je,' zei ik.

'Ik heb niets gedaan.' Hij leek door mijn bedankje in verlegenheid gebracht.

'Jawel,' zei ik, 'dat heb je wel.'

Kort daarna verliet Oliver het strand terwijl ik nog een paar uur daar bleef met de brieven en mijn gedachten en me afvroeg wat ik tegen Stafford zou zeggen als die wilde praten over wat ik had gelezen. Door Staffords verhalen over Alice was ik gaan begrijpen waarom hij verliefd op haar was geworden. Ik was opgetogen geweest bij het idee dat ik ooit een dergelijk familielid had gehad, zo dapper en rebels. Nu was ik eerder teleurgesteld in haar. Ik hield mezelf voor dat ze nog jong en ongetwijfeld naïef was geweest. Niettemin kon ik er niet omheen dat ze ongevoelig had gehandeld.

Ik bracht de brieven die avond ter sprake toen Stafford en ik alleen aan tafel zaten voor het avondeten.

'Ik heb ze allemaal gelezen,' zei ik tegen hem.

Hij knikte. 'Mooi. Dus je weet van hem?'

'Ja. En ik vroeg me af... nou ja, hoe u zich voelde toen u die laatste brief las.'

'Eerlijk gezegd vol zelfmedelijden. En bezorgd. Ook al stond er niets concreets in, ik zat vast in Oxford en zij zat honderden kilometers verderop met die man die haar rondleidde en haar "onderwees". Dat beviel me helemaal niet. Het was me duidelijk dat hij zijn klauwen in haar had gezet. Ik koos ervoor te geloven dat de fascinatie die ze voor hem voelde niet echt was. Alleen maar de aantrekkingskracht van het onbekende.'

'Kwam u in de verleiding achter haar aan te gaan?'

'Absoluut. In feite had ik het al helemaal gepland: ik had mijn eerste schilderij verkocht voor een voor mij aanzienlijke som geld, in elk geval voldoende voor mijn overtocht naar Venetië.'

'Maar u bent niet gegaan?'

'Nee. Ik kreeg de kans niet. Voor het zover was kreeg ik haar telegram: '"Lieve Tom..."' citeerde hij uit zijn hoofd, '"uiterlijk eind van de week terug in Engeland. Schrijf je snel."'

19

Corsica, augustus 1986

Die avond ging ik naar bed en ik sliep uitstekend tot ik midden in de nacht wakker werd met het gevoel dat er iets niet klopte. Ik raakte ervan overtuigd dat ik niet alleen in de kamer was. Er schoot pure angst door me heen en ik dacht – al bloos ik nu ik het zeg – aan de Genuese edelman die al honderden jaren dood in zijn rustplaats onder de stenen van het huis lag.

Ik ging rechtop zitten. Het verstandigst zou zijn geweest om het licht aan te doen, maar net als bij de hulpeloze heldin in een horrorfilm kwam dat niet bij me op.

De deur stond op een kier. Had ik die dicht gedaan? Ik wist zeker van wel, want dat deed ik elke avond voor ik mijn pyjama aantrok. Zeker weten, hij was dicht geweest. Nu was er in de spleet tussen deur en kozijn een strook maanverlichte gang zichtbaar.

'Hallo?' fluisterde ik het stille duister in, me een dwaas voelend terwijl ik dat deed. En nog een keer: 'Hallo, is daar iemand?'

Ik hoorde een zacht geluid, gekras. De klauwen van een knaagdier, of het geluid van iets van metaal dat over de vloer of de muur werd gehaald. Een halve meter boven de grond glom iets in het maanlicht. Ik verstarde en kon mijn blik niet afwenden. Het was onmiskenbaar een oog, het oog van iets wat ineengedoken naast mijn bed lag. Ik gilde.

Ik hoorde het geluid van snelle voetstappen en mijn deur werd opengegooid. Oliver stond in de deuropening, omgeven door een halo van het licht in de gang. 'Wat is er? Ik hoorde je gillen...' Hij keek naar binnen en begon toen zachtjes te lachen. Ik realiseerde me dat het de eerste keer was dat ik hem dat hoorde doen.

Napoleon, zoals me werd verteld dat het dier heette, was deels stropershond en deels wolfshond. Hij was een van de lelijkste honden die ik ooit had gezien, met een schamele vacht vol kale plekken en kromme, veel te lange poten. Als om het komisch te maken had hij een vreselijk scheef stel ondertanden die alle kanten op wezen. Zijn staart was een vreselijk uitziende stomp.

'Sorry dat ik je wakker heb gemaakt,' zei ik beteuterd tegen Oliver.

'Maak je geen zorgen... ik sliep nog niet echt.' Hij stond aan het voeteneind van mijn bed, waar ik hem net kon onderscheiden.

Ik vroeg waar het dier vandaan kwam. 'Hij dook op een dag gewoon op,' zei hij. 'Grand-père zei dat hij met mijn grootmoeder op het terras zat te lunchen toen de hond boven aan de trap vanaf de weg verscheen. Het arme beest was er zo slecht aan toe dat ze het niet over hun hart konden verkrijgen hem weg te jagen.' Hij aaide het plekje achter Napoleons oor en het dier leunde kennelijk vol genot tegen zijn been. Zijn korte staart zwiepte heen en weer en hij keek met donkere kraalogen naar ons op. Het leek of hij grinnikte tussen zijn afschuwelijke tanden door.

'Waarom Napoleon?'

'Ik denk dat grand-père dat wel grappig vond. Poley is het minst oorlogszuchtige wezen dat je maar kunt bedenken. Hij woont hier al jaren, maar heeft nog steeds een zwerversmentaliteit. Hij gaat er zo nu en dan vandoor, blijft dan weken of soms zelfs maanden weg en duikt dan plotseling weer op, zoals vanavond.

'De eerste keer dat hij verdween, maakte grand-père zich zorgen. Hij ging met Gerards truck op pad, ervan overtuigd dat de hond door een auto was aangereden. Toen hij uiteindelijk ongedeerd terugkwam, realiseerden we ons dat hij gewoon op zoek was geweest naar avontuur. Hoewel hij toen mijn grootmoeder was overleden drie hele maanden binnenbleef. En ik denk dat dat tegen al zijn instincten inging, maar dat is nou trouw. Hij kan uitstekend gezelschap zijn. Maar nu, ouwe jongen, moet ik helaas zeggen dat je niet gewenst bent.'

'Nee, ik vind het niet erg...'

Oliver schudde zijn hoofd. 'Hij mag dan sympathiek zijn, maar hij heeft tijdens zijn reizen waarschijnlijk vlooien opgepikt. Kom mee, Poley.'

Hij liep naar de deur. De hond liet een vreemd, liefdevol gejank horen, kwam moeizaam overeind en liep een paar passen achter Oliver aan alsof hij door een onzichtbare riem met hem was verbonden.

T.S.

Ik sliep die nacht niet goed... zelfs niet voordat ik Kate hoorde gillen. Mijn eerst reactie was uit mijn bed te springen en de gang in te rennen, maar ik stopte toen ik stemmen en daarna gelach hoorde. Tot mijn verbazing herkende ik Olivers lach. Toen hij Napoleon aan Kate voorstelde, wist ik dat mijn oude vriend was teruggekeerd. Oliver moest uit zijn bed opgestoven zijn om eerder bij haar te zijn dan ik. Tevreden met die gedachte kroop ik terug in bed.

Ik sloot mijn ogen en hoopte op slaap, maar de gedachten die me hadden geplaagd, keerden terug. Had ik er al tegen opgezien Kate de brieven te laten lezen, op het vertellen van het volgende deel verheugde ik me nog minder. Toen ik Kate had uitgenodigd te komen, had ik voor het gemak maar vergeten hoe pijnlijk het zou zijn naar sommige details terug te keren. De verleiding me die paar hemelse maanden te herinneren was te sterk geweest en had de pijn tijdelijk overschaduwd.

Maar ik kan moeilijk nog stoppen. Nu ik was begonnen zat er niets anders op dan dat ik haar alles vertelde. Het was alsof ik achteloos de remmen van een grote vrachtwagen had losgelaten en nu niet meer bij machte was die tot stilstand te brengen.

Ik zou mezelf een dag de tijd geven, besloot ik. In de tussentijd was er iets anders wat ik moest doen, iets wat minstens zo dringend was.

20

Corsica, augustus 1986

Ik bleef de volgende ochtend langer in bed, me ervan bewust dat ik met niet zo uitgerust voelde als anders, dat mijn slaap ergens door verstoord was, al kon ik me niet meteen herinneren waardoor. Tot ik me plotseling het surrealistische nachtelijke bezoek van de sjofele hond herinnerde.

Toen ik eindelijk de trap af liep naar de tafel bij het zwembad, trof ik daar alleen Oliver aan, met Napoleon vlakbij op een zonnig plekje, slapend. Ik was verbaasd. Zelfs in de korte tijd dat ik nu hier was, had ik begrepen dat er een bepaalde routine was. Stafford zat hier altijd stipt om negen uur, met de kranten voor zich.

'Grand-père is naar de stad,' zei Oliver toen hij mijn verwarring zag. 'Hij moest iets gaan afhandelen. Het is niets voor hem om er zo vandoor te gaan want Marie of Gerard doen altijd de boodschappen en de dokter komt zo nodig op huisbezoek. Heeft hij iets gezegd?'

Ik voelde zijn nieuwsgierige blik op me gericht. 'Nee,' zei ik. 'Ik had geen idee dat hij weg zou gaan.'

Oliver leek niet overtuigd en ik begreep dat hij al voor zichzelf had besloten dat Staffords uitstapje iets met mij te maken moest hebben. 'Nou,' zei hij, 'het betekent dat je de sessie met hem in het atelier misloopt, vermoed ik.'

Juist nu ik gevoeld had dat Stafford op het punt stond me iets belangrijks te vertellen, dacht ik. Ik probeerde het vage gevoel van onrust af te schudden.

Marie verscheen met de gebruikelijke kost: dampende broodjes en warme pasteitjes, jam, vers sap en koffie. Ik concentreerde me daarop, want mijn onrust gaf me een gezonde eetlust.

'Kate,' zei Oliver, 'aangezien je vandaag vrij bent, vroeg ik me af of je mee de bergen in zou willen.'

Ik was overdonderd, want ik had mezelf ervan overtuigd dat hij het uitstapje naar Bonifacio als iets eenmaligs beschouwde. Toch was het vooruitzicht om de bergen in te trekken aantrekkelijker dan hier de hele dag gaan zitten wachten en me afvragen wat Staffords afwezigheid kon betekenen. 'Ja,' zei ik, 'dat lijkt me leuk. Graag.'

'Mooi, Grand-père dacht al dat je het een goed plan zou vinden.'

'Aha.' Dus het was Staffords idee. Op een vreemde manier voelde ik me gevleid.

Marie maakte een lunchpakket van brood, vlees en kaas voor ons klaar en overhandigde het ons plechtig. Ik had mijn badpak aangedaan, omdat we kennelijk konden zwemmen in de bergmeertjes, en ik had een strohoed opgezet. We liepen de trap naar de weg af en stapten in de 2CV, waarin de temperatuur – ongelooflijk – nog enkele graden hoger was dan buiten. De stoelen waren bijna ondraaglijk heet. 'Ik zal het dak omlaagdoen,' zei Oliver, die weer uitstapte en aan het dak begon te sjorren. 'Dat is wel stoffig, maar we hebben de frisse lucht nodig.'

'Vertel eens over de meertjes,' zei ik toen de stilte in de auto drukkend begon te worden. Op een gegeven moment – misschien sinds ons gesprek op het strand – waren we overgestapt van de eerdere afstandelijke beleefdheid naar iets wat minder formeel en vriendelijker was. Toch was ik nog niet echt ontspannen in zijn gezelschap en voelde ik de behoefte de stiltes te vullen met woorden.

'Ze behoren tot mijn favoriete plekjes op het hele eiland,' zei Oliver. 'Het water is ongelooflijk helder, je kunt elk steentje op de bodem zien liggen, ook waar het diep is.'

De weg begon te klimmen en al snel waren we in de bergen. Aan de ene kant dook de grond in een rotsachtig ravijn naar beneden, aan de andere kant stonden naaldbomen dicht tegen elkaar en de warme lucht was vervuld van de sterke zoete geur van hun hars.

Toen ik mijn hals strekte om de bodem van het ravijn te zien rukte een windvlaag mijn hoed af en nam die mee voor ik de kans kreeg hem vast te pakken. Ik keek ontzet toe toen hij draaiend door de wind werd meegevoerd over de vangrail en daarna de diepte in dook. Ik vloekte en Oliver stopte de auto. Er lag een vreemde, gespannen uitdrukking op zijn gezicht en ik dacht eerst dat het irritatie was. Toen besefte ik tot mijn verbazing dat hij zijn best deed om niet te gaan lachen.

Er waren aan weerskanten geen andere voertuigen te zien, dus we stapten uit en keken omlaag naar de rotsen en het puin. Mijn hoed was een lichte vlek op de plek waar hij geland was in een bosje doornstruiken. 'We zouden hem kunnen gaan halen,' zei hij twijfelend, 'maar het zou een groot deel van de dag kosten om naar beneden te klimmen. Luister, hij is niet zo elegant, maar als je je druk maakt om de zon, dan mag je deze wel hebben.' Hij wees naar de pet die hij zelf op had, waarvan de klep op verschillende plaatsen rafelde zodat het plastic erdoorheen te zien was en waarvan het rood door de zon tot oranjeroze was verbleekt. Hij haalde hem van zijn hoofd, zette hem mij heel voorzichtig op en trok het verstelbare bandje aan de achterkant strak. Ik bleef ondertussen stil staan. Toen de ruwe muis van zijn duim langs mijn slaap streek, gebeurde er iets waarop ik niet voorbereid was geweest. Ik voelde een rilling over mijn huid gaan, alsof er een stroomstootje van het kleine stukje huid naar elk deel van mijn wezen trok.

Het was niets geweest, zo hield ik mezelf voor toen we weer op weg gingen. Niet meer dan een reflexmatige reactie op de onverwachte aanraking van een vreemde.

De rit duurde enkele uren. Ik had niet gedacht dat het nog warmer kon worden dan toen we vertrokken, maar de temperatuur was gedurende de ochtend gestaag gestegen. De hitte steeg in glimmende golven van de weg voor ons op en ik koesterde elk zuchtje wind.

De weg werd steeds slechter tot die nauwelijks die naam nog verdiende. Hotsend en zigzaggend omzeilden we de kuilen zo goed mogelijk en mijn gezicht was bedekt met een dun laagje van het vuil dat onder de wielen opstoof. Ik keek op een gegeven moment achterom en verbaasde me erover hoe hoog we al zaten. De Middellandse Zee was vanaf hier zo donker dat die bijna paars was, zo donker als wijn. Een piepklein wit vlekje stak het water over, het was een boot, misschien wel zo groot als het jacht waar vandaan het vuurwerk was afgestoken, maar vanaf hier volstrekt onbeduidend.

Ik zag het eerste meertje door een groepje naaldbomen en olijfbomen langs de weg. Het was zoals Oliver had beloofd onvoorstelbaar groen en helder, het toevluchtsoord voor een waternimf. Ik was klaar om mijn portier open te gooien en eruit te springen, maar we reden er voorbij en volgden de weg nog verder naar boven.

'Waarom niet hier?' vroeg ik, en opnieuw toen we honderd meter verderop weer langs een meertje kwamen en daarna langs een derde.

'Te dicht bij de weg,' antwoordde Oliver en: 'te veel mensen. Kijk maar, helemaal smerig.' Daarna: 'dit is te ondiep, niet goed om in te zwemmen,' en: 'hier stikt het altijd van de vliegen. Ik ben hier ooit lelijk gestoken.'

We stopten uiteindelijk naast een bescheiden groepje doornstruiken en Oliver stapte uit. Er was geen water te zien. Ik keek hem aan. 'Zitten we zonder benzine?'

'Nee. Dit is het.' Hij hing de picknicktas over zijn schouder en stapte de dichte begroeiing in.

Ik volgde hem verbijsterd en kromp ineen toen een scherpe doorn mijn arm open haalde. Ik was vaag boos om dit onnodig ongemak. De andere meertjes hadden er in mijn ogen prima uitgezien. Wat waren een paar vliegen nou, dacht ik, vergeleken met de verwondingen die de Corsicaanse natuur me toebracht? Om nog maar niet te spreken van het hete zand dat zich tussen mijn sandalen en voetzolen drong en de huid verbrandde en me zo dwong huppelende stapjes te nemen.

Ik werd me bewust van geruis in de verte, ongeveer zoals ik me voorstelde dat een zwerm nijdige bijen zou klinken. Tien minuten later liepen – of beter gezegd kropen – we nog steeds door de struiken en was er nergens water te bekennen. Ik voelde me smerig, verschroeid en uitgeput. Het geluid volgde me en ik vroeg me af of ik met mijn onhandige vorderingen een nest horzels of wespen had verstoord. Een insectensteek zou mijn ongemak nog verergeren, dacht ik.

'Heus,' begon ik, 'ik geloof niet...' Toen stond ik stil. Tussen de lichte bladeren van de wilde olijfbomen door zag ik iets schitteren. Hij duwde de takken opzij en draaide zich met een triomfantelijke blik naar me om.

'O.' Ik kwam naast hem staan en volgde zijn blik. Beneden ons lag een volmaakt meertje. Diep en helder. Zo helder, ontdekte ik, dat je zelfs vanaf hier elk steentje op de bodem kon zien liggen. Een school kleine visjes ving het licht en glom als een grote zilveren massa alvorens in de schaduw van een overhangende rotsblok te verdwijnen. Er was een klein strandje van bijna wit zand en ik zag nu ook de bron van het geluid dat me zorgen had gebaard. Het was een waterval, een glinsterende straal die van de hoge donkere rotsklif aan de andere kant van het meertje omlaagviel en schuim veroorzaakte waar hij het wateroppervlak raakte.

'Dit is mijn favoriete meertje,' zei Oliver. 'Bijna niemand is er van op de hoogte en door dat daar' – hij wees naar de waterval – 'is het water altijd vers en schoon. Vliegen houden niet van de nevel van het neervallende water, dus die zijn hier niet, alleen wat libellen, als je daar geen bezwaar tegen hebt.' Hij keek me aan. 'Ik hoop dat het de moeite waard is.'

Ik haalde mijn hand langs mijn stoffige voorhoofd. 'Dat is het zeker. Al moet ik nu echt even gaan zwemmen.'

We klauterden over de rotsen omlaag naar het strandje. Het water lokte me, maar de zon was meedogenloos en ik zag ertegenop mijn bleke Engelse lijf, met de vreemde merktekens van mijn genezende zonnebrand, weer aan haar hitte bloot te stellen. Ik vroeg me af of ik gewoon een stukje het water in zou gaan om mijn voeten en benen te koelen. Maar nee: ik wilde er helemaal in om het opgehoopte stof van de reis van me af te spoelen. Opeens besloot ik dat het me niet kon schelen. Oliver had me al eerder in mijn badpak gezien dus waarom zou ik nu preuts doen? Ik ademde diep in en pelde me uit mijn kleren. Toen draaide ik me bijna in een reflex om en zag ik dat Oliver met een ondoorgrondelijke blik naar me stond te kijken. Misschien beeldde ik het me in, maar ik was er zeker van dat ik voelde dat zijn blik, zo tastbaar als de aanraking van een veer, me volgde en mijn blote huid deed tintelen toen ik het water in liep.

Het was verbazingwekkend koud en die kou tegen mijn door de zon verwarmde huid was bijna genoeg om me er weer uit te jagen. Maar toen ik eraan gewend raakte, voelde ik me heerlijk in dat koele water. Kleine visjes kriebelden aan mijn voeten.

Ik keek achterom om te zien of Oliver me was gevolgd, maar ik zag hem nergens. Toen hoorde ik geroep van boven, keek omhoog en zag hem met een zwembroek aan op het rotsblok boven de waterval zitten.

De meeste mensen voelen zich verlegen over hun naaktheid, ze lijken daardoor kwetsbaar. Je ziet alle onvolkomenheden, alle gebreken die gewoonlijk verborgen zijn. Maar Oliver, zo bleek, was niet gemaakt om kleren te dragen. Hij had altijd wijde shirts en shorts aan en ik had niet gedacht dat hij er zo goed uit zou zien.

Voor ik de tijd kreeg om me af te vragen wat hij van plan was liep hij een paar passen van de rand weg, rende toen naar voren en nam een zweefduik die het water nauwelijks in beroering bracht toen hij het raakte.

Ik knipperde met mijn ogen toen zijn hoofd weer bovenkwam. 'Je had je nek wel kunnen breken.'

Hij schudde zijn hoofd. 'Ik heb het vaker gedaan. Grand-père heeft het me geleerd.'

'Daar geloof ik niets van.' Ik kon me niet voorstellen dat Stafford, rustig en zachtaardig als hij was, zoiets deed. Maar toen herinnerde ik me de andere Stafford die ik had leren kennen: jong, onbezonnen, roekeloos zelfs. Dat was immers dezelfde man.

Oliver draaide zich op zijn rug en bleef, loom met zijn voeten trappelend, drijven. Hij was anders, bijna opgewekt, alsof deze plek en het water hem energie hadden gegeven. Hij was zo dichtbij dat ik kon zien dat het water zijn wimpers tot glimmende pieken aaneen had gevoegd en dat zijn achterovergestreken haren het verborgen stukje witte huid onder zijn haarlijn zichtbaar maakten.

Ik zwom een stukje bij hem vandaan en liet mezelf onder het wateroppervlak zakken. Ik vond de tijdelijke cocon van het water prettig zoals die me afschermde van licht, geluid en lucht, van alles behalve de koele druk van het water tegen mijn huid.

We gingen terug naar het strandje om onze lunch op te eten. Oliver trok een T-shirt en korte broek aan en het was een opluchting – en tegelijk een teleurstelling – om niet langer naar zijn onbedekte lijf te hoeven kijken.

We zaten pakweg een meter uit elkaar op het zand naar het schitterende oppervlak van het meertje te kijken.

Na een paar minuten zwijgend kauwen vroeg Oliver: 'Wil je me nu vertellen waarom je hier bent?'

'Het is een lang verhaal,' zei ik.

'We hebben de tijd.' Hij keek me verwachtingsvol, uitdagend aan.

Ik probeerde een excuus te bedenken om het hem niet te vertellen toen plotseling tot me doordrong dat het gemakkelijker zou zijn omdat gewoon wel te doen.

Toen ik eenmaal was begonnen ontdekte ik tot mijn grote verbazing dat het gemakkelijk ging, dat het bevrijdend aanvoelde. Hij bleef heel stil en ingespannen luisteren naar alles wat ik zei.

Ik vertelde hem over Evie, over de tekening, het bezoek aan de zus van Stafford. Toen ik bij het gedeelte over Staffords betrokkenheid aankwam, schoot me plotseling de reden om het hem niet te vertellen te binnen en ik vervloekte mijn gebrek aan inzicht. Zijn geliefde grootmoeder, de vrouw om wie hij nog steeds rouwde... en nu stond ik op het punt hem over Staffords liefde voor een andere vrouw te vertellen. Ik wist echter ook dat het te laat was om nog te stoppen nu ik eenmaal was begonnen. Ik kon hem alleen proberen duidelijk te maken dat alles deel had uitgemaakt van zijn grootvaders verleden, lang voordat hij – zo nam ik aan – Elodia had ontmoet.

'Ik weet van haar bestaan,' zei hij en ik keek hem verbaasd aan. 'Grand-père heeft me nooit over haar verteld,' legde hij uit, 'maar ik heb de tekeningen gezien.'

'Welke tekeningen?'

'Het zijn er heel wat. Toen ik jong was vond ik een hele kist vol in zijn oude atelier. Net als alle kinderen werd ik gefascineerd door alles wat op slot zat. Ik zocht maandenlang naar de sleutel en vond die uiteindelijk gewoon in de bovenste la van zijn bureau. Er zaten misschien wel vijftig werken in. Schetsen, aquarellen...'

'Kwam hij erachter?' vroeg ik, en ik bedacht dat ik een manier moest zien te vinden om Stafford te vragen ze mij te laten zien.

'Ja. Ik dacht dat ik heel voorzichtig was geweest, maar ik moest een aanwijzing hebben achtergelaten die me verried, want hij wist het.'

'Was hij kwaad op je?'

'Nee, zo is hij niet. Ik denk dat hij het belangrijker vond dat ik begreep wat ze betekenden, dat ze deel uitmaakten van zijn verleden, niet het heden dat hij deelde met grand-mère en met mij. Hij zei dat ze een heel goede vriendin van hem was geweest. Zelfs toen wist ik door de manier waarop hij het zei dat hij van haar had gehouden. Dat is toch zo, of niet?'

'Nou...' zei ik behoedzaam, want ik voelde aan dat ik voorzichtig moest zijn met de waarheid, 'het is mogelijk... maar het is lang geleden.'

'Dat dacht ik al,' zei hij zacht.

'Ik denk dat je grootvader je misschien niet heeft verteld waar wij het over hadden omdat het om haar ging.'

'Misschien. Maar hij had zich geen zorgen hoeven maken. Ik heb bijna mijn hele jeugd bij hem en grand-mère gewoond en ik weet dat ze echt van elkaar hielden. Het was misschien niet de meest onstuimige soort liefde en misschien leek het wel meer op vriendschap, maar ze waren erg op elkaar gesteld, dat was wel duidelijk. En dat leek genoeg.'

Hij pakte een perzik en beet erin. Het sap liep over zijn kin. 'En nu wil jij natuurlijk alles over die vrouw weten,' zei hij.

'Ja, dat klopt. Heel graag. Ik heb een heel duidelijk idee van haar, van hoe ze was.'

'Ga je proberen haar te vinden?'

'Ik... Nou ja, ik weet niet eens of ze nog leeft. Te oordelen naar de manier waarop hij over haar praat, geloof ik niet dat je grootvader haar sinds zijn jonge jaren nog heeft gezien.'

Oliver knikte peinzend, we vervielen in stilzwijgen en keken allebei weer naar het water. Na een paar minuten wendde hij zich weer tot mij. 'Denk je' – hij koos zijn woorden met zorg – 'dat je moeder zou hebben gewild dat je haar vond?'

Dat bracht me van mijn stuk. Het was alsof hij mijn eigen gedachte hardop had uitgesproken, de gedachte die me al bezighield sinds ik aan boord van het vliegtuig was gestapt, of zelfs al daarvoor, toen ik die vreselijke middag naar Evie had zitten luisteren.

'Mijn moeder was dapper,' zei ik, 'en vastberaden. Dat maakte haar tot zo'n talentvolle ballerina. Ze heeft nooit van Alice geweten en ik kan niet met zekerheid zeggen of ze dat gewild zou hebben, maar ik denk graag dat ze wel zou willen dat ik het draadje zou volgen.'

'Dan moet je dat doen,' zei hij vol overtuiging.

Ik keek hem dankbaar aan. Op dat moment kon ik nauwelijks geloven dat dit dezelfde persoon was die zo vijandig tegen me had gedaan. Nog maar een paar dagen geleden dacht ik dat hij ongevoelig en koud was.

Stafford was thuis toen we terugkeerden. De dag ging over in de avond en in de schemering flitsten de vleermuizen over ons heen.

Hij glimlachte naar ons. Ik kan niet precies uitleggen wat er met de glimlach was, maar het voelde alsof hij meer zag dan ik graag zou willen.

Hij gaf geen verklaring voor zijn afwezigheid van die dag. Tijdens het avondeten stelde hij voortdurend vragen over ons uitstapje naar de bergmeren, nog gretiger en nieuwsgieriger dan normaal. Als ik hem niet beter had gekend zou ik hem ervan verdacht hebben dat hij doelbewust en op slinkse wijze het onderwerp van zijn eigen uitstapje buiten het gesprek hield.

Om elf uur ging Stafford zoals gewoonlijk naar bed. Meestal ging ik niet veel later. Luisteren kan vreemd vermoeiend zijn, zo had ik gemerkt, vooral in het geval van de geschiedenis die zich voor me ontvouwde, zo levensecht dat het voelde alsof ik er niet alleen maar over hoorde, maar het zelf meemaakte.

Vanavond besloot ik echter op het terras te blijven zitten. De avond was veel helderder dan de voorgaande waren geweest en de lucht voelde en rook lekker, koel en rokerig. Ik wilde daar nog wat langer van genieten, dus toen Stafford ons goedenacht wenste, bleef ik zitten.

Oliver bleef ook zitten. Ik wilde dat hij wegging. Het had me verbaasd hoeveel ik van de dag in zijn gezelschap had genoten, maar nu wilde ik alleen zijn, alleen met mijn gedachten. Hij bleef echter tegenover me aan de tafel zitten, zijn gezicht verborgen in de schaduw zodat ik zijn gelaatstrekken maar heel vaag kon onderscheiden.

'Ga je niet naar bed?' vroeg hij en toen realiseerde ik me dat hij misschien ook alleen wilde zijn en wilde dat ik wegging.

'Nee,' zei ik vastbesloten. 'Ik blijf nog een poosje buiten zitten.'

'Goed dan,' zei hij. 'Wil je wat drinken?'

Ik zag dat mijn wijnglas leeg was, maar nog meer wijn zou me alleen maar slaperig maken en dat zou zonde zijn op deze bijzondere, heldere avond. Ik wilde net weigeren toen hij zei: 'We zouden een Corsicaans drankje kunnen nemen... een digestief?'

Mijn interesse was gewekt. 'Wat is dat?'

'Het is gemaakt van bosbessen. De struiken groeien overal op het eiland.'

'Goed, ik wil het wel proberen.'

Hij kwam terug met een fles en twee kleine glaasjes die hij met de donkere likeur vulde. Ik nam een slokje en voelde meteen dat het mijn mond en keel verwarmde. De smaak was bitterzoet, vreemd en zo besloot ik, erg lekker.

'Smaakt het?' Ik keek naar hem op en zag dat hij op mijn oordeel wachtte.

'Ja. Gevaarlijk goed.'

Hij knikte. 'Ik maakte er voor het eerst kennis mee toen ik een jaar of acht was. Ik kwam het tegen in de drankkast en wilde het maar eens proberen. Ik zag het mijn grootouders altijd drinken na het avondeten. Een beetje onverstandig schonk ik een heel wijnglas in. Ik kan het pas sinds kort weer drinken.'

Ik nam nog een slokje. Ver beneden ons kon ik het water zachtjes, loom tegen de kliffen horen klotsen.

Toen vroeg ik, om maar iets te zeggen: 'Vind jij ook niet dat de lucht vanavond vreemd aanvoelt?'

'Ja,' zei hij. 'Dat gebeurt soms voordat de mistral komt, dan is het uitzonderlijk helder. Maar het is niet altijd het geval want soms gebeurt er niets en blijkt het vals alarm te zijn.'

Mistral, het woord klonk vaag bekend. 'Bedoel je de wind?'

'Ja, maar het is meer dan wind, het is bijna een bovennatuurlijke kracht. Als hij waait, kun je nergens anders aan denken. Naderhand is de lucht mooier dan je je kunt voorstellen, ongelooflijk helder en blauw.'

Ik hoopte dat mee te maken.

'Nog een?' Oliver wees naar mijn glas.

Ik realiseerde me dat het leeg was en hield het hem voor. 'Ja, graag.'

Hij vulde het en boog voorover om het mij aan te geven. Daarbij ving ik de geur van zijn huid op en die had wel iets weg van de geur van het Corsicaanse landschap: complex, warm, kruidig. Ineens zag ik een beeld voor me van zijn naakte lijf; de kracht, de zachte, verborgen streep donker haar onder zijn navel. Ik leunde een beetje verward achterover in mijn stoel, dankbaar voor de duisternis die voorkwam dat hij mijn gezicht en de kleur die daarop was verschenen kon zien. Ik vroeg me af wat er toch met me aan de hand was.

We bleven enkele ogenblikken zwijgend zitten en ik probeerde het verwarrende en ongekend prikkelende beeld te verdringen dat als in een soort optische lus bleef terugkomen.

Olivers volgende woorden slaagden daar echter veel beter in. 'Ik heb nagedacht over je moeder,' zei hij, maar hij zweeg omdat hij me waarschijnlijk zag verstarren. 'Sorry.'

'Nee,' zei ik, 'het is goed... ga door.'

'Ik bedoel, ik wil niet beweren dat ik kan raden hoe jij je voelt, maar toen grand-mère overleed, was ik een wrak. Ik weet dat het verlies van een grootouder anders is dan het verlies van een moeder, maar eerlijk gezegd is ze altijd meer een ouder voor me geweest dan mijn eigen moeder was. Zij en grand-père zijn degenen die me hebben geleerd hoe de wereld in elkaar stak, hoe ik me daarin moest gedragen.' Zijn stem stierf weg. Hij had kennelijk het gevoel dat hij te veel had gezegd. 'Maar goed,' zei hij, 'ik weet eigenlijk niet precies wat ik bedoelde te zeggen.'

'Dank je,' zei ik. Zijn onbeholpenheid was eigenlijk ontroerend. Die maakte duidelijk dat wat hij zei niet zomaar platitudes waren, zoals bij zoveel anderen het geval was.

Ik nam nog een slokje van mijn likeur en voelde die helemaal tot in mijn maag branden. En toen, misschien omdat hij het had geprobeerd en omdat de duisternis de juiste plek leek voor dergelijke vertrouwelijkheden zei ik: 'Ze was mijn beste vriendin. Ik bedoel, ik had wel andere vriendinnen' – ik besloot maar niet stil te blijven staan bij mijn gebruik van de verleden tijd – 'maar die waren niet zoals zij. Ik kon hun niet alles vertellen zoals ik dat bij haar wel kon.'

Oliver probeerde niet een oplossing aan te dragen en daar was ik hem dankbaar voor. Hij knikte alleen maar. Daarna viste hij met een steelse blik een pakje sigaretten uit zijn zak. 'Wil je er ook een?'

'Nee, dank je.'

Hij pakte er een voor zichzelf en stak hem op. 'Ik probeer het te laten,' zei hij. 'Grand-père heeft er een hekel aan. Maar zo nu en dan...' Hij keek me aan. 'Je vertelt het hem toch niet, of wel?'

Ik schudde mijn hoofd.

'Dank je.' Hij inhaleerde diep, zuchtte tevreden en blies toen een wolk rook uit. 'Ik weet niet of het misschien verkeerd is om dit te zeggen, maar op een vreemde manier benijd ik je. Ik heb dat met mijn moeder nooit gehad.'

'O.' Ik had het nooit zo gezien, dat wat mam en ik hadden iets bijzonders was. Ik had een heel gelukkige jeugd gehad, dat zeker, maar ik had het eigenlijk als vanzelfsprekend beschouwd. Ik herinnerde me dat ik het grootste deel van mijn jeugd gulzig had verlangd naar een groter gezin: liefdevolle grootouders, broers, zussen, neven en nichten. Wat me soms een gemis had toegeschenen, leek nu ik over Olivers woorden nadacht een grote rijkdom.

'Maar je had je grootmoeder, Elodia.'

'Ja,' zei hij peinzend. 'En ik had grand-père. Mag ik je iets vertellen?'

Ik knikte.

'Hij is niet echt mijn grootvader. Althans niet mijn biologische grootvader. Mijn moeder was al geboren voordat grand-mère hem ontmoette. Je hebt vast wel gemerkt dat we helemaal niet op elkaar lijken. Maar ik hou ontzettend veel van hem, ik kan me niet voorstellen dat ik meer van iemand zou kunnen houden.'

Ik bloosde toen ik me mijn tactloze opmerking tegen Stafford herinnerde over het gebrek aan gelijkenis. Ik dacht ook hoe anders de relatie was dan die ik met Evie had gehad.

'Nou, daar benijd ik jou om,' zei ik. 'Ik heb namelijk...' Ik zweeg en vroeg me af of ik verder durfde te gaan. 'Mijn adoptiegrootmoeder, Evie...'

'Die de brief had verborgen?'

Ik voelde de behoefte haar te verdedigen. 'Ja, al was ze ook degene die mijn moeder heeft gered, degene die haar met ballet in aanraking heeft gebracht. Ik bedoel, als het om mam ging, was ze volstrekt onzelfzuchtig, fantastisch.'

'Maar?' onderbrak Oliver me zacht.

'Maar...' Ik zweeg weer even. Zou ik het hem vertellen? Toen vervolgde ik, bijna achteloos: 'Ik heb nooit echt het gevoel gehad dat we een goede band hadden.' Ik wachtte tot Oliver iets zou zeggen, me misschien zelfs zou veroordelen, maar hij bleef zwijgen. 'Pas op het laatst,' zei ik, 'toen ze was gestorven, realiseerde ik me hoezeer ik haar miste. Dat had ik nooit verwacht. Ik vroeg me soms zelfs af of we elkaar wel mochten, laat staan van elkaar hielden.'

Ik keek Oliver aan, wanhopig verlangend naar een reactie, wat voor een dan ook.

'Vind je dat slecht van me?' vroeg ik.

Ik kon nauwelijks zien dat hij langzaam zijn hoofd schudde. 'Nee,' zei hij. 'Dat vind ik niet. Ik denk... ik denk dat het menselijk is.' Ik had niet geweten hoe belangrijk het voor me was wat hij ervan vond tot ik hem dat hoorde zeggen. 'En je mist haar,' voegde hij eraan toe. 'Misschien vertelt dat je wel alles wat je weten moet.'

'Mis jij je moeder?' vroeg ik hem.

Even dacht ik dat hij me niet had gehoord. Toen zei hij: 'Ik denk dat ik het idee van haar mis.'

Ik vroeg me af wat dat precies betekende. 'Wat was ze voor iemand?' vroeg ik, schaamteloos nieuwsgierig naar de vrouw die ik op de foto had gezien.

Oliver nam een lange trek van zijn sigaret en ademde langzaam uit. 'Ze was model, maar ze wilde eigenlijk actrice zijn.'

'O.'

'Ze was geen slecht model, geloof ik. Ze was beslist heel mooi.'

Zelfs als ik de foto's in de gang niet had gezien, zou ik hebben geweten dat het waar was door de schoonheid die ik in haar zoon terugzag en die nog maar kortgeleden aan me was onthuld.

'Maar ze was geen actrice. Ik heb een keer een film gezien met haar erin. Ze speelde een soort femme fatale. Het was een kleine rol, ze was nauwelijks vijf minuten in beeld, maar het was genoeg om duidelijk te maken dat ze niet kon acteren. Ze had al mazzel gehad dat ze die rol kreeg want de meeste regisseurs die ze benaderde zeiden tegen haar dat ze het bij modellenwerk moest houden. Het ergste was nog dat zij besloot dat ze het allemaal mis hadden en het bleef proberen.'

Ik herinnerde me dat ik naar video's had gekeken van mijn moeder terwijl ze danste, de warme golf van trots die ik door me heen voelde gaan als het publiek naar adem hapte en applaudisseerde. Wat vreselijk, dacht ik, om getuige te zijn van het falen van je moeder, om je zo voor haar te schamen.

'Ook toen ze nog leefde kwam ik vaak naar Corsica voor de vakanties,' zei Oliver. 'Ze wilde in de zomer in Cannes zijn, begrijp je, en Cannes, zo vertelde ze me, was voor volwassenen.'

'Dus jullie brachten de zomers nooit met elkaar door?'

'Nee, maar niet dat ik dat erg vond. Eigenlijk verheugde ik me er altijd juist op hierheen te komen. Grand-père kwam me in Parijs ophalen en dan reden we het hele land door en stopten ergens voor de nacht om de reis te onderbreken. Soms had hij een tent meegebracht en gingen we ergens kamperen.

'Die weken hier bij mijn grootouders waren de gelukkigste van mijn leven. Ik ging niet echt graag naar school. Ik ben dyslectisch, dus ik bracht het er niet erg goed af en iedereen dacht dat ik dom was. Het was een internationale school en de andere kinderen wisten niet wat ze van me moesten denken. Ze waren allemaal Engels of Amerikaans, met ouders bij grote bedrijven en zo. De school werd betaald door mijn grootouders want maman had zich dat nooit kunnen veroorloven. Ik leefde voor die weken dat ik bij grand-père en grand-mère mocht gaan logeren.'

'Kwam je moeder ook hierheen?'

'Nee... Nou ja, soms. Voor een weekje, hooguit. Ze verliet het eiland zo snel mogelijk weer. Ze was heel anders dan mijn grootmoeder. Die was... de uitdrukking is geloof ik "het zout der aarde"? Ik ben er vrij zeker van dat ze meende dat grand-mère haar in de kou had laten staan.'

'Waarmee?'

Hij zweeg plotseling en lachte kort. 'Je zou zo bij de recherche kunnen, weet je dat?'

'O,' zei ik beschaamd. 'Sorry.'

'Nee,' zei hij, 'zo bedoelde ik het niet. Het is alleen dat ik merk dat ik je dingen vertel die ik niet van plan was te vertellen. Ik heb geen idee waarom. Misschien was je in een vorig leven hypnotiseur.'

Hij nam nog een lange trek van zijn sigaret en ik keek naar het felle vuurballetje dat daardoor opvlamde.

'Maar goed,' vervolgde hij, 'mijn echte grootvader was een Italiaan, een soldaat. Hij was een van de bezetters tijdens de oorlog. Grand-mère had het nooit over hem, echt nooit.'

'Ik begrijp het.'

'Maar mijn moeder was door hem geobsedeerd. Ze overtuigde zichzelf ervan dat hij bijzonder moest zijn geweest, een Italiaanse graaf of zo. Ze praatte altijd over hem alsof ze dat zeker wist, alsof ze niet zomaar de dochter van een Corsicaanse boer was, maar adellijk bloed had. Ze nam het grand-mère kwalijk dat die hem niet had weten vast te houden. En toen ze mij kreeg en mijn vader nergens te bekennen was, beweerde ze dat het door het slechte voorbeeld kwam dat ze had gekregen.' Hij zweeg even. 'De waarheid is dat hij altijd mijn grootvader is geweest,' zei hij, weer over Stafford pratend. 'Ik heb geprobeerd hem als mijn gids, mijn voorbeeld te zien van hoe ik me moet gedragen. Ook al ben ik daar misschien niet helemaal in geslaagd.'

'Ik vind dat je op hem lijkt,' zei ik instinctief, me tegelijk afvragend of ik dat echt geloofde. Toen Oliver echter met oprechte dankbaarheid in zijn stem bedankte, bedacht ik dat het er misschien niet eens toe deed.

Eenmaal terug in mijn kamer zat ik een poosje in het halfduister op de rand van mijn bed na te denken. Ik kon niet geloven dat ik Oliver over Evie had verteld. Ik had een van mijn meest gênante geheimen gedeeld met een man die als puntje bij paaltje kwam nog steeds nauwelijks meer dan een vreemde voor me was. Hoe graag ik het ook zou hebben afgedaan als de invloed van de drank, ik wist dat ik het daar niet op kon gooien. Eingenlijk voelde ik me nu juist verre van dronken. Eerder het tegenovergestelde: ik voelde me heel erg nuchter, vreemd helder in mijn hoofd.

Het was een of ander instinct geweest, realiseerde ik me, een of ander gevoel dat hij niet te hard over me zou oordelen, dat hij het misschien zelfs zou begrijpen. En tot mijn opluchting leek dat inderdaad zo te zijn. Ik koos ervoor niet na te denken over het andere: die plotselinge, overrompelende – een ander woord had ik er niet voor – aantrekkingskracht. Daar kon niets goeds uit voortkomen.

21

Corsica, augustus 1986

'Dat vergat ik gisteren te vragen,' zei Stafford toen we de volgende morgen in zijn atelier gingen zitten. 'Ben je van de waterval gedoken?'

'Nee, ik vrees van niet. Maar Oliver wel. Hij vertelde me dat u hem dat had geleerd.'

Stafford grinnikte. 'Dat klopt.' Dat leek hem buitensporig veel genoegen te doen. 'Tot vrij kort geleden zou ik het zelf nog hebben gedaan, maar naarmate je ouder wordt moet je helaas je eigen beperkingen onderkennen. Vervelend genoeg is het niet het duiken dat te moeilijk is geworden, maar het saaie gedeelte: het naar boven klimmen.'

Het gaf me een ongemakkelijk gevoel hem zo te horen praten. Ik kon me moeilijk voorstellen dat Stafford zich ergens door zou laten tegenhouden – zelfs door zijn leeftijd – en dat ik hem over zijn toenemende zwakte hoorde praten, was een pijnlijke dosis realiteit. Ik was heel erg op hem gesteld geraakt en vond het idee dat hij er op een gegeven moment niet meer zou zijn deprimerend. Ik wist dat dat gevoel irrationeel was – hij lag immers bepaald niet op zijn sterfbed – maar als de afgelopen paar jaar me iets hadden geleerd dan was het wel hoe weinig tijd je misschien nog met iemand had.

'Kate,' onderbrak Stafford mijn gedachtegang, 'ik moet bekennen dat ik me er niet op verheug het volgende gedeelte te vertellen. Het is geen tijd waarnaar ik graag zou willen terugkeren en ik ben zo laf geweest het uit te stellen. Je moet het weten en misschien is het voor mij ook goed om erover te praten. Een loutering, als je wilt.' De glimlach die hij me op dat moment schonk was voor één keer geen echte glimlach, maar eerder een grimas.

'Na die vierde brief hoorde ik maandenlang niets van Alice. Complete stilte. Ze had me verteld dat ze verwachtte in december terug te komen en ik hoopte dat ze me tijdens de feestdagen zou willen zien, maar mijn weken in Londen gingen voorbij zonder een bericht of een teken van haar.'

'Hebt u er nooit over gedacht naar haar toe te gaan?'

'Zo werkte het niet. Ik weet dat het van mijn kant zwak klinkt, maar onze ontmoetingen vonden altijd plaats op haar voorwaarden. En er was het nooit uitgesproken besef dat ik geen welkome bezoeker zou zijn in het huis van lord en lady Hexford. Bovendien schaamde ik me.'

'Waarom?'

'Omdat ik haar na haar laatste brief nog drie brieven had gestuurd waarop ik geen antwoord had gekregen. Ik hield mezelf voor dat ik moest accepteren dat ze genoeg had gekregen van onze vriendschap. De laatste brief die ik van haar had gehad, zo kort en slecht doordacht, het leek de meest voor de hand liggende verklaring. Ik voelde me ellendig. Het hielp ook niet dat het januari was, met zijn sombere weer en korte dagen, dat de afleiding van de kerstdagen voorbij was en ik alleen nog mijn examens had om naar uit te kijken.

Mijn eigen misère viel samen met een veel wijder verbreide ellende. Al het nieuws was slecht. Dat was al sinds oktober zo, maar in januari was het duidelijk dat de economie zich niet, zoals velen hadden gehoopt, snel zou herstellen. Het was alsof we allemaal gebukt gingen onder een grote vermoeidheid, een algehele malaise.'

22

Oxford, maart 1930

Het nieuwe jaar is al drie maanden oud, Alice is al vier maanden terug in Engeland en nog heeft hij niets van haar gehoord. Tom voelt zijn hoop afnemen. Hij denkt aan die laatste middag en de nacht die erop volgde. Ze was de dag erna abnormaal verlegen tegen hem geweest, maar dat was begrijpelijk. Het was, zoals ze hem had verteld, de eerste keer geweest dat ze 'iets dergelijks had gedaan'. Ze was daarna niet koel tegen hem geweest, maar hier ligt toch het onmiskenbare feit dat ze hem lijkt te zijn vergeten... of ervoor kiest hem te vergeten.

Misschien hebben ze die nacht toch een vergissing begaan, al zou hij het nooit als zodanig kunnen beschouwen. Of misschien was het anders geweest als ze niet die zelfgenoegzame Fransman had ontmoet over wie ze hem had geschreven. Of als Tom naar Venetië had kunnen gaan, zoals ze had gesuggereerd. Hij gaat gebukt onder de vraag wat zijn gebrek aan daadkracht hem heeft gekost.

Het enige wat hem van die gedachten kan afleiden is zijn kunst. De kleine expositie waarover hij Alice had geschreven was een succes. Terwijl er van de meeste kunstenaars maar één stuk tentoon werd gesteld, hingen er tot Toms verbazing maar liefst acht doeken van hem. De pers had er ook aandacht aan besteed; een paar lokale kranten en de universiteitskranten. Het was voor het eerst sinds het bezoek aan lady Margaret dat hij het gevoel had dat hij een kans maakte.

Tom maakt een vroege wandeling over Addison's Walk om zijn hoofd leeg te maken. Een maand geleden zou het op dit tijdstip nog donker zijn geweest, maar vanochtend baden het college en het terrein in het lichtgrijze ochtendlicht. Langs het pad staan narcissen, hun kelken nog dichtgevouwen, en sleutelbloemen met onnatuurlijk lichte blaadjes. Meestal gaat de lente gepaard met gedachten van hoop, maar dit jaar herinnert ze Tom er alleen aan hoe veel tijd er is verstreken zonder bericht van haar. En aan hoe snel het moment nadert dat hij beslissingen over zijn toekomst moet nemen die hij liever zou uitstellen. Iets meer tijd, dat is alles wat hij nodig heeft. Maar elke maand lijkt sneller voorbij te gaan dan de vorige. Weldra zal hij met zijn nieuwe verantwoordelijkheden en het gewicht van de verwachtingen van zijn ouders de wereld in moeten.

Tom vindt deze route langs de Walk zo prettig omdat die hem doet beseffen hoe klein hij zelf is, dat hij de voetsporen volgt van mannen die veel groter zijn dat hij ooit zou durven hopen te worden. Gewoonlijk neemt hij er de tijd voor, maar de wind trekt aan en de regen slaat van opzij door zijn dunne jasje heen, dus loopt hij terug in de richting van het collegegebouw en bereidt hij zich voor op het dagelijks ritueel van bij de portiersloge informeren of er nog een telegram voor hem is. Daarna zal hij naar zijn kamertje lopen om te kijken of de brief er is die nooit komt. Als hij de loge nadert, denkt hij: misschien wacht ik wel tot na het ontbijt. Teleurstelling, zelfs de soort die een gewoonte wordt, valt niet goed op een lege maag.

Ja, besluit hij, ik kan wachten. Maar als hij de loge passeert, hoort hij binnen iemand zijn naam roepen. 'Meneer Stafford, bent u dat?'

Hij tuurt naar binnen.

'Dat dacht ik al. Er is bericht voor u. Net die ene dag dat u er niet naar komt vragen.'

Tom stapt naar voren. Hij doet zijn best ongeïnteresseerd te lijken. Het zou immers best niets kunnen zijn. Een berichtje van zijn moeder misschien; altijd welkom, maar geen reden tot opwinding.

De man geeft hem een velletje papier en hij blijft in de deuropening staan om het te lezen.

Beste Thomas STOP
Zou prijs stellen op je hulp in een zaak die ons beiden aan het hart gaat STOP *Als je tijd hebt, neem dan a.u.b. onmiddellijk de trein naar Londen* KOMMA *al je onkosten worden vergoed* STOP
Groet KOMMA
M

M. Het is van lady Margaret; daar twijfelt hij niet aan.

Hij heeft die avond een afspraak met zijn mentor. Eind van de week moet hij een scriptie inleveren. Hij loopt niettemin naar zijn kamer, pakt een tas in met een paar spullen die hem noodzakelijk lijken voor de reis: zijn schetsboek en leren etui. En ook een paar boeken, al is dat meer uit plichtsbesef dan vanuit de overtuiging dat hij onderweg zal studeren.

In de trein, terwijl het doorweekte landschap onopgemerkt langs het raam voorbij glijdt, haalt hij het telegram uit zijn zak en leest het opnieuw. Het gaat over Alice, dat weet hij zeker. Hij probeert iets meer uit het telegram te halen. Zit Alice in de problemen? Hoe heeft hij zo met zichzelf bezig kunnen zijn dat hij niet aan de mogelijkheid heeft gedacht dat haar iets zou kunnen zijn overkomen?

Lady Margaret doet zelf open. Ze is niet minder excentriek gekleed dan de vorige keer dat Tom haar zag: een lange peignoir van donkerpaars fluweel met draken en exotische vogels op het lijfje en de mouwen geborduurd, om haar hoofd een fuchsiaroze shawl in scherp contrast met haar feloranje haren. Ze gebruikt vandaag een andere wandelstok, eentje met een zilveren jakhalskop als greep, waarvan de spitse snuit hem vanonder haar hand brutaal aankijkt. Nu hij voor haar staat, realiseert hij zich dat ze niet zo lang is als hij had gedacht. Het is veeleer het effect van haar persoonlijkheid en ziekelijke tengerheid die de indruk van lengte wekt.

'Thomas,' zegt ze zonder het over zijn reis te hebben, alsof zijn aanwezigheid op haar drempel een gegeven is. 'Welkom. Ik heb je hulp nodig.'

Ze gebaart hem mee te lopen naar de salon en hij neemt plaats op een smaragdgroene ottomane waarvan de poten op roofvogelklauwen lijken. Meteen komt Beatrice binnen met een grote zilveren kan koffie, die ze van indrukwekkende hoogte in twee kopjes schenkt.

'Is alles goed met Alice?' vraagt Tom, omdat hij niet meer kan wachten.

Lady Margaret steekt haar hand naar achteren, pakt een houten doosje van de kast en haalt er twee dunne sigaartjes uit, waarvan ze Tom er een aanbiedt, maar hij bedankt. Ze steekt de andere voor zichzelf op en trekt er peinzend aan alvorens te antwoorden. 'Zie je, dat is het punt. Ik heb niets meer gehoord sinds ze uit Venetië is vertrokken. Ik hoopte eigenlijk dat ze contact met jou zou hebben opgenomen.' Als hij zijn hoofd schudt, blaast ze een wolk naar turf geurende rook uit.

'Ik nam aan dat ze het te... druk had,' zegt hij. 'De laatste brief die ik van haar heb gehad, heeft ze eind oktober vanuit Venetië gestuurd.'

'Ach, ik had gehoopt dat je dat niet zou zeggen. Dus ze heeft met geen van ons beiden contact gehad. Ik ben bang dat er iets vreemds gaande is en ik weet zeker dat Georgina erachter zit. Ik heb die vrouw nooit vertrouwd.'

Ze trekt aan haar sigaar en de punt vlamt fel op. Dan blaast ze weer uit. 'Mijn broer was het impulsieve type. De meeste van zijn impulsen waren juist, maar hij had geen slechter besluit kunnen nemen dan met Georgina te trouwen. Ze is een kleinburgerlijke cultuurbarbaar en het ergste is nog dat ze het niet kan uitstaan dat ze er niet in is geslaagd een dochter naar haar armzalige evenbeeld voort te brengen.' Ze kijkt hem door de rook heen aan. 'Ik vraag me af of haar iets ter ore is gekomen.'

'Hoe bedoelt u?'

'Venetië. Er was...' zegt ze, en ze kijkt Tom verontschuldigend aan, 'iemand die belangstelling voor Alice had. Hij was wat ouder, had wat van de wereld gezien. Ik dacht dat het goed voor haar zou zijn met hem de stad te gaan verkennen... een soort onderricht.'

'Ik weet het,' zegt Tom en zijn oren suizen van de inspanning om onaangedaan te blijven. 'Ze heeft hem wel eens genoemd in een brief.'

Lady Margaret knikte. 'Ooit, toen Alice zestien was, zei ik tegen Georgina dat ik haar aan het begin van de vakantie zou afhalen van school. In plaats van haar naar huis te brengen, nam ik haar voor een lang weekend mee naar Parijs. Haar moeder sloeg terug door haar voor drie jaar naar die school in Zwitserland te sturen.'

'En u denkt dat ze iets soortgelijks kan hebben gedaan als ze heeft gehoord wat er in Venetië is gebeurd?'

'Dat weet ik niet, maar dit bevalt me helemaal niet. Ik heb me pas door Jacob naar hun huis laten rijden en het leek allemaal veel te rustig. Ik klopte aan en de butler was erg kortaf. Nee, de familie was er niet. Waar waren ze heen? Dat wilde hij niet zeggen.' Ze denkt even na. 'Al was dat misschien niet waar. Heb je dat huis gezien?'

'Nee.'

'Het lijkt wel een fort. Als ze niet wilden dat er iemand in of uit ging, zouden ze gemakkelijk de ophaalbrug kunnen sluiten. Ik sta op de zwarte lijst. *On ne passe pas.*' Lady Margaret kijkt Tom peinzend aan. 'Maar jou kennen ze niet, of wel?'

Het huis van Alice is precies zoals lady Margaret het beschreef: het moderne equivalent van een fort. De gestuukte voorgevel past uitstekend bij de kleur van de lucht en in Toms ogen lijkt het een gigantische gipsafdruk die mogelijke onderliggende tekortkomingen verbergt. Hij kijkt naar de donkere, gesloten ramen en wordt onherroepelijk herinnerd aan de foto die hij van Alice' stiefvader heeft gezien: met zijn grote rechthoekige hoofd en de kleine ogen, die net iets te dicht bij elkaar staan in de brede schedel. Ondanks dat alles hebben hij en het huis iets aantrekkelijks, de aantrekkingskracht ervan is dezelfde als die uitgaat van macht, gezag en een sterke overtuiging.

De imposant hoge deur doet Tom inderdaad aan een ophaalbrug denken. Hij klopt aan. Na een poosje wordt de deur geopend door een oudere butler. De man stelt zich op in de ruimte tussen de deur en het kozijn als om te voorkomen dat Tom naar binnen kan kijken en kijkt op de bezoeker neer.

'Kan ik u helpen, meneer?' vraagt hij, maar zijn toon suggereert dat Tom niet op zijn medewerking hoeft te rekenen.

'Ik hoop het. Ik ben een vriend van Alice.'

De butler kijkt hem onbewogen aan. 'Lady Alice is niet thuis, meneer.'

'O? Waar is ze dan, als ik vragen mag.'

'Het is niet aan mij u dat te vertellen, meneer.' Maar iets in Toms blik stemt de man wat milder. Alsof hij het gevoel heeft dat hij tegen beter weten in handelt, buigt de butler voorover en mompelt hij: 'Lady Alice is niet in orde. Het leek mijn meesteres, lady Hexford, beter haar mee te nemen naar het platteland om te herstellen.'

'Het platteland?'

'Inderdaad, meneer.'

'Mag ik vragen naar de aard van lady Alice' ziekte?'

'Ik vrees dat ik u dat niet mag vertellen, meneer.'

'Maar... is het iets ernstigs?' Tom denkt aan de griep waaraan zijn moeders zus en een paar neven van hem in 1918 zijn gestorven.

'Ik moet erop aandringen, meneer, dat u me daar verder geen vragen over stelt. Ik heb u alles verteld wat ik...'

Er klinkt een stem vanuit het huis. 'Valt deze kerel je lastig, Simpson?' De spreker komt in beeld: een vrij jonge man, misschien in de dertig, kleiner dan Tom, maar krachtig gebouwd, met een knap gezicht en een strijdlustig vooruitgestoken kin. Dat moet Matthew zijn, de stiefbroer.

'Dat niet, meneer, hij was...'

'Weet je, beste kerel,' zegt Matthew tegen Tom, 'ik geloof dat ik hier iets van jou heb.'

'O?'

Hij haalt ze uit zijn zak. Het duurt even voordat Tom ze herkent. Het zijn zijn laatste brieven aan Alice.

'Omdat mijn zus... onwel is, leek het me het beste dat ik me met haar correspondentie bezighield,' zegt Matthew, alsof dat als uitleg volstaat.

'Dat waren persoonlijke brieven.'

'Ach, ik dacht wel dat je dat zou zeggen. Ik verzeker je dat mijn zus het helemaal zou begrijpen – nee, zelfs zou willen – dat ik ze openmaakte. We hebben een heel hechte band, begrijp je.'

Tom draait zich om en wil gaan. Hier kan hij niets doen en hij weigert tijd de verspillen aan die akelige kerel. De brieven hebben hem nog meer reden tot bezorgdheid gegeven.

'Overigens, beste kerel...'

'Ja?' Tom slaagt erin beschaafd te blijven klinken.

'Weet je, als ik je één tip kan geven, dan is het deze.' Met een glimlach om zijn lippen kijkt Matthew naar de brieven en dan naar Tom. 'Ik zou je echt aanraden al dat sentiment te laten voor wat het is. Dat werkt niet bij mijn zus. Als je tussen haar benen wilt kruipen, wees dan wat minder subtiel. Mijn zus is een vrouw van de wereld. Ze begrijpt klare taal veel beter.'

Tom denkt niet na. Hij draait zich om en haalt naar de man uit zonder zich er iets van aan te trekken waar hij is of wie hij is en dat hij geen man is die op straat gaat lopen knokken. Hij wil hem alleen maar zo veel mogelijk pijn doen, hem misschien pal in zijn grijnzende gezicht raken, maar zijn vuist raakt hout in plaats van vlees en zijn knokkels doen zeer van de klap. Het duurt een paar seconden voor hij zich realiseert dat de deur voor zijn neus is dichtgegooid.

De auto is anders dan het voertuig waarmee Alice de afgelopen herfst in Oxfordshire rondreed. Hij is donkergrijs en zo mogelijk nog groter dan de andere. Hij biedt comfortabel plaats aan: de chauffeur, Liverwhaite, een mand vol eten 'voor het geval dat', lady Margaret, Tom en de Birmaanse kat van lady Margaret William, die hooghartig op zijn kussen tussen hen in zit.

Chebworth is nauwelijks meer dan een gehucht. Niet meer dan een paar verspreide huizen en een herberg. Chebworth Manor ligt een paar kilometer buiten het dorp. Het wordt pas zichtbaar als ze er pal voor staan, want het landgoed is omringd door een donker eiken- en iepenbos, waardoorheen je het huis niet eens kunt zien. Ze stoppen voor de dubbele ijzeren poort die de toegang tot de oprijlaan vormt en zien een groot wit gebouw. De auto blijft staan. Lady Margaret kijkt opzij naar Tom.

'Je kunt beter alleen gaan.'

Het verbaast Tom dat deze onverschrokken vrouw nu een zekere lafheid lijkt te tonen. Alsof ze zijn gedachten kan lezen, barst lady Margaret in lachen uit. 'O, ik ben niet bang voor haar, als je dat soms denkt. Ik maak me alleen zorgen dat mijn aanwezigheid de zaak verder zou compliceren. Ik heb namelijk moeite me te gedragen als ik bij haar in de buurt ben. Daarom lijkt het me veiliger dat je alleen gaat.'

De poort is afgesloten met een hangslot en een ketting, maar Tom is al sinds zijn kinderjaren erg goed in lastige beklimmingen: diverse soorten bomen, de lage kliffen rondom Winnard Cove, de muur onder het raam van de slaapzaal op school. Lady Margaret, Liverwhaite en William kijken toe terwijl hij op de muur klimt en zich aan de andere kant in het vochtige struikgewas laat vallen.

Natte planten, takken en bladeren trekken aan hem als hij zich door de struiken een weg naar het uitgestrekte gazon baant. Het gras is kort en zacht als groen fluweel en zo onberispelijk alsof het is kortgeknipt met een nagelschaartje. De met grind bedekte oprijlaan loopt rechts van hem naar het huis. Het gebouw in de verte lijkt eerder een overheidsgebouw dan een woonhuis. Het is laag en wit en alle pretenties van grandeur ten spijt lijkt het op de reusachtige witte plint van een ontbrekend standbeeld. De vele ramen glanzen gelijkmatig in het zwakke zonlicht. Het gebouw kijkt op hem neer, onbeweeglijk maar waaks, als een rustend beest. Al voordat hij de trap naar de voordeur heeft bereikt gaat die knarsend open en verschijnt ook hier weer een butler, ouder dan Simpson, met een witte haardos en duidelijker afhangende schouders.

Het is hetzelfde verhaal, een paar woorden daargelaten. Lady Alice is onwel en ontvangt geen bezoekers. Wat mankeert haar dan? De butler kijkt Tom aan alsof die de fatsoensnormen ernstig heeft geschonden en deelt hem mede dat hij 'dat niet mag zeggen, meneer'.

'Ik ben een vriend,' zegt Tom op schappelijke toon, 'en ik maak me zorgen om haar.'

'Niettemin, meneer...' zegt de man met de deur al halfdicht, 'niettemin vrees ik dat ik u moet vragen om te vertrekken.'

'Mijn naam is Thomas Stafford.' Hij roept het bijna, ondanks zijn pogingen om kalm te blijven. 'Wilt u haar op z'n minst laten weten dat ik ben geweest?'

De butler maakt een snelle beweging met zijn hoofd die zowel een bevestiging als een ontkenning kan inhouden, het is onmogelijk te zeggen. Dan gaat de deur met een voor zo'n groot gevaarte verbazingwekkend zacht klikje dicht. Daar staat Tom dan, zijn hele lijf gespannen van frustratie. In de smaragdgroene stilte van het terrein klinkt het gedreun van zijn eigen bloed oorverdovend in zijn oren. Hij blijft een minuut of wat staan om de mogelijkheden te overwegen.

Zo stiekem mogelijk loopt Tom langs de zijkant van het huis op zoek naar een andere ingang. Aan de achterkant komt Tom bij een lage aanbouw. Het gerammel van metaal en de geurige dampen vertellen hem dat het de keuken is. Bijna zonder erover na te denken loopt hij naar de deur. En dan gaat die open en stapt er iemand naar buiten.

'Alice?'

Ze haast zich naar hem toe en trekt haar jas om zich heen. Het is een herenregenjas en de blote knieën die eronderuit steken zien er bleek en naakt uit in het koude licht van de dag. Ze ziet er verre van ziek uit, denkt Tom. En toch is er iets aan haar veranderd, al kan hij niet goed zeggen wat precies. Ze lijkt zachter. Haar wangen zijn ook ongewoon roze, maar het is niet de ongezonde blos van een zieke, besluit Tom.

'Laten we een stukje lopen, goed?' Ze pakt hem bij zijn arm en hij voelt haar warmte tegen zijn zij.

'Luister, Alice,' zegt hij, en hij probeert zich voor te houden dat hij kwaad op haar is, 'wat is er aan de hand? Ik heb maanden niets van je gehoord. We maakten ons zorgen om je.'

'We?'

'Je tante en ik.'

'Ik zal je alles uitleggen zodra we echt alleen zijn.' Ze neemt hem mee door een poortje naar de ommuurde moestuin en aan de andere kant daarvan gaan ze op een stenen tweezitsbankje zitten. 'Hier zijn we vanuit het huis niet te zien,' zegt ze, 'al is het daar misschien al te laat voor. Je maakte nogal een kabaal.'

'Verbaast dat je? Ze zeiden dat je ziek was, maar wilden niet zeggen wat je had of hoe erg het was. Het leek wel of ze je hadden opgesloten.'

De zon schijnt nu, zij het zwakjes en beverig. De stenen bank is koud en het bedauwde gras om hen heen ademt een vochtige nevel uit. Tom kijkt naar Alice, haar roze knieën, haar verwarde haren, en vergeeft haar alles: het lange stilzwijgen, de bezorgdheid die hij om haar heeft gevoeld. Nu hij in deze betoverende tuin naast haar zit en de lente plotseling lijkt aan te breken, lijkt alles weer te kloppen. Dan begint Alice, met een stem die hij amper herkent, te praten.

'Het punt is,' zegt ze zacht en langzaam, zorgvuldig haar woorden kiezend, 'het punt is dat ik nogal stom ben geweest.' Ze kijkt omlaag naar haar handen alsof ze daar de rest van haar tekst van kan aflezen.

Hij wacht tot ze verder gaat. Zo heeft hij Alice nog nooit gezien. Ze zitten zo stil dat een ekster onverstoorbaar vlak langs hun voeten stapt.

Alice draait haar vingers in elkaar. Een langzame blos kruipt over haar gezicht omhoog en ze weigert hem aan te kijken. Uiteindelijk zegt ze: 'Ik geloof niet dat ik dit mooier kan maken dan het is. O, Tom. Het zit zo, zie je, ik krijg een baby.'

Hij kan niets uitbrengen.

Alice lacht vreemd, humorloos. Het is een schokkend geluid in de stilte van de tuin. De ekster krijst en vliegt weg.

'Is het... was het...?' Tom begint meteen te rekenen, opties af te wegen. Hij zal toch advocaat worden. Hij zal hun een thuis geven, Alice en het kind.

Maar als hij haar weer aankijkt, klaar om dat allemaal te zeggen, ziet hij dat ze haar hoofd schudt.

'Ik begrijp het niet,' zegt hij.

Ze wil hem nog steeds niet aankijken. 'Het is niet van jou, Tom. Toen ik in Venetië was...' Ze zwijgt als ze de blik in zijn ogen ziet. Hij kan niet nog meer aanhoren. Hij denkt aan wat hij nu zou kunnen zeggen waarmee hij zijn hart voor haar zou blootleggen.

'Het was mijn dienstmeid in Londen,' zegt Alice. 'Ze herkende de tekenen zelfs eerder dan ik. Ze moet moeder hebben ingelicht.'

'Wat ga je doen? Je wilt hier toch zeker niet blijven.'

'Nee,' zegt ze. 'Nee, dat wil ik niet.'

'Maar waarom...'

'Ik ben van plan het spelletje met haar mee te spelen, Tom. Ze wil dat ik me hier verschuil.' Ze wijst naar zichzelf en Tom ziet nu de bolling van haar buik onder de wijde plooien van de regenjas. 'Ik kan nu niets ondernemen. Dit is de beste plek voor me tot ik eruit ben wat ik moet doen.'

'Je zou met mij mee kunnen gaan.'

'Nee, Tom.'

'Maar ik zou voor jullie kunnen zorgen.'

Weer schudt ze haar hoofd.

'Je gaat toch zeker niet naar hem?'

'Naar wie?' Ze kijkt hem verbaasd aan en begrijpt het dan. 'O. Nee. Nee, natuurlijk niet. Ik doe dit in mijn eentje.'

'Waar ga je dan heen? Waar wil je van leven?'

'We zullen ons wel redden.' Dan glimlacht ze bijna weer als de oude Alice. 'Weet je, ik vraag me af of het gevoel dat ik had, dat ik iets zinvols moest doen, dat ik iets van mijn leven moest maken... nou ja, ik vraag me af of dit het al die tijd al was.'

Hij probeert het nog een laatste keer. 'Alice, laat me je alsjeblieft helpen. Je kunt hier niet blijven. Ga met je tante en mij mee. Ze wacht bij de poort in haar auto.'

Alice legt haar vrije hand zachtjes tegen zijn wang en hij sluit zijn ogen. 'Je bent echt fantastisch en dat is juist de reden dat ik er niet over peins met je mee te gaan. Ik wil niet dat je verantwoordlijk bent voor mij.'

'Maar...'

'Je kunt maar beter gaan, Tom.' Ze zegt het vriendelijk, maar dat maakt haar woorden alleen maar pijnlijker.

'Wanneer zie ik je weer?'

Ze buigt naar hem toe en kust hem op zijn wang. Hij ademt de vertrouwde geur van haar huid in.

'Dat zal wel een poosje duren, denk ik.'

Tom gaat terug zoals hij gekomen is, naar de wachtende auto die net zichtbaar is aan de andere kant van de poort. Hij kijkt een keer achterom. Alice is terug naar binnen. Het huis kijkt hem met dezelfde blinde ramen aan, maar dan ziet hij voor een van de ramen boven iets bewegen. Hij meent een bleek gezicht naar hem te zien kijken. Dan een flits – als van de schubben van een vis die zich in het zonlicht omdraait – lichtblonde haren.

Terug in zijn kamer in Oxford laat Tom zijn tas op de grond vallen. Hij voelt dat zich een grote druk opbouwt die vanbinnen tegen zijn ribbenkast duwt. Het lijkt meer op verdriet dan op woede, maar is zeker zo sterk en destructief. Hij kijkt om zich heen. In de hoek van de kamer staat de houten kist waarin hij zijn schilderattributen bewaart. Als gedreven door een kracht van buiten hemzelf stapt hij erheen, maakt hem open en haalt er alles uit: verf, penselen, plamuur en potloden, en laat het op de grond vallen. Een paar potjes olieverf springen open en de inhoud loopt eruit. Tom merkt het niet. Zijn aandacht is volledig op het karwei gericht waar hij mee bezig is. Hij besteedt er geen aandacht aan als hij zijn duim openhaalt aan een scalpel en het bloed eruit stroomt. De scherpe pijn – veel beter te verdragen dan de pijn in zijn binnenste – helpt hem alleen maar te focussen. Hij stopt pas als de kist leeg is.

De studies van Alice zijn de enige stukken die hij met de voorkant zichtbaar heeft neergezet, de enige waarop hij, tot nu toe, echt trots was. Daardoor zijn ze gemakkelijk te vinden in de kleine ruimte, ook al zijn het er veel. Tom pakt ze allemaal op en stopt ze stuk voor stuk in de kist. Degene die niet goed passen, duwt hij erin en soms hoort hij daarbij het hout kraken en het doek scheuren. Het is een vreemd bevredigend geluid. Zijn ogen brandden, niet van de tranen, maar van de vreselijke, pijnlijke afwezigheid daarvan.

Hij sluit de kist, duwt het deksel omlaag en de klemmen op hun plaats. Hij pakt de sleutel en doet de kist op slot. Pas nu pakt hij de whiskyfles uit de kast. Hij drinkt het spul zelden en de fles zit nog voor driekwart vol. Hij hoopt dat het genoeg zal zijn om de pijn in elk geval iets te verzachten.

In de onplezierig draaiende duisternis ontwaakt Tom uit zijn verdoving en wankelt hij naar de kist, die wordt verlicht door het koude, zwakke licht vanaf de binnenplaats. Snel opent hij de kist alsof er anders iets zou kunnen ontsnappen en haalt de tekening eruit: de tekening van Alice bij het meer. Hij herkent de vorm en afmetingen zonder te kijken. Hij realiseert zich dat hij de gedachte dat die in het donker zit opgesloten niet kan verdragen.

Vervolgens ramt hij het deksel hard dicht.

23

T.S.

Ik zie nu in hoe naïef ik was. Voorheen dacht ik altijd dat je iets kon laten gebeuren als je daar maar met je hele wezen naar verlangde. Maar ik was alles kwijt, dat wist ik en ik kon er niets aan doen. Het was een harde les.

Nu ik het aan Kate vertelde, kwam alles weer zo heftig terug dat ik de pijn en de woede die ik had meegenomen naar Oxford en die in de weken daarna bleef aanhouden, bijna weer kon voelen. Achteraf besef ik dat wat ik als mijn gerechtvaardigde woede jegens haar beschouwde in feite mijn eigen weerzinwekkende jaloezie was.

'De baby,' vroeg Kate, 'was dat mijn moeder?'

Ik vertelde haar dat ik daar zo goed als zeker van was. Ze werd heel stil, maar ik wist dat er nieuwe vragen zouden komen, vragen waarvan ik wist dat ik ze niet naar haar tevredenheid zou kunnen beantwoorden. Ik geef toe dat ik een grotere vermoeidheid veinsde dan ik in werkelijkheid voelde om daaraan te ontkomen, om tijd te winnen voor mezelf. Want ik had simpelweg geen antwoord op de vraag waarom Alice besloten had haar baby in de steek te laten.

24

Corsica, augustus 1986

Stafford trok zich voor de rest van de dag terug in de koelte van het huis. Ik bracht de middag aan het zwembad door, waar de schaduw die eerst alleen mijn tenen raakte, opschoof tot die me ten slotte helemaal bedekte.

Stafford had me verteld dat hij er zo goed als zeker van was dat de baby mijn moeder was. Mijn moeder was dus kennelijk de dochter van de Fransman geweest.

Ik liet mijn geheime wens nu varen. Sinds Stafford me over zijn liefde voor Alice had verteld had ik de hoop gekoesterd dat hij misschien mijn grootvader zou zijn. Ik had me zelfs – en ik moest blozen toen ik eraan dacht – heimelijk afgevraagd of mijn belangstelling voor kunst misschien toch aangeboren was of dat die in mijn genen zat. Ik was zo op Stafford gesteld geraakt dat ik had gehoopt dat dit de band tussen ons zozeer zou versterken dat hij nooit meer kon worden verbroken. Ik had mezelf steeds maar kort en aarzelend toegestaan stil te staan bij dat idee en mezelf voorgehouden dat ik die hoop niet te sterk moest laten worden omdat de teleurstelling dan alleen maar des te groter zou zijn als die niet werd vervuld. Daarin had ik echter gefaald.

Wat Alice betreft, ze was destijds eenentwintig, alleen en bang in een minder vergevingsgezind tijdperk. Was dat voldoende om haar te vergeven dat ze mam had afgestaan? Mijn rationele ik wist dat het waarschijnlijk genoeg was. Maar waarom had ze dan al die jaren later die brief gestuurd? Waarom die wanhopige eenzame poging om weer contact op te nemen? Kon ik haar dat ook vergeven? Daar was ik niet zeker van.

Toen Oliver de trap afkwam om baantjes te zwemmen deed ik alsof ik sliep, maar het voelde alsof het bovenste laagje van mijn huid was verwijderd, waardoor ik me bewust was van elke beweging in de lucht tussen ons in. Ik wilde niet met hem praten. Ik was er vrij zeker van dat ik als ik dat wél deed het niet zou kunnen laten hem te vertellen wat ik had gehoord.

Ik hoorde hem uit het zwembad komen en naar de andere stoel lopen, waar hij zijn spullen op had neergelegd.

'Kate?'

Ik werd gedwongen mijn ogen te openen en hem aan te kijken.

'Gaat het?'

'Ja,' zei ik behoedzaam, 'het gaat prima.'

Hij pakte zijn handdoek en begon zich af te drogen. Ik deed mijn best niet naar de delen strakgespannen huid te kijken die telkens zichtbaar werden door zijn bewegingen.

'Gerard en ik hebben de hele ochtend aan de boot gewerkt en hem waterdicht gemaakt. Ik herinnerde me dat je, toen we in Bonifacio waren, zei dat je hier wel eens zou willen varen.'

Ik knikte, blozend bij de herinnering aan de gêne die ik had gevoeld. Dat leek nu vreemd lang geleden.

'Misschien kunnen we straks een tochtje maken. Heb je daar zin in? Je kunt je camera meenemen als je wilt.'

'Oké dan, ja.'

'Ik denk niet dat we helemaal naar de grotten kunnen, want ik weet niet of de boot al klaar is voor zo'n lange reis, maar we kunnen wel een stukje hier langs de kust varen. Het water is rustig, dus het is er een perfecte avond voor.'

Dus gingen we nog voor het avondeten met de boot weg. Ik nam inderdaad mijn Nikon mee en hoewel ik mijn twijfels had gehad over de veiligheid ervan was ik blij dat ik het had gedaan. Het zand van de inhammen en de rotsen eromheen leken op dit tijdstip van de dag te gloeien, een vuur dat zich op wonderbaarlijke wijze een weg had gebaand over het wateroppervlak en ook daar brandde.

Fotografie had destijds een bepaalde alchemie die in het digitale tijdperk verloren is gegaan. Nu kunnen we een foto op een schermpje bekijken zodra we hem hebben gemaakt. Toen probeerden we een fragment vast te leggen van wat we zagen zonder garantie dat het iets moois zou opleveren. Het was zoiets als wanneer een kind een visnet in een poel tussen de rotsen houdt en er van alles in ziet zwemmen om dan het net eruit te halen en tot de ontdekking te komen dat er alleen maar zeewier in zit.

Oliver had een statief meegenomen en hielp me de Nikon erop te zetten. Mijn vingers trilden heel licht toen zijn handen de mijne raakten. Daarna zei hij dat ik net als hij laag in de boot moest gaan zitten om mezelf te stabiliseren.

'De eerste keer dat ik foto's probeerde te maken vanuit de boot leken het wel abstracte kunstwerken,' zei hij, 'vervaagde vormen en kleuren. Op een bepaalde manier heel mooi, maar niet waarop ik had gehoopt.'

Ik zocht een plekje op de bodem van de boot en was blij dat het water volkomen rimpelloos was. Ik wilde niet het risico lopen dat deze foto's verpest zouden worden. Ik wilde het precies vastleggen zoals het was. Opnieuw voelde ik de frustratie dat ik niet ook de rest kon vastleggen: de zilte geur die van de oude boot opsteeg, de warme streling van de avondbries. En dan was er nog de stilte – zoals ik die in Londen nooit zou kunnen ervaren – die alleen maar werd verbroken door het geroep van zwaluwen die op insectenjacht waren bij de oever, waar ze in een ongelooflijke choreografie omhoog- en omlaagzwenkten en doken.

'Ik kan zien dat je een goede fotograaf bent,' zei Oliver.

'O? Hoe ben je tot die conclusie gekomen?'

'Door de manier waarop je naar dingen kijkt,' zei hij. 'Je hebt een scherpe blik...'

Ik wist niet of ik dat prettig vond klinken. Het herinnerde me eraan – op een onplezierige manier – hoe hij me had betrapt toen ik naar de foto stond te kijken. 'En is dat iets goeds?' vroeg ik.

'Ja,' zei hij vastbesloten. 'En het is niet zomaar goed, voor een kunstenaar is het essentieel. Ik zie het ook bij grand-père. Het heeft te maken met de manier waarop je overal naar kijkt. Met een bepaalde intensiteit.'

'Dat moet jij ook hebben,' zei ik, 'je bent immers architect.'

'Nee. Dat is veel alledaagser, veel meer een kwestie van wiskunde dan van kunst.'

Hij was natuurlijk bescheiden.

'Maar jij maakt ook foto's,' zei ik.

'Ja en daar geniet ik van. Maar ik heb er nog nooit een kunnen maken waar ik echt trots op ben. De mijne zijn niet meer dan een verslag van wat ik voor me zie. Een emotie erin kunnen projecteren – de kijker iets meer te laten zien dan alleen het beeld – dat vereist een speciale vaardigheid. Het is het verschil tussen een van de werken van grand-père en zomaar een schilderijtje. Ik probeer het wel, maar ik zal nooit een geweldig fotograaf worden, dat zit er gewoon niet in.' Hij zweeg even. 'Het is belangrijk om je beperkingen te kennen. Toen ik jong was, dacht ik dat ik kon schilderen en besloot ik zelfs dat ik kunstenaar wilde worden, net als grand-père. Het was een lang en pijnlijk proces om te ontdekken dat ik nooit goed genoeg zou zijn.'

Hij zei het zonder merkbaar spoor van verbittering, hoewel ik zeker wist dat het besef destijds hard aangekomen moest zijn.

'Nou,' zei ik, 'het was voor mij een kort en pijnlijk proces, te ontdekken dat ik niet kon dansen. Goddank ontdekte ik dat ik tenminste iets nuttigs kon doen met een camera.'

Hij glimlachte. Ik was daar blij mee, omdat het maar zelden voorkwam.

'Ik moet ophouden met praten zodat jij je kunt concentreren,' zei hij toen. 'Anders is het licht dadelijk verdwenen.'

Ik realiseerde me geschrokken dat hij gelijk had, dat de strook fel licht over de kliffen omlaaggleed en weldra verdwenen zou zijn. Ik bracht mijn oog naar de zoeker en nam verschillende foto's. Voor de zekerheid maakte ik er meer dan strikt noodzakelijk was.

Een onverwachte windvlaag zwiepte mijn haren voor mijn gezicht, zodat ik even niks zag. Voor ik mijn handen vrij had gemaakt om ze weg te duwen had Oliver het al voor me gedaan. Ik keek naar opzij om hem te bedanken en merkte dat hij met een vreemde uitdrukking naar me zat te kijken, eentje waardoor de woorden in mijn keel stokten. Als twee dieren zaten we gevangen in die blik. Die beangstigde me, de mogelijkheden die eruit spraken, zelfs terwijl zich in mijn buik een roekeloze opwinding roerde.

Toen zei Oliver echter, met een stem die iets luider was dan die zou hoeven te zijn: 'Het ziet ernaar uit dat we het licht kwijtraken.' Hij bewoog bij me vandaan, naar de motor achter in de boot. 'We moesten maar teruggegaan naar de kust.'

Het moment was voorbij, bijna alsof het zich nooit had voorgedaan en ik vroeg me nu af of wat ik in zijn ogen had gezien verbeelding van me was geweest. Ik wist echter dat dat niet zo was.

Oliver startte de motor. Terwijl we over het donker wordende water voeren, probeerde ik mezelf voor te houden dat ons iets bespaard was gebleven, iets wat niet had mogen gebeuren. Hij had juist gehandeld, voor ons allebei.

25

T.S.

Zelfs al die jaren later kon ik het niet laten me af te vragen hoe de dingen zouden zijn gelopen als ik anders, besluitvaardiger had gehandeld. Ik dacht terug aan wat er was gebeurd toen ik lady Margaret vertelde wat Alice me had gevraagd te zeggen: dat alles met haar in orde was, dat ze een plan had en dat wij voorlopig niets moesten doen. Toen vertelde ze me iets waardoor ik de moeder van Alice in een heel ander licht ging zien.

Ik probeer me te herinneren hoe ze het precies uitdrukte. 'Ze ziet er jong uit,' zei ze, 'maar ze is niet zo jong als ze lijkt. Ze was ouder dan mijn broer toen ze trouwden, drie of vier jaar ouder. De jongen, Archie, werd maar zeven maanden na de bruiloft geboren en ik had nog nooit zo'n groot en gezond kind gezien. Begrijp je wat ik zeg?' Ik knikte en ze vervolgde: 'Mijn ouders kozen ervoor het als de onverstandige en beschamende haast van een jong echtpaar te beschouwen, wat echter door het huwelijk was rechtgezet. Ik vraag me nu wel af of ze meer zagen dan ze wilden toegeven. Mijn broer had haar pas een maand voor hun huwelijk leren kennen. Ik weet dat want ik was erbij op de avond dat ze hem het hoofd op hol bracht.'

Ik kan het niet precies uitleggen, maar er werden me plotseling een aantal dingen duidelijk over de moeder van Alice, zoals ze Archie had verafgood en haar dochter links had laten liggen. Haar grote angst voor schandalen, van welke aard dan ook. Het verbijsterde me echter ook dat zij – het toppunt van decorum – bij een dergelijk bedrog betrokken kon zijn. Lady Margaret moest de uitdrukking op mijn gezicht hebben gezien, want ze lachte en zei: 'Ik zie dat ik je geschokt heb. Geloof me, hoewel we elkaar nauwelijks kunnen luchten of zien, zeg ik dit niet zomaar om haar zwart te maken. Ik heb een hekel aan roddelen alleen maar om het roddelen. Ik vertel je dit omdat het goed is te weten waartoe ze in staat is.'

Kate en Oliver gingen die avond met de boot weg om foto's van de kust te maken. Zodra ze voor het avondeten terugkwamen, wist ik dat er iets was gebeurd. De stilte die er aan tafel tussen hen heerste, droeg een gewicht dat er eerder niet was geweest. Ik was geïntrigeerd, maar voelde ook... hoe moet ik het omschrijven? Niet precies afgunst, maar wel iets wat erop leek. Want ik begreep toen, zoals ik dat eerder niet had begrepen, dat ik die specifieke soort stilte nooit meer met iemand zou delen.

Ik maakte me ook zorgen om hen. Ik hield me vastberaden voor dat ik er niets aan kon veranderen. Het was immers precies wat ik heimelijk had gehoopt dat er zou gebeuren. Maar nu het leek of het mogelijk zou kunnen worden, was ik me er maar al te goed van bewust wat er allemaal op het spel stond.

De volgende ochtend besloot ik Kate te vertellen over de laatste keer dat ik Alice in Engeland had gezien. Het was laat in de zomer en ik werkte op een advocatenkantoor. Ik was tot ieders verbazing – ook de mijne – cum laude geslaagd. Ik wist meteen dat dat succes me zou tegenwerken. Als ik met minder goede cijfers was geslaagd, hadden ze me misschien mijn eigen gang laten gaan. Nu leek ik echter voorbestemd voor een leven van intellectuele bezigheden.

Mijn vader was in dat laatste jaar voor zijn dood erg achteruitgegaan. Hij werkte nog wel voor de firma, maar het aantal uren was sterk teruggeschroefd want hij was niet gezond genoeg meer om hele dagen te werken. Eigenlijk kon hij helemaal niet meer werken, maar uit loyaliteit hielden ze hem in dienst. De ziekte van de geest knaagde al meer dan tien jaar aan hem en het grootste deel van de tijd was hij niet meer de man die hij ooit was geweest. Er was geen sprake van dat mijn moeder alleen voor hem zou kunnen zorgen en ik werd belast met de verantwoordelijkheid haar te helpen. Mijn oudste zus Rosa woonde nu met haar jonge gezin in Islington en mijn zus Caro was die zomer getrouwd en naar Nova Scotia verhuisd. Dus woonde ik nu weer in het huis in Fulham.

Ik had een baan als veredelde klerk op een advocatenkantoor in Silk Street: Locke & Proudfoot. Het werk verveelde me en door de verveling raakt ik afgestompt, waardoor ik de helft van de tijd bezig leek te zijn mijn eigen fouten te corrigeren. Ik weet zeker dat mijn werkgever, de oude meneer Proudfoot, zich afvroeg of de briljante student die hem was beloofd van plaats had gewisseld met een of andere imbeciel.

Het enige voordeel waren de werktijden. Als ik erin slaagde zo weinig fouten te maken dat ik ze voor zes uur allemaal weer gecorrigeerd had, was ik op tijd thuis om voor het avondeten nog wat te tekenen. Dat was ook waarop ik hoopte op de dag dat ze me kwam opzoeken. Het was een prachtige avond en ik liep naar huis over die kleine driehoek aarde die ze heel optimistisch de Green noemden. Ik kan niet zeggen waardoor precies mijn oog op haar viel. Misschien was het de rennende hond die tussen ons door terugkeerde naar zijn baasje. Of misschien was het een vreemde aantrekkingskracht die ze op me uitoefende. Vanaf die afstand had ik niet met zekerheid kunnen zeggen dat zij het was en toch wist ik het.

Ze was in slaap gevallen, naar een kant weggezakt. Ik herinner me nog zo ontzettend goed hoe ze eruit zag toen ik over haar heen gebogen stond en me afvroeg of ik haar moest wakker maken of niet. Haar gezicht was smal en ingevallen. Ze leek heel iemand anders dan de Alice die ik een paar maanden daarvoor nog had gezien.

25

Londen, augustus 1930

Alice verroert zich, alsof zijn blik haar heeft gewekt. Ze knippert verward met haar ogen tot het tot haar doordringt waar ze is. Haar zilverkleurige ogen lijken reusachtig in haar gezicht en ze ziet er vreemd en elfachtig, bijna wild uit als ze naar hem opkijkt. Dan herkent ze hem en ontspant ze zich.

'Alice? Is alles goed met je?'

'Tom.' Ze schenkt hem een vermoeide glimlach. 'Ik had het wachten al bijna opgegeven. Wat gênant dat ik in slaap ben gevallen.'

'Je ziet er uitgeput uit.' Hij gaat naast haar zitten.

'Ik slaap de laatste tijd niet zo goed.'

'Wat doe je hier, Alice? Waar...' Tom wil naar het kind vragen, maar iets weerhoudt hem daarvan. Nu hij haar ziet is het moeilijk te geloven dat ze nog maar een paar weken geleden een kind in zich droeg. Ze is magerder dan ooit, ze lijkt nauwelijks oud genoeg om een kind te kunnen krijgen. Haar huid heeft een geelachtige tint en haar haar zit slap tegen haar hoofd geplakt. Hij pakt haar hand vast. Haar vingers zijn koud. Ze heeft ongetwijfeld al enkele uren in de kou zitten wachten.

'Je hebt het ijskoud. Laten we naar binnen gaan.' Hij probeert Alice over te halen met hem naar huis te gaan, maar ze houdt vol dat ze hem geen last wil bezorgen. Uiteindelijk neemt hij haar bij gebrek aan een beter plan mee naar de dichtstbijzijnde pub, waar de atmosfeer verstikkend is door verschaald bier en de rook van pijptabak en de mannen hen nieuwsgierig over hun bierglazen aankijken. Tom weet niet eens zeker of Alice daar als vrouw eigenlijk wel mag komen. Hij haast zich naar een tafeltje in de hoek zo ver mogelijk van de menigte aan de bar vandaan.

Ze lijkt zich niet van haar omgeving bewust, lijkt niet te merken hoezeer ze uit de toon valt in haar dure reiskleding. Ze haalt een doosjes sigaretten uit haar tas, schuift er twee uit en biedt hem er een aan. Hij bedenkt dat hij nooit heeft geweten dat ze rookte. Hoe kan het dat hij dat niet wist? Hij pakt een sigaret en ze steekt hem aan met vingers die door het lichte trillen haar onrust verraden.

'Ik ben weggelopen,' zegt ze.

'O.' Hij voelt opwinding – en paniek – in hem aanzwellen. Wat vertelt ze hem nou? Wat wil ze van hem? Zijn hoofd tolt van de mogelijkheden en voor hij de kans heeft gehad erover na te denken vraagt hij: 'En de baby?'

Alice lijkt in haar schulp te kruipen. Ze schudt bijna onmerkbaar haar hoofd en kijkt omlaag naar het gehavende tafelblad. Ze zegt niets, maar dat is niet nodig: het is duidelijk wat ze bedoelt. Ze kon het kind niet meenemen. Misschien realiseerde ze zich uiteindelijk dat ze niet in staat zou zijn voor zichzelf en het kind te zorgen. En te laat begrijpt hij dat hij het niet had moeten vragen.

In een wanhopige poging van onderwerp te veranderen vraagt hij: 'Waarom blijf je vannacht niet bij mij logeren?'

'Nee.' Ze legt haar hand op zijn pols. 'Ik heb een hotel. Hemeltje,' zegt ze met een opgewektheid die hem niet overtuigt, 'wat klink ik zelfstandig. Ik vond het idee van hotels altijd erg spannend, waarschijnlijk omdat we er zo zelden verbleven. Helaas is het niet zo'n chic hotel, maar het kan er wel mee door. En weet je? Hotelkamers blijken nogal duur te zijn, zelfs die met algengroen behang en zonder zeep. Maar ik blijf er niet lang.'

'Waar ga je heen?'

'Parijs.' Ze haalt glimlachend haar schouders op. 'Waar anders?'

Tom verstart. Hij vraagt het niet, omdat hij het antwoord niet wil weten, maar ze kijkt hem onderzoekend aan en merkt dat hij met een vraag zit. 'Wat is er?'

'Hij is het, zeker? Die Fransman, je gaat bij hem wonen.'

'O. Nee, daar heb ik zelfs niet aan gedacht. Bovendien woont hij niet meer in Parijs. Ik ga daarheen omdat ik, telkens als ik me een plek voorstel waar ik zou kunnen wonen, waar ik een nieuw leven zou kunnen beginnen, aan Parijs denk. Dat is al zo sinds ik er als tiener met tante M heen ben geweest.'

Ze vertelt hem dat er de volgende ochtend vroeg een trein vertrekt naar Southampton. Daarna zal ze op de eerst mogelijke boot een overtocht boeken.

'Mag ik je komen opzoeken?'

Ze kijkt hem aan met een vreemde, zelfs schuldige gelaatsuitdrukking. 'Misschien, ooit.'

'Of ik kan met je meegaan.' Ja, denkt hij, opgetogen bij het vooruitzicht. 'Ik kan een baan zoeken of mijn schilderijen verkopen, de slechte in elk geval, de enige die de mensen mooi lijken te vinden. We zouden niet rijk zijn, maar we zouden ook niet...' Zijn stem sterft weg.

Ze schudt haar hoofd en haar ogen vullen zich met tranen.

'Ik ben gekomen om afscheid te nemen, Tom. We moeten het zo doen. Begrijp je dat?'

Hij begrijpt dat hij haar kwijt is. Het verhaal dat al die jaren geleden in Winnard Cove is begonnen, is eindelijk ten einde.

27

T.S.

Dat was niet de laatste keer dat ik haar zag, maar ik wist niet zeker of ik Kate de rest wel wilde vertellen. Sommige herinneringen, heb ik ondervonden, zijn te kostbaar – of te pijnlijk – om te delen.

Ik vertelde haar iets anders. Ik vertelde haar over de ansichtkaart. Ik was naar Ajaccio gegaan om die op te halen, de dag dat Oliver en Kate de bergen in waren gegaan, omdat hij daar in een kluisje bij de bank lag. Ik was te bang geweest dat het me tot roekeloze daden zou aansporen als ik hem thuis bewaarde.

Uit lafheid had ik hem niet meteen aan Kate laten zien. Ik had hem nog een paar dagen bewaard, een vergeefse poging om tijd te rekken. Want ik wist dat alles zou veranderen zodra ze die had gezien. Dan zou ik haar kwijtraken.

De ansichtkaart was op een heel slecht moment gekomen. Elodia was stervende en het was de ergste fase van haar ziekbed, toen ze zich er nog uit alle macht tegen verzette. Voordat ze erin ging berusten.

Ik geloofde het niet toen de kaart kwam. Mijn eerste gedachte was dat het bedrog was. Alice was dood. Al meer dan dertig jaar.

28

Parijs, september 1945

Hij weet de weg naar het plein nog met gemak te vinden, al heeft hij deze weg maar een keer eerder bewandeld. Daar is het gebouw met de kleine bistro op de benedenverdieping.

Van een afstand ziet het er grotendeels hetzelfde uit. De felrode verf, de verzameling gietijzeren tafels en stoelen buiten op de flagstones. En er zijn mensen, zo veel mensen, meer zelfs dan de vorige keer. Aanvankelijk kan hij zich bij die aanblik moeilijk voorstellen dat deze mensen een oorlog hebben meegemaakt. Dezelfde oorlog die hem door de mangel heeft gehaald, verscheurd en weer uitgespuugd. Maar als hij dichterbij komt, ziet hij dat er stukken pleisterwerk ontbreken op de muur. Hij ziet dat de rode verf schilfert en afbladdert. Zijn blik gaat langs de gezichten. Hij heeft het gevoel dat hij haar elk moment kan zien. Het lijkt onmogelijk dat ze niet hier is. Zo heeft hij het zich elke keer voorgesteld, ineengedoken onder de hel boven zijn hoofd. Dat hij haar in zijn armen nam en de steile, smalle trap op liep naar de kleine zolderruimte. Het witte bed, het licht dat over hen heen viel. Maar ze is er niet. Al die mensen, al die gezichten, maar niet het gezicht dat hij zoekt.

Hij besluit de bazin te gaan zoeken, hij herinnert zich haar. Ze kan hem vast wel iets vertellen. Het is mogelijk dat Alice hier niet meer woont, al was ze dol geweest op die kamer. Toen hij haar daar had gezien, met haar schamele maar dierbare bezittingen, kon hij zich niet voorstellen dat ze ooit ergens anders zou wonen.

Tom herkent de vrouw eerst bijna niet. Hij herinnert zich een potige Belgische met rode wangen en een grote boezem, in de bloei van haar leven. In plaats daarvan ziet hij een oudere vrouw die gebukt gaat onder het gewicht van het dienblad dat ze draagt. Er is iets met haar gezicht gebeurd en haar voorheen prachtig rode haar is nu bijna wit. Ze beweegt zich moeizaam en stijf tussen de tafels door. Tom is gefascineerd en ontzet tegelijk en blijft enkele ogenblikken verstard naar haar staan kijken. Wat moet een mens hebben meegemaakt om zo te veranderen?

Het is mogelijk dat zijn bewegingloosheid te midden van de drukte en het gepraat haar aandacht trekt of dat ze simpelweg voelt dat hij naar haar kijkt. Ze draait zich om en kijkt hem aan, probeert hem te plaatsen, doorzoekt haar herinneringen. Hij ziet haar uitdrukking veranderen wanneer ze hem herkent.

'Ik ben op zoek naar Alice,' zegt hij. Misschien is zijn uitspraak niet al te best, misschien hoort ze hem niet goed, want ze deinst hoofdschuddend terug. Hij volgt haar de bistro door. 'Alice? Weet u waar ze is? Ik kom haar opzoeken.'

T.S.

De vrouw vertelde me dat Alice was vermoord. Ze hadden een groep van vijftig mannen en vrouwen meegenomen naar een open plek in het bos en ze doodgeschoten. Ze waren gijzelaars. Er was een Duitse soldaat aangevallen op een van de metrostations en ze rekenden zo: voor één Duits leven werd betaald met vijftig Franse levens. De gevangenis had de namen vrijgegeven in de kranten, zowel om anderen te waarschuwen als om de familie in te lichten. De vrouw had uit haar eigen zak voor een plaats op het kerkhof betaald, hoewel er niets was om te begraven.

Vijftig levens. Ik wist niet wat ik met mezelf aan moest nadat de vrouw me de steen met de data had laten zien. Dus ging ik naar huis. Ik kon niet schilderen. Ik vermoed dat ik een zenuwinzinking had, een rustige, het soort inzinking dat grotendeels onopgemerkt blijft. Het kostte me een hele tijd om me te herinneren waar ik voor het laatst in staat was geweest te schilderen, waar ik voor het laatst gelukkig was geweest.

En toen dacht ik aan Corsica, de plek die we samen hadden ontdekt, de keer waar ik Kate niet over had verteld. Ik verlangde naar de wind, de zon en het zout, de eenvoud van het eiland. Ik at en sliep nog steeds nauwelijks, maar begon geleidelijk een beetje te werken.

Een maand nadat ik was gearriveerd leerde ik Elodia kennen. Ze had een dochter van drie jaar oud, het resultaat van een liaison tijdens de oorlog. Haar familie verachtte haar, zowel om het feit dat ze een relatie had gehad met een Italiaan als omdat ze, misschien nog wel belangrijker, niet in staat was geweest hem te laten blijven en met haar te laten trouwen. Ze waren op straat gezet, haar dochter en zij, en moesten zich zelf maar zien te redden.

Ongeveer een week nadat ik er was komen wonen kwam ze naar het huis om me te vragen of ik tegen een kleine vergoeding mijn was wilde laten doen. Het kind klampte zich aan haar been vast. Ik had niets dat gewassen hoefde te worden, maar zocht toch wat bij elkaar. Iets aan haar gaf me de indruk dat ze ondanks alles had weten te overleven, zelfs voordat ik het verhaal kende.

Ze kwam twee keer per week terug. Ik was heel goed in staat mijn eigen was te doen, maar ik ging me op haar bezoekjes verheugen. Uiteindelijk vertrouwde ze me genoeg om de situatie uit te leggen. Op een bepaalde manier deed ze me aan Alice denken: haar moed, haar vasthoudendheid.

We trouwden vijf maanden later. Ik weet hoe het eruit moet zien, hoe onvergeeflijk het lijkt dat ik minder dan een jaar nadat ik had ontdekt dat de liefde van mijn leven was gestorven met een andere vrouw trouwde. Maar weet je, in zekere zin was het volstrekt begrijpelijk. Nu zij er niet meer was zou ik nooit meer uit liefde trouwen, dat was wel zeker. Wat dat betreft was Alice de enige voor mij geweest. Niettemin was ik een jonge, gezonde man in een tijd waarin zoveel mannen verminkt of gedood waren. En ik was eenzaam. Toen ik die jonge vrouw ontmoette, die helemaal alleen was met haar dochter, wilde ik haar helpen.

Elodia begreep dat wat ik haar aanbood vriendschap, kameraadschap en steun was. Al de dingen die thuishoorden in een huwelijk, alles behalve liefde. Maar ik geloof dat het haar ook goed uitkwam. Zij had namelijk ook liefde gekend en was erdoor in de steek gelaten. We leerden van elkaar houden zoals vrienden dat doen, al was het een liefde van een heel ander kaliber dan wat ik voor Alice had gevoeld en altijd zou blijven voelen. Elodia en ik leefden meer dan dertig jaar in volmaakte harmonie samen, maar hoe onverteerbaar het ook mag lijken, ik bleef altijd rouwen om Alice en wat we hadden kunnen hebben.

Dus toen die kaart kwam, leek dat onmogelijk. Ik dacht aanvankelijk dat het misschien een wrede grap was van iemand die op de een of andere manier onze geschiedenis had achterhaald.

19 augustus 1979

Aan mijn lieve Tom,

Zou je willen instemmen met een ontmoeting met een oude vriendin? Ik gebruik nu een andere naam, maar ik ben nog steeds het meisje dat je ooit hebt gekend.
A

Ze was dood. Ik had de steen gezien waarop dat stond.

Ik draaide de ansichtkaart om en zag de foto op de andere kant: *Winnard Cove, Cornwall: aquarel.* De baai en de bergiepen waren precies zoals ik me ze herinnerde, al was Eversley Hall inmiddels een hotel en stond er een hele schare strandparasols aan de rand van de klif. Het handschrift was ook hetzelfde, of bijna. En ze gaf me een adres, niet ver van waar ze eerst had gewoond. Het kon niet en toch was het waar, hoe ongelooflijk ook. Ik wist dat het waar was.

29

Corsica, augustus 1986

Mijn reactie toen Stafford me over de ansichtkaart vertelde verbaasde me. Ik werd kwaad. Ik voelde me verraden omdat hij iets dat zo belangrijk was voor me had verzwegen. Door de manier waarop hij over haar sprak had ik aangenomen dat Alice dood moest zijn. Maar nu was er niet alleen een grote kans dat ze nog leefde, maar ook een adres waar ze te vinden zou kunnen zijn.

'Waarom hebt u me dat niet meteen in het begin verteld?'

'Omdat je niet het hele verhaal kende,' zei hij. 'Ik moest het je eerst allemaal uitleggen opdat je het zou begrijpen. Opdat je háár zou begrijpen voordat je ging zoeken.'

Stafford zei dat hij er voordat hij de kaart ontving van overtuigd was geweest dat Alice enkele tientallen jaren daarvoor was gestorven. Dat was wat de oorlog deed, zei hij, die schopte alles in de war wat je dacht te weten, ook het leven dat je je had voorgesteld. Dus leek het aanvankelijk of het bericht van een geest kwam.

'Hebt u haar sindsdien nog gezien?' Had hij dat ook voor me verzwegen?

'Nee, ik ben nooit gegaan.'

'Waarom niet... vanwege Elodia?'

'Ja. Het zou vreselijk onloyaal zijn geweest.'

Was dat het hele verhaal? Misschien niet, denk ik. Ik ben ervan overtuigd dat er ook angst bij kwam kijken. De angst dat Alice helemaal niet meer degene zou blijken te zijn die hij had liefgehad en dat hij zich haar beter kon blijven herinneren als de jonge vrouw die ze was geweest. De angst dat ze hem ook vreselijk veranderd zou vinden, dat hij niet goed genoeg zou worden bevonden.

'Dus daar woont ze nu?' Ik wees naar het adres in Parijs dat ze had opgegeven: Rue de Seine.

'Ik heb geen idee. We hebben geen contact gehad sinds...' Hij maakte een hulpeloos gebaar om de verstreken jaren aan te duiden. 'Maar als je er nu heen zou gaan, zou je wellicht iets meer kunnen ontdekken. In elk geval een begin.'

Ik keek naar de ansichtkaart, draaide hem om en zag de afbeelding van een zandstrand dat werd bestormd door grijze golven, en twee gebouwen, het ene groot en historisch, het andere in de schaduw daarvan, een huisje dat misschien tien keer kleiner was. Ik had een sterk gevoel van herkenning toen ik ernaar keek. En ik wist het voor ik het las: dit was Winnard Cove.

30

Corsica, september 1986

Ik moest nu vertrekken, dat was wel duidelijk. Ik moest op zoek naar Alice, maar ik wilde Stafford, aan wie ik zoveel te danken had, niet voor het hoofd stoten. De woede die ik had gevoeld was zo snel verdwenen als hij was gekomen. Ik zag in dat hij dolgraag zeker had willen weten dat ik haar begreep voor ik haar daden veroordeelde.

Toen ik hem wilde gaan vertellen dat ik van plan was naar Parijs te gaan, was Stafford me voor. 'Ik begrijp dat je verder wilt,' zei hij, 'ik vind het heel jammer je te zien vertrekken, Kate. We hebben allebei,' zei hij met een blik op Oliver, die heel stil over de zee uit zat te turen, 'enorm van je gezelschap genoten.'

Ik kon Olivers uitdrukking niet zien en wist niet zeker of ik dat wel wilde. Zou het hem iets doen dat ik wegging? Misschien was het wel een opluchting. Nu kon hij alleen zijn met zijn grootvader, zoals hij zo graag had gewild.

'Je kunt naar Parijs vliegen,' zei Stafford, 'of morgen de nachtboot nemen en vanaf Marseille met de trein gaan.'

Het idee van de trein sprak me direct meer aan. Een vliegtuig zou natuurlijk sneller zijn, en snelheid was prima. Maar als ik niet per se hoefde te vliegen, deed ik het ook liever niet. Bovendien had ik tijd nodig om me voor te bereiden. Een treinreis zou me de noodzakelijke paar uur extra geven om dat te doen. En het zou me nog één dag hier geven. Het deed me goed te zien hoe blij Stafford keek toen ik hem mijn keuze meedeelde.

Stafford en ik praatten nog lang door nadat Oliver naar bed was gegaan. Stafford bleef zelden laat op, dus ik begreep dat het een bijzondere eer was dat me op dit tijdstip nog zijn gezelschap werd vergund.

Hij ging iets voor ons inschenken. Ik dronk nooit whisky, maar deze smaakte naar turf en houtrook en ik merkte dat ik er voorzichtig van genoot. Hij smaakte naar avontuur en magie.

Stafford keek omhoog naar de indigoblauwe lucht. Ik volgde zijn blik. De sterren in deze heldere nacht verbijsterden me. In Londen zie je ze zelden en ik had ze me altijd voorgesteld als een vlak gewelf dat zich langs de hemelen uitstrekte: een beschilderd doek. Nu ik ze voor het eerst sinds mijn komst eens goed bestudeerde, zag ik dat ze meer weg hadden van zilverkleurige deeltjes die door donker water wegzakten. Was er nou een koelte in de nachtlucht die me niet eerder was opgevallen? Het was de eerste september, geen zomer meer.

'Wil je me nog iets vragen?' Stafford keek me over de rand van zijn glas aan.

Dat wilde ik inderdaad en de whisky had me moed gegeven. 'Hoe was het toen u dacht dat Alice dood was?'

Hij dacht een hele poos na alvorens antwoord te geven en ik vroeg me af of ik te ver was gegaan, maar toen zei hij: 'Nadat ik het had gehoord, kon ik niet geloven dat ik kon doorgaan met leven. Maar ik bleek het wel te kunnen. Ook al was er een stukje van mij gestorven.'

Dat wist ik maar al te goed.

We ontbeten de volgende morgen voor het laatst samen op het terras. Het was nog steeds warm, maar gedurende de nacht waren er vanuit zee grijze wolken met de vorm van aambeelden op komen zetten die de zon verduisterden, waardoor het na het felle licht van de afgelopen dagen nu maar half licht leek.

Stafford wendde zich tot Oliver. 'Wil je ons naar de boot brengen? Ik wil Kate graag uitzwaaien.'

'Ja,' zei Oliver. 'Maar eigenlijk dacht ik erover zelf ook te gaan.'

Stafford en ik keken hem verbaasd aan.

'Met Kate mee?' vroeg Stafford.

Hij knikte kort. 'Ik moet wat dingen regelen in Parijs.' Hij keek Stafford aan. 'Als je het tenminste niet erg vindt, grand-père.'

'Natuurlijk niet,' zei Stafford. 'Als jij dat wilt.'

'Kate?' Oliver wendde zich tot mij. 'Vind je het goed als ik met je mee ga?'

De stemming was die laatste dag ingetogen. Ik vond het idee het huis, het eiland en bovenal Stafford zelf achter te laten deprimerend. Ik kende hem nog maar kort, maar door alles wat hij had verteld had ik het gevoel dat ik meer van hem wist dan je soms van je beste vriend weet. Hij had zijn eigen geschiedenis zonder voorbehoud met mij gedeeld, onzelfzuchtig.

Ik ging een laatste keer in het zwembad zwemmen en realiseerde me dat ik die kans een hele tijd niet zou hebben. Daarna liep ik omlaag naar het strand om de warme zilte geur van de zee in te ademen. Ik nam zelfs een aandenken van de maquis zelf mee, een klein boeketje kruiden dat naar ik hoopte, althans voor een poosje, dit eiland weer zou weten op te roepen nadat ik het had verlaten.

Ik zag Oliver die dag niet veel. Ik begreep niet waarom hij had gevraagd of hij me naar Parijs mocht vergezellen, maar ik besloot dat het geen zin had daarover te piekeren.

Na de lunch riep Stafford me naar zijn atelier. 'Het is nog niet helemaal klaar,' zei hij, 'maar ik denk dat ik ver genoeg gevorderd ben om het je te kunnen laten zien.'

Voor het eerst liep ik met hem naar de andere kant van de ezel. 'O.' Iets anders wist ik niet uit te brengen. Het kunstwerk was van een ongekende technische vaardigheid, met zijn karakteristieke spaarzame lijngebruik waarin geen streepje verkeerd mocht staan. Toch leek het tegelijk zoveel meer dan dat. Hij had een karaktersterkte gevonden waarvan ik zelf alleen maar het gemis had gezien en had een schoonheid onthuld waarvan ik het bestaan niet zou hebben geloofd. Toch was het geen leugen. Het was waar, ik was het.

Stafford moest me nog één ding laten zien. Ik zag dat hij een oude hutkoffer uit de hoek van de kamer had getrokken, de leren banden versleten en gebarsten van ouderdom. Terwijl hij stijfjes bukte om hem te openen wist ik plotseling wat het was. Toen hij het deksel opende en ik zag wat er in lag – wat ik had gehoopt dat er in zou liggen – vulden mijn ogen zich met tranen.

31

Parijs, september 1986

Oliver en ik namen de boot van Ajaccio naar Nice. We hadden ieder een kleine hut geboekt, maar ik wist meteen dat ik niet zou kunnen slapen, er was veel te veel om over na te denken. Ik vertelde hem dus dat ik van plan was een poosje aan dek te blijven zitten en hij besloot me de vergezellen.

De wolken die de lucht hadden verduisterd hadden zich in de middag uiteindelijk teruggetrokken en de avondlucht was bijna volmaakt helder. We vonden een beschut plekje aan dek, gingen zitten en tuurden door de duisternis naar de lichtjes van het eiland die zich verwijderden tot het nog slechts speldenprikjes van licht waren, dwaallichtjes, nauwelijks echt.

'Ik heb dit meegenomen,' zei Oliver, 'voor het geval dat.' Hij haalde twee blikjes bier uit de gehavende rugzak die hij had meegenomen, de enige bagage die hij bij zich leek te hebben. Ik bedankte hem toen hij mij er eentje gaf en hij glimlachte even naar me en keek toen weer naar de zee.

Ik wou dat de dingen simpel konden zijn tussen ons nu de vijandigheid en daarna de geforceerde formaliteit voorbij waren. Maar daarvoor in de plaats was een ander complex element gekomen.Ik wist zeker dat ik me niet had ingebeeld hoe hij de avond tevoren in de boot naar me had gekeken. Maar het idee om dat bespreekbaar te maken, was ondenkbaar. Nu we weg waren van het eiland en van Stafford leek ons samenzijn gevaarlijk. Hoewel er veel passagiers op de boot waren kon ik, op het beschutte plekje tussen de zee en de lucht dat we hadden gevonden, best geloven dat we kilometers in de omtrek de enige mensen waren.

'Ik zat te denken,' zei Oliver toen en daar verraste hij me mee, 'dat ik altijd zo gedeprimeerd was tijdens deze reis terug naar het vasteland dat ik me nooit heb gerealiseerd hoe mooi het is.'

'Maar het moet toch anders zijn geweest wanneer je de andere kant op ging?'

'Dan was ik meestal te opgetogen om er iets van te merken.' Hij nam een slok van zijn bier. 'Mam vond het altijd vreselijk met de boot. Ze heeft me wel eens verteld dat ze het zag als de overtocht over de rivier de Styx.'

Ik probeerde me voor te stellen hoe iemand de oversteek naar Corsica, land van licht en zee, kon vergelijken met een reis naar de onderwereld.

'Ik hoop voor haar,' zei hij, 'dat ze daar niet terecht is gekomen na haar dood. Ze zou het vreselijk hebben gevonden nadat ze haar hele leven had geprobeerd erbij uit de buurt te komen.'

Ik schraapte mijn keel. 'Hoe is ze gestorven?'

Oliver antwoordde niet meteen en mijn vraag leek na te galmen in de stilte. Ik kreeg meteen het gevoel dat ik te ver was gegaan, maar toen zei hij zacht: 'Een overdosis.'

'O. Wat erg.'

'Laat maar. Het is lang geleden.'

'Hoe oud was je?'

'Het was op de dag nadat ik tien was geworden,' zei hij, zijn toon net iets te nonchalant om te overtuigen. 'Mam had het idee dat ik nu volwassen was, ze had me voor die week meegenomen naar Cannes en vond dat we het in stijl moesten vieren. Het was de bizarste dag die je je kunt voorstellen. Als ik er nu aan terugdenk heb ik medelijden met haar. Ze had gewoon geen idee hoe ze moeder moest zijn, al had ze een goed voorbeeld gehad van mijn grootmoeder.' Hij haalde zijn schouders op. 'Het zat gewoon niet in haar aard, denk ik. Ze vertelde me dat we op een volwassen manier moesten vieren dat ik nu volwassen was en dat we daarom in het beste restaurant zouden gaan lunchen. Eerlijk gezegd had ik liever taart op het strand gehad. Dat geldt waarschijnlijk voor de meeste jongens van tien. Maar ze deed haar best en ik vermoed dat ze niet wist wat jongens van tien leuk vonden.

'Het restaurant was buiten de stad, ongeveer een halfuur rijden er vandaan. Mijn moeder vertelde me dat het erg populair was, iedereen die iets voorstelde zou er zijn. Dat zei me niet zo veel, maar ze zag er erg elegant uit en ik was trots op haar toen we naar binnen liepen en de mensen zich naar ons omdraaiden. Ik geloof dat ze in elk geval de "iemand" leek die ze wilde zijn.'

Toen hij dat zei, herinnerde ik me dat ik met mam een keer de naar rook stinkende bar van de Groucho Club binnenliep; ik reikte destijds nog maar tot haar taille. De mensen zwermden om haar heen en aaiden me over mijn hoofd. Er waren meer knappe vrouwen, maar zij was verreweg de knapste, de interessantste, de meest talentvolle. Dat stond voor mij onomstotelijk vast. Ze knielde en fluisterde in mijn oor: 'We kunnen weg zodra jij dat wilt. Je hoeft het maar te zeggen en we vertrekken meteen.'

'Vond je het leuk?' vroeg ik.

'Op een bepaalde manier wel, het was wel een nieuwe ervaring. Het was een warme dag, maar in het restaurant heerste een vreemde kunstmatige koelte. Je kent dat wel: reusachtige, tot ingewikkelde vormen gevouwen servetten, kelners als pinguïns, nu een beetje uit de tijd.'

Ik knikte. Hij praatte snel, alsof hij bang was om te stoppen, om niet tot het eind door te kunnen gaan. Ik vroeg me af waarom hij dit moment had gekozen om het me te vertellen. Misschien, dacht ik, had het te maken met het feit dat de bijzondere plek waar we zaten uitnodigde tot bekentenissen, met de stilte en de duisternis die als een mantel om ons heen hingen.

'Maman bestelde champagne voor ons,' vervolgde hij, 'die ik niet lekker vond, maar wel opdronk omdat ik geen kind wilde lijken. Ze boog zich telkens naar me over en fluisterde dan: "daar heb je die-en-die, daar zit zus-en-zo" en maakte dan subtiele gebaren in hun richting, die steeds minder subtiel werden naarmate ze meer dronk. Het waren vooral mannen, geloof ik en ik vond ze er allemaal oud en oninteressant uitzien. Te oordelen naar haar enthousiasme denk ik dat het belangrijke mensen uit de filmindustrie waren.

Op een gegeven moment zei ze dat ze naar het toilet ging. Ze bleef een hele tijd weg en ik begon om me heen te kijken omdat ik me verveelde. Opeens zag ik haar achter in de hoek met een man praten. Hij zat aan tafel en er zat een man tegenover hem. Mijn moeder zat naast hem gehurkt om met hem te praten. Ik kon het zelfs vanaf die afstand zien toen de sfeer van vriendelijk en beschaafd, in iets anders omsloeg. Ze legde haar hand op zijn schouder en hij duwde die weg, heel koel, zonder haar aan te kijken. Toen wees ze recht naar mij en hij sloeg zijn ogen op en keek in de mijne. Ik wendde snel mijn blik af en keek omlaag naar mijn *blanc de veau*. Ik weet dat het misschien vergezocht klinkt en ik heb geen ander bewijs dan wat ik voelde, maar op dat moment wist ik dat die man mijn vader was.'

'O.'

Hij nam een flinke slok van zijn bier. 'Toen mijn moeder terugkwam naar onze tafel zag ik dat haar make-up was uitgelopen en ik denk dat ze had gehuild. Ze leek plotseling tien, twintig jaar ouder dan daarvoor, en dronken. Ik wou dat ze had kunnen toegeven dat ze zich zo vreselijk voelde als ze eruitzag. Het doen alsof we nog steeds plezier hadden was het ergste. Toen het tijd was om te betalen trok ze de bankbiljetten zo uit haar portemonnee,' zei hij, met zijn vrije hand een gebaar makend, 'en gooide ze naar de kelners toe zodat die het geld van de vloer moesten oprapen. In de auto vergat ze eerst haar rijschoenen aan te trekken en ze snapte maar niet waarom het zo moeilijk ging toen ze met haar hoge hakken gas probeerde te geven.'

'Reed ze zelf naar huis?'

'Ja, al probeerde ze wel verstandig te doen. Ze vroeg me of ik in haar plaats wilde rijden.'

'Vroeg ze dat aan jou?' Ik deed mijn best niet zo ontzet te klinken als ik me voelde.

'Ja.' Hij schonk haar een scheve glimlach. 'Als je erover nadenkt is het bijna grappig.'

'Je hebt mazzel dat jullie geen ongeluk hebben gehad.'

'Ja. Hoewel...'

'Wat?'

'Ik vraag me nu af of ze dat misschien wilde. Ik bedoel,' zei hij snel, 'begrijp me niet verkeerd, ze zou echt niet gewild hebben dat mij iets overkwam. Waarschijnlijk had ze niet eens zover doorgedacht. De volgende morgen wachtte ik uren tot ze zou opstaan. Het was warm in het appartement en ik verveelde me. Ik verzamelde al onze strandspullen en ging naar de klok zitten kijken. Na de middag liep ik eindelijk haar kamer binnen om haar wakker te maken.'

Daarna zei hij een hele tijd niets en ik kon niets bedenken om de stilte mee te vullen.

In Nice namen we de TGV naar Parijs, die boordevol terugkerende vakantiegangers zat, zongebruinde gezinnen en stelletjes met tassen lukraak om hen heen. We slaagden er in de chaos nog net in twee plaatsen te vinden.

Een groot deel van mijn aandacht ging naar de warmte van Olivers lichaam dat op de smalle bank tegen het mijne werd gedrukt. Ook vielen onwillekeurig de schoonheid en opmerkelijke afmetingen van de zongebruinde handen op zijn schoot me op: de gebogen duimen en sterke, elegante vingers. Ik legde mijn hoofd tegen het raam en veinsde te slapen, maar keek door halfgesloten ogen naar het voorbijrazende landschap.

Toen Oliver met zijn hoofd achterover tegen de hoofdsteun in slaap viel, waardoor zijn prachtige hals zichtbaar werd, nam de gevoeligheid voor zijn aanwezigheid naast me langzaam af. Nu was ik vrij om te denken aan wat er voor me lag, aan de mogelijkheden en de verschrikkingen. Ik dacht ook aan Stafford, die zoveel jaar geleden, nadat hij was teruggekeerd van het front, een andere reis door een ander Frankrijk had gemaakt. Maar allebei zochten we dezelfde vrouw.

Het was een zachte middag in Parijs, heel wat anders dan de verzengende hitte en de zoute wind van het Corsicaanse klimaat waaraan ik gewend was geraakt. Toen we op het Gare du Nord uit de trein stapten, keek ik op de klok en zag ik dat het nog maar net middag was. Ik had dus nog tijd besefte ik, plotseling gespannen, om mijn weg door de stad te zoeken en bij het adres langs te gaan.

Als in een echo van wat ik dacht zei Oliver: 'Je zou er rechtstreeks naartoe kunnen gaan.'

'O,' zei ik, plotseling weifelend. Het vooruitzicht had me al mijn zelfvertrouwen ontnomen. 'Ik wilde eerst mijn bagage maar even wegzetten.' Ik weet dat het slap klonk, een doorzichtige poging tijd te rekken.

Toen ik zijdelings naar Oliver keek zag ik dat hij me bestudeerde en ik wendde mijn blik af voor het geval hij mijn lafheid van mijn gezicht kon aflezen. 'Waar logeer je?' vroeg hij.

'Ik zoek wel een hotel.' Dat had ik al besloten. Ik had nog steeds het merendeel van het geld dat Stafford had gestuurd en dat hij had geweigerd terug te nemen.

Oliver leek even na te denken. 'Maar,' zei hij, 'je kunt ook bij mij in het appartement logeren.'

'Ik denk het niet,' zei ik te snel. Het idee beangstigde me.

Maar Oliver was vasthoudend. 'Ik weet dat grand-père wilde dat ik het je vroeg.'

Ik voelde een grote golf van vermoeidheid over me heen spoelen. Ik besefte dat ik te moe was om te redetwisten, te moe om de stad door te slenteren op zoek naar een onderkomen. Het feit dat Stafford het wilde, niet Oliver, maakte het eenvoudiger om het aanbod aan te nemen omdat het gebaar daardoor minder veelzeggend leek.

Olivers appartement was boven een café van het soort dat je op oude ansichtkaarten van de stad ziet, met tafeltjes en stoeltjes op het trottoir. Nu was het er vrij rustig – een enkel stelletje zat in stilte iets te drinken – maar 's morgens en tijdens de lunchdrukte, zei Oliver, drongen de geluiden vaag tot boven door: het suizen van de koffiemachine, het gemurmel van de klanten die buiten zaten.

'Maar het bevalt me,' zei hij. 'Ik ben heel graag bij grand-père, maar ik geniet niet zo van de stilte als hij.'

Na het licht en de ruimte van het Maison du Vente leek het appartement aan de kleine kant, al ben ik ervan overtuigd dat het voor in de stad royaal was. Ik kon ook zien dat het mooi was, met hoge ramen die toegang gaven tot een smeedijzeren balkon en met toffeekleurige vloerplanken. Aan de muur hingen twee bij elkaar passende schetsen van Stafford: studies van het Maison du Vente vanuit verschillende gezichtspunten. Er stond een antieke dekenkist die dienstdeed als salontafel, waarop een stapel architectuurtijdschriften lag, en een lage bank. Die elementen vielen echter veel minder op dan de lege ruimte eromheen, waardoor het eerder een elegante hotelkamer dan een woning leek. In de gang tussen de verschillende kamers stonden diverse kartonnen dozen naast elkaar.

'Ik heb opruiming gehouden,' zei Oliver. Hij wijdde niet verder uit en ik vroeg niet door omdat ik niet wilde weten of een van de dozen nog spullen van zijn vrouw bevatte. Het was niet moeilijk te begrijpen waarom hij had besloten naar Corsica te vluchten.

Ik keek hem aan zoals hij daar in zijn lege flat stond en had medelijden met hem. Wat er ook tussen hen was voorgevallen, ze moesten ooit van elkaar hebben gehouden. Het einde, hoe dat zich ook had voorgedaan, was ongetwijfeld tragisch geweest. Niemand begon aan een huwelijk met het idee dat het voortijdig zou eindigen.

Hij wees me de logeerkamer. 'Het is niet groot,' zei hij, 'maar hopelijk wel comfortabel.'

Toen hij weg was ging ik op het bed zitten en keek ik naar mezelf in de spiegel ertegenover. Ik zag er zo moe en verreisd uit als ik me voelde, maar er was ook iets anders, een nauwelijks zichtbare verandering die niet kon worden toegeschreven aan de kleur die ik door de zon had opgedaan. Als ik het me niet verbeeldde, leek ik resoluter en zelfverzekerder. Na de dood van mam was ik spiegels gaan vermijden, omdat ik het meisje dat ik erin weerkaatst zag niet herkende: een spookverschijning, niet helemaal mens. Nu zag ik echter iemand die een doel had. Was dat wat Stafford in me had gezien, waarvan ik niet op de hoogte was geweest voordat hij het in mijn portret tot uiting had gebracht?

Ik ging terug naar de zitkamer, waar Oliver op me wachtte. Het was vreemd. Hij leek in de leegte niet op zijn gemak, misplaatst, alsof hij hier de gast was. Maar toen herinnerde ik me hoe ik me had gevoeld toen ik door het huis in Battersea rondliep en me een bedrieger voelde, een slap aftreksel van alles wat daar voorheen was geweest. Misschien was het voor hem niet zo heel anders.

'Juist,' zei ik en mijn stem klonk luid in de stilte. 'Ik kan maar beter gaan.'

Oliver stond te dralen. 'Ik kan met je meelopen als je wilt? Dat gaat sneller dan dat je zelf de weg moet zoeken.'

Ik hoopte omwille van mijn trots dat hij de opluchting op mijn gezicht niet kon zien.

Toen ik hem het adres van de ansichtkaart liet zien en hij me vertelde dat het niet ver weg was, begon mijn hart sneller te kloppen. Ik was zo meegesleept geweest door de gebeurtenissen van de vorige avond dat ik er bijna in was geslaagd het uit mijn hoofd te zetten. Nu kwam mijn angst in volle vaart terug. Ik geloof dat ik op dat moment liever had gehad dat hij me vertelde dat we door een of ander misverstand in de verkeerde stad terecht waren gekomen. Ik voelde me er plotseling niet klaar voor.

Als ik had gedacht dat ik de enige was die zich bewust was van Olivers schoonheid, dan kwam ik er nu achter dat dat niet het geval was. De onbeschaamdheid waarmee mensen naar hem keken verbaasde me. Ik zag de knappe tiener die naar hem omkeek toen ze ons voorbij liep, de langdurige blik van de vrouw van middelbare leeftijd die voor het restaurant de stoelen goed zette. Was ik eerder zo van de wereld geweest dat me niet was opgevallen wat voor anderen zo overduidelijk was?

Toen we uiteindelijk voor het huis stilstonden, kon ik nauwelijks geloven dat het bestond. Dat feit maakt het allemaal echt, het maakte Alice echt. Tot dat moment had ze een personage uit een mythe geleken en ik had vanaf het begin besloten erop te rekenen dat ik teleurgesteld zou worden. Ik geloof dat ik minder verbaasd zou zijn geweest als het huis als een hoop stenen was weggezakt in een gapend gat in de grond. Het leek te eenvoudig dat ik zomaar naar Alice' huis kon stappen en kon aankloppen.

Het was een prachtig gebouw: op een sobere manier elegant met een hoge voorgevel van grijze steen en een mooie symmetrie van smeedijzeren balkons waar donkere klimop tussendoor groeide.

'Het is zeldzaam dat iemand hier een heel huis heeft,' mompelde Oliver. 'Ze moet echt welgesteld zijn.'

Dat kwam niet overeen met wat ik dacht te weten. Alice was destijds weggelopen, ze had ervoor gekozen een leven in luxe op te geven voor haar vrijheid. Ik had me voorgesteld dat ze de eindjes aan elkaar probeerde te knopen, dat ze ergens in een of andere troosteloze buitenwijk een arm, onconventioneel bestaan leidde, maar dit was toch echt het adres dat ik had overgeschreven.

Voor ik mijn vinger tegen de bel legde overkwam me iets wat zo uit een tekenfilm had kunnen komen. Mijn hoofd voelde plotseling aan alsof het zich vulde met helium, mijn zicht werd wazig en mijn hart sloeg tegen mijn borstkas. Alsof hij dat aanvoelde kwam Oliver naast me op het stoepje staan. 'Ik kan wel met je naar binnen gaan,' zei hij langs zijn neus weg.

Verrast door zijn vriendelijkheid keek ik hem aan.

'Weet je het zeker?'

'Als je wilt.' Hij haalde achteloos zijn schouders op. 'Ik hoef vandaag nergens anders heen.'

'Oké,' zei ik, 'graag, dank je.' Geleidelijk voelde ik mijn ademhaling weer normaal worden en mijn hartslag vertragen. Ik stak mijn hand uit naar de bronzen knop en drukte er een keer hard op.

De deur werd geopend door een vrouw van in de vijftig met donker kortgeknipt haar, een klassieke schoonheid. Ze droeg een eenvoudige, maar niet goedkope donkergrijze jurk en een halsketting van goudfiligrein. Zij was een van die kleine, compacte mensen – een beetje zoals mijn moeder, eigenlijk – die me het gevoel gaven dat ik meer dan twee meter lang was. Ik was me plotseling sterk bewust van mijn oude spijkerbroek en gekreukte T-shirt. Ze keek ons beurtelings aan met een uitermate scherpe, taxerende blik.

'Oui?'

Ik legde in mijn niet al te beste Frans uit dat we op zoek waren naar Alice.

'Ik begrijp het niet.' Ze schakelde meteen over op vloeiend Engels en ik deed mijn best me niet beledigd te voelen omdat ze kennelijk dacht dat ik niet in staat was het gesprek in haar eigen taal te voeren. 'Er woont hier niemand die zo heet.' Ik weet nu dat haar onwetendheid geveinsd was, maar dat mijn gebruik van de naam haar daartoe had aangezet.

'Maar...' Toen herinnerde ik het me. 'Misschien kent u haar als Célia.'

Ze keek me bevreemd aan en haalde haar schouders op als om aan te geven dat het niet haar probleem was als ik de kluts kwijt was. 'Oké. Wat wilt u?'

Ik probeerde mezelf voor te houden dat het waarschijnlijk kwam door het feit dat ze niet in haar eigen taal sprak dat ze zo kil klonk.

'Het is nogal moeilijk uit te leggen.'

'Nou ja, ze is op het moment niet aanwezig.' Ik zag dat ze de deur stevig vasthield alsof ze zich er al op voorbereidde om die voor onze neus dicht te gooien.

'Ze woont hier dus wel?' De vrouw had me al veel meer verteld dan ze misschien dacht. Alice leefde nog.

Een kort knikje. 'Dit is haar huis.' Ze wilde de deur dicht doen. 'Het spijt me, maar...'

'Ik moet haar spreken.' Het was niet mijn bedoeling geweest

mijn stem te verheffen, maar het was bijna een schreeuw. Ze trok haar wenkbrauwen op, maar de deur ging niet verder dicht en zachter vervolgde ik: 'Misschien moet ik me eerst maar voorstellen. Mijn naam is Kate.' Ik stak mijn hand uit en ze keek er even naar voor ze hem onwillig vastpakte.

'Marguerite.'

'Zou u... Ik wil me niet opdringen, maar ik weet dat Célia mij ook zou willen zien. Het gaat om iets heel belangrijks.' Ik voegde daar nog aan toe: 'Voor haar net zo belangrijk als voor mij, denk ik.'

Marguerite stond wat te schuifelen in de deuropening, kennelijk op het verkeerde been gezet. Ik probeerde langs haar heen de lange donkere gang in te kijken, alsof Alice misschien ergens daarbinnen zat te wachten, klaar om me te ontvangen als ik deze eerste test doorstond.

'Misschien kan ik straks terugkomen, of morgen?'

Marguerite keek verbaasd, draaide zich toen om en volgde mijn blik, het huis in. Ze schudde haar hoofd en schonk me een vreemd lachje. 'O nee,' zei ze, 'nee, ze is niet hier. Niet in Parijs.'

'Het spijt me... ik begrijp het niet. Ik dacht dat dit haar huis was.' Ik bedacht dat ze misschien toch dood was en dat deze vrouw een gemeen spelletje met me speelde om te testen of mijn verhaal waar was. 'Waar is...'

'New York.'

'New York?' zei ik haar zwakjes na.

'Ze heeft daar een galerie. Een hier en een daar, in New York. Dit is natuurlijk nog steeds haar huis. Als ze er niet is, zorg ik ervoor.' Ze boog haar hoofd iets naar me toe. 'Ze brengt steeds meer tijd daar door.'

Ze glimlachte zuinig. 'Dus u ziet dat u een andere keer terug zult moeten komen.' Ze maakte een achteloos gebaar. 'Over een maand of twee misschien. In denk dat ze in november terugkomt, voor de opening van de nieuwe expositie.'

'November? Ik kan niet tot november wachten...' Ik probeerde kalm te blijven. 'Het is belangrijk dat ik haar nu te spreken krijg.'

Ze keek me onbewogen aan. 'Wat kan het zijn waarover u haar zo dringend moet spreken?'

'Dat kan ik hier niet zomaar even uitleggen.'

Marguerite haalde haar schouders op alsof ze meende dat het niets zou uithalen, maar niet de energie had om daarover met me te redetwisten. 'Goed dan, komt u maar binnen.' Met een kwiek gebaar nodigde ze ons uit haar naar binnen te volgen.

De gang die van de voordeur naar achteren voerde, hing vol kunstwerken. Ik probeerde ze in me op te nemen, maar Marguerite liep te snel en keek een paar keer achterom als om te zien waar we bleven. Toen we het einde van de gang hadden bereikt, raakte Oliver mijn arm aan en trok hij me terug. Ik moest mijn uiterste best doen om niet te laten merken dat mijn huid tintelde onder de warmte van zijn aanraking.

'Kijk.'

Het was een abstract werk: strakke zwarte en witte rechthoeken waartussen gebukte mensachtige gestalten dwaalden. In een hoek stond een rood kruis dat in een snel, achteloos gebaar was neergezet, waardoor de verf was uitgelopen tot aan de onderrand van het doek. Het was beslist intrigerend, maar ik begreep niet waarom Oliver mijn aandacht erop had gevestigd.

'Het is van mijn grootvader. Een van zijn werken over de oorlog.'

Ik staarde ernaar. Het was heel anders dan wat ik tot dusver van Stafford had gezien, veel rauwer en gewelddadiger.

'En daar hangt er nog een. Een van zijn "Odalisken".'

Ik draaide me om. Een reusachtig dikke vrouw die languit op een sofa lag en niets anders droeg dan een handdoek die om haar hoofd was gewikkeld, een hand lui omlaaghangend, de vingers zorgvuldig gemanicuurd. Ondanks haar ongezonde afmetingen had ze iets vreemd boeiends. Een schoonheid die tevoorschijn werd gehaald door de manier waarop ze was geportretteerd, in de tere blauwachtige bleekheid van haar deinende borsten, de trotse witte meringue van haar buik.

Het was op z'n zachtst gezegd vreemd dat Alice deze twee werken in bezit had. Misschien waren het cadeaus geweest. Maar toen zag ik het jaartal op de Odalisk, 1962, en Stafford had me verteld dat hij Alice voor het laatst had gezien in 1938. Alice scheen dus zijn werk te verzamelen. Wist Stafford dat? Ik wist zeker dat hij het dan zou hebben gezegd.

Oliver had nog een schilderij gezien dat hij herkende voordat Marguerite de keuken uit kwam om te kijken waar we bleven. 'Is er een probleem?'

'Nee,' zei Oliver, kennelijk niet geneigd verder iets te zeggen. Toen veranderde hij van gedachten en voegde eraan toe: 'Ik was blijven staan om naar de kunstwerken te kijken.'

Marguerite keek ons strak aan en probeerde te besluiten of we haar voor de gek hielden of een van de doeken probeerden te stelen. 'O ja?'

'Ja. Ik zag hier,' zei Oliver wijzend, 'een paar werken die ik herken. Ze zijn van mijn grootvaders hand.'

'Ze zijn...' Ze zweeg verbijsterd. 'Is Thomas Stafford uw grootvader?'

'Ja.'

Ongelovig keek ze van de een naar de ander. 'Maar Célia is waarschijnlijk 's werelds grootste verzamelaar van zijn werk.'

Het was een surrealistisch idee om in het huis van Alice te zijn zonder echt dicht bij een ontmoeting met haar te zijn gekomen. Misschien beeldde ik het me in, maar voor mij voelde de lucht in het gebouw verheven, geladen met de energie van de afwezige vrouw. Er hing een heel vage exotische, rokerige geur die uit de kussens leek op te stijgen toen we daarop gingen zitten.

We waren achter in het huis. Het licht scheen vanuit de kleine tuin aan de andere kant van de ramen groen gefilterd de kamer in en de bovenste takken van een witte rozenstruik krasten zachtjes tegen het glas. Een Birmaanse kat trippelde geluidloos voorbij en sloop de trap op, niet in onze aanwezigheid geïnteresseerd.

Oliver en ik zaten op een lage smaragdgroene ottomane met

klauwpoten en Marguerite zat op een stoel tegenover ons, iets hoger dan wij. Ik had mijn handen om de kom koffie op mijn schoot gevouwen en deed mijn best er niet mee te knoeien. Het voelde als het begin van een verhoor.

'En,' zei ik om de stilte te verbreken, 'waar kent u Célia van?'

Marguerite nam de tijd voor haar antwoord. 'Ik ken haar al heel lang,' zei ze ten slotte. 'Al bijna mijn hele leven.'

'Hemeltje.' Dus geen familie. Ik wachtte op meer informatie, maar die kwam niet.

'En waar kent u haar van?' Het klonk als een uitdaging.

'Eigenlijk ken ik haar niet, niet echt.' Ze trok een wenkbrauw op en vroeg zich misschien af of het een vergissing was geweest ons binnen te laten. Ik haastte me te vervolgen: 'Maar, ik... eh, ik ben haar kleindochter. Mijn moeder was haar dochter: June Darling.'

'Dus jij bent Kate.' Ze nam me op. 'Ja, je lijkt op de foto's die ik van je moeder heb gezien. En een beetje op Célia, geloof ik.'

'Dank u. Maar hoe...'

'Célia is al een hele tijd van je bestaan op de hoogte,' zei ze, mijn vraag beantwoordend voordat ik die kon stellen. 'Ik wil je graag condoleren met je verlies. Je moeder was een fantastische danseres. Ik heb haar ooit gezien, in het *Zwanenmeer*.'

'Dank u,' zei ik, overdonderd door het mededogen van een vrouw die net nog zo kil had geleken.

'Célia ging bijna aan haar verdriet onderdoor toen je moeder stierf. Het was de grote tragedie van haar leven dat ze haar nooit heeft gekend.'

'Maar ze heeft mijn moeder in de steek gelaten.' Ik slaagde er niet in de afkeuring uit mijn stem te weren.

Marguerite keek me fel aan. Ze boog naar voren tot ik vreesde dat ze haar koffie in mijn schoot zou gieten. 'Laat ik je één ding vertellen. Ik weet niet wat er precies is gebeurd – Célia heeft het me nooit verteld – maar ze zou je moeder nooit hebben achtergelaten als ze een andere keus had gehad. Zo'n soort vrouw is ze niet.'

Ze leunde weer achterover en keek me met haar scherpe, zwarte ogen aan. Misschien had ze het idee dat ze nog niet voldoende haar best had gedaan om me te overtuigen, want ze ging snel verder: 'Ik was zo jaloers op je moeder. Zo graag als Célia contact met haar wilde leggen, zo hevig als ze naar haar verlangde...' Ze zweeg plotseling alsof ze zichzelf had verbaasd met die bekentenis. Er viel een geladen stilte die alleen even werd door onderbroken door het geluid van een claxon in de verte.

Plotseling zei Oliver: 'Wilt u Célia laten weten dat Kate bij haar langs zal komen? Als het kan deze week.'

'Oliver...' Ik draaide me naar hem om en vroeg me af wat voor spel hij speelde, maar hij keek me onbewogen aan alsof hij het allemaal al had gepland.

Tot mijn verbazing knikte Marguerite. 'Ja, dat lijkt me het beste.'

Weer buiten leek Oliver ongewoon energiek. 'We moeten erheen voor ze sluiten,' zei hij.

'Waarheen?'

'Het reisbureau.' We liepen terug door de Rue de Seine en verder naar de grauwe Boulevard St Germain. Zodra we er een hadden gevonden, stapte Oliver naar binnen en vroeg hij aan de balie om een ticket naar New York en een vlucht terug naar London Heathrow. Er sloeg een golf van melancholie over me heen bij de gedachte aan thuis, de plek die nu zo sterk verbonden leek met eenzaamheid en verdriet. Ik realiseerde me dat Oliver niet had gevraagd of ik misschien liever terug wilde komen naar Parijs.

Binnen enkele minuten had ik een ticket voor de ochtendvlucht van Charles de Gaulle naar JFK. Ik zag Oliver zijn portemonnee uit zijn zak halen en realiseerde me plotseling wat hij van plan was. 'Nee,' zei ik geschrokken toen hij zijn creditcard eruit haalde. 'Dat kan ik niet aannemen.'

Hij keek me aan. 'Ik wil het,' zei hij vastberaden. 'Ik had al gezegd dat ik je wilde helpen en het lijkt erop dat ik een manier heb gevonden om dat te doen.'

'Dat weet ik,' zei ik, 'maar dit is te veel.' Toen ik hem echter aankeek, zag ik hoe vastbesloten hij, om wat voor reden dan ook, was om dit te doen. Dus liet ik hem, nog steeds verbijsterd, begaan.

Tegen de tijd dat we terugkwamen bij het appartement, wierp de avondschemering al zijn schaduw over de stad. Het was druk in de straten en de tafeltjes buiten de bars zaten vol mensen. Oliver vertelde me dat nog maar een paar weken geleden veel bars gesloten zouden zijn geweest en de stad akelig stil.

'Ik neem aan dat jij dat zelden meemaakt,' zei ik, 'omdat je in de zomer altijd naar Corsica gaat.'

'Nee, dat klopt. Tot voor kort had ik de stad zo nooit gezien.'

'Ben je een keer in de zomer hier gebleven?'

Hij trok een grimas en ik had plotseling spijt dat ik het gevraagd had. 'Ja, vier jaar zelfs. Isobel hield er niet van veel te reizen, of eerlijk gezegd helemaal niet. Daarom bleven we hier.'

'Aha.' Ik kon niets anders bedenken. Het horen van de naam Isobel had een schok bij me teweeg gebracht.

In het appartement nam ik een douche en haastte me toen van de badkamer naar mijn kamer om een gênante ontmoeting met Oliver in de gang te vermijden. Ik kleedde me om. Ik voelde de behoefte iets te dragen dat eleganter was dan de spijkerbroek en het niet meer helemaal witte T-shirt waarin ik had gereisd. Ik woelde besluiteloos door mijn kleren en wilde maar dat ik iets echt moois bij me had. Ik hield mezelf voor dat het de stad was die dit effect op me had.

Ik keerde mijn koffer ondersteboven en bereidde me erop voor dat ik teleurgesteld zou worden. Tot mijn verbazing zat onder de verbleekte korte broeken en T-shirts met zonnebrandcrèmevlekken de zwarte crêpe de Chine-jurk die ik op mijn eenentwintigste verjaardag had aangehad. Ik had die sindsdien niet meer gezien. Natuurlijk had hij, zoals de meeste voorwerpen die je kwijt bent, gewoon in mijn garderobekast gelegen en was ik er op de een of andere manier in geslaagd hem met mijn andere spullen in de koffer te stoppen. Ik was beslist afgeleid geweest toen ik bezig was in te pakken voor Corsica. Niettemin voelde ik me opgetogen.

Hij was volmaakt, met een hoge hals, zonder mouwen en nauw aansluitend. Ik was vergeten hoezeer ik me erdoor getransformeerd had gevoeld, diverse gradaties eleganter. Toen ik mezelf in de spiegel bekeek besefte ik weer waarom ik hem altijd zo mooi had gevonden. Ik leek in deze jurk een beetje op haar, op mam.

Ik hoorde Oliver naar mijn deur komen lopen. 'Wil je uit eten?' vroeg hij. 'Anders kunnen we ook hier eten.'

Ik dacht na. Ik was doodop, maar ik was niet meer in Parijs geweest sinds ik er als kind een bezoek aan had gebracht met mam. Bovendien was een druk restaurant beslist vele malen beter dan een ongemakkelijke maaltijd *à deux* in deze lege flat. Bovendien vermoedde ik dat Oliver niets in de kast had staan. Ik wilde niet dat hij zich hoefde te vernederen door dat toe te geven en me te onthullen hoe hij had geleefd voordat hij naar Corsica kwam.

Het restaurant zat bomvol, was spaarzaam verlicht en er was veel lawaai van muziek en gepraat. We werden naar een tafeltje in een van de donkere alkoven langs een stenen muur gebracht. Door de afstand tot de centrale chaos had het iets vreemd intiems. Ik realiseerde me dat het een hoekje voor geliefden was.

Terwijl Oliver met onze kelner praatte, nam ik hem op. Het kaarslicht op zijn gezicht toverde een bijna onaardse schoonheid tevoorschijn. Maar toen hij zich weer naar me omdraaide en glimlachte, veranderde hij weer in zichzelf. Hoe had een dergelijk gezicht me eerder onverschillig kunnen laten?

We bestelden een fles wijn en dronken daarvan terwijl we de menukaart bestudeerden. De alcohol deed snel zijn werk op mijn lege maag en ik voelde een aangename wazigheid over me neerdalen. Met elk glas werd het restaurant om me heen minder werkelijk en vervaagde het langzaam tot een samenspel van licht, geluid en kleur; van gewaarwordingen en indrukken. Eindelijk bevrijdde zich een kelner uit het gewoel, die onze bestelling kwam opnemen.

'Zo,' zei Oliver toen de man weer weg was, 'New York.'

'Ja.' Ik voelde een steen op mijn maag door een plotseling angstig voorgevoel.

'Ben je er al eerder geweest?'

'Eén keer,' zei ik. 'Met mam, al kan ik me dat nauwelijks herinneren. Ik was nog maar een kind. En jij?'

'Ja,' zei hij. 'Ook maar één keer.'

'Wanneer?'

'O,' zei hij vaag, 'niet eens zo lang geleden. Een paar jaar maar.'

Ik begreep meteen wat hij bedoelde. Hij was er met haar naartoe geweest. Misschien was mijn tactloosheid aan de alcohol te wijten, maar ik moest het plotseling vragen: 'Vertel me eens over je vrouw. Over Isobel.' Het uitspreken van haar naam voelde alsof ik een bezwering uitsprak, eentje die ongekende gevolgen zou kunnen hebben.

'O,' zei hij voorzichtig. 'Dat wil je vast allemaal niet horen.'

'Jawel, dat wil ik wel,' zei ik. 'Ik wil het weten.' Eigenlijk wilde ik het inderdaad niet, schrok ik ervoor terug. En te oordelen naar zijn uitdrukking wilde hij er ook helemaal niet over praten. Toch leek het me nu vreselijk belangrijk dat ik alles zou horen.

Ons eten werd gebracht en Oliver leek bovenmatig opgelucht. Ik vroeg me af of hij hoopte dat het ons gesprek in een andere richting zou leiden, maar toen de kelner weer weg was, keek ik hem strak aan en wachtte ik gewoon tot hij verder zou gaan.

Hij nam een flinke slok van zijn wijn. 'Ze was een van mijn medestudenten. Ze was buitengewoon talentvol, zat vol ideeën en we dachten allemaal dat zij als beste zou afstuderen. Ik was door haar gefascineerd,' zei hij, 'in elk geval in het begin.'

Ik deed erg mijn best haar niet te haten.

Isobel was manisch-depressief. Oliver kwam daar pas achter toen ze na een paar maanden gingen samenwonen en hij haar lithium vond, verborgen in een aspirinedoosje.

'Voor ik met haar samenwoonde, zag ik waarschijnlijk alleen het "manische", al leek ze me helemaal niet manisch, maar veeleer sprankelend, spontaan. Het was stimulerend. Ik had nooit iemand zoals zij ontmoet. Ik had de slechte periodes niet gezien. Al vond ik het wel vreemd dat ze zich soms dagen niet liet zien.'

Ik dacht aan een student op mijn eigen opleiding van wie ik had gehoord dat hij dezelfde aandoening had. Omdat ik hem niet zo goed had gekend, was ook ik me alleen maar bewust geweest van een kant van de zaak, de speurtochten door de hele stad heen die hij organiseerde, de feestjes die hij in leegstaande pakhuizen hield en die de hele nacht duurden. Hoe kon je nou niet dol zijn op iemand die zoveel vitaliteit uitstraalde? De helft van de studentes was een beetje verliefd op hem geweest. Hoewel er ook weken waren dat hij voor geen enkel college kwam opdagen en er geruchten de ronde deden over een mislukte zelfmoordpoging.

Oliver nam weer een flinke slok wijn, daarna was zijn glas bijna leeg. De kelner kwam het meteen bijvullen. 'Toen begon haar werk eronder te lijden. Ze had allerlei ideeën, heel veel verbeeldingskracht, maar kon dat niet tot uiting brengen in haar werk. Architectuur is creatief, maar ook buitengewoon pragmatisch en ze kon die twee kwaliteiten niet met elkaar in overeenstemming brengen. Ze stopte met het innemen van de lithium omdat ze dacht dat die haar smoorde. Ze werd jaloers, op mijn werk en op mij, eigenlijk... Ze wilde weten met wie ik omging en waarom ik niet meer tijd met haar doorbracht. Ik voelde me ook schuldig als ik niet bij haar was, omdat ik wist dat ze zo kwetsbaar was.' Hij zweeg even. 'Ik dacht... Ik dacht dat ik in staat zou zijn haar te helpen, haar beter te maken. Ik dacht dat liefde genoeg zou zijn.' Hij zweeg weer.

'En dat was niet zo?' waagde ik.

'Nee. Op een avond kwam ik thuis en vond ik haar...' Hij slikte moeizaam. 'Maar goed, ze zeiden dat het nooit genoeg zou zijn geweest om eraan te overlijden.'

Geschrokken realiseerde ik me wat hij bedoelde. Onmiddellijk herinnerde ik me het beeld dat hij had geschetst van een kleine jongen die zijn moeder levenloos in een hotelkamer aantrof.

'Ik begon te veel te drinken,' vervolgde hij, 'in dat laatste jaar. In feite was ik niet vaak nuchter. Ik hoopte dat het me daardoor minder zou kunnen schelen. En dat was ook zo, voor een tijdje. Uiteindelijk kreeg ik echter alleen maar een hekel aan mezelf, omdat ik zo zwak was, omdat ik er op dezelfde manier mee omging als mijn moeder had gedaan.'

'Ging je bij haar weg?'

'Nee. Uiteindelijk ging zij bij mij weg. Ze ging al een poosje naar bed met een vriend van haar ouders. Het veroorzaakte nogal een schandaal toen het uitkwam want hij is politicus en veel ouder dan zij. Ik kwam er op dezelfde manier achter als iedereen, in een Frans roddelblad.' Hij ging door alsof hij nu bang was om te stoppen. 'Ik bezatte me. Ik dronk zoveel dat ik achteraf gezien van geluk mag spreken dat ik de volgende morgen wakker werd. Een dag later stapte ik in de trein en dook ik zonder waarschuwing op Corsica op. Grand-père was fantastisch.'

Het bleef een hele tijd stil. Toen dwong ik mezelf te vragen: 'Hou je nog steeds van haar?'

Hij schudde zijn hoofd. 'Nee. Ik vraag me nu af of ik ooit wel van haar heb gehouden. Al dacht ik in het begin van wel.' Hij zuchtte. 'In zekere zin was ik toen ik er achter kwam dat ze me bedroog... Het klinkt misschien verschrikkelijk, maar ik was bovenal opgelucht. Zij had de breuk veroorzaakt, iets wat ik niet had gedurfd omdat ik me te veel zorgen had gemaakt over wat voor invloed dat op haar zou hebben. Ze gaat weer trouwen, heb ik gehoord.'

'Met hem, met de politicus?'

'Ja. Misschien is hij beter voor haar dan ik was. Misschien heeft ze iemand nodig die ouder, strenger is. Ik weet het niet.'

Even leek hij bijna uitgeput, alsof het hem heel veel moeite had gekost alles te vertellen.

'En,' zei Oliver toen we het restaurant uit liepen, 'ben jij ooit verliefd geweest?'

Ik dacht er even over na en herinnerde me de twee half serieuze vriendjes die ik had gehad: Charlie en de jongen die er voor hem was geweest. 'Nee,' zei ik. 'Ik geloof het niet. Soms...' versuft door de wijn zocht ik naar de juiste woorden. 'Soms denk ik dat dat nooit zal gebeuren, dat ik altijd alleen zal blijven. Ik vraag me af of ik daarvoor ben voorbestemd.'

Oliver schonk me een vage glimlach. 'O, Kate,' zei hij zacht, 'ik heb er dan misschien tot dusver niets van terecht gebracht, maar zelfs ik weet dat niemand is voorbestemd om alleen te blijven. En zeker niet iemand zoals jij.'

Toen we door de donkere straten liepen schoot me iets te binnen.

'Zijn we dicht bij de rivier?'

'Niet ver er vandaan. Waarom?'

Ik aarzelde en voelde me dwaas. 'Toen ik met mijn moeder hier was,' legde ik uit, 'nam ze me een keer 's nachts mee naar de rivier om te kijken hoe die er uit zag met alle lichtjes.'

'Oké,' zei hij, 'laten we gaan.'

Hij was aardig, dacht ik. Met me meegaan naar het huis van Alice, de vlucht voor me boeken en nu dit. Het was vreemd te bedenken hoe bang ik die eerste dagen op Corsica voor hem was geweest. Maar hij was nu ook wel heel anders. Ook hij had een soort transformatie ondergaan.

We dwaalden door de oude straten van de wijk, langs de in schaduwen gehulde winkels met gesloten rolluiken en een enkele bar waaruit nog muziek en gepraat klonk. Toen waren we bij de rivier.

Het was zoals ik het me herinnerde: het zwarte water met de schijn van goud onder de oppervlakte. Aan de andere kant van de rivier lag de Rive Gauche, de linkeroever, waar ik morgen naartoe zou gaan, maar daarvoor lag de schitterende reus die het Île Saint-Louis was. Toen ik klein was had me dat een ongelooflijke plek geleken, een betoverd eiland dat elk moment kon losraken en stroomafwaarts drijven. Misschien was een deel van die magie, die alleen kinderen zien, verbleekt, maar als ter compensatie werden de lichtjes door een mist van tranen vertienvoudigd.

'Dank je,' zei ik tegen Oliver.

Hij keek me aan. 'Gaat het?'

'Ja,' zei ik, 'het gaat prima.' Hij wendde zijn blik af, hij begreep het.

'Ze klinkt fantastisch,' zei Oliver toen we terugliepen naar zijn appartement.

Ik knikte. 'Ik wou dat ik wat meer op haar leek.'

'In welke zin?'

'Ze was ontzettend dapper.'

'Maar volgens mij ben jij dat ook. Wat je nu doet, hier in Parijs, dat is dapper.' En toen zei hij: 'Ik weet zeker dat ze ook haar fouten had.'

Eerst was ik woedend. Hoe durfde hij zoiets over haar te zeggen? Mam had geen fouten gehad. Ze was meer voor me geweest dan een moeder: ze was mijn beste vriendin geweest. Vriendinnen op school hadden me verteld hoe jaloers ze daarop waren. Ze was chiquer dan andere moeders en ze was vrijgevig. Op mijn zestiende verjaardag had ze een kamer gehuurd in de Groucho Club en hadden we bij kaarslicht een maaltijd voor volwassenen gegeten – biefstuk van de haas en pommes dauphine – en champagne gedronken.

Toen dacht ik plotseling aan de ouderavonden die mam had gemist, elk jaar weer, omdat ze niet samengingen met de data van haar uitvoeringen en aan de keer dat ze was vergeten me op te halen na een excursie voor aardrijkskunde omdat een repetitie was uitgelopen. Maar dat waren natuurlijk geen fouten. Ze had het gewoon druk gehad. Toch vond ik het vreemd genoeg ergens wel geruststellend.

Terug in de flat vroeg Oliver of ik een *digestif* wilde voor het slapen gaan. Ik aarzelde want ik was moe en behoorlijk dronken, maar ook erg wakker. Mijn hoofd tolde door het ietwat gewijzigde beeld dat ik door hem van mam had gekregen: een beeld dat tegelijkertijd schokkend en vreemd opbeurend was.

Ik nam plaats in zijn kale zitkamer terwijl hij een fles wijn en twee glazen pakte en toen naast me kwam zitten, dichterbij dan hij misschien zou hebben gedaan, zo vermoedde ik, als hij helemaal nuchter was geweest.

'Ik ben een beetje dronken,' sprak hij mijn gedachten uit, waarna hij even naar zijn volgende woorden leek te moeten zoeken. 'Ik wil je iets vertellen, Kate.' Hij had onderweg af en toe wat gewankeld, maar zijn blik was nu indringend, volstrekt gefocust.

'Oké.' Ik voelde me plotseling behoorlijk nuchter.

'Nou,' zei hij, 'ik vind je geweldig.'

'O... dank je.' Ik bedacht dat 'geweldig' misschien wel het saaiste woord was dat hij had kunnen gebruiken.

'Nee,' zei hij alsof hij dat zelf ook besefte, 'niet geweldig... ik denk niet helder. Wat ik bedoel is dat je anders bent. Op de best mogelijke manier,' haastte hij zich eraan toe te voegen. 'Je bent rustig, maar niet verlegen en je hebt een scherpe blik' – daar had je dat woord weer – 'je ziet de dingen anders, je begrijpt ze zoals de meeste mensen dat niet doen. Klinkt dat een beetje zinnig?'

'Ik denk het wel,' zei ik, al wist ik het niet helemaal zeker.

'Wat ik bedoel,' vervolgde hij zorgvuldig articulerend, 'is dat ik niet kon geloven dat ik jou – een vreemde – al die dingen had verteld, dingen waar ik niet eens met grand-père over heb gesproken. Ik heb nagedacht en ik ben tot de conclusie gekomen dat het komt door, nou ja, hoe je bent.'

'O,' zei ik weer.

'Sorry dat ik je naar Parijs gevolgd ben,' zei hij.

'Is dat wat je deed?' Ik voelde een huivering door me heen gaan toen hij knikte.

'Waarom deed je dat?' vroeg ik zo luchtig als ik kon.

'Ik weet het niet.' Hij ademde diep in en haperend weer uit. 'Nee, ik weet het wel. Ik kon er niets aan doen. Ik voelde vanaf het begin dat het geen goed idee zou zijn om te veel tijd in je buurt door te brengen.' Hij schokschouderde. 'Toen ik het eenmaal wist van je moeder, begreep ik dat je verdriet moest hebben, en ik... Nou ja, je weet wat voor ramp mijn leven is. En toch lijk ik je niet met rust te kunnen laten.'

'O.'

'Ik denk dat ik het,' zei hij langzaam, 'vanaf het allereerste begin heb geweten, toen ik je van het vliegveld ophaalde.'

'Nee,' zei ik. 'Nee, dat is niet waar. Je deed vreselijk tegen me.'

'Dat is het nou juist,' zei hij. 'Dat was het enige wat ik kon doen.'

Hij zette zijn glas neer en ik voelde zijn ogen op me gericht. Er hingen mogelijkheden in de lucht: opwindend, tastbaar, gevaarlijk.

'Kijk me aan, Kate,' zei hij zacht.

Dus dat deed ik, en ik merkte dat hij heel dicht bij me was. Zo dichtbij zelfs dat ik voor het eerst een vaag spoor van sproetjes op zijn neus zag en opmerkte hoe ontzettend lang de donkere wimpers waren, die daardoor vrouwelijk hadden moeten lijken, maar het absoluut niet waren. Zijn blik ging omlaag naar mijn mond en ik voelde het op mijn huid.

'Ik geloof niet,' zei ik met onvaste stem, 'dat dit een goed idee is.' Maar nog terwijl ik het zei, hoopte ik dat hij mijn ongelijk zou bewijzen.

Oliver knikte. 'Ik weet het,' zei hij, 'het is een vreselijk idee.' Hij ging echter niet verder bij me vandaan. 'En toch,' zei hij, nog steeds naar mijn mond kijkend, 'kan ik er niets aan doen.' Het leek eindeloos te duren voor hij nog dichterbij kwam, de geur van de wijn in zijn ademhaling net zo bedwelmend als een drug.

Toen knapte er iets in me. In godsnaam, hij had me net over zijn echtscheiding verteld. We werden omringd door de bewijzen daarvan: de ellende die uit de dozen met bezittingen in de gang sprak. Met ongekende wilskracht zette ik mijn glas neer en stond ik op.

'Ik denk dat ik maar beter welterusten kan zeggen,' zei ik. 'Maar... bedankt voor vandaag.'

Wankelend en met de langzame, moeizame passen van iemand die bedwelmd is, liep ik door de gang naar mijn slaapkamer. Ik had geen andere keus, hield ik mezelf voor, trachtend helder te denken. Iets anders zou rampzalig zijn.

Terwijl ik de deur achter me dichtdeed, hoorde ik zijn voetstappen. In weerwil van mezelf voelde ik pure vreugde opvlammen in mijn borst. Ik opende de deur op een kier en keek hem aan. Hij werd van achteren belicht, zijn gezicht lag in het duister. 'Kate,' zei hij met schorre stem. 'Alsjeblieft...'

Toen duwde hij de deur open en drukte hij zijn mond op de mijne. Die eerste kus, die zo lang op zich had laten wachten, was onuitsprekelijk lekker. Ik herinner me dat ik – nogal nonchalant – dacht: er is niets aan te doen. Daarna geloof ik niet dat ik nog veel heb nagedacht.

Toen ik wakker werd, was Oliver nergens te bekennen, evenmin als de kleren die hij de vorige avond had uitgetrokken. Alleen mijn zwarte jurk lag als een gemorste olievlek op de vloerplanken. Even vroeg ik me af of ik het me had ingebeeld. Het leek bij daglicht zelfs nog vreemder en minder plausibel dan toen ik in de kleine uurtjes had liggen wachten tot ik in slaap zou vallen.

Maar nee, ik kon nog duidelijk zien waar hij naast me had gelegen. En hoe ik me voelde: de plezierige pijn, het lichte restje van zijn geur, zelfs de vage roze herinnering aan zijn stoppels op mijn sleutelbeen, waar hij me had gekust en zachtjes in de huid had gebeten.

We ontbeten samen in het café onder zijn appartement en gedroegen ons ongemakkelijk, overdreven beleefd. En toen mijn taxi er was, wisten we niet goed hoe we afscheid van elkaar moesten nemen.

Ik was niet dom. Ik denk dat we allebei wel wisten dat het tussen ons niet gemakkelijk kon zijn en dat we onmogelijk konden zeggen hoe het zou lopen. In veel aspecten was datgene wat er was gebeurd precies wat ik had gevreesd, waartegen ik me in de maanden sinds mams dood had gewapend. Ik kan tot mijn verdediging aanvoeren dat het me volkomen had verrast, me in een hinderlaag had gelokt toen ik dat het minst verwachtte.

Dat was wat er gebeurde, dacht ik, als je iemand over de muur liet komen die je rondom jezelf had opgetrokken: je maakte ruimte voor mogelijke pijn. Maar ondanks mijn angsten kon ik er geen spijt van hebben. Want ik had me in lange tijd niet zo bijna-gelukkig gevoeld.

DEEL 3

Een meisje met een geheim

32

Parijs, september 1930

Op de linkeroever van de Seine, niet ver van de schaduw van het Pantheon, woont een jonge vrouw die een beetje een raadsel is voor degenen die haar recente verschijning hier hebben opgemerkt. Ze arriveerde op een avond in augustus, netjes gekleed maar vermoeid van de reis, en vroeg bij madame Fourrier om een kamer.

Fourrier is, zoals velen het zeggen, 'wat je maar wilt dat het is'. Overdag is het een café. Een plek om langs te gaan voor het ontbijt of je ochtendkoffie, een kom soep voor de lunch of een tussendoortje in de middag. 's Avonds is het de drukst bezochte bar in het Cartier Latin.

De maaltijden zijn er royaal en goedkoop, een trekpleister voor degenen die het zich niet meer kunnen veroorloven in de duurdere etablissementen te eten. Het publiek is een heterogene mix van professoren en studenten van de nabije Sorbonne, schrijvers, kunstschilders, oudere mannen en hun minnaressen, werklui en zo nu en dan een toerist die verrukt is over zijn authentieke ontdekking.

Er wonen hier ook mensen. De bovenste drie verdiepingen van het pand bevatten de kamers die madame Fourrier verhuurt. De kamers zijn klein, netjes en schaars gemeubileerd. De bovenste kamer, de zolderkamer, is de kleinste van allemaal.

Madame Fourrier is net zo bekend als haar etablissement: een struise Belgische met een breed, vriendelijk gezicht en een bos pluizig, roodblond haar. Ze is luidruchtig en ijverig, en vaak veeleisend voor haar hardwerkende personeel, maar wie haar goed kent weet dat er achter die schijnbare vinnigheid een hart van goud schuilgaat.

Aanvankelijk wist madame Fourrier niet goed wat ze moest denken van het meisje dat bij haar aan de deur kwam op zoek naar woonruimte. Ze was veel te knap voor haar eigen bestwil, zij het aan de magere kant en met een onrust over zich die duidelijk maakte dat ze voor iets onplezierigs was gevlucht.

Madame F zal niet gemakkelijk een jonge vrouw de deur wijzen die zo duidelijk een veilige plek nodig heeft, maar ze heeft wel geleerd voorzichtig te zijn. Vorig jaar nog had ze een kamer verhuurd aan een ander knap jong meisje om tot de ontdekking te komen dat ze die kamer – en de nachtelijke clientèle van de brasserie beneden – gebruikte voor zeer ongezonde activiteiten. Het was zonde, denkt madame F, dat ze de sloerie had moeten vragen te vertrekken. Ze had de huur altijd netjes op tijd betaald.

De nieuwe huurster is na een korte proefperiode geaccepteerd. De verhuurster wist dat ze ongewenste zaken deze keer sneller in de smiezen zou hebben, maar het nieuwe meisje lijkt geen vrienden te hebben, laat staan kennissen van het soort zoals haar voorgangster had gehad. Ze laat zich niet in de kaart kijken. Madame F is nieuwsgierig naar haar, maar weet instinctief dat ze niet te diep moet graven. Ze is overduidelijk niet Frans, hoewel ze daar nooit iets over heeft gezegd. Ze heeft een vreemd accent – Zwitsers misschien? Alice heet ze. Meer dan haar naam wil ze niet over zichzelf prijsgegeven. Ondanks die terughoudendheid kan madame F niet anders dan haar aardig vinden. Ze is werkelijk een mysterie.

Op de tweede dag kwam het meisje naar beneden en vroeg ze haar om een baan. Had ze ervaring? Een beetje, zei ze. Te oordelen naar haar prestaties was dat overdreven. Ze was een vreselijke serveerster, had geen idee hoe je koffie moest zetten, bier moest tappen of zelfs maar de tafellakens zo moest neerleggen dat de plooien precies de hoeken van de tafels raakten. Iedereen zou denken dat ze in een kasteel was opgegroeid. Ze leert echter snel. Nu al kan ze drie borden in een keer dragen, een in elke hand en het derde in de kromming van haar arm. Ze laat zelden een glas vallen. Ze zal nooit een uitstekende serveerster worden, maar misschien wordt ze nog wel eens goed. Bovendien is ze een trekpleister, heeft madame F gemerkt, voor een deel van de clientèle. Misschien is het juist het feit dat ze zo anders is dat hen aantrekt: de combinatie van het ongewoon knappe uiterlijk, het vreemde accent en de sfeer van geheimzinnigheid die om haar heen hangt.

Ze is ook pienter. Toegegeven, niet als serveerster, maar madame F heeft haar de kranten zien lezen die klanten hebben laten liggen in het Frans en, vreemd genoeg, in het Engels: ze zou ze van voor tot achter lezen als ze de kans kreeg, daar is madame F van overtuigd. Ze heeft ook boeken. Madame F heeft die gezien toen ze naar boven ging om het meisje te laten zien hoe ze een ei moest koken – nou vraag ik je, een ei koken! – nadat ze rook onder de deur door had zien komen. Ze koopt de boeken van haar bescheiden loon.

En ze had nog iets anders gezien. Een prachtige tekening, een tekening van het meisje zelf, die aan de muur boven haar bed ging. Met kort haar en vreemde kleren, de kleren van een rijke dame, als madame F zich niet vergiste.

Ja, zeer beslist een meisje met een geheim.

33

New York, september 1986

Ik verbleef in een pension in de East Village en sliep de eerste nacht nauwelijks, ondanks de jetlag. Ik lag daar maar te luisteren naar het getoeter van claxons, het gelach, het geschreeuw en de muziek buiten op straat en het gedreun en gedender van de ondergrondse beneden me. Niets had meer kunnen afwijken van de rust van de Corsicaanse nachten die slechts werd onderbroken door het geluid van de wind en het gezang van de krekels in de maquis.

Toen de ochtend aanbrak bleef ik nog even liggen. Het leek wel of er zand in mijn ogen zat en ik voelde me bijna dronken van vermoeidheid. Mijn hele missie leek nog surrealistischer dan bij het douanepoortje op Charles de Gaulle het geval was geweest.

Ik knapte enigszins op van een geroosterde boterham en een kop zwarte koffie in een goedkoop Italiaans eettentje een paar straten verderop. Daar bekeek ik mezelf in de spiegel op het toilet en kamde ik mijn haar, wat tamelijk zinloos was omdat het al snel weer net zo'n verwarde kluwen was als gewoonlijk. Het zat me dwars dat ik donkere kringen onder mijn ogen had en dat de kleur die ik op Corsica had opgedaan die nacht leek te zijn verdwenen. In het halogeenlicht had mijn huid de blauwwitte kleur van magere melk.

De East Village beviel me wel, besloot ik toen ik op weg was naar de metro op Astor Place. Het was destijds rauw en ongepolijst, een paradijs voor creatievelingen, zo ongeveer als het hedendaagse Brooklyn. De telefooncellen zaten hier niet volgeplakt met advertenties voor telefoonseks, maar met flyers voor tentoonstellingen en ad-hocexposities in flats en pakhuizen en op lege kavels. Ook op straat was de kunst zichtbaar: op weg naar het perron zag ik een Keith Haring-achtige muurschildering van naakte forenzen die aktetassen droegen.

New York was toen goedkoper en ruiger dan het nu is en de Village was bijna onherkenbaar anders dan nu. Dat is tenminste mijn ervaring. Toen ik er onlangs terug was, zag ik elegante espressobars en boetiekjes, gestroomlijnde fourwheeldrives en tot luxe appartementen verbouwde panden. Je zou het stempel van hoe het vroeger was nog wel terug kunnen vinden als je heel goed keek. Of toch niet? Was de aftandse inrichting van de platenzaak die ik ontdekte in Bleecker Street wellicht niets anders dan gewiekste, nostalgische nep? Het was moeilijk te zeggen.

Het was ook anders dan de stad zoals ik die kende van toen ik er met mam was geweest. Ze was eregast geweest bij een speciaal kerstoptreden van het New York Ballet en we hadden gelogeerd in het St Regis, een wit-met vergulde bruidstaart van een hotel aan Fifth Avenue. De stad had geschitterd door pasgevallen sneeuw die er net zo waanzinnig onecht uitzag als die in de sneeuwbol die ik in het vliegtuig van mam had gekregen. We waren er een keer eerder geweest, in de zomer, al was ik toen nog te jong om me daar veel van te kunnen herinneren. Nu mam er niet meer was, vond ik het moeilijk te accepteren dat er dergelijke herinneringen waren, herinneringen die ik voor altijd kwijt was.

Het zag ernaaruit dat ik op het punt stond terug te keren naar die wereld van oude New Yorkse pracht. Het appartement bevond zich in een van de reusachtige, hoge gebouwen aan de oostkant van Central Park. Ik voelde me meteen geïntimideerd en begreep dat ik me in zeer exclusieve kringen ging begeven. In deze gebouwen woonden de ongelooflijk rijken, de oude, zeer welgestelde Amerikaanse families, telgen van de dynastieën die New York hadden opgebouwd. Ik wist plotseling hoe Tom zich gevoeld moest hebben toen hij naar de voordeur van Chebworth Manor liep. Ik herinnerde me wat Oliver over het huis in Parijs had gezegd: Alice leidde duidelijk weer een bevoorrecht leven.

Ik dacht dat de portier me schuin zou aankijken, maar toen ik mijn naam noemde, glimlachte hij alsof we elkaar kenden en bracht hij me met een buiging naar binnen. Binnen was het gebouw nog indrukwekkender dan buiten en was er meer marmer, meer verguldsel, meer barokke pracht dan ik me van het St Regis herinnerde.

Ik werd naar haar verdieping gebracht met een van die liften waarin je niet zelf op de knoppen mag drukken, dat doet een in livrei gestoken personeelslid voor je. Toen de deuren boven met een *ping* opengingen, keken we aan de andere kant van een met tapijt beklede antichambre op een enkele deur uit.

'Moet ik daardoor naar haar appartement?' vroeg ik de liftbediende. 'Welk nummer is het?'

'Dat is de deur van haar appartement. Ze heeft deze hele verdieping en die hierboven.'

'O.'

Ik drukte op de bel en wachtte zolang dat ik in de verleiding kwam opnieuw te bellen. Eindelijk hoorde ik snelle voetstappen achter de deur en werd hij opengezwaaid door een lange vrouw in een tweed maatpakje.

Ze sprak voor ik de kans kreeg mezelf voor te stellen. 'Dag, Kate. Ik ben Julie.' Ze was Amerikaanse. 'Ik ben de huishoudster van Célia.'

Toen riep van binnen een hoge en enigszins onvaste stem: 'Is zij het, Julie?'

Julie glimlachte en gebaarde me binnen te komen. 'Wil je iets drinken?' vroeg ze toen we door een mooie, saliegroene garderobe liepen. Ik opende mijn mond, maar wist niets uit te brengen. Julie leek het te begrijpen. 'Nou,' zei ze vriendelijk, 'ik breng haar meestal koffie om elf uur, dat is over een half uurtje, dus misschien wil je dan iets.' Terwijl ze dat zei, zag ik achter haar een houtskoolschets hangen van een straattafereel dat te oordelen naar de vorm van de brandkraan in New York moest zijn. De stijl was me inmiddels vertrouwd: ik herkende het schaarse gebruik van lijnen, de deskundige maar ingetogen bejegening van licht en schaduw. En daar in de hoek stond de kleine hiëroglief die ik zo goed kende: de door elkaar heen geschreven initialen.

We liepen door, de prachtige, ruime zitkamer van het appartement binnen, die hoge plafonds had en heel licht was dankzij de reusachtige ramen die uitkeken op het park. Aan de andere drie muren was maar heel weinig en alleen de hoogstnoodzakelijke ruimte vrijgelaten tussen de kunstwerken die daar hingen. Het effect had chaotisch moeten zijn, maar was dat niet. Of beter gezegd, het was een fantastisch soort chaos: carnavalesk, een feest van kleur en menselijke creativiteit.

In een leunstoel zat een kleine gestalte met haar gezicht naar ons. Het licht van achteren wierp een halo rondom haar witte hoofd. Haar geringe omvang werd zo mogelijk nog benadrukt door de afmetingen en de grandeur van de kamer waarin ze zat.

'Hallo, Kate,' zei ze.

Mijn stem klonk, toen ik sprak, helemaal niet als de mijne. 'Hallo, Alice.' Misschien had ik haar Célia moeten noemen. Dat was haar nieuwe naam. Alice was een persoon uit het verleden. Toch was die persoon, die Thomas Stafford had liefgehad, degene die ik kende.

Julie liep naar haar toe en schudde het kussen achter haar rug op. Alice was veel brozer dan Stafford, zag ik. Ik kon me nauwelijks voorstellen dat ze nog steeds tussen New York en Parijs heen en weer reisde en het was zelfs moeilijk te geloven dat ze ooit voor langere tijd uit die stoel kwam. Ze was niet meer gewoon tenger, zoals Stafford haar had beschreven, ze was zo teer als een vogeltje. Niettemin was haar uitdrukking alert en haar blik op mij geïnteresseerd en vitaal. Wat zou ik graag die ogen hebben geërfd. De mijne zijn ook grijs, maar het zou niet eerlijk zijn het daarbij te laten: als een vergelijking tussen lood en zilver. De hare hadden een unieke glans, als paarlemoer, de helderheid niet getemperd door ouderdom. Ze was onberispelijk gekleed en toch had ze iets onconventioneels.

Door de felle blauwe zijden sjaal om haar hals, de gouden armbanden die rinkelden toen ze haar hand naar me uitstak.

Ik kwam dichterbij en ze pakte een van mijn handen in de hare, half een handdruk, half een streling. Haar huid was koel en zo dun en droog als zijdepapier.

'Dus jij bent Kate,' zei ze. 'Jij bent Kate en je bent eindelijk naar me toe gekomen.' Stilte. Haar ogen dwaalden over mijn gezicht en ik voelde me vreemd onbeschut onder die zilverkleurige blik. Ik weerstond de aandrang een stap achteruit te doen, mijn hoofd te laten hangen voor het geval ze teleurgesteld zou zijn.

'Je lijkt op haar, onmiskenbaar, en toch denk ik, al klinkt dat misschien opschepperig, dat je nog meer op mij lijkt. Tenminste zoals ik er ooit uitzag.'

Ik was niet tot spreken in staat. Ik keek naar de tafel naast haar. Daarop lag een leesbril en een stapel boeken. En er stond een foto op. Een foto van mijn moeder tijdens de uitvoering van het *Zwanenmeer*. Ze was Odette, op het moment dat ze voor het eerst als vrouw het meer uitkomt, niet langer een zwaan. Mam zag er mooier en ongrijpbaarder uit dan ik haar ooit had gezien, nauwelijks echt. Ik had die foto lang niet gezien, maar hij was erg bekend. Alice moest hem ergens hebben gevonden en een afdruk hebben gekocht, besefte ik. Het idee dat deze vrouw, omringd door de verdere rijkdom van haar leven, een foto van haar eigen dochter had moeten kopen was bijna ondraaglijk. Maar ze had haar achtergelaten, hield ik mezelf voor. Wat Marguerite ook had gezegd, dat feit was onweerlegbaar.

Ik keek weer naar Alice, die me aandachtig bekeek. 'Ik stel me voor dat je me heel wat te vragen hebt,' zei ze.

'Ja. Ik...' Uiteindelijk stelde ik de enige vraag die ik kon bedenken, ook al was het daar waarschijnlijk te vroeg voor. Het was de enige vraag die ertoe leek te doen. 'Waarom hebt u mijn moeder achtergelaten? Ik bedoel... ik weet dat u nog jong was en...'

Het bleef even stil en toen glimlachte Alice triest. 'Maar zie je, ik heb haar niet achtergelaten.'

'Ik dacht...'

'Of althans niet welbewust.'

'Wat bedoelt u?'

'Ik denk dat ik een hoop heb uit te leggen.'

Julie koos dat moment om binnen te komen met een pot koffie en flinterdunne, met amandelen bezaaide koekjes. Ze schonk twee kopjes in en verliet de kamer. Terwijl we dronken werd de stilte slechts onderbroken door het gerinkel van de tere porseleinen kopjes op de schoteltjes. Toen Alice haar koekje ophad zette ze haar kopje zorgvuldig neer.

'Je moet begrijpen,' zei ze plotseling, 'dat het mijn bedoeling was geweest om haar mee te nemen.'

'Dat was inderdaad wat meneer Stafford zei.'

'Ja, omdat ik hem dat had verteld.'

'Hoe kwam het dan dat ze achterbleef?'

Ik had excuses verwacht waarvoor ik haar misschien had kunnen vergeven, wetende dat ze zo jong en ongetwijfeld bang was geweest. Ze zou niet de enige vrouw zijn die hetzelfde had gehandeld. Maar wat er daarna kwam, had ik nooit kunnen voorzien.

'Ik wist niet dat ik haar had achtergelaten, niet zoals jij dat denkt. Zie je, ze hadden me verteld dat ze dood was.'

34

Chebworth, juli 1930

Ze herinnert zich pijn, heel veel pijn. Gevolgd door een volstrekte afwezigheid van pijn, van welk gevoel dan ook, een wegzakken in schaduwen, in donker water.

Het leek jaren, eeuwen, millennia te duren.

Ze zeggen dat het maar een paar dagen was. Ze zeggen dat ze heel veel bloed heeft verloren, zoveel dat ze bijna was gestorven. Maar de baby... waar is die? Ze moet proberen te rusten, zeggen ze.

35

New York, september 1986

Alice verbrak de stilte.

'Het was een moeilijke bevalling. Er was een complicatie die de dokter niet had voorzien. Ik was te nauw. Ze hadden een keizersnede moeten doen, maar niemand was zich ervan bewust en toen de weeën eenmaal waren begonnen was het te laat.

'Ik had veel bloed verloren en ik weet zeker dat ik het grootste deel van de tijd nauwelijks bij bewustzijn was. Het duurde kennelijk een paar dagen voordat ik weer iets begreep van wat er tegen me gezegd werd. Ze vertelden me dat het niet veel had gescheeld of ik was gestorven en ik geloof niet dat dat gelogen was. Wat de baby betrof... de luchttoevoer zou te lang afgesloten zijn geweest. De dokter had mijn moeder uitgelegd dat het kind geen zuurstof kreeg en daardoor in mijn buik was gestorven.

'Als ik niet zo zwak, niet zo versuft was geweest had ik misschien meer vragen gesteld, al weet ik niet of dat iets uitgehaald zou hebben. Ze hadden hun verhaal klaar en ik had geen reden om aan mijn moeder te twijfelen. We hadden nooit goed met elkaar overweg gekund, maar ik had geen reden om aan te nemen dat ze me bewust pijn zou proberen te doen.'

'Maar dat is onmenselijk.'

'Het was onvergeeflijk. Mijn moeder was niet slecht, laat ik dat vooropstellen. Hoe vreselijk het ook klinkt, ik weet zeker dat ze niet heeft gehandeld vanuit het verlangen mij pijn te doen.'

'Maar dat je zoiets doet, dat je doet alsof, dat is wel slecht.'

'Ik denk dat ze, zoals zij het zag, mij een grote dienst bewees. Ze beschermde me tegen de schaamte.'

36

Chebworth, juli 1930

Lady Hexford nipt van haar koffie en strijkt met een elegante witte hand over haar blonde haren. Ze ziet er vandaag buitengewoon stralend uit, verbazingwekkend jong. Haar gezicht baadt in het licht dat door de hoge ramen binnenvalt en ze doorstaat de onthullende zonnestralen uitstekend: haar voorhoofd bevat nog nauwelijks lijntjes, haar profiel is nog steeds strak. Van rechts gezien lijkt ze nog bijna een meisje, niet veel ouder dan het door Sargent gemaakte portret van haarzelf als zestienjarige debutante dat in de salon hangt.

Haar dochter, daarentegen, biedt een troosteloze aanblik: waar haar huid niet vaalgeel is, is die gevlekt, het uiterlijk van een zwaar zieke. Haar wangen zijn ingevallen, haar haren hangen slap. Dat is natuurlijk allemaal omkeerbaar, zoals lady Hexford maar al te graag benadrukt.

Terwijl ze haar dochter opneemt, zegt ze: 'Volgende week zal ik je mee naar de stad nemen om je haren te laten knippen. Ik begrijp die nieuwe mode van dat korte, opgeknipte haar niet, maar alles zal beter zijn dan wat je nu hebt, want dit is helemaal geen stijl.'

Alice kijkt naar haar ei. Maar het is haar teveel. Ze pakt een driehoekje groosterd brood en werkt dat moeizaam weg.

Lady Hexford kijkt toe en zucht. 'Het wordt tijd dat we teruggaan naar Londen. Je moet weer gezien worden. Ze denken allemaal dat je herstellende bent van de ziekte van Pfeiffer. Godzijdank zijn verlaagde tailles nog steeds in, dat maakt onze taak wat gemakkelijker.' Niemand, uitgezonderd een paar selecte leden van het personeel en zij en Alice zelf, zo legt lady Hexford uit, is op de hoogte van wat er op Chebworth Manor is voorgevallen. Ze leunt opgewekt achterover terwijl haar gekookte ei wordt weggepakt en even later met enig ceremonieel teruggezet, het kapje netjes verwijderd, de dooier uitvloeiend in het wit. 'Als het nog langer duurt, gaan de mensen zeker praten. Dus we moeten zorgen dat je op een paar feestjes gezien wordt.'

Ze mogen het dan over de moderne tijd hebben, zegt lady Hexford, waarin meisjes mogen drinken als mannen en de kledingstijl is veranderd, maar een bastaard blijft een bastaard. Een ongehuwd meisje dat een baby krijgt kan nog steeds een schervengericht verwachten en zal worden gemeden als de pest.

'Wat was het?' vraagt Alice.

'Sorry, ik begrijp je niet.'

'Een jongen of een meisje?'

'Het was een meisje.' Lady Hexford zucht weer. 'Het heeft geen zin er dramatisch over te gaan doen, Alice. Je moet verder met je leven, terug naar wat altijd de juiste weg voor je is geweest. We zullen deze episode behandelen als een vergissing van voorbijgaande aard. In feite heb je geluk gehad met deze uitkomst, begrijp je dat dan niet? Je hebt de kans gekregen je waardigheid te behouden, opnieuw te beginnen. Denk ook,' zegt ze alsof het haar net te binnen schiet, 'aan je stiefvader, aan de schade die deze hele zaak had kunnen uitrichten als het niet zo was gelopen als nu het geval is. We moeten onthouden dat we onzelfzuchtig moeten zijn.'

37

New York, september 1986

'Hoe bent u het te weten gekomen van mam?' vroeg ik aan Alice. 'Hoe hebt u ontdekt dat ze toch niet was gestorven?'

'Ik ging naar mijn moeder toen ik hoorde dat het erg slecht met haar ging. Ze was geestelijk geleidelijk achteruitgegaan, ongetwijfeld door de voortdurende schaamte over het feit dat mijn stiefvader uit de gratie was geraakt. Voor iemand die zo bang was voor schandalen was dat vast heel moeilijk. Er was geld genoeg, maar de vernedering moet vreselijk voor haar geweest zijn.

'Ik had twintig jaar geen contact met haar gehad en ik las nota bene over haar ziekte in de krant. Ik weet niet precies waarom ik besloot dat ik moest gaan, maar ik weet wel dat ik het mezelf nooit had vergeven als ik dat niet had gedaan.

'Ze was heel anders dan de vrouw die ik had gekend. Deemoedig, angstig en eigenlijk nogal zielig. Misschien was het een gevolg van haar ziekte of simpelweg van het schandaal dat daar de oorzaak van was geweest, maar het leek wel of ze nu twijfelde aan alles waar ze voordien zeker van was geweest. Ze was echter zo veranderd dat het, toen ze het me vertelde, leek alsof ze het over iemand anders had. Ik wist toen dat ik mijn boosheid moest zien kwijt te raken omdat ik hem anders mijn hele leven met me mee zou blijven dragen. Dat wist ik uit ervaring.

'Ik was eenenveertig toen ik de waarheid te horen kreeg en je moeder was toen bijna net zo oud als ik zelf was toen ik haar kreeg.'

Julie kwam binnen met een dienblad met de lunch en ik merkte tot mijn verbazing dat er ongemerkt twee uur waren verstreken. Het maal was bijna belachelijk Brits: sandwiches met komkommer, de korstjes netjes er afgesneden. Het was net alsof we in Engeland waren in een vroeger tijdperk. Er was limonade bij de lunch, in een kan van bewerkte glas en we aten zwijgend. Ik was te verbijsterd over wat me was verteld om ook maar iets te kunnen zeggen. Ik had me van alles voorgesteld, maar dit had ik nooit verwacht.

Alice at twee piepkleine stukjes brood en dronk amper meer limonade dan een vogeltje zou drinken. Toen ze klaar was, streek ze met haar hand over haar ogen en leek ze nog verder in haar stoel weg te zakken, alsof de inspanning haar van haar laatste reserves had beroofd.

'Ik zal maar gaan,' zei ik, en ik stond op. 'Ik zie dat u erg moe bent.'

Ze deed geen poging het te ontkennen, maar zei: 'Ik prijs me heel gelukkig dat je me bent komen zoeken, Kate. Ik heb altijd gehoopt dat je moeder door een of ander wonder ooit bij me op de stoep zou komen staan en daarna, toen jij geboren was, hoopte ik van jou hetzelfde. Dat ik die ene kans zou krijgen kennis met je te maken. Ik heb echter nooit durven geloven dat het ook echt zou gebeuren.'

'Ik ben ook blij,' zei ik, me bewust van een gespannen gevoel in mijn borst en trachtend niet te denken aan het feit dat haar wens maar voor de helft was uitgekomen.

'Kom je terug?' vroeg ze op licht klaaglijke toon. 'Morgen?'

'Ja, natuurlijk.'

'Mooi zo. Daar verheug ik me heel erg op,' zei ze. 'En dank je wel.'

'Waarvoor?'

'Omdat je niet te streng hebt geoordeeld terwijl je de waarheid niet kende. Omdat je me de kans geeft het uit te leggen.'

Op dat moment voelde ik me vreselijk schuldig, omdat ik wel te streng had geoordeeld, omdat ik gewoon van het ergste was uitgegaan.

'Wanneer je morgen komt,' zei ze, 'moesten we misschien maar gaan wandelen. Wat zeg je daarvan?'

Ik keek onwillekeurig naar haar benen, die er broos en misvormd uitzagen in haar lange broek, maar ik knikte niettemin.

Ze wees naar het park. 'Laten we afspreken bij de botenvijver. Ken je die?'

Ik wilde mijn hoofd al schudden, maar toen kwam er diep uit mijn geheugen iets naar boven: ik zat met een zilveren lepel ijs te eten uit een hoog glas en keek door de ramen naar de voorbijglijdende bootjes. Het was niet de botenvijver in Battersea Park, dat wist ik, en ook niet die in de Tuilerieën waar mam en ik warme chocolademelk hadden gedronken uit piepschuimbekers. Het moest in Central Park zijn geweest, besloot ik, de eerste keer dat we deze stad bezochten, de keer waarvan ik had gemeend me niets meer te kunnen herinneren. Dus knikte ik. 'Ik geloof het wel,' zei ik.

Terwijl ik terugliep naar mijn hotel probeerde ik de persoon die ik via Stafford had leren kennen – het meisje vol jeugdigheid en vitaliteit – in overeenstemming te brengen met de oude vrouw die ik had ontmoet. Het lijkt misschien vreemd, maar ik was zo gegrepen geweest door Staffords herinneringen dat ik niet had stilgestaan bij de veranderingen die het verstrijken van de tijd met zich mee konden brengen en die haar zo oud hadden gemaakt dat ze bijna niet meer te herkennen was als de persoon van de schets. Het sluike zwarte haar was wit geworden, de lenige, elegante lijnen van haar figuur hadden plaatsgemaakt voor broosheid.

Het was een grote schok geweest haar zo klein en frêle in die stoel te zien zitten. Toen ze echter was begonnen te praten, was dat minder geworden omdat duidelijk was dat ze nog steeds over een immense kracht beschikte. Haar stem was niet die van een oude vrouw, zwak en beverig, maar krachtig en helder; net als de zilverkleurige ogen was haar stem niet ouder geworden.

38

Parijs, november 1930

De nieuwe serveerster van Bistro Fourrier is zich nauwelijks bewust van de belangstelling en de speculaties die ze met haar komst heeft veroorzaakt. Ze voelt alleen de bijzondere blijdschap over het feit dat ze baas is over haar eigen lot en alleen verantwoording verschuldigd is aan zichzelf.

Alice is blij met de zolderkamer, de lage driehoekige ruimte tussen de schuine spanten van het dak. Die is volkomen anders dan haar grote slaapkamer in Londen waar ze naar privacy had gehunkerd. Een plek die, hoe klein ook, echt van haar was: een plek waar ze vrij is van de inmenging van dienstmeisjes, haar moeder, of zelfs – God verhoede – haar stiefbroer.

Ze kan kilometers ver kijken door het kleine slaapkamerraam: over de leien daken van het Quartier Latin in diverse variaties grijs, lavendel en parelmoergroen, voorbij de koepel van het Pantheon en de klokvormige toren van de Église St Étienne-du-Mont, zelfs tot aan de Sacré-Coeur, die glanzend als gepolitoerd zilver boven de stad uitsteekt.

Soms denkt Alice in de stilte van de vroege ochtend aan Tom, op de aarzelende, enigszins zelfvernietigende manier van iemand die een korstje openkrabt. Al diverse keren heeft ze een vel papier gepakt om hem te schrijven. Al die pogingen om hem haar daden uit te leggen liggen nog steeds op het kleine bureau in een hoek van haar kamer. Ze heeft er tot dusver niet eentje verstuurd.

In de andere hoek van de kamer is een wastafel waar Alice 's morgens haar toilet maakt met behulp van een van haar weinige luxe-artikelen; een stukje met rozenolie geparfumeerde zeep. Daarna trekt ze haar uniform aan: een zwart jurkje en een eenvoudig kamgaren schort. Wanneer ze zich 's morgens aankleedt denkt ze soms aan Chebworth, waar de mensen in uniform van een geheel andere soort leken. Wat zouden ze opkijken als ze haar nu zagen.

Om zes uur loopt ze voorzichtig de drie trappen af naar beneden, langs de kamers van de andere huurders. Ze houdt van de sfeer van anonieme sluimer. Ze houdt zelfs wel van de vreemde geur die hier hangt: opkruipend vocht, sigaretten en het goedkope parfum van vreemden.

Beneden in de bar, terwijl de rest van de stad nog slaapt, maakt madame Fourrier voor hen allebei een kop zwarte koffie met een dikke laag bezinksel op de bodem. Alice drinkt behoedzaam van de hare en krimpt ineen hoewel ze toch geniet van de vreemd bittere smaak, haar werkgeefster giet die van haar met uitgekiende nonchalance snel achterover en zet het kopje met een klap terug op het schoteltje.

Alice koestert die vroege uren voordat de zaak opengaat, de stilte buiten op het plein, de slapende gebouwen. De enige geluiden klinken binnen, zo schijnt het: zo nu en dan hun stemmen en het gerammel van het bestek dat in de metalen emmer belandt nadat Alice het heeft opgepoetst, het tikken van de klok, het suizen van het hete water in de leidingen. Het zijn momenten van zwijgzame, kameraadschappelijke nijverheid.

Ze is erg op de forse, rode, luidruchtige madame Fourrier gesteld geraakt, wat overigens niet wil zeggen dat ze niet een beetje bang voor haar is. De Belgische vrouw met haar openhartigheid, haar gereserveerde vriendelijkheid en haar kleine eigenaardigheden doet haar denken aan tante Margaret. Ze is een vrouw die er trots op is alleen te zijn en daar kracht en gezag uit put.

Sommige van de klanten van Fourrier kent Alice van gezicht, zij het niet bij naam. Dat zijn de vaste klanten: mensen die bijna elke dag terugkomen om te genieten van de Belgische keuken van madame Fourrier, van haar palingstoofpot en mosselsoep, haar onovertroffen warme chocolademelk, haar goudkleurige wafels met dikke korsten van gekaramelliseerde suiker.

Zo is er de literatuurprofessor die elke morgen zijn gebakken eieren komt eten voordat hij op zijn oude fiets naar de nabije Sorbonne vertrekt. Hij houdt haar op een dag staande wanneer ze zijn bestelling opneemt en vertelt haar dat hij nogal geschokt is over de Franse vocabulaire – 'verontreinigd door Belgische gruwelen' – die ze van madame F oppikt. 'Je moet lezen,' zegt hij, 'dat bestrijdt de infectie.' De volgende morgen geeft hij haar een buitengewoon zware canvastas vol met boeken. Ze zet ze naast elkaar op de plank naast haar bed waar ze, samen met de boeken die ze zelf heeft aangeschaft, voor het enige beetje kleur in haar kamer zorgen. In het kleine vertrek stralen ze als diamanten in de laagstaande zon.

Dan is er nog de schrijver, een Amerikaan die in een flat aan de andere kant van het plein woont, maar volhoudt dat hij weg moet uit zijn appartement om te kunnen werken. 'De stilte is er oorverdovend,' zegt hij een keer tegen Alice. 'Daarbinnen wordt het werk te belangrijk en daardoor onmogelijk. Hier, met alle geluiden in het café, is het slechts een klein en niet uitzonderlijk onderdeel van het geheel en daardoor uitvoerbaar.' Hij schrijft in notitieboekjes, maar vaak lijkt 'werken' uit niets anders te bestaan dan over het plein uitkijken en gretig aan een sigaret lurken.

De schrijver, zo vertelt madame Fourrier Alice, maakte voorheen deel uit van een veel grotere groep hier in Parijs, maar veel van zijn vroegere maten zijn vertrokken, terug naar Amerika, naar Londen, naar Marrakech. 'Ze namen een hele hoek van de bar in beslag,' vertelt ze haar, 'de hele dag lang tot ver in de avond, tot ze dronken en dwaas waren en ik hen moest vragen te vertrekken. Er waren altijd een paar heel knappe meisjes bij die zich kleedden als jongens.' Ze trekt haar rossige wenkbrauwen veelbetekenend op. 'Die Engelse en Amerikaanse meisjes. Zo vreselijk modern.'

Op een avond vraagt de Amerikaanse schrijver Alice een glaasje pastis met hem te drinken. Ze kijkt gefascineerd toe als het water dat hij in een van de glazen schenkt de sterke drank een prachtige blauwachtig witte kleur geeft. Ze spreken Engels omdat zijn Frans, hoewel hij al diverse jaren hier woont, abominabel is.

'Je fascineert me,' zegt hij zonder inleiding.

'In welke zin?'

'Dat accent. Ik mag dan een Yank zijn, maar het is niet zoals ik zou verwachten dat een Franse serveerster praat, zelfs niet als ze Engels spreekt. Je bent Engelse, nietwaar?'

Alice glimlacht en neemt een slokje uit haar glas, maar ontkent het niet.

'Ik wist het. Bekakt noemen ze het, geloof ik. Je praat als een hertogin. Ben je een hertogin?'

Alice schudt haar hoofd en lacht, in een poging hem ervan te overtuigen hoe ver hij ernaast zit, maar ook omdat hij niet weet hoe dicht hij bij de waarheid zit.

'Zoals je je gedraagt, je gezicht, het heeft iets koninklijks. Ik denk dat ik over je ga schrijven, als je het niet erg vindt. De Engelse aristocrate die in Parijs ploetert als serveerster. Dat klinkt best goed.'

'Nou, het zou me een eer zijn. Ook al hebt u het helemaal mis.'

'Wil je me dan niet vertellen hoe het wel zit?'

'Nee. Zo is het toch vast beter? Dat laat u meer ruimte voor fictie.'

Hij grinnikt en tikt zijn glas tegen het hare.

Als ze niet hoeft te serveren werkt Alice enkele avonden per week als secretaresse voor de schrijver. Ze gebruikt zijn Corona, die ze op een van de tafels in het rustigste hoekje van de bar zetten. Aanvankelijk gaat het langzaam, ze moet hem vragen zinnen of soms zelfs hele alinea's te herhalen, de toetsen blijven hangen of het lint blokkeert. Maar na een paar weken gaat het gemakkelijker en ze merkt dat ze kan typen zonder erbij na te denken. Ze kan zelfs beter typen als ze haar vingers gewoon hun gang laat gaan.

Het werk wordt niet betaald, maar Alice verdient genoeg met serveren om haar huur te betalen. En de schrijver laat haar kennismaken met Parijs bij nacht. Ze gaan naar feestjes waar mannen met mannen dansen en waar vrouwen in driedelig pak elkaar openlijk zoenen. Ze kijken naar de dansers die tijdens het Bal Negresse op het gedreun van de trommen en het gejammer van saxofoons over het toneel fladderen en zwieren. Ze bezoeken een nachtclub die La Coupole heet en waar de huidige minnaar van de schrijver als barkeeper werkt. Daar dansen en drinken ze tot het ochtendgloren aan de horizon aanbreekt en goud uitstrooit over de Seine, en de mannen die bij het Île Saint-Louis gaan vissen hun spullen beginnen uit te pakken en een plekje zoeken voor hun bezigheden van die ochtend.

Tijdens die ochtenden is de stad, bezien door vermoeide ogen, op haar mooist. Tegelijk is ze voor Alice doortrokken van melancholie. Waarom? Misschien omdat de afleidingen van de nacht voorbij zijn, omdat er nog enkele uren zijn voordat ze aan het werk moet waarin haar niets anders rest dan na te denken. Dus is het nu, meer dan op welk ander tijdstip ook, dat ze zich herinnert wat, of beter gezegd wie, ze heeft achtergelaten. Degene die deze schoonheid nog meer zou waarderen dan zij, die ongetwijfeld zou proberen die schoonheid voor haar vast te leggen.

Niet voor het eerst vraagt ze zich af of ze hem zou moeten schrijven. Maar wat moet ze zeggen? Het is te moeilijk met de leugen die tussen hen in ligt. Wat zou het uithalen? Wat voor zin zou het dan hebben gehad dat ze dit nieuwe leven is begonnen? Dat ze hem de vrijheid heeft gegeven om grootse dingen te bereiken? Want ze weet dat hij dat zal doen.

Dus troost ze zich met het lezen van de kranten, met het uitpluizen van de kunstpagina's op zoek naar zijn naam. Het is maar een kwestie van tijd voor die daar zal verschijnen, daar is ze van overtuigd.

39

New York, september 1986

Ik keek op van mijn cappuccino. We zaten in het café dat ik me herinnerde, badend in het septemberzonlicht naar de vrolijke boten te kijken die voor ons heen en weer voeren. Alice was in een elektrische rolstoel gekomen: Julie had haar hierheen vergezeld en was toen terug gegaan. 'Ik weet dat ik het over wandelen had,' zei ze, 'en ik vrees dat ik dat nogal eufemistisch bedoelde. Maar ik kan wel doen alsof. Het effect is grotendeels hetzelfde: de frisse lucht, het uitzicht, het gevoel buiten te zijn, op ontdekkingstocht.' Buiten zag Alice er nog kleiner en brozer uit. In het vredige zonlicht kon ik zien dat haar huid een blauwige, kalkachtige tint had en dat ze vaag paarse schaduwen onder haar ogen had. Ondanks dat alles was ze net als de vorige dag piekfijn gekleed en maakte de Pucci-shawl die ze om haar hals had gebonden het gebrek aan kleur in haar gezicht bijna goed.

Alice leek energie te putten uit de bedrijvigheid om ons heen: ze keek met een soort gretige verrukking naar de stelletjes in de boten en naar de gezinnen die aan de tafeltjes zaten te praten. Ik, daarentegen, had weer slecht geslapen en zou de voorkeur hebben gegeven aan de rust van haar ruime salon boven de drukte van Central Park op zaterdag. Mijn hoofd had die nacht te vol gezeten om mijn gedachten te kunnen uitschakelen. Ik had niet kunnen voorkomen dat ik me verschillende scenario's voor de geest haalde waarin de dingen anders zouden zijn gelopen. Scenario's waarin de moeder van Alice haar misdrijf niet had begaan, of waarin Evies geweten haar had gedwongen mijn moeder in te lichten over de brief.

'Dus je hebt mijn Tom ontmoet?' vroeg Alice me nu.

'Ja.' Ik keek op. 'Meneer Stafford was zo aardig me uit te nodigen om bij hem te komen logeren.'

'Hoe is het met hem?'

'Goed.' Ik dacht aan zijn vitaliteit en gezondheid, aan hoeveel beter het met hem leek te gaan dan met haar.

Ze glimlachte. 'Dat is fijn om te horen. En je bent erin geslaagd contact met hem op te nemen. Ik weet uit ervaring dat dat tegenwoordig nogal moeilijk is, zie je.'

Ze zei het op luchtige toon, maar ik liet me niet voor de gek houden. Ik dacht aan de ansichtkaart die Stafford zo zorgvuldig had bewaard en nooit had kunnen beantwoorden.

'Ja,' zei ik. 'Ik heb hem geschreven en de tekening meegestuurd, die van u bij het meer.'

Haar gezicht klaarde op. 'Heb je die tekening gezien?'

'Ja.'

'Heeft zij hem ook gezien? June?'

'Nee, ik ben bang van niet.'

'Dus ze heeft het nooit geweten?'

De pijn in haar blik was zo rauw dat ik overwoog te liegen en me afvroeg of ik misschien zou zeggen dat mam toen ze aan boord ging van dat vliegtuig wist dat ze als kind niet aan de kant was geschoven. Maar ik kon het niet. Ik schudde mijn hoofd en voelde me meteen gedwongen eraan toe te voegen: 'Maar ze was gelukkig, weet u. Tevreden. Het heeft haar niet tot een slachtoffer gemaakt.'

'Nee, dat kon ik zien.' Alice dronk voorzichtig van haar koffie. 'Ik was – ik ben – zo ontzettend trots op haar. Ik wou dat ik haar had kunnen leren kennen, of haar had kunnen ontmoeten, al was het maar een keer. Misschien is dat egoïstisch van me. Misschien was het beter dat ze niets over me wist, dat ik nooit de kans heb gehad het uit te leggen. Ik had wat ze met haar adoptiemoeder had niet op het spel willen zetten.'

'Het was verkeerd van Evie om het haar niet te vertellen.'

Ze schudde haar hoofd. 'Dat zou ik natuurlijk graag willen denken. Maar was dat wel zo? Zou ik in haar positie anders hebben gehandeld? Ik vraag het me af.'

We luisterden enkele ogenblikken naar het gespetter en geschreeuw van opgetogen kinderen.

'Werkt hij nog?' vroeg Alice plotseling.

'Ja,' zei ik. 'Hij schildert nog steeds, elke dag geloof ik.'

'Zo zie ik hem voor me. Op zijn ruige eiland, met zijn doeken, omringd door wind en water, het is precies het soort plek waar hij het gelukkigst zou zijn. Mocht je hem graag? Konden jullie met elkaar overweg?'

'Ja, heel goed zelfs.'

Dat leek Alice plezier te doen. 'Dat dacht ik wel. Je lijkt echt op hem, in veel aspecten. Grappig, want ik heb altijd gedacht dat expressie, gebaren en dat soort dingen waren aangeleerd, niet aangeboren. Misschien zit dat toch ook in de genen.'

Daar begrijp ik niets van. 'U praat alsof we familie van elkaar zijn.'

Alice keek me aan en liet een lange stilte vallen. Toen zei ze: 'Maar liefje, dat is ook zo. Tom Stafford is je grootvader.'

Ik had het gevoel dat de grond onder me verdween. 'Nee,' zei ik. 'Nee, dat is hij niet.'

Ze lachte, eerder verbaasd dan geamuseerd.

'Mijn grootvader is toch de man die u in Venetië hebt ontmoet, Julien?'

'Dat is wat Tom denkt. Het is wat ik hem heb verteld, maar dat was een leugen. Ik heb nooit dat soort relatie met Julien gehad, al probeerde hij het beslist.' Ze zuchtte. 'Dus zie je, alles wat ik Tom die dag in de tuin vertelde was waar, behalve het gedeelte dat niet waar was.'

'Maar waarom?' vroeg ik vertwijfeld. 'Waarom hebt u hem dat aangedaan?' Ik zag het stel aan de tafel naast de onze naar ons kijken en slaagde er met enige moeite in zachter verder te praten. 'Volgens mij heeft dat zijn hart gebroken.' Het klonk drastisch, maar terwijl ik het zei realiseerde ik me dat het waar was.

'Ik weet het,' zei ze kleintjes. 'Het was een noodzakelijke wreedheid. Ik hoop dat je dat kunt geloven. En als je het kunt accepteren, kun je misschien ook begrijpen dat ik het voor hem deed. Je kent Tom, Kate. Je weet wat voor soort man hij is. Hij zou alles hebben opgegeven, alles waarop hij hoopte. Hij zou het werk zijn blijven doen waar hij een hekel aan had om ons te onderhouden. Ik weet zeker dat hij me dat uiteindelijk kwalijk zou hebben genomen.'

'Maar later dan, toen u dacht dat de baby dood was?'

'Waarom zou ik dat ook tot zijn tragedie maken? Dat zou nodeloos wreed zijn geweest. Ik wil dat je iets beseft, Kate. Zijn hart was niet het enige dat brak toen ik die leugen vertelde.'

Ik kon mezelf er niet van weerhouden door te vragen. 'Als u haar had gehouden, mijn moeder, als ze haar niet naar het weeshuis hadden gebracht, zou u het hem dan uiteindelijk hebben verteld?'

'Ja, ik denk het wel. Ik wilde hem de vrijheid geven om datgene te doen waarvan hij hield. Ik was van plan geweest met de baby weg te lopen. Ik wist dat we naar Parijs zouden gaan. En dan, wanneer Tom de kans had gekregen zijn dromen te verwezenlijken, zou ik het hem wellicht hebben verteld. Niet om hem aan ons te binden, maar omdat hij het verdiende de waarheid te kennen.'

'Hoezo wist u dat het Parijs zou worden?'

'Toen ik zestien was nam mijn tante...'

'Lady Margaret,' vulde ik aan.

Ze keek me verbaasd aan. 'Ja, tante Margaret nam me voor een weekend mee naar Parijs. We gingen naar haar favoriete café, vlak bij de Boulevard Montparnasse. Daar waren allerlei interessante lui te zien, maar met name een vrouw viel me op. Ze was alleen en had koffie besteld. Aan haar voeten lag een kleine hond te slapen en ze hield een boek zo in haar rechterhand...' ze deed het voor. 'Ik dacht bij mezelf: die persoon wil ik zijn. Iemand die in haar eentje in een café kan gaan zitten zonder aan iemand verantwoording te hoeven afleggen.' Ze glimlachte. 'Daar kun je wel uit opmaken hoe naïef ik was. Misschien was ze wel iemands minnares. Misschien zat ze de tijd te doden terwijl haar echtgenoot aan het werk was. Voor mij vertegenwoordigde ze echt iemand die baas was over haar eigen leven. En ik dacht bij mezelf: Parijs is de plek waar ik die persoon zou kunnen zijn.'

40

Parijs, juni 1934

Het lijkt Alice vreemd dat ze pas vier jaar in de stad is. Want het is haar thuis geworden, het centrum van haar eigen kleine universum. Ze zou met een blinddoek om door de straten rondom haar kamer kunnen lopen en steeds precies weten waar ze was. Als ze ooit aan al die jaren denkt die ze in Londen heeft gewoond, verbijsterd het haar dat ze die stad nooit heeft begrepen, nooit het fijne netwerk van straten heeft gekend die de verschillende plekken met elkaar verbonden waar ze misschien op de achterbank van een auto langs was gekomen.

Er zijn mensen die zeggen dat Parijs niet meer is wat het in de jaren twintig was, toen er volop geld in de stad was en je er het soort uitbundigheid zag waarmee tijden van voorspoed gepaard gaan. Er dineren nu geen interessante mensen meer in het Ritz, zeggen ze. De schone kunsten zijn niet meer wat ze geweest zijn nu zoveel grote schrijvers en schilders zijn vertrokken op zoek naar groenere weiden. De grote namen onder de immigranten: de Hemingways, de Fitzgeralds, de Joyces... allemaal weg. Maar Alice, die dat Parijs nooit heeft gekend, kan zich geen opwindender plaats voorstellen dan die waar ze nu woont.

Ze heeft een mogelijk nieuwe baan gevonden. Ze heeft er over gehoord van madame Fourrier, wier zus als huishoudster voor een rijke familie in het 16e arrondissement werkt.

'Ze zoeken een gouvernante,' zei ze tegen Alice. 'Ik heb Bertrande verteld dat jij perfect zou zijn voor die baan.'

'Waarom?'

'Toe nou, lieverd, het is duidelijk dat je pienter en goed opgeleid bent. Ik heb je de boeken zien verslinden die je mee naar huis brengt. Bovendien – en dat moet je niet verkeerd opvatten – ben je duidelijk niet voor serveerster in de wieg gelegd.'

'Het is zo lang geleden dat ik op school zat.'

'Daar hoef je je niet druk over te maken. De kinderen hebben voor de meeste vakken een leraar. Hij komt elke dag.'

'Waar hebben ze mij dan voor nodig?'

'Engels. De ouders willen dat ze het leren, al mag de hemel weten waarom iemand zou denken dat Engels een nuttige taal is. Ze willen iemand die het ze op een natuurlijke manier leert spreken, je weet wel, zoals de Engelsen zelf. Het zijn goede werkgevers, zegt Bertrande. Als je tenminste geen problemen hebt met de eigenaardigheden van hun soort.'

'Wat voor soort?'

'Je weet wel: joden.'

De eerste ontmoeting van Alice met madame De Rosier verloopt een beetje verrassend. Ze had een vooraanstaand, verheven persoon verwacht die bij het huis paste, een gebouw dat haar moeder wel zou hebben goedgekeurd, gebouwd om te intimideren en ontzag in te boezemen. Sophie De Rosier strookt echter niet met haar vooropgezette mening. Alice wordt naar de salon gebracht, het is een kamer als een witte tempel waar het groene licht van de tuin door de ramen naar binnen valt. Madame De Rosier lijkt klein en erg jong in dat vertrek. Ze lijkt zelfs nauwelijks ouder dan Alice zelf, hooguit achter in de twintig. Haar gezicht is een bijna volmaakt ovaal met een kleine mond en grote donkere ogen. Het is een gezicht dat eerbiedig, vroom zelfs, zou kunnen zijn als de gastvrije glimlach er niet was geweest.

'Dus jij bent Alice.' Ze spreekt Engels, maar klinkt nerveus, alsof het gevoel van de taal in haar mond haar niet vertrouwd is.

Alice knikt.

'Spreekt u Frans?'

'Ja.'

Dat is duidelijk een opluchting. Madame De Rosier stapt dankbaar over op haar moedertaal. 'Goed. Laten we gaan zitten.'

Alice neemt plaats in de stoel die haar wordt aangewezen en even gaat haar aandacht naar het schilderij dat achter madame De Rosier aan de muur hangt. Het is een studie van een boomgaard: een werk met veel groen en licht. Door de takken van de bomen zijn witte plekken leeg canvas te zien maar het resultaat is niet zozeer onaf, maar juist realistischer dan wanneer het helemaal met verf zou zijn ingevuld: het effect van een bleek voorjaarszonnetje dat door een baldakijn van jonge bladeren heen dringt.

Madame De Rosier ziet Alice kijken. 'Cézanne,' zegt ze.

'Ik vroeg het me al af want ik heb een deel van zijn werk gezien in de Galerie du Luxembourg.'

'Mijn man is een groot liefhebber van kunst. Dat zijn we allebei, maar hij weet alles over de verschillende bewegingen, de nieuwe technieken en stijlen, ik weet alleen maar wat ik mooi vind.' Madame De Rosier glimlacht verlegen.

'Het is prachtig. Een van de mooiste die ik ooit heb gezien.'

'Dank u. Het lijkt erop dat we dezelfde smaak hebben.'

Alice is degene die meent dat ze over het doel van hun ontmoeting moet beginnen, want madame De Rosier lijkt daar geen haast mee te hebben. 'Ik heb begrepen dat u een gouvernante zoekt.'

'Ja, dat klopt. Ter zake, zoals mijn man zou zeggen. U hebt uitstekende referenties.'

Alice schuift heen en weer op haar stoel. Ze heeft niets over referenties gehoord, al zou het haar niet verbazen dat dat het werk is van madame Fourrier.

Madame De Rosier lijkt haar onbehagen te interpreteren als bescheidenheid. 'Als ik eerlijk mag zijn,' zegt ze, vooroverbuigend in haar stoel, 'was de belangrijkste aanbeveling van allemaal dat u zelf Engelse bent.'

'Dat klopt, al woon ik nu wel hier, ik beschouw Parijs als mijn thuis.'

'Maar u zou mijn kinderen de Engelse manieren en gebruiken kunnen leren en hun het echte Engels leren spreken, zonder Frans accent. En misschien, als er na de lessen van de kinderen tijd over is, zou u mij dan ook kunnen onderwijzen?'

Alice wordt voorgesteld aan de kinderen: Antoine, vijf jaar oud, verschrikkelijk verlegen en nauwelijks in staat haar langer dan een paar seconden aan te kijken en het meisje, Marguerite, met die typische kalmte die meisjes van zes eigen is.

'U ziet er niet oud uit,' zegt ze uitdagend tegen Alice.

'Nee, dat ben ik ook niet.'

'Ik dacht dat alle gouvernantes oud waren. Onze leraar wel. Hij is een fossiel.'

Op weg naar buiten wordt Alice' aandacht getrokken door nog een mooi voorwerp: een prachtige, achtarmige zilveren kandelaar.

'Wat buitengewoon mooi,' zegt ze.

Madame De Rosier is plotseling slecht op haar gemak. 'Het is een erfstuk, van de familie van mijn man,' zegt ze gehaast, waarna ze eraan toevoegt: 'Maar weet u, we beschouwen onszelf eerst en vooral als Frans.'

Alice staat perplex. 'Ja, natuurlijk.'

Een paar weken later zit Alice weer met haar nieuwe werkgeefster te praten.

'Waarom wilt u dat uw gezin de taal leert?' vraagt Alice. Ze spreken nu zo vaak mogelijk Engels. Sophie staat daarop. Ze moet gedwongen worden, legt ze uit, anders wordt ze lui.

'Het is een prachtige taal.' Sophie neemt voorzichtig een slokje van haar kruidenthee en kijkt Alice over de rand van haar kopje aan alsof ze tot een besluit probeert te komen. 'Er is echter nog een andere reden. Monsieur De Rosier en ik... we denken er al een poosje over naar Engeland te verhuizen.'

'Waarom?'

'Nou, weet je, het gaat...' Ze aarzelt even. 'Mijn man heeft het de laatste tijd wat moeilijker.'

'In welke zin?'

'Ik realiseer me dat iedereen het de afgelopen paar jaar moeilijker heeft gekregen en dat wij zeker nog van geluk mogen spreken. Voor ons gaan de zaken nog steeds goed. Je zou niet verwachten dat mensen tijdens een crisis bont kopen, maar Franse vrouwen schijnen niet zonder bont te kunnen. Er heerst echter een zekere weerzin tegen mensen zoals wij. Niet dat dat niet altijd al tot op zekere hoogte het geval is geweest, maar de laatste tijd is het... laten we zeggen heftiger.'

'En denkt u dat het in Engeland beter zal zijn?' Alice denkt aan haar stiefvader en zijn kameraden.

'Misschien, misschien niet. Monsieur De Rosier heeft familie in Londen en er is sprake van het bedrijf te verhuizen, met hen samen te gaan werken. Een nieuwe start voor ons.'

'Maar u gaat niet al snel?'

'Niet direct. Het zal tijd kosten om onze zaken op orde te brengen. Bovendien willen we niet gaan voor we de taal echt vloeiend kunnen spreken. Monsieur De Rosier gelooft niet dat hij hulp nodig heeft met zijn Engels, maar het is ook wel waar dat hij zich op de een of andere manier overal altijd wel verstaanbaar weet te maken.'

'Aha.'

'Je bent zo goed met de kinderen,' zegt Sophie, 'we zouden hen niet zo snel al bij je weg kunnen halen, al zouden we het willen. Ik weet zeker dat ze het niet goed zouden vinden.'

'Dank u,' zegt Alice ontroerd. Ze is ook erg op hen gesteld geraakt. Het meisje dat, buitengewoon intelligent, gemakkelijk en bijna gulzig hele zinnen ineens oppikt en Alice uitdaagt eigenaardigheden van de grammatica en uitspraak uit te leggen: 'Waarom hebben ze besloten *dove* en *move* hetzelfde te schrijven,' vraagt ze, 'als ze wilden dat die woorden anders klinken?' En het jongetje, langzamer van begrip dan zijn zusje, maar eigenlijk ook nog maar een baby, die graag zijn kleine warme arm om Alice' nek slaat als ze hem voorleest, zijn adem tegen haar wang zoet en vaag naar melk geurend.

'Ik bedoel niet alleen het lesgeven,' zegt Sophie glimlachend. 'Je gaat zo liefdevol met ze om. Als die arme oude nanny Bisset er niet werkeloos door zou worden, zou ik je de hele tijd voor ze laten zorgen. Ik weet dat ze daar zelf ook de voorkeur aan zouden geven.' Ze kijkt Alice nieuwsgierig aan. 'Je wilt vast zelf ook ooit kinderen.'

Alice knikt zwijgend.

'Het spijt me,' zegt Sophie snel als ze aanvoelt dat er iets mis is. 'Dat was te vrijpostig van me.'

Alice schudt haar hoofd. 'Nee,' zegt ze. 'Dat is het niet. Het is...' Ze ademt diep in en kan nauwelijks geloven dat ze het gaat vertellen: 'Ik heb een kindje gehad, een meisje. Ze is gestorven.'

'O, Alice.' In één vloeiende beweging komt Sophie naast Alice zitten en slaat ze haar armen om haar heen. Dat plotselinge gebaar maakt iets in Alice los en tot haar verbazing voelt ze een hete traan over haar wang rollen. Ze veegt hem weg en probeert zich de laatste keer te herinneren dat iemand haar op deze manier heeft getroost. Tot haar verbazing slaagt ze daar niet in.

Er is snel een patroon ontstaan. Eerst krijgen de kinderen een paar uur les, daarna volgt het onderricht aan Sophie, al lijkt het niet formeel genoeg om het zo te noemen. Ze zitten vaak gewoon in de salon met elkaar te praten, waarbij geen enkel onderwerp wordt geschuwd. Dat wil zeggen, geen onderwerp behalve Tom. Alice heeft niets over hem gezegd, niet omdat ze niet gelooft dat Sophie het zou begrijpen, verre van dat zelfs, maar omdat ze vreest dat het te pijnlijk zou zijn om over hem te praten.

Naderhand nodigt Sophie Alice bijna altijd uit te blijven lunchen, soms samen met de kinderen in de kinderkamer en soms alleen met Sophie in de ruime ontbijtkamer aan de voorkant van het huis.

Wanneer Alice op een dag terug naar Fourrier loopt, begrijpt ze voor het eerst haar grote opluchting over het feit dat de De Rosiers niet op korte termijn naar Engeland verhuizen. Het is niet zomaar het vooruitzicht het gezelschap van de kinderen of de bevrediging van het werk kwijt te raken. Het komt doordat ze in Sophie De Rosier onverwachts iets heeft gevonden wat ze sinds Tom niet echt meer heeft gehad. Een metgezel.

Ze denkt echter nog steeds aan Tom. Nu lijkt het alsof de tranen die ze eerder heeft vergoten een soort transformatie in haar teweeg hebben gebracht. Ze voelt zich dapperder, roekeloos zelfs. Heeft ze genoeg tijd laten verstrijken? Ze weet het niet zeker, maar besluit hem toch te schrijven. Een deel van haar verlangt er heimelijk naar hem de waarheid te vertellen, maar dat mag ze niet doen. Ze is verstandig genoeg om dat te weten. In plaats daarvan schrijft ze hem niet zonder trots over haar nieuwe zelfstandigheid. Ze beschrijft madame De Rosier, de Amerikaanse schrijver, haar kamer bij Fourrier, en ze geeft hem het antwoordadres, per adres madame F. Hoopt ze heimelijk dat hij, hiermee gewapend, met de eerste boot het Kanaal over zal steken om haar te komen zoeken? Ze staat zichzelf niet toe te diep over haar gevoelens na te denken.

Ze weet dat het een absurde hoop zou zijn. Dat houdt ze zich voor als er in plaats daarvan een pakketje wordt gebracht: vrij klein, verstevigd met karton. Ze opent het voorzichtig en ontdekt een brief en een in oliedoek gewikkelde schets, waarvan de inkt al begint te vervagen van ouderdom. Daar zit ze bij het meer, onder de overhangende takken van de twee oude wilgen. Ze herinnert zich de drukkende hitte van die dag. Ze herinnert zich ook hoe ze Toms ogen op zich gericht voelde toen ze haar kleren uittrok en hoe ze daarvan genoot, van het besef van haar macht over hem. En de avond erna... Alice krijgt een drukkend gevoel in haar borst, bijna alsof ze weer op het punt staat te gaan huilen, wat belachelijk is. Ze heeft al heel lang niet meer gehuild en twee keer op een dag zou absurd zijn. Snel richt ze haar aandacht op de brief, in de hoop daar afleiding in te vinden.

1 september 1934

Lieve A,

Wat fijn om van je te horen en te weten dat je gelukkig bent. Je bent vaak in mijn gedachten, dus nu kan ik je waarheidsgetrouwer voor me zien, brieven schrijvend terwijl je over de daken van de stad uitkijkt. Sorry dat ik het zeg, maar ik kan me je niet voorstellen als gouvernante. Misschien omdat het werk binnenshuis is en ik je altijd alleen maar buiten voor me zie. Maar ik ben blij dat je er plezier in hebt.

Laat ik beginnen met te zeggen dat ik triest nieuws heb. Vorige week heeft mijn vader zich van het leven beroofd. Ma heeft hem gevonden en is buiten zichzelf. En toch – al is het vreselijk om zoiets te zeggen – kan ik niet anders dan het ook als een opluchting beschouwen. Hij was de afgelopen jaren zo achteruit gegaan dat het een dagelijkse bezoeking was geworden om voor hem te zorgen en ik weet niet of ma nog wel de man in hem kon zien met wie ze ooit is getrouwd. Begrijpelijkerwijs wil ze niet in het huis in Putney blijven wonen. Morgen verhuist ze naar Islington om bij Rosa en haar gezin te gaan wonen.

Ik ben gisteren gestopt met mijn baan in Silk Street. Het werk stompte me af en was fantasieloos. Toen ik me realiseerde hoezeer dit van invloed was op mijn schilderkunst, beangstigde dat me. Ik heb zes stukken weten te verkopen – kun je het geloven? – aan een man met wie je tante Margaret me in contact had gebracht. Het is ongelooflijk, maar die verkoop heeft me bijna net zoveel opgeleverd als ik met vijf maanden werken bij Locke & Proudfoot zou verdienen.

Dus nu ga ik naar New York. Zoals ik het zie zijn er twee steden op aarde waar een aankomend kunstenaar momenteel zou moeten zijn, en dat zijn New York en Parijs. Ik wil niet de zoveelste Engelsman zijn zoals Rupert Grant, die naar Frankrijk gaat om te proberen Picasso te kopiëren. Ze zeggen dat New York de plek is waar kunstenaars uitstijgen boven wat ze in Europa hebben geleerd.

Ik heb genoeg geld van mijn schilderijen en spaargeld om de overtocht te betalen en hopelijk voor een bescheiden huurwoning en om een paar maanden van te leven. Het lijkt misschien gevoelloos dat ik zo kort na mijn vaders dood wegga, maar ma moedigt me hier echt in aan. Zonder haar zegen zou ik het nooit hebben gedaan. Ik sla het merendeel van mijn werk hier op, maar toen ik deze tekening van jou weer zag, wilde ik die niet naar een of andere donkere plek sturen. Ik hoop dat hij je eraan zal herinneren hoeveel plezier we samen hebben gehad.

Mijn schip vertrekt over een paar dagen uit Southampton en de overtocht zou, als het weer meewerkt, niet meer dan vijf of zes dagen moeten duren. Ongelooflijk, als je bedenkt dat het je nog niet eens zo lang geleden zoveel tijd gekost zou hebben om het vasteland van Europa te bereiken. De eerste week of zo logeer ik bij een Amerikaanse kerel die ik nog van Oxford ken, Eddie Bloomberg. Ik kan me niet herinneren of je hem ooit hebt ontmoet, maar ik betwijfel het. Eddie is veel te charmant. Ik zou nooit het risico hebben genomen hem aan je voor te stellen.

Na mijn tijd bij Eddie zal ik proberen woonruimte voor mezelf te vinden, bij voorkeur midden in de stad. Eddie heeft aangeboden me te helpen met zoeken, al vermoed ik dat zijn maatstaven mijn budget te boven zullen gaan.

Ik zal je weer schrijven wanneer ik de Atlantische Oceaan ben overgestoken. Zo... hoe klinkt dat, hè?

Groet, T.

Hij klinkt – wat? – gelukkig. Nou, mooi zo. Alice is blij voor hem. En toch kan ze niets doen aan de pijn in haar borstkas die ontstaat bij de gedachte dat hij nog verder bij haar vandaan gaat, een nieuw leven tegemoet. Het is absurd, dat weet ze. Ze is zelf immers degene die als eerste is weggegaan.

41

'Wat doe je,' vraagt Sophie De Rosier, 'op de dagen dat je niet hierheen komt?'

'Ik typ soms voor een schrijver, maar hij kan me niet betalen. Ik serveer ook bij Bistro Fourrier, al ben ik daar niet bijzonder goed in.'

'Dat is ook niet voldoende,' zegt Sophie, 'je moet je wel vreselijk vervelen. Je bent veel te intelligent om als serveerster te werken. Je hebt een interessantere werkplek nodig.'

Alice haalt haar schouders op. 'Ik kan de huur ervan betalen en er lijkt niet zo veel ander werk te zijn.'

'Nou,' zegt Sophie, 'dat is het nou juist. Ik heb gehoord dat er wellicht iets is vrijgekomen.'

En dus begint Alice een paar dagen later in haar nieuwe baan bij het Dupré Musée d'Archéologie. De eigenaar is een vriend van de overleden vader van Sophie, die met hem aan de universiteit heeft gestudeerd. Jean Dupré lijkt nog ouder dan hij is, broos geworden door bijna-blindheid en het verdriet na het overlijden van zijn vrouw. Toen hij jong, fit en vitaal was, zo vertelt Sophie, reisde hij de hele wereld over als selfmade archeoloog, die stukken voor zijn verzameling bij elkaar zocht. Dat was nog in de tijd dat een welgesteld man in zijn vrije tijd als amateur kon liefhebberen en op enig succes kon hopen.

De meeste van de voorwerpen in het museum zijn ontdekt tijdens Duprés reizen, en veel ervan zijn veeleer intrigerende curiosa dan stukken van echte archeologische waarde. Niettemin zijn ze beslist fascinerend.

De rol van Alice werd voorheen door Duprés dochter Lucille vervuld, die onlangs uit Parijs is vertrokken om met haar nieuwe echtgenoot in het zuiden te gaan wonen en een gezin te stichten. Als gevolg van Duprés invaliditeit is het feitelijk runnen van het museum al enkele jaren de taak van zijn zoon Étienne. Étienne is een van de langste mensen die Alice ooit heeft gezien – ruim twee meter lang – en tegelijk een van de zachtaardigste. Hij is mager en heeft een kippenborst en een weerspannige bos vrij licht haar. Dat alles bij elkaar wekt de schijn van een uit zijn krachten gegroeide tiener.

Dan is er nog Georgette, studente archeologie aan de Sorbonne, die als archivaris in het museum werkt om haar 'uitgaansgeld' te verdienen. Als dochter van intellectuelen beschouwt Georgette haar universitaire opleiding als volkomen vanzelfsprekend. 'Maar stel je voor,' zegt ze, 'wat papa ervan zou zeggen als ik besloot in een atelier te gaan werken of... o, als ik zou trouwen en alleen maar baby's zou krijgen. Wat zou hij geschokt zijn! Hij zou me waarschijnlijk onterven.'

Alice geniet van het werk met Étienne en Georgette, de een stil en hoffelijk, de ander rumoerig, vreselijk pienter, met vaak dubbelzinnige uitspraken en een reeks ongeschikte vriendjes, wier tekortkomingen ze tot in de kleinste details beschrijft. Ze geniet echter ook van de momenten, meestal vroeg in de ochtend, waarop ze alleen in het museum is.

Vroeg op de dag is de lucht in het museum vreemd koel en onbeweeglijk, vol stofdeeltjes die langzaam wegdrijven als zij door de vertrekken loopt. Alice heeft zich al afgevraagd of de temperatuur in de zalen misschien wordt beïnvloed door de artefacten zelf, zich afgevraagd of ze wellicht een herinnering met zich meedragen aan de koude aarde waarin ze zo lang begraven hebben gelegen.

Er zijn de juwelen, de oorringen en halssieraden, prachtig en waarschijnlijk ooit een teken van grote rijkdom, maar afwijkend van wat wij nu kennen door het gebrek aan symmetrie. Er zijn de munten, geslagen schijven van echt goud en brons, sommige zo groot als potdeksels, andere niet groter dan de nagel van een duim.

Alice kijkt er graag naar, naar deze voorwerpen die ooit zoveel macht vertegenwoordigden en nu veeleer worden gewaardeerd om hun status als relikwieën dan als iets wat ze zouden kunnen kopen of gebruiken.

Er is één skelet aanwezig in het museum. Het ligt midden in de laatste zaal in een glazen vitrine. De resten dateren volgens het bijschrift uit het Normandische tijdperk. Het skelet is het kostbaarste stuk in de collectie van het museum. Het werd ontdekt in een ongemarkeerd graf in de buurt van Caen, ondieper dan gewoon voor die tijd en op enige afstand van de dichtstbijzijnde kerk. Een slechter graf dan zelfs de armste horige zou hebben gekregen. Toch deed de ring om haar vinger – ongelooflijk verfijnd en met een kostbare steen – vermoeden dat ze ooit een edelvrouw was geweest. Het bijschrift speculeert dat ze wellicht haar familie te schande heeft gemaakt met een oneervolle daad die niet kon worden vergeven: een buitenechtelijk kind misschien. Of dat ze is weggelopen en alleen, ver weg van haar familie, is gestorven en dat een onbekende haar uit beleefdheid heeft begraven. Georgette vindt het skelet niet leuk en mijdt de zaal zo veel mogelijk, maar Alice ervaart er, in haar eentje in de vroege ochtend, een vreemd soort bescherming en een bijzonder gevoel van vrede.

De volgende brief van Tom komt een week later.

9 september 1934

Lieve A,

Ik ben in New York gearriveerd. Ik heb al een paar dagen vaste grond onder mijn voeten, maar het was een ruwe overtocht en ik heb nu en dan nog steeds het gevoel dat de grond kantelt.

Ik zeg wel New York, maar dat is wellicht misleidend. Als je aan New York denkt, vermoed ik dat je net als ik aan wolkenkrabbers en standbeelden denkt. Ik ben echter niet in Manhattan, maar in een plaatsje dat Sand's Point heet.

De familie van Bloomberg is van oud Amerikaans geld. Het huis is spectaculair, zij het van een uit de toon vallende Engelse stijl: het lijkt iets uit de tijd van Jakobus I, met veel donker hout en glas-in-lood en iets te veel pilaren en borstweringen. Het grote verschil is, denk ik, dat het er weliswaar uitziet alsof het eeuwen oud is, maar dat belangrijke zaken als sanitair en elektra allemaal absoluut het nieuwste van het nieuwste zijn, wat betekent dat alles bijna verontrustend efficiënt werkt.

Eddie heeft twee jongere zussen, Lou en Beatty: nogal dwaze wezens die kennelijk in alles een voorbeeld nemen aan de Talkiesterren die ze zo bewonderen. Toen ik aankwam was Beattie nog steeds aan het bijkomen van een mislukte poging haar donkere haren zo platinablond te verven als Jean Harlow. Helaas was het in plaats daarvan oranje geworden. Ze zijn ergens wel grappig samen, als een komisch duo, maar het is wel wat verontrustend als je bedenkt dat al hun dwaasheden eigenlijk helemaal niet komisch bedoeld zijn. Lou vertelde me vanmorgen dat het belangrijk was dat ik haar schets voordat ik wegga omdat 'een meisje niets is zonder een man die haar wil portretteren'. Een foto, zei ze, zou de voorkeur hebben genoten, maar ze zou zich tevredenstellen met mijn schamele pen en inkt.

Alle luxe van het huis en de tuinen rondom en de grote vrijgevigheid en vriendelijkheid van mijn gastheer en -vrouw ten spijt, wil ik niets liever dan het water oversteken naar Manhattan. Ik kan het aan de overkant zien liggen, met de wolkenkrabbers die als een rij donkere tanden afsteken tegen de lucht. Morgen ga ik erheen om naar woonruimte te zoeken, waarschijnlijk in een buurt die de arme mevrouw Bloomsberg zou doen flauwvallen van afgrijzen. Het is in dit post-beurskrachklimaat kennelijk gemakkelijk genoeg om goedkope woonruimte te huren. Ik geef je niet het adres van hier want ik ben van plan snel in mijn eigen flatje te zitten en dan schrijf ik je meteen weer.

Groet, T

Zoals beloofd komt de volgende brief binnen een paar dagen.

13 september 1934

Lieve A,

Ik heb iets gevonden! Het is perfect voor mij, klein maar licht en niet te chic, zodat ik me niet te druk hoef te maken als ik mors met verf. Het is in een buurt die ze The Village noemen en ik vind dat het inderdaad wel iets van een dorp heeft, want het heeft een eigen identiteit, anders dan die van de stad. En je zou het aantal bladen moeten zien dat puur gewijd is aan de culturele capaciteiten van deze kleine enclave.

Ik woon in een straat die Bleecker heet, boven een Italiaanse bakkerij. Ik word elke morgen wakker met de geur van vers brood en de vrees dat mijn favoriete brood zal zijn uitverkocht roept me beter mijn bed uit en naar beneden dan een wekker zou kunnen. Verderop zit een Duitse kruidenier en daarnaast een Poolse herenkapper, wiens uithangbord als een reusachtige zuurstok buiten de wacht houdt. Als je de andere kant op loopt, kom je langs een Armeense wasserette en een Franse bistro. Je vindt heel veel van Europa terug in alleen al vijftig meter van deze straat.

Iedereen, zo lijkt het – iedereen die nog geld heeft om aan iets anders dan het hoogstnoodzakelijke te besteden – wil als een beschermheer van de kunsten worden gezien. Investeren in cultuur is kennelijk een nobeler onderneming dan bijvoorbeeld een renpaard kopen of een raceauto, wat onbetamelijk zou zijn in een tijd van zulke armoede.

Een kunstenaar te zijn in deze stad, zelfs zo onbekend als ik, verleent je dus een soort paspoort dat je in staat stelt je in de samenleving te bewegen zoals je anders niet zou kunnen. Ik word voor de meest onverwachte evenementen uitgenodigd en aan de mensen voorgesteld als 'de schilder', zodat niemand eigenlijk echt weet hoe ik heet. Ik ga soms 's avonds naar plekken zoals de nachtclub die ze de Elmo noemen, waar rijke en beroemde mensen op stoelen bekleed met zebravel zitten en waar een Tom Collins meer kost dan mijn buurman de Poolse herenkapper waarschijnlijk in een maand verdient.

Voor deze mensen was de beurskrach alleen maar vervelend. Ze gaan in grote lijnen gewoon door zoals ze dat in 1928 deden. Misschien bestellen ze de wijn van 1922 in plaats van die van 1910, maar dat is waarschijnlijk eerder vanuit het verlangen om niet al te extravagant over te komen dan vanwege een echt gebrek aan geld. En natuurlijk zijn ze tegenwoordig vooral blij dat ze legaal kunnen drinken.

Uiteraard doen sommigen op de heilige dansvloer van Elmo's alleen maar alsof ze tot deze selecte groep behoren. Ik werd daar voor het eerst mee naartoe genomen door twee Broadwaydanseresjes die overdag model stonden voor kunstenaars om de eindjes aan elkaar te kunnen knopen. Ze gingen in hun danstenues, die ze droegen als een soort uniform, naar de nachtclub en gooiden hun benen omhoog in een dans die de Lindy Hop heet. Na dat optreden vlijden ze zich tegen iedereen aan die oud en lelijk genoeg was om miljoenen op de bank te hebben.

Maar op elke straathoek kom je mensen tegen die alles zijn kwijtgeraakt. Ik denk dat het te maken heeft met het stratenplan in New York, dat is ingericht als een raster. Het betekent dat je van een elegante avenue vol boetieks en cocktailbars linksaf kunt slaan om terecht te komen in een straat waar mannen op de stoep liggen te slapen bij gebrek aan onderdak. Als ik door een dergelijke straat loop, voel ik me schuldig voor de schoenen aan mijn voeten, de jas aan mijn lijf. Ik kan die mensen niet in de ogen kijken als ik ze mijn kleingeld geef, uit angst dat ze een nietsnut, een klaploper zullen zien: een man die een fatsoenlijke baan heeft opgegeven om een leven van decadentie en onverantwoordelijkheid te leiden.

Wanneer ik die mannen zie, heb ik het gevoel dat ik mijn kunst zou moeten gebruiken om een statement te maken, om mensen de les te lezen over de onrechtvaardigheden van het kapi-

talisme zoals ik dat in deze stad zie. In plaats daarvan ben ik geneigd een verhaal te vertellen. Ik wil New York laten zien in al zijn schoonheid en slechtheid, zijn kleur en zijn duisternis.

Ik werk hier beter dan ooit tevoren. Mijn doeken lijken in een verbazingwekkend tempo gestalte te krijgen. Elke morgen word ik wakker met de angst dat het voorbij zal zijn, deze nieuwe uitbarsting van productiviteit, dat ik uitgeknepen, opgedroogd zal zijn. Maar elke dag herhaalt het wonder zichzelf. Ik ga me niet afvragen waarom of waar het vandaan komt. Als ik er echt scherp naar kijk, ontglipt het me misschien.

Mijn werken worden ook verkocht. Geloof het of niet, maar over een week heb ik mijn eigen tentoonstelling.

Groet, T.

42

New York, september 1986

We hadden een rondje door een deel van het park gemaakt, langs de rand van het meertje dat nu naar Jackie Kennedy Onassis is genoemd en waren nu van de Upper East Side op weg naar Midtown, waar Alice zei dat ze een goede Franse zaak kende om te lunchen.

De lucht was grijs geworden en het water van het meer was een donkerder weerspiegeling daarvan, tot rimpels opgezweept door de wind. Alice manoeuvreerde snel, ongeduldig zelfs, met haar rolstoel en ik moest snel lopen om haar bij te houden. Ik besefte dat ze altijd alles met veel energie had gedaan en dat ze niet van plan was zich daar door ouderdom en broosheid van te laten weerhouden. Maar broos was ze. Ik kon het blauwwit van haar schedel door de schaarse witte haren heen zien, en de broodmagere gebogen schouders onder de haar omhullende brede sjaal.

Tijdens de wandeling vroeg ze me naar mijn leven met mam. Waar hadden we gewoond? Wat deden we in de weekends graag? Hield mam van lezen, wie en wat las ze? Hield ze van kunst? Muziek? Behalve de pijn van het verlies riepen die vragen een gevoel van onbehagen op omdat Alice ze zo gretig stelde.

'Ik heb alle interviews gelezen,' vertelde ze me, 'maar zoals je wel zult begrijpen, is dat niet genoeg.'

Ik probeerde haar zoveel mogelijk te geven, zowel de grote als de kleine dingen. Ik vertelde haar dat ik mam altijd net zo gracieus had vinden dansen in haar slippers als op haar spitzen. Ik vertelde haar over de keren dat ze met me ging zwemmen bij Tooting Lido en dat we daarna ijs gingen eten, over dat ze voor mijn veertiende verjaardag een verjaardagstaart per ongeluk met zout had gebakken in plaats van met suiker en me toen ter compensatie een heel glas champagne had laten drinken. Daar moest Alice om lachen. Ik vertelde over de foto-expositie van Barbara Morgan en over de donkere kamer die ze voor me had laten inrichten in de kelder.

Maar het zou niet genoeg zijn, dat kon ik zien. Te weten wat haar favoriete tijdverdrijf was, wat voor eten ze graag kookte, niets was zo goed als wanneer ze haar zelf zou hebben gekend, want zonder dat waren de antwoorden op de vragen allemaal maar abstract.

Terwijl ik daarover nadacht en me afvroeg hoe ze zo blind kon zijn voor de zinloosheid van haar vragen, zei Alice: 'Ik hoop niet dat je mijn nieuwsgierigheid erg vindt, maar ik geniet er ontzettend van je over haar te horen praten. Het is namelijk evenzeer de manier waarop je over haar praat als wat je me over haar vertelt. Het helpt me te begrijpen hoe geliefd ze was.'

We liepen een poos in kameraadschappelijk stilzwijgen verder. Toen zei Alice: 'Je hebt veel geluk gehad dat je een dergelijke vriendschap had met je moeder. Het kan natuurlijk ook iets van deze generatie zijn, maar ik kan je wel vertellen dat een dergelijke band niet vanzelfsprekend is.'

Ze wist dat uit eigen ervaring, dacht ik.

'Dat weet ik,' zei ik. 'Ik heb haar altijd als mijn beste vriendin beschouwt.'

Ik zag Alice knikken. 'Maar natuurlijk,' zei ze zacht, 'maakte dat het allemaal des te erger toen jij haar verloor.'

Ik kon geen woorden vinden om haar te antwoorden en ik was blij dat ze op dat moment mijn gezicht niet kon zien.

Het restaurant was inderdaad erg goed en erg Frans. Binnen was het moeilijk te geloven dat er buiten de deur een Amerikaanse stad lag. De inrichting was art deco: glanzend donker hout en chroom, glas-in-lood in geometrische dessins.

'De oorspronkelijke eigenaar vertrok in de jaren dertig uit Parijs,' zei Alice, 'en de gerechten stammen uit die tijd. En ik geloof niet dat ik me kan herinneren dat ik daar ooit iets beters heb gegeten. Maar in die tijd kon ik me natuurlijk de betere restaurants niet veroorloven.'

Er kwam een ober naar ons toe en Alice bestelde voor ons allebei een cocktail die French 75 werd genoemd. 'Er is niets bijzonder Frans aan,' legde ze uit, 'behalve de champagne. Maar het is best lekker.' De cocktails kwamen meteen, groot, licht en mooi, met een sierlijke krul citroenschil vakkundig over de rand gedrapeerd. Ik koos de eendenconfit, omdat dat het juiste gerecht leek om in een dergelijk restaurant te eten. Alice nam gepocheerde forel met roomspinazie.

We aten enkele ogenblikken zwijgend en toen zei Alice: 'Nou, Kate. Je hebt me heel wat over je moeder verteld en je hebt ook al veel – ongetwijfeld veel te veel – over mij gehoord. Maar hoe zit het met jou? Vertel me alsjeblieft wat over jezelf.'

Ik keek naar haar verwachtingsvolle gezicht en voelde een zekere paniek. 'Ik ben niet...' Ik haalde mijn schouders op en lachte enigszins wanhopig. 'Ik ben niet bijzonder interessant. Niet zoals mam.' Het kwam eruit als een verontschuldiging en ik neem aan dat het dat in zekere zin ook was.

Met een nogal felle blik in haar ogen zette ze haar glas neer. 'Ik zal doen alsof ik dat niet heb gehoord,' zei ze. 'Ik heb geen tijd om naar dat soort onzin te luisteren.'

'Nou,' zei ik, hulpeloos gebarend, 'ik heb geen groots talent zoals zij.'

'En je fotografie dan?'

Ik voelde mijn gezicht rood worden. 'Hoe weet u daarvan?'

'Dat is niet zo moeilijk. Zelfs al zou de draagriem van je camera niet uit je tas bungelen.' Ik keek omlaag en zag dat ze gelijk had. 'Ik weet al het een en ander over je. Laten we zeggen dat ik een oogje op je heb gehouden.'

'Hoe bedoelt u?'

'Nou...' Ze zweeg even, alsof ze overwoog of ze door zou gaan of niet. 'Ik was bij je afstudeerexpositie op de Slade.'

Ik keek haar met open mond aan.

Ze glimlacht bijna schaapachtig. 'Ik werk in de kunst, Kate, dat is een klein wereldje. Ik kwam er relatief gemakkelijk achter. En ik moet je vertellen dat ik niet vaak naar Londen kom. Ik was na mijn vertrek naar Parijs twintig jaar niet in de stad geweest.'

'Maar...' Ik probeerde het te begrijpen. 'Er zijn toen maar een stuk of vijftig mensen komen kijken.'

'Daar was ik er een van. Waarom zou je me opgemerkt hebben? Ik was een vreemde.'

Dat was waar, dacht ik. Pas wanneer je haar beter leerde kennen, ging je zien hoe bijzonder Alice was. Van een afstand was ze gewoon een vrouw op leeftijd.

Toen dacht ik ergens anders aan. 'De brieven. U stuurde mam er elk jaar een. Elk jaar dat ze optrad.'

Ze knikte. 'Ja. Haar te zien dansen werd echt een ritueel voor me, hoewel het vaak betekende dat ik naar Londen moest reizen. Ik stond mezelf maar één zo'n uitstapje per jaar toe. Ook als Marguerite en Antoine er niet geweest waren, zou het verkeerd zijn geweest dat vaker te doen, anders werd het te zeer een obsessie. Ik neem aan dat het me een mogelijkheid bood me met haar verbonden te voelen.'

Toen veranderde ze van onderwerp, misschien omdat ze het medelijden op mijn gezicht niet kon verdragen. 'Vertel op,' zei ze, 'ik wil meer over je fotografie horen.'

'Ik weet het niet,' zei ik, 'ik ben er dol op, maar soms vraag ik me af of ik het niet moet opgeven en een echte baan moet zoeken.'

Alice keek me onderzoekend aan. 'Wat bedoel je?'

'Ik bedoel een echte carrière, lesgeven misschien, of een kantoorbaan.'

'Absoluut,' zei Alice, 'als dat is wat je wilt. Maar je moet het niet uit angst doen. Ik heb ooit een jonge kunstenaar gekend die dezelfde twijfels had als jij. Hij was cum laude afgestudeerd in Oxford en had een veelbelovende carrière in de advocatuur. Ook hij was bang om te falen en er bijna van overtuigd dat hij dat zou doen.'

Ik knikte. 'Dat heeft hij me verteld. Hij vertelde me ook dat hij in het begin niet bijzonder goed was.'

Dat leek haar te amuseren. 'Echt waar? Ja, ik kan me wel voorstellen dat hij dat heeft gezegd.' Ze kreeg even een vaag afwezige, peinzende blik, maar toen keek ze me weer aan. 'Waar woon je nu?' vroeg ze.

'Nog steeds in het huis waar ik ben opgegroeid, in Battersea, waar mam, ik en Evie woonden.'

Ze verwerkte dat met een lichte frons. Toen zei ze: 'Ik vind dat je zou moeten verhuizen.'

'Neem me niet kwalijk?'

'Sorry,' zei ze. 'Ik lijk er op mijn oude dag een erg uitgesproken mening op na te houden. We kennen elkaar nauwelijks – al voelt het voor mij niet zo – en ik probeer je nu al te vertellen hoe je je leven moet inrichten.'

Ze glimlachte. 'Het mooie is natuurlijk juist dat het helemaal jouw beslissing is wat je ermee doet. Maar toch, ik vind echt dat een jonge vrouw van jouw leeftijd en met jouw talent niet in een groot huis vol herinneringen moet blijven zitten.'

'Ik weet niet waar ik anders heen moet.' Het klonk nogal zwak nu ik het hardop uitsprak.

'Misschien een andere stad? Een ander land? Is er een plek waar je jezelf zou kunnen zien wonen?'

Parijs, dacht ik meteen zonder goed te weten waarom. Het was meer een gevoel – of beter gezegd een verzameling van gevoelens – dan iets specifieks. Het was de ontdekking dat de herinneringen die daar lagen me niet zo hadden uitgeput of deprimeerden zoals de herinneringen in het huis. Ik dacht aan dat beeld van de lichtjes op het water bij nacht en hoe ik me had herinnerd dat ik dat met mam had gezien en daar – bijna – van had kunnen genieten in plaats van verpletterd te worden door verdriet.

Meteen realiseerde ik me echter ook dat Oliver daar woonde en dat het onmogelijk zou zijn. Ik duwde het ver van me af en schudde mijn hoofd. 'Ik zal erover nadenken,' zei ik tegen Alice.

De kelner kwam onze borden weghalen en bracht even later een dessertkaart.

'Ik zou hier de hele dag wel kunnen zitten,' zei ik tegen Alice in een poging de aandacht van mezelf af te leiden.

Alice knikte. 'Ik heb dat ook weleens gedaan. Wanneer ik hier zit,' zei ze, 'kan ik me bijna voorstellen dat ik weer daar ben, niet zozeer in Parijs, want daar kom ik vaak, maar in die tijd: toen niemand nog een vermoeden had van wat er te gebeuren stond. Naïef, zou je kunnen zeggen. De mensen dachten dat we met de Eerste Wereldoorlog en de beurskrach het ergste wel hadden gehad.'

'Was u gelukkig?'

'O, zeker. Ik was me erg thuis gaan voelen in de stad en ik had het druk. Ik voelde me voor het eerst in mijn leven nuttig. Ken je het toneelstuk *Drie gezusters*?'

Ik knikte, alleen omdat het op de middelbare school tot de verplichte stof behoorde.

'Er wordt vaak de draak gestoken met Irina, met haar aparte idee dat werken haar leven betekenis zal geven, maar ik denk wel dat ze gelijk heeft. Ik heb het altijd oneerlijk gevonden hoezeer ze uiteindelijk door het leven wordt teleurgesteld. Want als de aard van het werk bij je past, kan het veel voldoening geven. Het gevoel dat je een plaats hebt in de wereld, dat je je nuttig maakt, moet niet worden onderschat. Het enige wat ik misschien wel jammer vond is dat ik niemand had om mijn geluk mee te delen. Behalve Tom was er niemand met wie ik het wilde delen, en op dat gebied had ik onherstelbare schade aangericht, dacht ik.'

'U zult wel blij voor hem zijn geweest toen hij succes kreeg in New York.'

'Jazeker, ik was ontzettend blij. Het was het begin van alles waarop hij destijds in 1929 hoopte. Die eerste expositie, hoe klein ook, zette hem op de kaart. En het is heel bijzonder om iemands droom werkelijkheid te zien worden.'

Zo moest het voor Evie ook zijn geweest, dacht ik, toen mam haar eerste successen behaalde. Ik kon me maar moeilijk voorstellen dat mam niet de ster zou zijn geweest die ze was, maar gewoon een goede danseres. Er kwam een nog vreemdere gedachte bij me op en ik kon niet geloven dat ik daar niet eerder over had nagedacht. Als Evie er niet was geweest, zou mam dan ook die weg hebben gevonden? Misschien niet. Of beter gezegd, waarschijnlijk niet. Ik vroeg me af of Alice daar ooit aan had gedacht.

'Ik wou dat ik er bij had kunnen zijn,' vervolgde Alice. 'Erover lezen in zijn brieven – en steeds vaker in de krant – maakte dat het allemaal heel ver weg leek, nauwelijks echt. Een keer drukten ze zelfs een foto van hem af en ik wilde dat ik die niet gezien had. Ik weet niet of het kwam doordat de foto zo onduidelijk was, maar ik had bijna het gevoel dat ik naar een vreemde keek.'

43

Parijs, maart 1937

Er zijn drie jaren verstreken sinds hij naar New York is vertrokken. De naam Thomas Stafford lijkt opgang te maken in de kunstwereld. Alice hoort dat hij in een adem genoemd wordt met Hopper en Bellows. Als ze dat zelf hoort, geeft dat haar een bizar gevoel van vervreemding, alsof dit niet echt de Thomas Stafford kan zijn die zij kent.

Kennelijk heeft een aantal grote verzamelaars serieus belangstelling opgevat voor zijn werk. Een van zijn stukken, *Bowery Morning*, is aan een Amerikaanse hotelier verkocht voor het duizelingwekkende bedrag van vijfduizend dollar.

Stafford, zo zeggen ze, is een van de weinige Engelse kunstenaars die niet probeert Picasso of Matisse na te apen. Tante Margarets advies over originaliteit heeft dus effect gehad. Zo nu en dan ziet Alice zijn naam in een van de Engelse kranten die ze bij de kiosk koopt. Ze knipt die artikelen uit en bewaart ze in de la van haar nachtkastje.

De naam van haar stiefvader staat ook steeds vaker in de kranten: 'BUF bijeen in Kensington: Mosley en Hexford spreken', 'Hexford spreekt voor Cambridge Union', 'Lord en lady Hexford ontvangen de Duitse Führer'. Foto's ook, van haar moeder die, afstandelijk mooi in een witte stola van mink, in de blinkende Mercedes Benz van Goebbels stapt. Haar stiefvader die in zijn zwarte shirt en die belachelijke rijbroek een menigte bewonderaars toespreekt. Die foto's knipt Alice niet uit.

Parijs, augustus 1939

Het nieuws uit Europa is slecht. Sophie De Rosier heeft familie in Bohemen en heeft al een tijd niets van hen gehoord; niet meer sinds er in maart Duitse troepen vanuit Sudentenland binnenvielen en de macht grepen.

'Waarom doet niemand iets?' vraagt ze Alice. 'De Franse en Engelse regering... waarom laten ze dit gebeuren?'

Alice denkt aan Archie, en aan Toms vader. Arme meneer Stafford, die al die jaren in feite een krijgsgevangene was geweest, al was het maar in zijn eigen hoofd. 'Ik denk dat het angst is,' zegt ze. 'Ze willen niet weer oorlog. De mensen herinneren zich de vorige nog veel te goed.'

Sophie knikt begripvol. Ook zij heeft een broer verloren, de oudste. 'Maar als ze niets ondernemen,' zegt ze, 'gaat het vast en zeker verder. Straks is het Frankrijk of Engeland.'

Als ze later naar huis fietst, probeert Alice zich voor te stellen dat een vijandelijke macht de stad, zacht geurend en bijna akelig stil op deze zomerse dag, zou zijn binnengevallen. Dat bestaat niet. Ze is zo in gedachten verzonken dat ze het glas op de weg niet ziet voor het te laat is en ze er al overheen is gereden, met een onheilspellend gesis tot gevolg. Het is een kapotte fles, waarschijnlijk van een dronkaard, die van het trottoir is gerold en kapot is gevallen. Ze bekijkt de schade en vloekt zachtjes. Twee gaatjes, en groot ook, waardoor allebei haar banden helemaal leeg zijn gelopen. Ze loopt met haar fiets terug naar het huis van de De Rosiers en laat hem daar staan, te moe om er zelfs maar over na te denken hoe ze hem moet maken. Ze besluit voor één keer de metro te nemen.

Terwijl ze op haar trein staat te wachten valt haar blik op een poster op het tegenoverliggende perron. Er staat een kleurig, abstract schilderij van een straattafereel op. Alice herkent het niet, maar iets aan de poster trekt haar aandacht. Er staat iemand voor, zodat ze niet goed kan zien wat erop staat. Alice schuift geïrriteerd een stukje op opdat ze het zal kunnen zien. De trein komt eraan en ze zou moeten instappen, maar ze wil de poster zien. De wagons komen tot stilstand, ontnemen haar het zicht op het andere perron helemaal. Mensen stappen in en uit. Eindelijk komt de trein met veel geknars en gesis weer in beweging en rijdt hij ratelend de donkere tunnel in. Het andere perron is weer te zien. De vrouw is verdwenen en Alice kan eindelijk zien wat er op de poster staat, al moet ze het wel een paar keer lezen om er zeker van te zijn.

Expositie
Thomas Stafford: Lichten van New York

Bij de ingang van de galerie aarzelt Alice, plotseling niet zeker of ze er wel goed aan heeft gedaan hierheen te komen. Het is druk binnen en er hangt een rooksluier een meter onder het plafond. Ze worstelt zich door het gedrang heen, nog steeds weifelend of ze zal stoppen of doorlopen en een blik op de schilderijen werpen die aan de muren hangen en naar zijn gezicht zal zoeken. Een paar keer denkt ze dat ze hem ziet en wil ze naar hem toe lopen, maar dan blijkt hij het toch niet te zijn. Zo nu en dan wordt ze staande gehouden door iemand die ze kent en is ze gedwongen even te praten voordat ze kan ontsnappen. 'Heb je het gehoord?' mompelt iemand vlakbij, 'Gertrude Stein is hier.' En inderdaad, daar is ze, in de hoek van de zaal, omringd door een menigte bewonderaars. Iets kleiner en ouder dan Alice zich haar had voorgesteld, maar niettemin indrukwekkend, met een kleurrijke sjaal om en haar staalgrijze haar kortgeknipt als dat van Jeanne d'Arc.

Maar waar is Tom nou? Alice begint zich af te vragen of hij wel naar zijn eigen expositie is gekomen. Ze is al twee keer allebei de zalen rondgelopen, heeft dezelfde mensen opzij geduwd en lastiggevallen. Dan ziet ze iets – de achterkant van een hoofd, de manier waarop het haar in de nek naar elkaar toe valt – wat haar doet weifelen. Ze had hem al eerder gezien, maar gedacht dat het hem niet was. Maar bij nader inzien... Nee, dat kan niet. De schouders zijn te breed, het postuur te... anders, het haar een tikje donkerder dan ze het zich herinnert. En toch is hij het, onmiskenbaar. Hij buigt zijn hoofd wanneer iemand iets tegen hem zegt. Ze is erg klein, Scandinavisch blond en erg knap, ziet Alice zelfs van deze afstand. Ze voelt een schok van jaloezie door zich heen gaan die ze, hoe onredelijk hij ook is, niet goed weet te onderdrukken.

Ze kan niet geloven hoezeer hij veranderd is. Als ze aan Tom denkt, is dat altijd zoals hij bij hun laatste ontmoeting was: lang, met de slungeligheid van de jeugd, langgerekt, als een spar die is doorgeschoten zonder de tijd te nemen om takken te vormen. Hij had toen nog het gezicht van een jongen. Nu wordt ze geconfronteerd met het feit dat er bijna tien jaar zijn verstreken. Die jaren hebben beslist hun werk gedaan en de veranderingen die ze hebben bewerkstelligd fascineren haar. Hij is breder geworden en zijn gezicht ruwer, maar dat staat hem goed. Zijn uiterlijk heeft zich tot een mannelijker soort schoonheid ontwikkeld. Hij heeft de bijna vrouwelijke blos op zijn wangen behouden, maar die wordt getemperd door de baardschaduw op zijn kin en de krachtigere vorm van zijn voorhoofd en kaken.

Hij is langer dan alle mensen om hem heen. Een van hen zegt iets waardoor hij zijn hoofd opricht en rondkijkt en plotseling valt zijn blik op haar. En die blijft daar rusten. Nerveus voelt ze de behoefte te reageren. Ze steekt haar hand op, voelt die lichtjes beven en zwaait dan aarzelend.

De blonde vrouw heeft haar nu ook gezien en kijkt Alice aan met de standvastige, blauwogige blik van een Siamese kat. Ze is vreselijk knap. De moderne, gepolijste schoonheid van een Hollywood-sterretje, beschaafd voluptueus in haar strak aansluitende grijze pakje: ongetwijfeld een Schiaparelli. Een kleine witte hand brengt een sigaret naar haar mond en een andere man uit de groep geeft haar snel een vuurtje en stapt dan met een absurd blije grijns op zijn gezicht weer terug. Zij heeft echter alleen maar oog voor Tom en ze legt de andere hand op zijn onderarm. Opeens weet

Alice aan wie de vrouw haar doet denken. Haar moeder.

Alice draait zich om en loopt naar de uitgang. In haar gretigheid terug te keren naar de anonieme straat, waar ze in de menigte kan opgaan en kan wegglippen, begint ze bijna te rennen. Een hand raakt haar arm en ze draait zich om, denkend dat hij het misschien is. Maar nee, het is... o ja, een vriend van de Amerikaanse schrijver. Ze glimlacht, knikt en verontschuldigt zich. Als ze de koele buitenlucht weer inademt beseft ze dat ze zich geen woord herinnert van wat de man heeft gezegd.

Het was een vergissing hierheen te komen. Als Tom haar hier had willen zien, zou hij wel hebben geschreven om haar uit te nodigen. Ze had tevreden moeten zijn met zijn brieven.

Het is negen uur geweest en Alice is blij met de verhullende schemering. Ze is halverwege de straat als ze haar naam en snelle voetstappen hoort.

'Alice?'

Dan staat hij voor haar, lang, blozend, zwaar ademend. 'Ik wist dat jij het was. Ik kon niet weg komen...' Hij kijkt haar gefascineerd aan. 'Wat ben je veranderd.'

'Ik weet het. Jij ook.'

'Ik wilde je verrassen, morgen. Het was niet de bedoeling dat we elkaar hier zouden ontmoeten.'

'Was je niet van plan me over de expositie te vertellen?' Terwijl ze het zegt, realiseert Alice hoe gekwetst ze zich door dat blijk van geringschatting voelt.

'Ik wilde niet dat we elkaar zouden ontmoeten met al die mensen om ons heen. Ik wilde eerst naar jou toe komen.'

'Maar natuurlijk had ik hier bij willen zijn. Tom, die stukken... ze zijn zo anders: vol energie en kleur. Je bent heel goed geworden.'

Tom verplaatst zijn gewicht van de ene voet naar de andere. 'Dank je, maar... ik weet het niet. Het lijkt allemaal nogal onwerkelijk. Ik blijf denken dat ik iets verkeerds zal zeggen of doen, iets waaruit zal blijken dat ik een bedrieger ben.' Hij grinnikt. 'Zullen we samen ontsnappen?'

'Je kunt niet weglopen van je eigen expositie!'

Hij haalt zijn schouders op. 'Ze redden het ook wel zonder mij. Ik weet eerlijk gezegd niet eens of ze me wel nodig hadden. De meeste mensen daarbinnen hebben een beter doordachte mening over mijn werk dan ik zelf. Ik betwijfel of ze het zullen merken.' Hij pakt haar arm vast en haalt hem door de zijne. Ze is verrukt over zijn nabijheid, deze man die haar zo vertrouwd en toch zo heerlijk vreemd is.

Alice kan er niets aan doen. 'Je vriendin misschien wel. Ze leek nogal geïnteresseerd in wat je te zeggen had.'

Hij kijkt haar verbaasd aan en ze voelt haar wangen verkleuren. Ze heeft het recht niet om jaloers te zijn.

'Wat bedoel je?'

'De vrouw met wie je stond te praten, de blondine.'

'Grace?'

'Heet ze zo? Ja, ik denk dat die naam wel bij haar past. Ze is erg knap.'

'Grace is een vriendin.'

'Aha.' Maar ik ben ook je 'vriendin', denkt ze, en kijk eens hoe weinig dat zegt over wat er tussen ons is geweest.

'Ze is de vrouw van een van mijn begunstigers, ze hebben mijn overtocht betaald. Eerlijk gezegd vind ik dat ze nogal veel aandacht vraagt, maar het past niet om onbeschoft tegen haar te doen.'

'Vandaar.' Alice probeert haar opluchting te verbergen. Tom werpt haar een vluchtige blik toe en glimlacht. Ze voelt hoe hij haar arm iets steviger omklemt.

Het begint te schemeren. Ze lopen langs de rustige Boulevard des Invalides, langs de langgerekte vorm van een bloemenkraam, waarvan het canvasdoek zachtjes klappert in de wind. Alice wijst het Lycée Victor Duruy aan, groot en stil, een slapende reus. 'Matisse geeft daar les.' Ze kijken omhoog naar de donkere ramen alsof ze het bebaarde gezicht daar ergens zouden kunnen zien verschijnen.

'Wist je,' zegt Tom, 'dat Matisse eigenlijk ook advocaat zou worden?'

Alice is stomverbaasd. 'Godzijdank dat jullie dan allebei je gezond verstand hebben gebruikt!'

Ze wordt zich er pas van bewust hoe ver ze hebben gelopen als de lampen van de Boulevard du Montparnasse voor hen opduiken. Er zijn geluiden: muziek, gegil, gelach, het geronk van stationair draaiende automotoren. De nachtelijke pret begint vroeg in dit deel van de stad. Tom spert zijn ogen open als ze de weg in lopen en Alice is trots dat deze stad, haar stad, in staat is hem te fascineren, een man die al tien jaar in een Amerikaanse metropool woont.

'Goed,' zegt ze op nonchalante toon. 'Wat wil je doen?'

'Ik wil oesters proeven, die heb ik nog nooit gegeten.'

'Zelfs niet in New York?'

'Nooit.'

Ze grinnikt. 'Ik ook niet.'

'Ik dacht dat de mensen in Parijs niets anders aten. Oesters met veel champagne om ze weg te spoelen, natuurlijk.'

Alice lacht. 'Sommige mensen misschien. Ik niet, dat is niet het soort leven dat ik hier leid. Mijn salaris is niet toereikend voor oesters.'

'Nou, we moeten ze in elk geval proberen. Ik betaal. En daarna wil ik dat we ons vreselijk bezatten. Herinner je je dat feest nog, bij het meer?'

Ze knikt.

'Dat wil ik doen: te veel drinken en dan samen ergens gaan zitten praten. De champagne houdt ons wel warm.'

'Goed.'

De oesters, die op hun bedje van zilt ijs liggen, zijn rare dingen. Na de eerste weet Alice niet of ze er nog wel meer wil. Haar mond lijkt naar zout en metaal te smaken.

'Ze zijn niet precies wat ik had verwacht.'

'Nee, ik ook niet.'

'Er zit weinig smaak aan, vind je niet?'

'De smaak van de zee, neem ik aan.'

'En de textuur: glibberig, koud, slijmerig, zou je zelfs kunnen zeggen.'

'Hm. Misschien als we er ieder een proberen met de champagne meteen er achteraan? Je weet wel, ze ermee wegspoelen?'

Tegen de tijd dat de fles leeg is, vindt Alice niets ter wereld zo lekker als oesters.

'Je moet ze alleen een beetje leren begrijpen,' zegt ze uiterst serieus tegen Tom. 'Ze zijn heel subtiel.'

Als de kelner komt met hun rekening staat Tom erop alles te betalen. 'Ik heb het je toch gezegd,' zegt hij, haar hand wegduwend, 'ik heb tegenwoordig geld.' Hij zegt het alsof hij er zelf ook verbaasd over is, net als vroeger de Tom zoals ze die zich herinnert, en ze pakt in een impuls zijn hand vast en drukt hem tegen haar lippen. Hij blijft heel stil zitten en kijkt naar zijn vingers tegen haar mond. Plotseling verlegen laat Alice zijn hand los.

In de volgende bar bestelt hij absint voor hen. 'Dat drinkt hier toch zeker wel iedereen? Behalve champagne, bedoel ik.'

'Nee, ik weet zelfs niet zeker of het wel legaal is.'

'Wat vreemd. Zo'n onschuldig drankje. Hoe kan iets wat naar snoepjes smaakt nou slecht voor je zijn?'

Ze kijkt gebiologeerd toe als hun kelner met veel vertoon hun drankjes klaarmaakt: de tere, geperforeerde zilveren lepel, het geweekte suikerklontje, de vreemde alchemie die zich voordoet wanneer het water zich met het groene vocht vermengt en het melkwit maakt.

Naderhand gaan ze dansen in La Coupole. Ze bewegen zich met de intense concentratie van mensen die flink aangeschoten zijn en met elk nummer gaan ze dichter tegen elkaar aan dansen. Alice voelt de kracht van Toms onderarm die haar in de rug steunt en zijn vaag naar likeur ruikende adem tegen haar wang. Na een uur of twee gaan ze naar buiten en wandelen ze naar de rivieroever, waar ze een bankje vinden om op te gaan zitten. Het water stroomt beneden hen voorbij als een zwarte stroop en weerspiegelt de lampen van beide oevers.

'Ik snap wel waarom je het hier naar je zin hebt,' zegt Tom een beetje met dubbele tong.

'Ik ga niet elke avond dansen, hoor.'

'Dat zou je wel moeten doen want je bent er erg goed in. Die keer dat ik je toen bij het meer zag, toen bewoog je als water. Je zou best danseres kunnen worden.'

Ze lacht en mept tegen zijn arm. 'Vleier!'

'Nee, ik meen het.'

Hij draait zich naar haar om. Zijn gezicht is rood aangelopen en zijn ogen staan helder. Ze voelt met haar handrug aan haar eigen warme wangen. Dan doet ze hetzelfde bij hem. Ze voelt het gewicht van zijn blik op haar gezicht, maar kan niet naar hem opkijken. Als ze dat nu deed, meent ze, zou dat zijn alsof ze recht in de zon keek. Alsof ze een eigen wil hebben, glijden haar vingers naar beneden tot ze zijn lippen raken. Ze is altijd dol geweest op de vorm ervan: de volmaakte boog van de bovenlip, de volle onderlip.

'Ik ben zo blij dat je hier bent.' Ze doet haar best om het luchtig te doen klinken, maar weet dat het er intenser uitkomt dan haar bedoeling was. De woorden lijken een bezwering voor hen allebei. Ze legt haar handen om zijn gezicht en trekt zijn hoofd omlaag tot hun lippen elkaar raken. Hij is aanvankelijk teder, maar ze staat hem niet toe dat te zijn en hij slaat zijn armen om haar heen en trekt haar bijna op zijn schoot. Ze voelt hoe hard hij is en het hevige verlangen dat haar op dat moment overvalt is bijna angstaanjagend, maar niet genoeg om haar te doen stoppen.

'Je moest maar meegaan naar mijn kamer.'

'Alice, weet je het zeker?' Hij kijkt glazig uit zijn ogen, zijn ademhaling is onregelmatig. Ze voelt haar eigen adem stokken en haar hartslag door haar hele lijf weergalmen. Ze antwoordt niet, maar trekt hem mee omhoog en wendt gegeneerd en opgewonden haar blik af terwijl hij zijn jas uitdoet om die voor zich te kunnen houden.

Het is niet ver naar haar kamer, maar ze doen er langer over dan ze zouden moeten omdat ze onderweg telkens stil moeten staan. Ze zijn allebei verbijsterd door en verrukt over wat er opnieuw tussen hen gebeurt en elke nieuwe kus is weer een bevestiging, een verdwijnen van twijfels.

Alice laat zich achterover op het bed vallen en Tom volgt haar, zijn mond bijna kuis op haar voorhoofd, dan de zijkant van haar nek, het kuiltje boven haar sleutelbeen. Ze doet haar bloes voor hem open en hij gaat rechtop zitten om naar haar te kijken. Ze lacht en probeert hem omlaag te trekken, maar dan realiseert ze zich wat hij doet: hij neemt elk detail in zich op, prent alles in zijn geheugen.

Als ze allebei naakt zijn, worden ze vertwijfeld, onhandig, dwingend. Niet bepaald teder of gracieus, maar op de een of andere manier is het precies zoals ze het gewild zou hebben.

De volgende morgen weet Tom met de koffiepot op het gasstel twee kopjes bittere zwarte koffie te produceren, die ze in bed opdrinken terwijl het zonlicht over hen heen strijkt en op de hoop achteloos neergegooide kleren op de grond valt. Ze zeggen niet veel, ze zijn heerlijk vermoeid van de afgelopen nacht en tevreden met de stilte. Dan wagen ze zich, plotseling uitgehongerd na de schamele maaltijd van de vorige avond, naar beneden voor het ontbijt aan een van de smeedijzeren tafeltjes buiten. De kilte van de vroege ochtend hangt nog in de lucht, maar de hemel is wolkenloos Wedgewoodblauw, een teken dat het weer een warme dag zal worden. Madame Fourrier komt de keuken uit en neemt Tom kritisch op. Met zijn schoolfrans slaat hij zich manmoedig door het daaropvolgende verhoor heen.

Later keren ze op hun schreden terug, terug naar de Boulevard Montparnasse, langs La Coupole. In het licht van de nieuwe dag ziet de ingang van de nachtclub er een beetje sjofel en ingetogen uit, zoals een van de feestvierders die het zonlicht tegemoet strompelt en de uitspattingen van de afgelopen nacht berouwt. Ze gaan weer langs de Seine zitten, op hetzelfde bankje.

‘Waarom ga je niet met me mee?’ Tom legt zijn hand op de hare en zijn aanraking is vragend, aarzelend, nog niet helemaal zeker.

'Waarheen?'

'Naar Corsica.'

'Waarom daarheen?'

'Een vriend van me – een verzamelaar, eigenlijk – heeft me zijn huisje geleend. Om te schilderen. Voor ik naar New York vertrok zag ik een expositie in de National Gallery, een reeks werken van een victoriaanse kunstenaar. Ik ben zijn naam vergeten. Niet mijn stijl, te veel realisme, maar ze zijn me wel bijgebleven. De eigenschap van het licht, de ruigheid van het landschap, een uit een berghelling gehouwen stad. Ik dacht toen: die plek wil ik zelf zien en vastleggen als ik kan. Ik heb voorlopig genoeg van steden.' Hij streelt met zijn eeltige duim over haar pols, over haar onderarm, terug naar de gevoelige huid van haar handrug.

Alice voelt een rilling over haar rug lopen.

'Ga je met me mee?' dringt hij aan.

Ze ademt diep in en roert met haar vrije hand in haar koffie om zich op zijn woorden te concentreren in plaats van op het heerlijke gevoel van zijn huid op de hare. 'Wanneer ga je?'

'Morgen. Ik heb een treinkaartje naar Marseille.'

Alice denkt na. Het gezin De Rosier is op vakantie in de Provence. Ze zullen daar volgens traditie de hele maand augustus blijven. In het museum is in deze rustige periode minder te doen dan ooit en ze twijfelt er niet aan dat Étienne, Georgette en de oude monsieur Dupré zich wel zonder haar zullen redden. De Amerikaanse schrijver is naar vrienden in Marrakech. Dan denkt ze aan haar gesprek met madame De Rosier van een paar dagen geleden: het gevoel van een vage, niet-specifiek angst dat ze de hele verdere dag met zich mee had gedragen. Ze weet plotseling zeker dat ze deze kans niet voorbij moet laten gaan.

'Goed.'

Hij kijkt zo verbaasd dat ze begint te lachen. 'Dacht je dat ik geen ja zou zeggen?'

'Ik weet het niet. Ik durfde er niet op te hopen.'

De trein naar het zuiden is een oefening in zelfbeheersing. Ze zitten met hun knieën tegen elkaar en het wordt steeds drukker in de wagon, in plaats van minder druk, zoals ze hadden gehoopt. Alice probeert zich op de krant te concentreren die ze bij de kiosk in Parijs heeft gekocht, maar realiseert zich dat ze weliswaar elke bladzijde heeft bekeken, maar geen woord heeft gelezen.

Corsica is zon, zand en kruiden. Het duurt, nadat ze enigszins misselijk van de boot uit Marseille is gestapt, een paar minuten voordat Alice zich er ten volle van bewust is, deze ruggengraat van rotsen die uit het kalme groene water van de Middellandse Zee oprijst.

Het huisje is een voormalige boerenwoning. Twee kamers: een boven en een beneden, niet veel groter dan Alice' kamer boven Bistro Fourrier, maar het voldoet aan hun behoeften. Het bijna onbelemmerde uitzicht op zee maakt een eventueel gebrek aan ruimte meer dan goed.

Die eerste dag gaan ze meteen naar het strand. Ze lopen behoedzaam over het kustpad langs de kliffen dat het laatst stuk steil omlaag voert naar zeeniveau. Het zand is heet en grof onder hun voeten en weerspiegelt de middagzon met een matte glans. In de beschutting van de rotsen is een klein plekje schaduw en daar gaan ze zitten. Ze zijn alleen met de luidruchtige stilte van het omringende strand. Het klotsen en ruisen van het water, de lichte trilling van de wind.

Die avond eten ze in een dorpje buiten Bonifacio, dat volstrekt niet door de twintigste eeuw beïnvloed lijkt: geen motorvoertuigen te zien, vissers die uitvaren voor de nachtelijke vangst, met brandende olielampen om de vissen uit de donkere diepte naar boven te lokken. Tom gaat zitten en schetst het tafereel, terwijl Alice zich voorstelt dat de verst verwijderde lichtjes in feite piratenschepen zijn, op weg om te gaan roven en plunderen.

Ze eten in het enige restaurant dat er is een ongewoon maal van zee-egels, onverwacht romig en lekker, verborgen tussen beboterde slierten pasta. Alle ogen zijn op hen gericht: de buitenlanders in hun stadskleren, maar Alice is zich van niets anders bewust dan het wonder van zijn gezicht tegenover het hare, en het heimelijke besef van welk genot de nacht nog zal brengen. Ze heeft het gevoel dat ze, voor een poosje, buiten de tijd staan, dat ze een plekje voor zichzelf hebben uitgegraven dat hen daartegen beschermt. Het verleden – en haar leugen – de huidige ellende in Europa, de toekomst en alles wat die kan meebrengen.

De volgende dag huren ze een vissersboot met een afbladderende groene romp die op het droge nauwelijks zeewaardig lijkt, maar geruststellend hoog in het water ligt. Het dunne dekzeil wappert in een stevige bries die zonder waarschuwing over zee is komen opzetten. De zee is nu diep paarsblauw en gerimpeld door golfjes.

Alice geniet van het respijt van de hitte. Ze zit op de houten bank vlak bij de boeg en tussen haar voeten staat hun lunchmand: brood, gekookte eieren en kaas, een eenvoudige Corsicaanse rode wijn. Ze likt over haar bovenlip en merkt een dun zoutlaagje op. Tom zit tegenover haar, naar de wind toe gekeerd, te grinniken. Alice bestudeert hem heimelijk: ze krijgt er geen genoeg van naar hem te kijken. Zijn veranderde postuur, de zon op zijn bruine haar die het in goud verandert. Hij ziet haar kijken en glimlacht een ander soort glimlach.

Als ze hun bestemming bereiken, trekken ze de boot op het zand, tot waar die veilig is voor de deining. Het strand wordt aan weerskanten beschut door rotsarmen en de hitte heeft hen meteen weer in haar greep: ze trekken hun kleren uit en rennen het ondiepe water in, waar scholen kleine visjes uiteen schieten en zich hergroeperen.

Tom kan zijn ogen niet van haar afhouden en ze voelt zich dubbel naakt en dubbel verwarmd onder zijn blik als een tweede zon. 'Weet je nog, die dag aan het meertje?' vraagt hij vreemd intens.

'Natuurlijk.'

'Toen je uit het water kwam... ik had nog nooit zoiets moois gezien...'

'Tom...' Ze is van haar stuk gebracht door zijn vurigheid.

'... maar het kwelde me ook, omdat ik wist dat ik er nooit in zou slagen je af te beelden zoals je was, niet echt, hoe ik het ook probeerde.'

Ze keren die avond bezaaid met zandkorrels terug naar het huisje. Ze grillen een hele vis en kijken naar de rook, die zich met de paarse avondschemering vermengt. In de verte zien ze de lichtjes van Bonifacio, de donkere landtong. Geleidelijk zwakt het licht verder af tot een zwartfluwelen duisternis en komen de sterren tevoorschijn. De lucht is helder en ze lijken zo fel dat de door mensenhanden gemaakte lichten van de stad er een onvolmaakte weerspiegeling van lijken.

'We zouden hier kunnen wonen,' zegt Tom. 'Ooit, wanneer we oud zijn.'

'Misschien.' Ze wil geen ja zeggen, al weet ze plotseling zeker dat ze dat dolgraag zou willen. Maar door ermee in te stemmen zou ze mogelijk de goden verzoeken. Toch zou het misschien best kunnen gebeuren, denkt ze. Het zou best eens kunnen.

Die nacht trekt de wind zonder waarschuwing aan. Ze liggen in bed te luisteren hoe die om hen heen begint te jammeren en horen zijn griezelige adem door de schoorsteen. Na een poosje valt Tom in slaap, maar Alice blijft wakker in de kromming van zijn arm liggen, ademt de unieke geur van zijn huid in, die haar zo dierbaar is. Ze zegt het niet hardop, maar de wind maakt haar nerveus. Misschien is het de onvermijdelijkheid ervan die haar aan die andere machten doet denken: het lot, de tijd. Hoe ze zich er ook tegen verzet, ze hoort er onherroepelijk een soort boodschap in. De wind heeft hen gevonden op wat ze als hun eigen, veilige plekje beschouwden. Niets staat stil, zegt die: lucht niet, zand niet en ook een moment niet dat zich gretig tussen twee geliefden uitstrekt. Het leven is beweging en geweld.

's Ochtends giert de wind vanaf zee onder de dakpannen door en beukt hij tegen de ruiten. De gewelddadigheid van de lucht is verbazingwekkend. Ze zeggen dat je gek kunt worden van de mistral. Dat het niet verstandig is je buiten te wagen als die waait. En toch doen enkele dappere zielen dat wel, kromgebogen tegen de storm, zichzelf blindelings voortjagend.

Alice en Tom blijven met plezier binnen. Ze brengen bijna de hele dag in bed door, alleen maar in elkaar verdiept, in het nieuwe en toch vertrouwde genot van elkaars lichaam. Tom verkent haar met zijn handen en zijn mond, maar zijn blik voelt het allerwarmst aan op haar huid. Op een gegeven moment begint ze te lachen, bijna nerveus van de intensiteit van zijn concentratie. Hij kijkt op en schenkt haar een lome glimlach. 'Ik moet mezelf bewijzen dat je echt bent, dat dit niet weer zomaar een droom is.'

Op haar beurt leert zij het veranderde landschap van zijn lichaam kennen: de ruige nieuwe haren op zijn borst en de vage sproetjes op zijn sleutelbeen die in haar ogen net kleine neergevallen roestdeeltjes zijn. Ze moeten nieuw zijn, besluit ze want ze kan zich niet indenken dat ze de vorige keer zoiets verbijsterends over het hoofd heeft gezien.

Zijn stoppels kleuren haar borsten en de verborgen, blauwwitte huid aan de binnenkant van haar bovenbenen roze en terwijl ze dat ziet wegtrekken zou Alice willen dat het als een brandmerk bleef zitten. Heel vreemd, maar zelfs terwijl hij in haar beweegt, zelfs terwijl ze zichzelf volledig verliest in genot, is de angst voor een dreigend verlies altijd dichtbij. Het is irrationeel want hij is hier nu bij haar en toch is het alsof een deel van haar – het denken voorbij, behept met een dieper soort kennis – begrijpt dat het niet kan voortduren.

Ze bereiden een simpele maaltijd die ze, half gekleed, met hun vingers kunnen eten. Alice vraagt Tom naar New York. Hij vertelt haar meer over zijn leven daar, praat over de uitzonderlijke glamour van de nachtclubs en restaurants die hij daar kent, en de beroemde namen die hij is tegengekomen. Hij vertelt ook over die andere kant van de stad, die vuil, smerig en wanhopig is. De tippelaarsters die in hun 'zijden kousen en met kapotte hoge hakken een ronde lopen in de straten vlak bij zijn flat. De wijk Brooklyn, die hij heeft bezocht en waar hij een heel gezin de inhoud van een vuilnisbak zag doorzoeken, de kinderen die als zwerfkatten over het afval kropen. Het is, zoals ze zeggen, een oerwoud, een smeltkroes. Bij tijd en wijle gekmakend en vermoeiend, maar de energie van de stad is verslavend, meer dan die van welke andere stad op aarde dan ook. 'Zelfs Parijs?' vraagt ze jaloers.

'Ik ben nog niet lang genoeg in Parijs geweest om dat te kunnen zeggen,' zegt hij diplomatiek.

Als ze de volgende morgen wakker worden, is het vreemd stil. Zo plotseling als de wind is opgestoken, is die ook weer gaan liggen. Ze liggen in bed te luisteren naar de stilte, hun benen onder de lakens verstrengeld. Tom streelt met zijn vingertoppen over Alice' rug, zachtjes, omhoog, omlaag, in groter wordende cirkels. Ze drukt haar gezicht dieper in het kussen en geniet van het gevoel van zijn aanraking.

'Ga met me mee naar huis, Alice.'

Ze heeft die vraag verwacht en ertegenop gezien. 'Dat kan ik niet,' zegt ze, wetend dat het waar is maar tegelijk wensend dat er een manier was om de tegenvaller voor hen allebei te verzachten. 'Nog niet, althans. Ik heb een leven in Parijs, en banden die ik niet zomaar snel kan verbreken. Ik ben hier nodig en dat vind ik fijn, Tom. Ik vind het fijn om nodig te zijn.'

'Maar ik heb je nodig,' zegt hij bijna tegendraads.

Ze probeert te glimlachen. 'Niet op die manier. Ik bedoel dat ik nuttig ben, dat ik een doel heb.'

'Wanneer zou je dan wel kunnen komen?'

'Over een jaar misschien.'

'Een jaar!' Hij is ontzet.

'Zo lang is dat niet.'

'Maar als je nou weg móét?'

'Wat bedoel je?'

'Als er oorlog uitbreekt. Als Frankrijk bedreigd wordt.'

'Daar zou ik niet voor weggaan.' Pas als ze het zegt, beseft ze dat het waar is.

Hij raakt geïrriteerd en ziet de logica er niet van in.

'Zou jij in Amerika blijven als er oorlog uitbrak?'

Ze kan zien dat dat zijn hoop de bodem inslaat. Hij schokschoudert. 'Nee. Ik zou niet zo ver weg willen zijn, maar het is...'

'Precies. Je zou thuis willen zijn, zodat je je plicht kon doen als dat nodig mocht zijn. Parijs is mijn thuis, Tom.'

Hij heft zijn handen in overgave. 'Je bent om gek van te worden zo koppig, maar ergens hou ik juist daarom van je.'

Die woorden, zo luchtig uitgesproken. En toch hebben ze, krachtig en subtiel als een bezwering, hun onvermijdelijke magie bewerkstelligd en alles doen verschuiven.

44

New York, september 1986

'Het klinkt vast,' zei Alice, 'alsof we vreselijk naïef waren. Alsof we geen idee hadden wat er te gebeuren stond. We beseften dat de machinerieën in beweging waren, dat er iets aan zat te komen, ook al wisten we niet precies wat. Hoewel ik wist dat de De Rosiers het duidelijker voelden dan de meesten. En toch... ' zei ze glimlachend, 'toch is weten, in een dieper gelegen, helder deel van jezelf, iets anders dan onderkennen. Het is een soort arrogantie, denk ik. Dat je niet gelooft dat het jou zal overkomen. We konden over de mogelijkheid van een oorlog praten, Tom en ik, maar we geloofden niet echt dat die naar ons toe zou komen. Want zolang de oorlog ergens anders heerst is die, ook al probeer je je misschien op de komst ervan voor te bereiden, niet echt. Martha Gellhorn heeft ooit gezegd: "Oorlog overkomt mensen, een voor een." Dat is het precies, zie je. Tot het jou overkomt kun je het onmogelijk begrijpen laat staan je voorstellen. Tot dan is het gewoon maar een verre dreiging.

Dus Tom keerde terug naar zijn leven in New York en ik ging door in Parijs, ervan overtuigd dat ik me uiteindelijk bij hem zou voegen. Ik was verslaafd aan de stad, aan mijn leven daar, maar ik wist dat ik voor hem overal naartoe zou gaan. Ik had alleen wat tijd nodig om afscheid van alles te nemen.'

'Maar u bleef,' zei ik, me op dat moment realiserend dat het zo geweest moest zijn. 'U bent nooit gegaan.'

'Ja, ik bleef. Zie je, toen het erop aankwam kon ik niet weg.'

'Zat u in de val?'

'Nee, dat niet precies. Ik had samen met alle anderen die vertrokken kunnen vluchten voordat de nazi's arriveerden. Maar ik had al besloten te blijven als het zover kwam, zoals ik tegen Tom had gezegd. Tom zei vaak dat ik dapper was, maar dat was ik niet. Ik was ooit eerder overal van weggelopen. Ik was niet van plan dat weer te doen.

'Als ik toen had geweten wat het uiteindelijk voor ons zou betekenen, zou ik dan anders hebben gehandeld? Misschien handelde ik door te blijven ook niet uit moed, maar uit diezelfde arrogantie, dat geloof in onze eigen onkwetsbaarheid. Het blindelingse geloof dat alles wel goed zou komen.'

Alice hield haar hoofd schuin en keek me aan. Toen gingen haar ogen naar de kelner die stilletjes tussen de tafels aan de andere kant van het vertrek door liep. 'De wijn is heerlijk, maar ik denk dat we voor wat ik nu moet gaan vertellen wel iets sterkers kunnen gebruiken.' Ze schonk me een snelle, samenzweerderige glimlach. 'Vertel eens, liefje. Heb je wel eens absint gedronken?'

45

Parijs, eind mei 1940

'Wanneer gaan jullie weg?'

'Zodra we klaar zijn met inpakken. Hopelijk binnen een paar weken.' Sophie trekt een scheve mond. 'We waren al van plan op een gegeven moment te vertrekken, maar ik had niet gedacht dat het zo zou gaan, als ratten die een zinkend schip verlaten. Het voelt vreselijk om weg te lopen. Maar weet je, ik denk dat je met de kinderen niet voorzichtig genoeg kunt zijn.' Ze trekt weer een grimas. 'Ik heb familie in Tsjechoslowakije en daar is het heel erg. De Führer heeft iets tegen ons, zie je.'

De kinderen van Sophie hebben de stad al verlaten in het gezelschap van enkele van de immigrantenvrienden van de De Rosiers. Monsieur De Rosier stond erop nog een maand extra te blijven. 'Hij wil alles netjes afhandelen,' legt Sophie uit. 'Hij vond het vreselijk zijn werknemers in de steek te laten. Weet je, als hij niet met eigen ogen al die arme mensen vanuit de Ardennen hierheen had zien komen, had ik hem misschien wel nooit kunnen overhalen te vertrekken.' Want zoals de meeste Fransen geloofde monsieur De Rosier niet dat het zou gebeuren. Tot bleek dat de Maginotlinie net zo onneembaar was als de *Titanic* onzinkbaar.

Monsieur en madame De Rosier zullen naar het zuiden gaan in de hoop een boot van Spanje naar Engeland te kunnen nemen. Daarmee zullen ze zich in de rijen scharen van Parijzenaren en noorderlingen die de afgelopen weken uit de stad vertrokken zijn:

een slenterende stoet mannen, vrouwen, kinderen, dieren, auto's, fietsen, ruiters en mensen te voet die kruiwagens of kinderwagens met hun bezittingen voortduwen.

Wat Sophie niet kan meenemen, geeft ze aan Alice. Vlaams linnengoed dat deel uitmaakte van haar bruidsschat, een bibliotheek vol boeken, waarvan sommige eerste edities.

In ruil geeft Alice haar een van haar dierbaarste bezittingen: een schets van een vrouw die bij een meertje zit, een vroege Thomas Stafford.

'Ik kom het bij je ophalen,' zegt Alice tegen haar, 'als dit allemaal voorbij is. Wil jij er in de tussentijd op passen? Ik zou graag zeker weten dat het veilig is.'

Sophie bestudeert de tekening aandachtig en kijkt dan met een zonderlinge glimlach naar Alice op. 'Jij blijft me steeds weer verbazen,' zegt ze. 'Op een dag zal ik je dwingen om me over de echte Alice te vertellen, weet je.'

'Het probleem is, Sophie, dat ik zo ver verwijderd ben geraakt van de persoon die ik toen was dat het allemaal niet echt meer lijkt. Het zou lijken alsof ik je een sprookje vertelde.'

Sophie schudt haar hoofd. 'Daar ben ik het niet mee eens. Ik denk dat we al onze vorige ikken met ons meedragen, in dichte lagen... zoals een ui. Ergens in jou zit nog steeds dat meisje, hoeveel andere, nieuwe ikken je door de jaren heen ook mag hebben ontwikkeld. Zij is wat jou diep in de kern bijeenhoudt.'

46

New York, september 1986

Alice was moe geweest toen ik haar in haar appartement achterliet. Ze had aangedrongen dat ik langer zou blijven, maar de bezorgdheid in Julies ogen had me verteld dat er voor vandaag genoeg gepraat was.

Toen ik terugkwam in de East Village lag er bij de receptie een bericht van Oliver, dat de receptionist voor me had opgeschreven: *Kate, ik hoop dat alles goed gaat. Ik denk aan je. O.* Het was niet veel en het leek bijna onpersoonlijk, zoals elk bericht dat via een derde partij wordt doorgegeven – zoals een kaartje in het handschrift van een bloemist – maar het was genoeg om mijn stemming te verbeteren. Dit betekende vast en zeker dat hij er geen spijt van had, dacht ik.

Ik was van plan geweest de rest van de middag in het hotel te blijven, maar de stilte en bekrompenheid van mijn kamer benauwden me. Ik liep de straat op en Broadway door, me er nauwelijks van bewust waarheen ik op weg was, maar voor het eerst genoot ik van het lawaai en de chaos van de stad, het doelgerichte – zij het richtingloze – besef van me door het gekrakeel voortbewegen.

Op een gegeven moment keek ik om me heen en realiseerde ik me dat ik volkomen verdwaald was, al maakte ik me daar vreemd weinig zorgen over. Ik zou gewoon door blijven lopen, besloot ik, en uiteindelijk zou ik vanzelf wel weer iets herkennen. Ik had hoe dan ook geen zin om om te draaien. Ik kwam bij een reusachtige rotonde, liep eromheen en bleef doorlopen.

Plotseling keek ik naar links en zag ik tussen de rijen verkeer door een gebouw dat ik herkende. De hoge, gracieuze bogen die de voorgevel vormden, de ramen met een geometrisch glas-in-lood. Het leken beelden die ik me herinnerde uit een droom. Ik had vaag een indruk van dikke sneeuwvlokken die zachtjes uit de avondlucht neervielen – dikker dan ik ze in Engeland ooit had gezien – en een wit tapijt dat zich al op het trottoir had gevormd en dat piepte onder mijn in laarzen gestoken voeten. Een herinnering aan fel licht dat door die hoge ramen naar buiten scheen alsof daarbinnen een reusachtig vuur was aangestoken. En ik zag mam, haar donkere haren opgestoken in een wrong en een zachte grijze sjaal om haar schouders gedrapeerd. Toen ik dat beeld naar me toe trok, rook ik zelfs het parfum dat ze op had: een rijke, poederachtige, mysterieuze geur. Een geur die ik voor altijd zou associëren met mijn 'avondmoeder', gekleed in een van haar vele eenvoudige zwarte jurkjes, beheerst en adembenemend mooi, maar niet zonder een bepaalde uitstraling van kracht. Ik probeerde die herinnering vast te pakken en hem te dwingen zich helemaal aan me te onthullen. Toen zag ik een bord en begreep ik het.

Het was de Metropolitan Opera. De avond die ik me herinnerde was de openingsavond van de tournee van het Royal Ballet, een reeks korte, buitengewoon experimentele nieuwe stukken waarvan mam zelf de choreografie had bedacht. Nu herinnerde ik me ook weer haar spanning en opgetogenheid. Ze was abnormaal nerveus en ademloos geweest, bijna als een kind. Het was een belangrijke uitvoering voor haar, en degene waarmee ze – heb ik horen vertellen – haar reputatie als meer dan alleen maar een uitzonderlijke danseres vestigde.

Destijds was ik te jong geweest om het in te zien, maar nu begreep ik hoeveel moed dat gevergd moest hebben. Mam had gemakkelijk op haar lauweren kunnen rusten want ze had in haar jaren als prima ballerina 'onredelijk veel geld' verdiend, had ze me weleens verteld. Toen dacht ik aan Alice, die ondanks alles wat haar daar weg riep in Parijs was gebleven. De moed van de Alice was misschien van een heel andere categorie geweest, maar toch ook van dezelfde soort. Ik wist instinctief dat mam ook gebleven zou zijn. Ik zag op dat moment in hoeveel ze op elkaar leken: hoe vastberaden in hun manieren, bijna overdreven zelfs. Zou ik gebleven zijn? Ik wilde daar niet te diep over nadenken.

Aan de andere kant van de straat stond een moeder met haar kleine dochter net als ik omhoog te kijken naar het gebouw. Ik knipperde met mijn ogen en vroeg me af of ook dat een uit mijn herinnering voortgekomen illusie was. Maar nee, dit was echt. Ze waren in werkelijkheid onderdeel van een menigte, maar tegelijk de enigen die ik zag. Het meisje zei iets en de moeder bukte zich om haar te horen. Zo heimelijk als ik kon haalde ik mijn camera uit mijn tas en maakte een foto.

47

Parijs, juni 1940

Parijs is veranderd: een spookstad.

Georgette zegt dat ze hier blijft, net als haar ouders, al wonen ze wel bij vrienden sinds een hele vleugel van hun huis is vernietigd tijdens een nachtelijk bezoek van de Luftwaffe. Georgettes eigen kamer was ook in die vleugel. 'Ik was op stap met mijn vriend Jean toen de bom viel,' zegt ze. 'Mijn ouders vinden hem een nietsnut, maar zelfs zij konden niet ontkennen dat het maar goed was dat ik die avond met hem uit was gegaan.'

Ook Étienne blijft. Hij zou het museum nooit in de steek laten, dat weet Alice. Het is evenzeer van hem als van zijn vader – zo niet meer – en maakt deel van hem uit. Hij maakt zich echter wel zorgen over de collectie. Sinds de invallen zijn begonnen heeft hij de meest waardevolle stukken naar de kelder verplaatst. 'Net een eekhoorn,' zegt Georgette met een spottend lachje tegen Alice, 'die met zijn wuivende bos haar en zijn armen vol lekkers rondrent.'

Madame Fourrier blijft ook, al is dat geen verrassing. Ze is net zo'n vast onderdeel van de linkeroever als het Pantheon zelf. Maar elke dag wanneer Alice Bistro Fourrier verlaat, ziet ze minder mensen op de trottoirs, minder brood bij de bakker, en bij de kruidenierswinkel waar ze haar boodschappen doet vertonen de weinige groenten vlekken van ouderdom. Katten en honden die zijn achtergelaten foerageren in troepen en janken 's avonds. Twee dagen geleden liep er een kudde koeien aan de goudsbloemen in de Tuilerieën te grazen. Ze waren daarheen gewandeld vanaf een afgelegen, verlaten boerderij.

Op een avond komt Alice op weg terug van het museum langs een kapsalon van waaruit grammofoonmuziek in de lege straat te horen is. Binnen babbelen en roddelen de kapper en zijn klanten alsof er niets aan de hand is. Alice heeft tien jaar lang haar eigen haar geknipt, maar ze vindt de normaliteit van het tafereel zo bemoedigend dat ze naar binnen gaat en om een knipbeurt vraagt, een excuus om te worden opgenomen in het gelach en de kameraadschappelijkheid.

12 juni 1940

Liefste A STOP
Terug in Londen STOP *Logeer bij Rosa in Islington* STOP *Meld me morgen aan voor dienst* STOP *Alice, ik hou van je.*

Het telegram bereikt haar net op tijd, voordat de stilte in valt.

Ze besluit eerst het bij haar andere schatten te bewaren, in de la met de krantenknipsels. Dan verandert ze van gedachte, ze zal het bij zich houden, als een talisman.

Ze zeggen dat ze op nog maar een dag afstand zijn. Reusachtige rookwolken verspreiden zich vanuit de fabrieken die aan de rand van de stad in brand staan. Dit wachten is het ergst. De stilte in de straten is nu nog dieper en heeft een nieuwe intensiteit: de krachtige stilte van ingehouden adem.

Ze zullen komen, misschien vanavond, misschien morgenvroeg. Alice stelt zich voor dat ze kan voelen dat ze daar zijn, dat ze de stad omcirkelen, dat ze als wolven rond huizen sluipen, de ruiten doen beslaan en door de brievenbus hijgen.

En dan zijn ze er. Alice, Étienne en Georgette horen het gedreun van de tanks vanuit het museum en gaan naar de Champs-Élysées om te kijken. Ze horen ook het onverstaanbare geschreeuw van een mannenstem, versterkt door een luidspreker. Het plotselinge tumult valt des te meer op in vergelijking met de stilte die over de rest van de stad is neergedaald. Als ze de Champs-Élysées bereiken, zien ze de menigten. In dichte drommen staan ze aan weerskanten van de weg te kijken naar de tanks en voetsoldaten die in een vreemd spektakel voorbij komen. Ze lijken eerst net toeschouwers bij een fietswedstrijd. Alleen klinkt hier geen gejuich, en is er alleen die sterke, collectief ingehouden adem en zo nu en dan een haastig onderdrukte snik. Met uitzondering van een vrouw, die vergeet waar ze is, begint te klappen, dan bij zinnen komt en vol verontschuldigende schaamte om zich heen kijkt.

Het is bijna een opluchting dat het moment eindelijk daar is. Weken lang en met name de afgelopen paar dagen heeft de stad, angstig weggedoken, gewacht tot het onheil naderbij zou komen. Nu zien ze datgene wat ze gevreesd hebben. En het is vreemd, want de Duitse soldaten zien er helemaal niet uit als stoere krijgers. De meesten zien eruit als jongens: door de zon verbrand, blozend van opwinding. De wolven uit Alice' verbeelding waren veel erger. Sommigen van hen gedragen zich zelfs als spelers in een spektakelstuk, ze glimlachen in het voorbijgaan en zwaaien zo nu en dan zelfs. 'Als kinderen op een schoolreisje,' mompelt Georgette. Op de een of andere manier is het veel erger deze soldaten te zien dan degenen die chagrijnig kijken. Alice is woedend op de meesmuilende jongens die in het voorbijgaan hun nieuwe thuis in zich opnemen. Het is roof bij klaarlichte dag. Dit is niet hun stad. Het is haar stad, en die van Georgette en Étienne, van Sophie en haar gezin. Hoe kan het dat zoiets wordt toegestaan? 'Dit mag niet,' denkt ze alvorens ze zich realiseert dat ze het hardop heeft gedacht; een fluistering weliswaar, maar hoorbaar voor Georgette, die zich omdraait en haar aankijkt.

Twee weken gaan voorbij voordat Alice Georgette weer ziet. Georgette is nog nooit eerder zo lang van het museum weggebleven, maar in een oorlog is alles anders, mensen houden zich niet aan hun gebruikelijke dagindeling. Niettemin is Alice opgelucht wanneer Georgette uiteindelijk blozend van haar fietstocht weer bij het museum opduikt.

'Hufters,' barst ze uit terwijl ze haar tas neergooit. 'Alsof het nog niet genoeg is dat ze in onze cafés zitten en onze benzine en ons brood stelen, lijken ze ook nog te denken dat het goed is dat ze naar je fluiten als je voorbij fietst. Ik was bijna gestopt om hem een oplawaai te verkopen.'

'Godzijdank ben je bij zinnen gekomen voor het zover was.'

'Ergens heb ik er spijt van dat ik het niet gedaan heb. Heb je het trouwens gehoord?' vraagt ze vol walging. 'Ze hebben verdorie een hakenkruisvlag aan de toren gehangen.' Ze lacht droog. 'Al hebben ze er in elk geval wel moeite voor moeten doen. De liften waren geblokkeerd, dus ze moesten langs de buitenkant naar boven klimmen. Ik wou dat ze er afgevallen waren.' Ze kijkt om zich heen om te zien of ze alleen zijn en dempte haar stem. 'Wat zei je nou laatst? "Dit mag niet"?'

'Ja, maar het was niet mijn bedoeling het hardop te zeggen.'

'Maar meende je het? Zei je het om zomaar iets te zeggen? Of bedoelde je dat je er iets tegen wilt doen?'

'Allebei denk ik. Ik zou zeker iets willen doen als ik kon.'

Georgette onderbreekt haar. 'En als dat nou eens kon?'

'Jazeker, maar ik zie niet...' Alice zwijgt om naar Georgette te kijken die koortsachtig in haar tas rommelt. Ze haalt er een notitieboekje uit, scheurt daar een vel af en krabbelt er iets op alvorens het aan Alice te geven. 'Lees dat.'

Alice doet het. Het is de naam van een boekwinkel, een adres, een datum en tijd.

'Weet je waar het is?'

'Ik ben er nooit geweest, maar ik ken de straat.'

'Kun je het adres onthouden?'

'Ja.'

'Mooi zo.' Ze pakt het velletje papier terug, haalt een doosje lucifers uit haar tas, steekt het papiertje met een enigszins theatraal gebaar in brand en laat de as naar de vloer dwarrelen. 'Ik zie je daar.'

'Ik weet niet...'

'Kom nou maar gewoon.'

Het is vreemd, denkt Alice, zoals een geur het geheugen veel sterker kan prikkelen dan een beeld of een geluid. Als ze vroeg op een avond in de schaars verlichte kelder van een antiquarische boekwinkel in het Quartier Latin zit, wordt ze teruggevoerd naar de bibliotheek in Winnard Cove. Het is de geur van oud leer en papier, van zich ophopend stof. Vreemd genoeg is dit voor Alice de geur van de zomer, van haar jeugd. Ze was toen nog te jong om echt te lezen, maar ze kon wel de plaatjes kijken in de boeken van lord Eversley – van schepen, continenten en ijsplaten – terwijl haar vader zat te werken.

Ze herinnert zich het geluid van de golven die op de kust braken en het gekrijs van de meeuwen, zo gedempt door de oude stenen en het oude glas heen dat het geluiden uit een andere dimensie hadden kunnen zijn. De moeder van Alice kwam nooit in de bibliotheek. Ze beweerde dat het stof haar deed hoesten en piepen, maar toen Alice er later aan terugdacht vroeg ze zich af of de ruimte haar misschien aan haar goed verborgen onwetendheid herinnerde.

Soms kwam Archie bij hen zitten, pakte een boek bladerde het snel door. Hij leek de lucht, het binnen zitten, echter verstikkend te vinden. Na een kwartiertje gooide hij het boek, bijna alsof het hem had beledigd, weer neer en stapte de kamer uit. Hij kon nooit lang stilzitten. Wat vreemd te bedenken dat hij nu voor altijd stil lag in een graf van Vlaamse modder.

De sfeer in deze kelder is natuurlijk heel anders dan de rust en stilte in de bibliotheek van Eversley Hall. De lucht lijkt geladen met de strakgespannen verwachting van de aanwezigen, De meesten zijn studenten, voor in de twintig, en Alice realiseert zich met een schok dat ze zelf niet jong meer is. Georgette en Étienne, die is overgehaald om mee te komen, zitten niet ver bij haar vandaan. Haar ogen gaan van haar naar de nieuwe gezichten. Er is een knappe jongeman, die zijn haar tegen zijn schedel heeft geplakt, zoals momenteel de mode is onder studenten.

'Anton,' mompelt Georgette als ze Alice ziet kijken. De zogenaamde onverschilligheid is een duidelijk bewijs van haar bijzondere interesse in hem. Naast hem zitten een paar meisjes van ongeveer dezelfde leeftijd, voorovergebogen op hun stoelen, kennelijk vol ongeduld om te beginnen. Ze dragen net als Georgette bijna identieke brillen met dikke glazen die de frisheid van hun uiterlijk niet kunnen verhullen. 'Danielle en Berthe,' verduidelijkt Georgette. Het jongste gezicht behoort toe aan een betoverend meisje dat vast nog niet eens klaar is met het Lycée. Ze kan niet ouder zijn dan zeventien.

'Haar ken ik niet,' gaat Georgette verder, 'ze moet nieuw zijn. Hem ook niet.' Met dat laatste doelt ze op een rustig uitziende man in een regenjas. 'Of haar.' Georgette wijst naar misschien wel de meest verbazingwekkende aanwezige: een vrouw van middelbare leeftijd die alleen zit. Ze draagt een pakje van lichte tweed en klemt een prachtig gemaakte handtas tegen haar borst alsof ze bang is om hem op de stoffige vloer te zetten. Ze ziet er nogal chic en volstrekt misplaatst uit.

Voor Alice verder over haar kan nadenken staat de man in de regenjas op om zich voor te stellen. Hij is Yves, zegt hij. Hij is klein en buitengewoon tenger en de te grote regenjas is oud en misschien wel ooit door het leger verstrekt. Hij kan niet ouder zijn dan veertig, maar zijn afwaswaterbruine haar dunt bovenop al flink uit en de huid onder zijn ogen hangt vermoeid omlaag. Hij praat echter met een rustig zelfvertrouwen – een natuurlijk gezag – en het is meteen duidelijk dat ze geacht worden hem als hun leider te beschouwen. Hij kijkt hen een voor een taxerend aan. Hij heeft, zegt hij, het volste vertrouwen in hen. Hij gelooft dat ze hun plicht zullen vervullen voor Frankrijk. Hij is bescheiden over zijn eigen ervaring, al is duidelijk dat die veelomvattend is. De Parti Communiste Français; activiteiten voor het Front Populaire; contacten met Russische revolutionairen. Hij is, zo vertelt hij met kalme trots, zijn hele volwassen leven al een activist.

Bij de volgende bijeenkomst beginnen hun rollen vorm te krijgen. Yves heeft wat valse papieren laten maken. Alice ontvangt die van haar en ziet dat haar achtergrondverhaal met zorg is gekozen, dat de details grotendeels met de hare overeenkomen, maar afwijken in de wezenlijke dingen. Haar naam is Célia, een anagram van haar echte naam, maar afwijkend genoeg, haar achternaam is Mertenat en ze is opgegroeid op Martinique, wat een mogelijk afwijkend accent zou verklaren. Na het overlijden van haar ouders is ze naar Frankrijk en vervolgens naar Parijs gekomen om werk te zoeken als gouvernante, maar haar vorige werkgevers hebben het land verlaten nadat de oorlog was verklaard, waardoor ze genoodzaakt was bij het museum te gaan werken. De kwaliteit van de documenten maakt ook indruk op haar. Voor zover haar ongeoefende oog het kan bepalen zijn ze niet te onderscheiden van echte.

'Waarom hebben we valse papieren nodig?' vraagt Georgette. 'De meesten van ons worden niet bepaald gezocht.'

'Ze zijn voor jullie eigen veiligheid en die van jullie dierbaren. Als ze jullie pakken en details weten te achterhalen over een vader, moeder of zus dan kunnen ze jullie liefde voor hen tegen jullie gebruiken. Begrijp je dat?'

Georgette knikt.

'De beste verzetsstrijders zijn die zonder familie, die niets te verliezen hebben. Dat moeten we dus zo dicht mogelijk benaderen met fictieve relaties die ze geen pijn kunnen doen.'

Daarna gaat Yves verder over de pamfletten die de leden van de groep verspreiden en die anti-Duitse propaganda, artikelen en adviezen voor de bezette Parijzenaars bevatten.

'Georgette heeft tot dusver goed werk geleverd,' zegt hij. 'Maar we moeten aan een groter bereik gaan denken. We moeten minstens honderd keer zoveel pamfletten produceren als we nu verspreiden om echt effect te hebben.'

'We zouden iemand moeten hebben die de artikelen typt,' zegt Georgette. 'Het kost te veel tijd om ze allemaal met de hand te schrijven en na een poosje wordt je hand zo moe dat je alleen nog maar onleesbare krabbels kunt produceren.'

'Ik kan typen.' Al terwijl ze het zegt, vraagt Alice zich af of ze spijt zal krijgen van haar woorden. Ze heeft nog niet met zekerheid besloten of ze hieraan mee wil doen. Natuurlijk staat het feit van de bezetting haar net zo tegen als ieder ander, maar ze is niet een van hen, ze is geen communist. Ze heeft niet bijster veel vertrouwen in het Front Populaire, heeft nooit gemeend dat het antwoord op de beproevingen van het land te vinden is bij de Sovjet-Unie, zoals Yves denkt. Alice gelooft niet in iets dat zo streng gedefinieerd is als het socialisme. Maar het enige dat echt telt is wellicht dat ze in elk geval een gemeenschappelijk doel hebben: het strijden tegen de nazi's.

Georgette raakt geanimeerd terwijl ze het verder uitdenkt. 'Ja, Alice kan ze thuis typen, en dan kunnen we ze in het museum kopiëren. Er staat een stencilmachine in de kelder. Ik kom er wel achter hoe die werkt.'

Alice wendt zich tot haar. 'Maar Étienne, dan? Hij is bijna altijd in het museum. Hij zou vast iets merken.'

Georgette trekt een wenkbrauw op. 'Denk je? Volgens mij zou ik daar de shimmy kunnen dansen in het bananenrokje van Josephine Baker zonder dat hij het opmerkt.'

Alice denkt aan de stille intensiteit waarmee Étienne elke beweging van Georgette volgt en vermoedt wat anders. 'Ik weet het niet, Georgette. Hij ziet meer dan je denkt.'

'Nou goed. Dan betrekken we hem erbij.'

Alice is voorzichtig. Ze kan zich nauwelijks voorstellen dat Étienne iets anders dan een rustig leventje wil. Het is niet zo dat hij een lafaard lijkt, maar veeleer dat hij zo zachtaardig, zo vol vertrouwen is. Georgette schijnt echter vastbesloten over haar plan.

De volgende morgen confronteert ze hem meteen: ze stapt zijn kantoor binnen, doet de deur dicht en komt een uur later triomfantelijk weer naar buiten. 'Hij doet mee. Hij wil zelfs helpen en zegt dat hij met ons meegaat naar de volgende bijeenkomst.'

De typemachine die ze voor Alice regelen is een oude Remington. De toetsen voelen vreemd aan, stugger en minder gevoelig dan die van de Corona. De 'e' blijft hangen, zodat ze die extra hard moet aanslaan en zelfs dan raakt hij soms het papier niet. Ze oefent eerst op papier, met typemachinelint. Daarna komen de kostbare stencilvellen met hun dunne waslaagje. Het typemachinelint wordt verwijderd, zodat de kale letters het vel rechtstreeks raken en de lettervormen erin slaan waar de inkt doorheen zal vloeien.

Alice zit tot laat in de nacht met de stapel handgeschreven artikelen naast haar achter de Remington. Ze heeft er handigheid in gekregen de verschillende handschriften en stijlen te herkennen. Sommige zijn sterker politiek getint dan andere, roepen de lezer op naar Rusland te kijken, de zaak van de revolutie te omarmen. Andere, zoals het pamflet met de titel *33 Conseils a l'occupé*, spreken van de schande in het eigen land als tweederangsburger te worden aangemerkt en zich te moeten onderwerpen aan het gezag van de bezettingsmacht. Ze vragen het Franse volk verzet te plegen in de kleine dingen die hun ter beschikking staan. Geen ongehoorzaamheid, maar ook geen samenwerking. Weigeren te glimlachen naar de Duitse soldaten, vage of misleidende aanwijzingen geven als hun de weg wordt gevraagd. Ze in winkels en restaurants met beleefdheid, maar nooit met vriendelijkheid of onderdanigheid behandelen.

Ze werkt met stukken zwart papier voor de ramen. De bomaanvallen zijn voorbij, maar er wordt strikt de hand gehouden aan de avondklok en licht in de vroege uurtjes van de ochtend, hoe zwak dan ook, zou de verkeerde soort aandacht kunnen trekken. Ze leeft nu op drie of vier uur slaap, maar het is tegenwoordig zo rustig in het museum dat er vaak wel tijd is om een halfuurtje te rusten in de oude leunstoel in het kantoor van Étienne. In de spiegel boven de wastafel ziet ze er elke morgen moe en bleek, maar vastberaden uit. Het is ongetwijfeld haar verbeelding, maar haar trekken lijken resoluter, het gezicht van iemand met een doel en een grote, heimelijke kracht.

In de schemering – het tijdstip waarop dingen gemakkelijker aan de aandacht ontsnappen, maken Alice en Georgette hun rondes door de stad. Ze stopten pamfletten in brievenbussen, leggen ze bij bushaltes, op de bankjes in de metrostations. Hun bewegingen zijn trefzeker en geoefend. Ze kunnen inmiddels allebei bogen op een vingervlugheid waarmee ze iedere zakkenroller naar de kroon steken. Ze zijn meesters van het moment, van de gegrepen kans. Alice heeft geleerd zo te kijken dat ze volmaakt de schijn wekt van iemand die vertrektijden staat te bestuderen of de nieuwste Duitse mededelingen leest terwijl ze de papieren heimelijk uit haar tas haalt en ze vol in het zicht verspreidt.

Er worden echter wel mensen opgepakt. Niemand van hun groep, maar Alice heeft het zien gebeuren. Ze heeft gezien hoe een tienerjongen met een wapenstok tegen de grond werd geslagen en in een wachtende auto werd gesleept terwijl de papieren als confetti uit zijn handen dwarrelden. Hij was weggebracht en niemand wist waarheen, maar er zijn geruchten over gijzelaars, over gevangenenkampen, over moord op klaarlichte dag.

Étienne is een waardevolle aanwinst voor hun team geworden, die zijn rol met dezelfde stille focus uitvoert als waarmee hij alles doet. Hij is vaak tot diep in de nacht in de kelder van het museum aan het werk. Tegen de ochtend liggen er nette stapeltjes gestencilde pamfletten tegen de muren.

Georgette lacht naar hem. 'Étienne, hoe moeten we die allemaal kwijtraken? Het zijn er meer dan er nog mensen in Parijs wonen!'

Étienne haalt zijn schouders op en er kruipt een rode blos over zijn bleke wangen. Dat effect lijkt Georgette altijd te hebben.

Alice schiet hem te hulp. 'Wat ze bedoelt is dat dit fantastisch is, meer dan we hadden durven hopen.'

Étienne glimlacht zwakjes.

De groep komt nu eens per week bij elkaar in de kelder van de boekwinkel om verslag te doen van de vorderingen en nieuwe ideeën te bespreken.

Bij de derde bijeenkomst slaagt Alice erin met madame Beauclerc te praten, de vrouw in het lichte pakje en de parels die bij de eerste bijeenkomst zo misplaatst leek. Het is moeilijk je iemand voor te stellen die er minder rebels uitziet – behalve Étienne misschien – dan zij. Hélène Beauclerc stamt uit een van de oudste families van Parijs. Haar vader was burgemeester van de stad, wijlen haar echtgenoot een raadslid. Ze woont op de rechteroever, op een van de reusachtige landgoederen in het bosrijke 16e arrondissement.

'Waarom bent u hier?' vraagt Alice, die haar nieuwsgierigheid niet meer kan bedwingen.

Hélène reageert aanvankelijk defensief. 'Om dezelfde reden als iedereen,' zegt ze kortaf.

Alice knikt.

Dan zucht Hélène gelaten. 'Er is nog iets anders... mijn zoon, hij is krijgsgevangene in een of ander godvergeten gevangenenkamp in Duitsland.'

'O, wat erg.'

De sympathie lijkt bijna te veel voor Hélène, die de altijd aanwezige handtas nog steviger vastpakt, tot haar knokkels wit worden. Ze spreekt fel, haar ogen op de vloer voor haar gericht. 'Hij is geen soldaat, Philippe. Hij is een pientere, vrolijke en zachtaardige jongen. Ik zie die andere jongens, die moffen van dezelfde leeftijd, onze bars uit rollen en Parijs behandelen als een speeltuin. Daar word ik misselijk van. Ik wil alles wel doen als het helpt ze hier weg te krijgen.' Ze kijkt Alice met een ijskoude blik aan.

48

New York, september 1986

Het was vroeg in de avond en buiten de ramen kreeg het blauw van de lucht het dichtst bij de horizon, boven de toppen van de langste bomen in het park, een paarsachtig waas. We gaan de tijd van het jaar in, en het tijdstip van de dag, waarop ik het licht altijd het mooist heb gevonden. Een tijd om optimaal van te genieten voordat de winter begint.

Alice had erop aangedrongen dat Julie genoeg had gedaan voor die dag en onze drankjes zelf klaargemaakt. Ze hadden een diepe, felle oranjerode kleur en waren erg sterk. Het waren Negroni's: het drankje dat Alice als meisje in Venetië had ontdekt.

'Vind je het lekker?' vroeg ze toen ik mijn eerste voorzichtige slokje nam.

'Ik... weet het niet.' Het zoet was vermengd met de bitterheid van een hoestsiroop en de gin brandde in mijn keel. Toch intrigeerde het me en nam ik nog een slok.

Alice leek blij met mijn antwoord. 'Dan ga je het wel lekker vinden. Als je het niet meteen verschrikkelijk smerig vindt, ga je het beslist leren drinken.'

'Is dat positief?'

'Met mate, ja.' Ze glimlachte. Ik begon die glimlach te herkennen: langzaam, peinzend, met halfgesloten ogen. 'Ik hoop dat ik je niet teleurstel. Ik was niet een van die meisjes die midden in de nacht uit een vliegtuig sprongen of geheime berichten meenamen in hun ondergoed, maar wat wij deden was minstens zo zinvol voor de zaak– en misschien wel net zo gevaarlijk – als die andere dingen. We lieten de mensen zien dat er nog hoop was, dat er iemand voor hen vocht. Dat is belangrijk. De reactie van de moffen' – ze gebruikte liever dat woord dan 'nazi's' of 'Duitsers' – 'maakte duidelijk dat zij er ook zo over dachten.'

Ze haalde een plat blikje tevoorschijn en maakte het open. Er lag een rijtje dunne witte sigaretten in, dicht tegen elkaar, een of ander buitenlands merk. 'Wil je er een?'

Ik besefte dat ik tot dat moment niet had geweten dat ze rookte.

'Een gewoonte uit de oorlog,' zei ze bij wijze van uitleg. 'Een smerige gewoonte, geef ik toe, maar ik heb gemerkt dat het erg ontspannend werkt.'

Alice stak er een voor mij op en daarna een voor zichzelf. Ze rookte peinzend, niet smachtend, zoals veel mensen doen. Het zag er bij haar bijna uit als een vorm van meditatie.

'Ik denk dat het het gevoel was dat we iets deden,' zei ze. 'Dat gold ook voor Hélène. Ze had nooit een baan gehad, vertelde ze me. Ze was eigenlijk alleen echtgenote en moeder geweest. Toch bleek ze nuttig te zijn, ondanks haar twijfels. Ze was een natuurtalent met woorden en was goed in het schrijven van stukken voor de pamfletten, stukken die gewone Franse mensen tot daden zouden kunnen aansporen, niet alleen degenen die al aan politiek deden. Ze was bovendien buitengewoon dapper: tot aan het einde toe.

Hélène en ik waren de enigen die niet politiek geëngageerd waren. Bijna alle anderen waren communist, of waren lid geweest van het Front Populaire, zelfs Georgette, die bij enkele studentenbewegingen betrokken was geweest. In de situatie waarin we ons bevonden was het naar mijn idee het belangrijkst dat we samenwerkten aan de zaak, zij het niet per se vanuit dezelfde ideologie. Begrijp je me?'

Ik bevestigde dat.

'Voor ik me bij hen aansloot,' zei ze, 'beschouwde ik mezelf graag als dapper. Maar terugkijkend begreep ik dat ik was weggelopen voor alles waar ik bang voor was: mijn moeder, mijn stiefvader, alles wat er gebeurd was en zelfs voor de liefde. Sindsdien heb ik geleerd dat je angst tegemoet moet treden om die te overwinnen. Het klinkt misschien als een platitude – en misschien is het dat ook wel – maar het is de manier waarop ik sindsdien heb proberen te leven.'

49

Parijs, augustus 1940

Tijdens de vierde ontmoeting ziet ze hem. Julien. Er zijn tien jaren verstreken en toch is hij nauwelijks veranderd. Er zit wat meer grijs in zijn haar, maar de blauwe piratenogen zijn nog hetzelfde. Naast hem zit een jonge blondine die elke paar seconden in volstrekte aanbidding naar hem opkijkt.

Yves stelt hem voor als een held, een veteraan uit de Spaanse burgeroorlog, een gevestigd lid van de PCF. Julien glimlacht bescheiden en kijkt om zich heen. Alice is in de tijd die er is verstreken beslist meer veranderd dan hij, want hij herkent haar niet. Of misschien ligt het aan de context, het vreemde feit dat ze hier is, waardoor hij het niet ziet. Uiteindelijk keert zijn blik echter bij haar terug en fronst hij. Ze ziet hem moeite doen haar te plaatsen en ziet dan herkenning.

Julien staat op om enkele inspirerende woorden te zeggen over zijn ervaringen in Spanje, over de guerillatactieken die van groot belang waren voor het verzet daar. O ja, denkt Alice, ik herinner me die stem. Dan stelt hij de jonge blonde vrouw naast hem voor. 'Dit is Marcelette,' zegt hij. 'Ze komt ons helpen.' Vol ongeloof kijkt Alice weer naar haar. Ze kan niet ouder zijn dan zestien of zeventien, al lijkt ze door de bolle wangen en grote ronde ogen zelfs nog jonger. Ze is erg knap, dat zeker, maar zoals een kind knap is.

'Dat is zeker een grapje,' mompelt Georgette.

Julien lijkt haar te hebben gehoord. Hij schenkt Georgette een snelle glimlach. 'Ik meen het serieus. Marcelette mag dan jong zijn, maar twijfel niet aan haar moed en haar toewijding. Ze wordt ons geheime wapen.' Hij glimlacht naar haar. 'Wie koestert er nou argwaan voor een dergelijk gezicht?'

Daar zit wat in, denkt Alice. Wie naar haar kijkt zal moeilijk kunnen geloven dat Marcelette tot bedrog in staat is.

Hij komt naderhand naar haar toe. 'Alice?'

'Julien.' Alice ziet dat het meisje – Marcelette – hen vanuit de hoek van het vertrek in de gaten houdt.

'Ik kon mijn ogen niet geloven.' Hij glimlacht, maar ze kan zien dat hij nerveus is. Ze herinnert zich plotseling de laatste keer dat ze hem zag.

'Ik ook niet.'

'Ja, maar dit is mijn stad,' zegt hij met een weids gebaar, 'ik ben hier geboren. Maar jij... in Parijs?'

'Ik woon hier al tien jaar.'

Hij lacht. 'Ik begrijp het niet. De laatste keer dat ik je zag was je nog een Engels schoolmeisje.'

Ze haalt haar schouders op. 'Ik ben veranderd.' Ze geeft geen verdere uitleg en hij weet kennelijk dat hij er niet naar moet vragen.

'Ga je met me uit eten?'

'Ik weet het niet.'

'Toe nou. Het is zo fijn je te zien na al die tijd.'

'Goed dan.' Wat kan het voor kwaad? 'Neem je Marcelette ook mee?'

Hij fronst. 'Waarom zou ik?'

'Maar ze is je...' Ze zwijgt even om hem de gelegenheid te geven te antwoorden, maar als hij dat niet doet, vult ze het zelf in: 'dochter?'

Hij lacht en schudt zijn hoofd. 'Nee. Niet mijn dochter. Een vriendin.'

Hij neemt haar mee naar een anonieme bistro, een paar straten van de boekwinkel vandaan. Tijdens de maaltijd – iets wat lijkt op een cassoulet, onbeduidend als al het eten in de stad tegenwoordig is – wordt ze zich ergens van bewust. Hij heeft geen macht meer over haar. Als hij over zijn heldhaftigheid in de Spaanse Burgeroorlog en zijn promotie binnen de PCF vertelt, valt zijn charme als zure melk uiteen in de afzonderlijke bestanddelen. Hij is geen slecht mens – als zelfs maar de helft van wat hij over Spanje zegt waar is, is hij een buitengewoon moedig man – maar hij is zelfingenomen, egocentrisch. Alice feliciteert haar jongere zelf: ze had in het begin misschien niet aan zijn lokroep kunnen ontsnappen, maar ze had hem in elk geval niet in alles zijn zin gegeven.

Er is een patroon ontstaan. Georgette, Alice en Étienne komen nu minder vaak, maar toch wel elke paar weken met de rest van de groep bij elkaar. Yves, Julien, Marcelette en enkele anderen zijn met andere dingen bezig. Dingen waarvoor ze weken aan een stuk weg zijn. Afgaand op het beetje informatie dat Alice heeft weten te vergaren, vermoedt ze dat ze naar de Vrije Zone gaan. Ze heeft geruchten gehoord over mensen die op die manier het land uit zijn geholpen en dat sommigen, veel minder, zo het land binnen zijn gekomen. In de Vrije Zone hebben de autoriteiten van Vichy de reputatie veel minder strikt te zijn wat grenscontroles betreft. Niettemin moet het gevaarlijk werk zijn om mensen daarheen te brengen en de grens over te helpen.

Vergeleken met iets zo grootschaligs en riskants lijkt het produceren en verspreiden van pamfletten maar kinderspel. Maar nee, zegt Georgette tegen Alice, in veel aspecten is hun werk net zo gevaarlijk. Het belang dat de nazi's aan propaganda hechten is overal op straat zichtbaar, waar grijnzende, afzichtelijke karikaturen van joden zich op ineengedoken vrouwen met hoofddoeken storten, waar Britse vliegtuigen dodelijk vuur op nietsvermoedende Franse dorpen neer laten regenen.

Overdag functioneert het museum zoals normaal... al is het zo rustig dat een van hen – of soms zelfs twee – gemakkelijk een uurtje weg kan om pamfletten door de stad te verspreiden. 's Avonds gaat

Alice naar huis en werkt ze op haar typemachine. Étienne en Georgette blijven tot in de kleine uurtjes in het museum en kopiëren de stukken die al zijn getypt. Hun bleekheid en de blauwe vegen onder hun ogen zouden hen kunnen verraden, ware het niet dat de meeste Parijzenaars – moe en ondervoed, uitgeput door hun dagelijkse strijd om het bestaan – er hetzelfde uitzien.

Alice is het gewend om 's morgens een doodstil museum binnen te gaan, wetende dat Georgette en Étienne waarschijnlijk een paar uur pauze hebben genomen van hun werk in de kelder. Elke dag sluipt ze naar beneden om een pot sterke koffie te zetten die ze samen leegdrinken wanneer de anderen wakker zijn. Op de ochtend dat Alice haar ontdekking doet, doet ze precies hetzelfde. Ze opent het valluik dat onder een dun tapijt verborgen zit en daalt voorzichtig af naar de muffe warmte beneden.

Er staan twee leunstoelen in de kelder. Gewoonlijk ligt Étienne in de ene en Georgette in de andere. Die ochtend is dat echter niet het geval. Het duurt even voor tot Alice doordringt waar ze naar kijkt. De ene leunstoel is leeg. In de andere liggen twee lichamen. Met elkaar verstrengeld, zo stil dat Alice in paniek begint te raken totdat ze Georgettes blote schouderblad heel licht ziet bewegen wanneer ze inademt. Georgette is vanaf haar middel naakt, haar bleke huid blauwachtig onder het zwakke kunstlicht. Een kleine witte borst is zichtbaar in de kromming van Étiennes arm, die stevig om haar heen geslagen is. Georgettes rode krullen liggen over zijn schouder verspreid en een hand heeft een rustplaats gevonden in het kuiltje onder aan zijn hals. Haar gezicht ligt tegen zijn borst gedrukt. Étiennes gezicht is naar voren gericht, naar Alice. Zelfs in zijn slaap lijkt hij te glimlachen.

Alice trekt zich zo geluidloos mogelijk terug, de koffiepot tegen haar borst gedrukt. Ze sluit het valluik en krimpt ineen als dat zachtjes piept. Ze loopt naar de receptie, gaat zitten en probeert haar gedachten op een rijtje te zetten. Ze beeft over haar hele lichaam. Ze voelt... wat precies? Blijdschap, jazeker, maar met een ondertoon van iets wat op jaloezie lijkt. Ze is ook bezorgd om hen. Is er een toekomst mogelijk voor hun relatie, in een tijd als deze?

In de weken daarna ziet Alice alles wat haar eerder moet zijn ontgaan. De blikken die ze wisselen wanneer ze denken dat er niemand kijkt en die de zorgvuldige beleefdheid loochenen waarmee ze elkaar in het openbaar bejegenen. Ze kan het nog steeds moeilijk geloven: Georgette met haar schoonheid en zelfvertrouwen, Étienne zo stil en onhandig. Nu ze beter oplet, ziet ze hoe liefdevol ze met elkaar omgaan. In Georgettes aanwezigheid praat en lacht Étienne meer, en reageert hij soms zelfs gevat. En haar scherpheid wordt weer afgezwakt door zijn zachtheid.

Op een ochtend komen ze naar haar toe en ziet ze dat ze elkaars hand vasthouden.

'We wilden het jou als eerste vertellen,' zegt Georgette.

Étienne knikte en schraapt zijn keel. 'We gaan trouwen.'

De verbazing van Alice is slechts ten dele geveinsd. Ze had nooit gedacht dat het zover zou komen. Misschien is er toch nog hoop voor de wereld.

Het is een bescheiden, goedkope ceremonie. Alice is de enige gast die geen familielid van de bruid of bruidegom is. Ze zit naast de oude monsieur Dupré, die het grootste deel van de dienst slaapt. Hij wordt net op tijd wakker voor de slotzegen en applaudisseert luid, alsof hij in het theater zit. Georgettes moeder, de sobere wiskundeprofessor, verrast iedereen door in luidruchtig huilen uit te barsten.

Later zal Alice zich aan die dag vastklampen, aan de vreugde en de hoop, de normaliteit. Ze zal hem aanroepen als bewijs dat er meer is dan de realiteit van haar nieuwe situatie. Het zal de laatste dag van haar oude leven zijn.

50

Het komt midden in de nacht. Het gebrom van een automotor op het plein, de luide stemmen beneden. Ze hoort madame Fourrier, verontwaardigd, en stelt zich voor hoe ze hen in haar nachthemd en slaapmuts probeert af te bluffen. Ze hoort hen ook, het zijn stemmen die het gezag dragen van hen voor wie geen enkele plek verboden terrein is, ongeacht het tijdstip. Ze hoort de deur slaan, hoort nog een protest van haar verhuurster, zwakker dit keer, en dan klinken snelle, zware voetstappen op de oude trap. Het hele huis zal nu wel wakker zijn, daar is Alice van overtuigd. Iedereen zal afwachten om te zien voor wie ze komen.

Ze komen natuurlijk voor haar. Dat weet ze. Het enige wat ze kan doen is wachten. Ze nemen de tijd, bonken op elke deur. Madame Fourrier heeft hen duidelijk niet zoveel verteld als ze had kunnen doen. Ze hoeft niet in haar kamer rond te kijken om te weten dat er niets is wat haar kan verraden, althans niet zonder een buitengewoon zorgvuldig onderzoek. De Remington is zo goed verstopt als hij maar zijn kan, in de geheime ruimte in de muur achter de ladekast. Ze heeft elke avond alle verknoeide stencilvellen boven de wasbak verbrand en de as weggespoeld. Ze is nu dankbaar voor alle wijn waarmee monsieur Dupré na de ceremonie kwam aanzetten, de wijn die haar te wazig heeft gemaakt om zelfs maar te overwegen vanavond nog iets te typen. Anders zou er nu een verse stapel stencilvellen op haar bureau hebben gelegen.

Eindelijk – en het is bijna een vreemd soort opluchting – komt de klop op haar deur. Ze zal doen alsof ze nu pas door de commotie wakker wordt uit de diepe, ongestoorde slaap van iemand die niets te verbergen heeft. Weer een klop, luider nu. Dan een bons, lager... een laars misschien. Ze springt van het bed. Ze staat niet toe dat ze inbreken: een daad die haar op zich zou lijken te criminaliseren. Ze loopt naar de deur, draait de sleutel om en trekt de deur open op het moment dat de voorste man er weer tegenaan wil slaan. Hij valt de kamer binnen, vloekt in het Duits en weet maar net te voorkomen dat hij zijn evenwicht helemaal verliest. Hij is klein, maar krachtig gebouwd, deze eerste. De man achter hem is lang en lichtblond en Alice raakt van haar stuk door zijn vage gelijkenis met Étienne. Ze dragen de zwarte uniformen van de Gestapo.

'Alice Eversley?' vraagt de kleinere man. Hij glimlacht terwijl hij dat zegt en Alice realiseert zich dat hij hiervan geniet. Hij laat zijn ogen over haar lichaam dwalen, dat onvoldoende wordt verhuld door haar dunne nachthemd. Maar ze is nu Célia, bedenkt ze. Ze is niet meer Alice Eversley. Moet ze het ontkennen? Beweren dat ze onschuldig is en die andere persoon niet kent?

Voor ze een besluit kan nemen, is de lange man haar voor. Hij spreekt Frans. Zijn stem is verbazingwekkend zacht, maar de ogen waarmee hij haar onderzoekend aankijkt zijn koud. 'Je hoeft niet te doen alsof,' zegt hij. 'Ik vrees, liefje' – *ma chérie* – 'dat we allebei je namen kennen. Alice, Célia... heel slim. Een van je vrienden heeft ons alles gegeven wat we nodig hadden.'

Wie? Ze weet dat Étienne of Georgette het niet geweest kunnen zijn. Ze bidt dat zij veilig zijn, de ene nacht dat ze niet thuis zijn. Alsof hij haar gedachten leest, schudt de lange man zijn hoofd. 'Hen hebben we ook,' zegt hij bijna spijtig. 'Ik geloof dat ze ons beet probeerden te nemen door in een hotel te gaan slapen. We hebben ze gemakkelijk kunnen vinden.'

Het hotel was geboekt voor hun huwelijksnacht. Ze waren daar waarschijnlijk gemakkelijker te vinden voor de Gestapo dan ergens anders, denkt Alice. De hotels, vooral de betere, zitten tegenwoordig vol nazi's.

De langere man doorzoekt de kamer, rommelt door de laden,

bladert door haar boeken, voelt onder het bed terwijl de andere haar arm stevig vasthoudt, veel steviger dan nodig is. Ze vinden niets. Er zou een veel inventievere, uitgebreidere zoektocht nodig zijn om de Remington te ontdekken. De teleurstelling van de man is tastbaar, al doet hij veel moeite het niet te laten merken. Het zou hem ongetwijfeld extra punten hebben opgeleverd als hij nieuwe bewijsstukken boven tafel had weten te halen.

Ze escorteren Alice naar beneden en ze kan voelen dat de andere huurders nieuwsgierig en opgelucht staan te luisteren. Onder aan de trap ziet ze iets vreemds, een zwarte vorm in de deuropening naar het restaurant. Dan realiseert ze zich wat het is. Een voet. Als ze er voorbij lopen ziet Alice madame Fourrier languit op de tegels liggen.

Alice talmt, hoopt op een kleine beweging die duidelijk zou kunnen maken dat haar verhuurster nog leeft, maar de mannen sleuren haar mee, de donkere natte straat op en naar de wachtende auto. Ze rijden met haar door de stille stad, over de Boulevared Montparnasse. Als ze La Coupole passeren, wendt Alice haar blik af.

De mannen observeren haar nauwlettend: ze voelt hun ogen op haar gericht. Ze begrijpt instinctief dat ze niet naar Georgette en Étienne kan vragen, niet kan vragen wie hen heeft verraden. Want daardoor zou ze misschien per ongeluk iets onthullen wat ze nog niet weten.

51

New York, september 1986

'Ze brachten me naar een van de oudste gevangenissen van Parijs,' vertelde Alice me. 'Die heette Fresnes. Het was of dat of de Cherche-Midi.'

'Daar heb ik van gehoord,' zei ik. 'Daar werden mensen gemarteld.'

'Ja,' zei Alice, 'en misschien mocht ik van geluk spreken dat ik hun zo weinig kon vertellen. Geluk – als je het zo kunt noemen – dat mijn ondervrager, een oudere man, duidelijk ervaren was in de kunst van het ondervragen. Ik denk dat hij genoeg had gezien om het te weten wanneer iemand iets te verbergen had, en hij had er geen moeite mee me te laten merken dat ik tijdverspilling voor hem was. Anderen, die meer wisten – zoals Yves, de leider van onze groep – brachten het er niet zo goed vanaf.'

'Lieten ze u gaan?'

Ze schudde haar hoofd. 'Nee, zo werkte het niet. Ik wist het destijds niet, maar ik was in feite een gijzelaar, eentje van honderden. We werden vastgehouden, wij allemaal, als onderpand. Als er tijdens een actie van het verzet één mof werd gedood, werden er vijftig Franse gevangenen geëxecuteerd.'

52

Fresnes-gevangenis, september 1941

De kamer is nauwelijks groter dan een kast, veel hoger dan hij breed is. Hij is bijna volslagen donker, maar er zit een opening van brievenbusformaat bij de onderkant van de deur, waar een stoffige baan licht doorheen valt die een klein rechthoekje van de vloer en het matras verlicht, dat losjes is gevuld met stro.

Ze hebben Alice haar horloge afgenomen, maar ze kan het verstrijken van de dagen afmeten aan de incidentele onderbreking door een maaltijd. Het eten is altijd hetzelfde: een dunne, bittere bouillon. Alice kon hem in het begin moeilijk wegkrijgen, maar nu hunkert ze ernaar, meer als een onderbreking van de lange uren dan voor de voedingswaarde. Wat erin zit is moeilijk te bepalen. Beslist niet veel voedzaams. Hij wordt door de opening in de deur geschoven, vaak met enige kracht, zodat een deel ervan over de rand van de kom klotst. Op een keer had Alice zo'n honger dat ze in de verleiding kwam het gemorste gedeelte van de vloer op te likken, maar ze hield zich in omdat ze wist hoe ziek – en dus hoe zwak – ze daardoor zou kunnen worden.

In de duisternis en de stilte worden gedachten bijna hoorbaar. Er zijn goede gedachten, die haar wegvoeren uit haar omgeving. Die moeten aangemoedigd worden en Alice roept ze bewust op door terug te denken aan het feest aan het meer, de avond dat ze werd herenigd met Tom. Als ze zich goed genoeg concentreert, kan ze bijna de witte nevel boven het wateroppervlak zien, en de manier waarop die roze verkleurde in het eerste licht van de nieuwe dag.

Nu en dan reist ze terug naar die keer in het boothuis toen ze zich voor het eerst realiseerde hoe getalenteerd Tom was, of naar de middag dat ze met de auto van tante Margaret over de plattelandswegen raasden, de door de herfst gekleurde bomen, de snel voorbijdrijvende wolken.

Een enkele keer staat ze zich toe aan Corsica te denken, of aan de ochtend in haar zolderkamer, met het zonlicht dat naar binnen scheen en hen wekte, de lakens die in een kluwen rond hun voeten lagen, zijn dijbeen warm en zwaar op het hare. Ze moet voorzichtig met die herinneringen omspringen om ze niet te bezoedelen of beschadigen, zoals gebeurt met alle kwetsbare dingen die je te vaak aanraakt.

Er zijn ook sombere gedachten, die Alice doen geloven dat ze voor altijd hier zal blijven, dat ze nooit zal ontsnappen, dat ze in de duisternis zal sterven zonder nog iemand te zien van wie ze houdt, zonder afscheid te kunnen nemen.

Het is heel belangrijk te zorgen dat die gedachten geen vat op haar krijgen. Alice begrijpt dat dit de gedachten zijn die een mens radicaler, vollediger kapot kunnen maken dan ongeacht wat hun overweldigers met hem zouden kunnen doen.

Tien maaltijden gaan voorbij voordat Alice het hoort. Ze denkt eerst dat het in haar hoofd zit: een projectie van haar eigen verlangen naar gezelschap. Maar hoe langer ze luistert, hoe meer ze ervan overtuigd raakt dat het een echte stem is. Niet maar één stem, nee, het zijn er nu twee. En ze hoort een vreemd geluid, een bonken en schrapen, stuntelig, trommelend. Het klinkt als een melodie en het duurt enkele noten voor ze die herkent. Ze zingen 'La Marseillaise'.

53

New York, september 1986

'Ze zongen het elke week,' vertelde Alice me. 'Het was het meest hoopgevende geluid dat ik ooit heb gehoord. Die zwakke stemmen in samenzang, het gedreun van handpalmen tegen deuren, vuilnisemmers, bedplanken... alles waar je maar tegen kon slaan. De bewakers hadden er een hekel aan omdat ze niet bij machte waren er een eind aan te maken. Ja, ze konden willekeurig straffen uitdelen of degenen er uitpikken die ze als aanstichters zagen. En ze konden iedereen straffen, wat ze ook deden. Maar als alles je ontnomen is, alles behalve de hoop, dan verleent dat je een bepaalde kracht. Wij konden hoop putten uit het zingen van dat lied.

'Ik leerde ook dat er mogelijkheden waren om met andere cellen te communiceren. Ik was me daar niet van bewust geweest tot ik hoog boven mijn hoofd gefluister hoorde. Ik keek door de duisternis omhoog en zag toen dat er een metalen rooster zat. Ik moest mijn bed ontmantelen, de matras dubbelvouwen en erop gaan staan en kwam toen nog niet hoog genoeg. Toch hoorde ik de woorden, zachtjes: een vrouwenstem.' Alice glimlachte. 'Weet je, het was het meest alledaagse en tegelijk meest fantastische gesprek van mijn hele leven. Het was het soort gesprek dat je kunt aanknopen met een onbekende in de trein. "Hoe heet je?" vroeg ze me, en "Hoe ben je hier terechtgekomen?" Het soort vragen dat overal elders onnozel genoemd zou kunnen worden. Maar daarbinnen was het iets wonderlijks om een simpel, normaal gesprek te voeren.

‘Haar naam was Madeleine. Ze was een eenvoudige boerendochter uit de Cevennes, maar ze had moedige dingen gedaan, zoals aan parachutes gedropte voorraden – en soms mensen – binnenhalen. Op een avond was het misgelopen. Ze zei dat het niet eens zo’n belangrijke dropping was: wat basale benodigdheden en een kleine hoeveelheid dynamiet. Ze hadden haar te pakken voordat ze de kans kreeg de cyanidecapsule te gebruiken die de SOE haar gegeven had. Haar broer had de zijne wel in kunnen nemen.’ Alice schudde haar hoofd. ‘Heb je een idee hoe oud ze was?’

Ik schudde mijn hoofd.

‘Zeventien. Ze had nauwelijks scholing gehad en wist weinig van de wereld buiten haar eigen kleine gebied, alleen een instinctief besef van wat juist was, van haar plicht.’

54

Fresnes-gevangenis, oktober 1941

Alice heeft een beeld in haar hoofd van hoe Madeleine eruitziet, al heeft het meisje nooit iets over haar uiterlijk gezegd. Ze stelt zich ernstige donkere ogen voor; een dikke praktische vlecht – het haar van een boerendochter – die over haar ene schouder hangt. Stevige, sterke armen en benen. Misschien ook een vorm van elegantie die ze kon putten uit haar peilloze bron van kracht en karakter.

Ze hoort een vingernagel tegen het rooster tikken: het seintje dat ze hebben afgesproken om aan te geven dat ze iets te zeggen hebben. Het heeft geen zin woorden te verspillen als de ander ligt te slapen, of anderszins buiten bewustzijn is. Ze zijn zuinig op hun stemmen, die hier zwak zijn geworden. Alice klautert omhoog.

'Ik ben er, Madeleine.'

'Ik wilde vragen of je misschien wilt dat ik iemand iets doorgeef.'

'Wie?'

'Iemand hier binnen, in een van de andere cellen.'

Natuurlijk. Eén uitzinnig moment lang had Alice zich voorgesteld dat ze Tom een bericht zou kunnen sturen.

De cellen zijn identiek, allemaal met hetzelfde kleine luchtrooster dicht onder het plafond. Heel even voelt Alice, hoe belachelijk het ook is, een steek van jaloezie dat Madeleine – haar Madeleine – in contact staat met anderen dan zijzelf. Ze heeft ontdekt dat ze aan het eind van een rij cellen moet zitten, omdat er in de andere muur geen rooster zit, omdat er van de andere kant geen geluid komt.

'Ja,' fluistert ze, plotseling geïnspireerd, terug. 'Dat zou fijn zijn. Ik wil een vraag stellen, als dat kan.'

'Wat voor vraag?'

'Ik zou graag willen weten of mijn vrienden Georgette en Étienne hier zijn.' Ze gebruikt hun echte namen zodat ze zullen weten dat de vraag van haar komt. 'Ik wil weten of ze hier zijn en of het goed met hen gaat.'

Het duurt een paar uur voor ze antwoord krijgt. 'Ja,' zegt Madeleine, 'allebei hier. Ze maken het allebei goed, nou ja, in elk geval zo goed als hier te verwachten valt.'

Goed en slecht nieuws. Ze zijn dus toch gevonden. Maar ze leven nog en dat is ook wat waard.

'O, en Alice...?'

'Ja?'

'Georgette laat weten dat dit niet precies is wat ze van het huwelijksleven had verwacht.'

55

Fresnes-gevangenis, november 1942

Ze worden naar buiten geleid, de binnenplaats op, met ongeveer honderd tegelijk. Het is een grauwe, sombere dag, maar ze hebben weken – sommigen zelfs maanden – in duisternis geleefd en het licht doet pijn aan hun ogen. Voor Alice voelt het alsof er een laagje van haar huid is verwijderd en elk zuchtje wind er nog meer afschuurt. Ze is een dier geworden – onderaards, in het duister levend – een hulpeloos, naakt geval. Ze kijkt naar haar medegevangenen met hun grauwe huid en ingezonken ogen, die van een andere soort lijken dan de bewakers die hen flankeren. Voor het eerst ziet Alice Madeleine en ze begrijpt dat Madeleine inderdaad ooit de lieftallige, stevige boerendochter uit haar verbeelding moet zijn geweest. Maar dat is ze nu niet meer.

Eindelijk ziet ze haar vrienden aan de andere kant van de binnenplaats: Georgette, Étienne en zelfs madame Beauclerc. Étienne ziet eruit als een teringlijder. Georgette is zeker twintig kilo afgevallen. Wat Hélène Beauclerc betreft: ze moeten gedacht hebben dat ze iets te vertellen had. Of misschien was haar ondervrager sadistischer dan gewoonlijk. Alice durft nauwelijks naar haar te kijken. Er zit een streepje opgedroogd bloed bij haar mondhoek en haar handen zonder nagels hangen slap en paars langs haar lijf, als bedorven fruit.

Georgette kijkt op en krijgt Alice in het oog. Ze schrikt onwillekeurig en Alice realiseert zich dat ook zijzelf bijna onherkenbaar veranderd moet zijn. Georgette herkent haar in elk geval nog wel en glimlacht.

'Wat is er aan de hand?' hoort Alice een andere gevangene achter haar mompelen. Ze worden naar het midden van de binnenplaats gedreven en dan in twee groepen opgedeeld. Een kleine geüniformeerde vrouw heeft de leiding. Ze maakt snelle aantekeningen op een klembord als iedere gevangene op zijn plaats gaat staan.

'Ik weet het niet,' mompelt een ander terug, 'misschien de kampen.'

'Halt dein Maul!' Zonder verdere waarschuwing komt er een bewaker naar voren, die de tweede man tegen zijn achterhoofd slaat. Hij kreunt en zakt op de grond in elkaar. De snelheid, de kalmte waarmee het gebeurt maakt het hele spektakel des te schokkender. Mensen kijken, proberen niet te kijken. Is hij dood, of alleen maar bewusteloos? Hij beweegt niet en ze zien een natte, donkere vlek onder zijn hoofd. De andere gevangenen moeten over hem heen naar het midden stappen.

Alice ziet Étienne, Hélène en Georgette voor haar. Ze ziet dat Étienne en Hélène naar de ene groep gevangenen worden gestuurd en Georgette naar de andere. Dan is het haar beurt. De vrouw bekijkt haar kort en stuurt haar dan naar de eerste groep.

Er klinkt een schreeuw. Alice weet eerst niet goed waar het geluid vandaan komt. Ze draait zich om en beseft dat het een van de gevangenen in de andere groep is, iemand die plotseling haar stem heeft hervonden. Het geluid doorsnijdt de stilte van de binnenplaats. 'Mijn man!' roept ze. 'Laat me met hem meegaan. Alstublieft.'

Alice realiseert zich geschokt dat de vrouw Georgette is. Ze wacht – en durft nauwelijks te kijken – op een bewaker die haar tegen de grond zal slaan.

Niemand verroert zich echter. De bewakers lijken te zeer verrast door de uitbarsting om erop te reageren.

'Alstublieft.' Iedereen kijkt toe terwijl Georgette zich smekend op haar knieën laat vallen.

De vrouw met het klembord kijkt naar haar en dan weer naar de andere groep, naar Étienne, wiens ogen zich met tranen vullen.

De vrouw haalt haar schouders op. 'Vooruit dan maar.'

Ze gaat voor de groep van Alice en Étienne staan en kijkt aandachtig de voorste rij langs. Ze blijft voor Alice staan, bekijkt haar nog eens van top tot teen en beoordeelt haar op onbekende criteria. Weer haalt ze haar schouders op, kennelijk niet helemaal tevreden over wat ze ziet, maar niet bezorgd genoeg om zich er al te druk om te maken. 'Jij,' zegt ze. 'Ruilen.'

56

New York, september 1986

‘Wat de meesten van ons aannamen,’ zei Alice, ‘was dat we naar de kampen zouden worden gebracht. Dat de twee groepen naar verschillende locaties zouden gaan. Maar dat was niet zo. De ene groep, de groep waarnaar ik was overgeplaatst, ging naar een werkkamp. Wij waren de “fitsten”... die beter in staat zouden zijn te werken. Ik werd aanvankelijk ongeschikt geacht, maar het scheelde kennelijk zo weinig dat ze me lieten ruilen met Georgette. Het gaat om kleine verschillen, begrijp je, onder mensen die wekenlang uitgehongerd opgesloten hebben gezeten.’

‘Wat gebeurde er met de andere groep?’

‘Zij werden meegenomen om in een bos buiten Parijs te worden doodgeschoten.

Ik kon de blik in de ogen van Alice toen ze me over het lot van haar vrienden vertelde niet uit mijn hoofd zetten. Ik had haar zelfs nauwelijks kunnen aankijken. Het verdriet en het schuldgevoel stonden in haar gezicht geëtst, zelfs na al die jaren nog, en in een soort afgezwakte vorm werd het ook mijn verdriet, omdat ik het gevoel had gekregen dat ik hen – via haar – kende.

Tegelijk was ik me bewust van Alice’ kracht. Ze droeg die pijn weliswaar nog steeds met zich mee, zoals ze ook de pijn meedroeg van het verlies – twee keer – van haar dochter, maar ze had zich er niet door kapot laten krijgen. Ik herinnerde me mijn instinct, nadat mam was gestorven, om mijn leven in de wacht te zetten en bij de pakken neer te gaan zitten. Ik was daar bijna niet uit gekomen. Misschien was ik in die situatie blijven hangen als Evie me haar geheim niet had onthuld. Alice had de kracht gevonden om te blijven leven.

Het zette me ook aan het denken: had ik ooit vrienden gehad van wie ik echt hield, zoals Alice van Étienne en Georgette had gehouden? Je had mam natuurlijk – ik had haar altijd als mijn beste vriendin beschouwd – maar als je haar buiten beschouwing liet, luidde het antwoord waarschijnlijk nee. Ik had echt wel vrienden gehad en ik besefte nu hoezeer ik van die middagen in de pub in Goodge Street had genoten, luisterend naar de praatjesmakers van de groep, om hen lachend of hen uitlachend, met een innerlijke warmte die vast niet alleen aan de wijn te danken was geweest.

Ik had hen willen verwijten dat ze te snel hadden opgegeven toen ik na mams dood niet meer kwam opdagen, maar dat was niet helemaal waar. Als iemand die ontwaakte uit een trance herinnerde ik me de onbeantwoorde voicemailberichten, de enveloppen die ik ongeopend had opgeborgen. Ze hadden het geprobeerd en het langer volgehouden dan ik had verwacht. Uiteindelijk was ik alleen achtergebleven, precies zoals ik gepland had. Nu kwam er een gevoel bij me naar boven dat zich niet liet wegdrukken. Ik wilde niet meer alleen zijn.

57

Polen, januari 1943

Hier is het. Dit is de plek die haar doet beseffen dat ze ten dode opgeschreven is. Het zal alleen een langzaam, langdurig wegteren worden in deze woestenij. Ze zal in deze bevroren zwarte aarde worden begraven.

Er zitten hier vrouwen van alle nationaliteiten, zo lijkt het, ook Duitse. Sommige zijn net als Alice politieke gevangenen. Er zijn hier ook andere soorten misdadigers. In Alice' barak zitten twee moordenaressen, een prostituee en een dievegge. Je kunt maar het best geen aandacht trekken. Het is ook van belang om goed op je bezittingen te letten, hoe schamel ze ook mogen zijn. Nooit je schoenen of tandenborstel uit het oog verliezen, hoe nutteloos of kapot ze ook lijken. Alice' schoenen zijn misschien ooit klompen geweest. Nu zijn alleen de zolen nog over, waar een stuk ruwe stof aan vastgespijkerd is om ze op hun plaats te houden. Toch houdt ze ze in haar slaap tegen haar borst gedrukt, want hier zonder schoenen rondlopen, dat is vragen om het langzaam wegrotten van je vlees door bevriezing en gangreen.

Deze plek kent zijn eigen regels, of beter gezegd zijn eigen vorm van chaos. Enkele van de schijnbaar gezondste vrouwen – al is alles relatief – bezwijken als eersten aan de kou, het voedselgebrek of een van de vele epidemieën. Er zijn er ook die eruitzien alsof ze nauwelijks nog kunnen staan, maar die als door een wonder de lange dagen weten te overleven die ze op het bevroren veld moeten werken.

Ze zijn gehuisvest in een kampement dat uit benauwde, smerige barakken bestaat. 'Eerder varkenskotten in de wei,' zegt de prostituee, die Berthe heet, 'dan een plek waar je zou verwachten dat er mensen slapen.' Berthe is klein en fel, met een vaak platvloerse manier van praten. De andere Franse vrouwen zijn op hun hoede voor haar grofgebektheid, maar Alice merkt dat ze die wel leuk vindt. Je felheid behouden is hier geen geringe prestatie, het betekent dat je je vastklampt aan het leven. En Berthe heeft nog iets anders – de stralende donkere ogen, misschien, de gevatte opmerkingen – wat Alice aan Georgette doet denken.

Ze denkt vaak aan Georgette, en aan Étienne. Ze hoopt dat ze erin zijn geslaagd bij elkaar te blijven. Dat je bij degene bent van wie je houdt, moet troost bieden voor het vuil en de kou, de vele grote en kleine vernederingen en het maakt het misschien gemakkelijker om vast te houden aan je menselijkheid.

Alice denkt ook aan Tom. Ze merkt dat ze als ze zich op de details concentreert – de geur van zijn huid; zijn borst tegen haar wang; zijn irissen, zo blauw als het Corsicaanse water; de lange, behendige kunstenaarsvingers – hem makkelijker kan oproepen dan wanneer ze hem meteen in zijn geheel voor zich probeert te zien.

Als ze op haar bed gaat liggen is er geen tijd om hem op te roepen, want ze is altijd zo uitgeput dat de slaap zich onmiddellijk als een zwarte golf over haar uitstort, ongeacht de honger. Maar meteen 's ochtends, als ze voor het ochtendappel op het bevroren veld staat, denkt ze weer aan hem. Elke morgen vallen diverse vrouwen ter plekke neer om nooit meer op te staan. Als ze voelt dat de kou tot diep in haar lijf begint door te dringen, put Alice kracht uit haar herinnering aan de dagen op zonverwarmde stranden, het gevoel van Toms huid tegen de hare.

'Je moet iemand hebben,' fluistert Berthe als ze op een ochtend al vroeg tegenover elkaar op het bed zitten nadat ze wakker zijn geschrokken door het gebulder van geallieerde bommenwerpers. 'Om op te roepen.'

Alice begrijpt het. 'Wie is het voor jou?'

‘Mijn kleine meid, Thais.’

‘Waar is ze?’

Voor het eerst bespeurt Alice onzekerheid bij Berthe. ‘Dat weet ik niet. Ik had tegen haar gezegd dat ze bij problemen naar de dichtstbijzijnde kerk moest gaan.’

‘Ik weet zeker dat ze dat gedaan heeft,’ zegt Alice om haar gerust te stellen. En dan, want dat vraagt ze zich al een poosje af: ‘Waarom zit je hier?’

Berthe glimlacht bitter. ‘Er kwam een kerel naar me toe. Hij vroeg me dingen te doen die ik nooit doe, dus zei ik tegen hem dat dat niet op het menu stond. Toen probeerde hij me te dwingen, dus beet ik hem, hier.’ Ze tikt tegen haar jukbeen. ‘Het bloedde flink,’ voegt ze er met onmiskenbaar plezier aan toe. ‘Hij bleek van de SS te zijn – een Oberführer – en de volgende dag kwamen ze me ophalen. Ik kon niet meer bij Thais kijken, want ze kwamen naar mijn werk.’ Haar ogen zijn zwart in het zwakke licht en knipperen niet.

‘Het gaat vast goed met haar,’ zegt Alice zo overtuigend als ze kan. ‘Vooral als ze op haar moeder lijkt.’

Alice en Berthe werken zij aan zij. Het is hun taak de stenen en keien te verwijderen waarvan de schrale grond vergeven is om de bodem klaar te maken voor toekomstige beplanting. Het idee dat ze verwachten dat hier ook maar iets zal groeien is lachwekkend. Zoals Berthe zegt, ze beginnen vast wanhopig te worden. Ze werken met kapotte schoppen en spaden, met kruiwagens zonder wielen.

Elke dag overleeft weer een handvol vrouwen het martelende appél alleen maar om een paar uur later op de bevroren grond alsnog in elkaar te zakken. Maar het kan kennelijk nog erger. Er gaan geruchten over verwerkingsbedrijven waar de dampen langzaam tot blindheid leiden; over munitiefabrieken in zoutmijnen, waar de chemicaliën in je huid dringen en die geleidelijk wegvreten, waardoor etterende zweren achterblijven die weigeren te genezen. Misschien verdient het de voorkeur in de openlucht, in de natuur te sterven, onder deze eindeloze hemel? Of misschien maakt het uiteindelijk allemaal niets uit.

Ze hebben bevel in volstrekt stilzwijgen te werken en overtredingen kunnen worden bestraft met een dag latrines schoonmaken, of de vloer van de ziekenboeg, wat nog zekerder dan wat ook gelijkstaat aan de dood. Ze zijn echter bedreven geraakt in de kunst van het communiceren zonder te worden betrapt. Het is het risico waard. Alice weet niet hoe ze de dag zou doorkomen zonder.

Als de dichtstbijzijnde bewaker langs de rij is doorgelopen naar het punt dat het verst van hen verwijderd is, fluistert Berthe: 'Wie is het voor jou?'

'Wat bedoel je?'

'Je weet wel, wat Thais voor mij is.'

'O.' Alice weet plotseling niet of ze het wel wil vertellen. Ze heeft het irrationele gevoel dat ze door hier in de bijtende lucht zijn naam te zeggen de zo dierbare herinneringen aan hem misschien zal bezoedelen. Ze kan echter niet anders. Berthe heeft immers ook haar dochters naam genoemd.

'Hij heet Tom.'

'Je minnaar? Ik weet dat hij niet je man kan zijn.'

'Hoezo?'

'Door de manier waarop je zijn naam uitspreekt. Ik heb nog nooit een vrouw ontmoet die de naam van haar man op zo'n manier uitspreekt.'

'Oké. Ja, dat was hij. En ook mijn vriend.'

Ze vervallen in stilzwijgen als de gestalte in uniform weer hun kant op komt. Later komt Berthe op het onderwerp terug.

'Vertel me dan eens over hem, jouw Tom.'

'Het is gecompliceerd.'

Berthe knikte. 'Ik snap gecompliceerd wel.' Ze schenkt haar een vreemde glimlach. 'Ik ben niet altijd een hoer geweest, weet je.'

Allice kijkt haar aan en neemt een besluit als ze beseft dat Berthe het inderdaad zal snappen. Ze is zich er ook van bewust dat dit wellicht haar enige kans is het iemand te vertellen. 'Ik geloof niet dat ik voor hem ooit iemand anders had liefgehad,' zegt ze. 'Wat voor soort liefde dan ook. Misschien hield ik van mijn vader en mijn broer, maar die stierven allebei toen ik nog klein was. Ik weet dat Tom degene is met wie ik mijn leven wil delen als ik hier levend uitkom.'

'Wat is dan het probleem?'

'Er was een kind...'

'Aha,' zegt Berthe veelbetekenend. 'Wilde hij niet dat je het kreeg?'

'Nee, dat was het niet. Hij wist niet dat het van hem was.'

Berthe lijkt niet overtuigd.

Alice kan bijna haar gedachten lezen: je hebt niet wéten en je hebt niet wíllen weten. Ze legt het snel uit. 'Ik had hem verteld dat het van iemand anders was.'

'Hoewel je bijna zeker wist dat het van hem was?'

'Hoewel ik absoluut zeker wist dat het van hem was. Hij was de enige voor me.'

'Waarom? Was je bang voor zijn reactie?'

'Ja, ik denk van wel, maar niet zoals je misschien denkt. Als ik hem de waarheid had verteld, zou hij alles hebben opgegeven – al zijn dromen en ambities – om voor ons te zorgen. Dat had ik mezelf nooit kunnen vergeven.'

'Hij lijkt wel een heilige.'

'Nee, geen heilige. Gewoon een heel goed mens. Toen stierf de baby en was er nog minder reden om het hem te vertellen. Dat dacht ik althans. Maar het feit dat ik het voor hem geheim heb gehouden... maakte het moeilijk om me een gezamenlijke toekomst voor te stellen.'

'Je moet het hem vertellen, weet je,' zegt Berthe. 'Je kunt dergelijke dingen niet stil blijven houden voor degene van wie je houdt.'

'Ik weet het.' En dat ga ik doen, denkt Alice. Als ik dit overleef, zal ik het hem vertellen en dan kunnen we opnieuw beginnen.

58

Polen, november 1943

Om de paar weken arriveert een nieuwe zending vrouwen in het kamp. Meestal zijn er in de tussentijd genoeg gevangenen gestorven om voldoende ruimte te creëren voor de nieuwe toevloed. De nieuwelingen zijn gemakkelijk te herkennen. Ze mogen dan waar ze vandaan komen afgevallen en verwaarloosd zijn, maar ze zijn nooit zo ondervoed, zo grauw, zo van zweren vergeven als de vrouwen die al een tijd hier zijn.

Alice kijkt naar de nieuw aangekomen, die door de poort het kamp in worden gedirigeerd. Aan een van de vrouwen ziet ze iets wat haar doet aarzelen. Als ze wat beter kijkt, besluit ze dat het een gevoel van herkenning is. Dan begrijpt ze het. Het is Marcelette, het knappe kind. Ze ziet er nu heel anders uit. 'Marcelette?' roept Alice ongelovig.

Het meisje schrikt als ze haar ziet en laat haar hoofd met de vette haren hangen. Alice gaat dichterbij om zich ervan te vergewissen. 'Marcelette, ben jij het?' Ze probeert oogcontact te maken, maar Marcelette weigert haar aan te kijken. Alice loopt naar haar toe. Ze pakt haar bij de magere schouders en voelt dat het meisje beeft als een dier in een strik.

'Marcelette, alsjeblieft! Zeg iets tegen me. Ben je ziek?' Ze vraagt zich af of het meisje koorts heeft. Ze heeft over een uitbraak van cholera horen praten. Ze drukt haar hand tegen het voorhoofd van het meisje en verwacht dat het gloeiend heet zal zijn, maar wordt verrast door de koelte ervan. Geen koorts, dus. Toch bibbert het meisje steeds harder. Dan ontsnapt haar een vreselijk gehuil. Dat is echter niet het enige: Alice hoort ook woorden, al zijn ze erg onsamenhangend.

'Ik versta je niet,' zegt Alice zo rustig als ze kan. 'Wat probeer je me te vertellen?'

Marcelettes stem wordt nu heel zacht, bijna minder dan een fluistering. Alice spant zich in en deze keer zijn de woorden niet mis te verstaan: ik was het.

'Wat was...? Alice kijkt weer naar het meisje en dan begrijpt ze het.

Ze gooit het hele verhaal eruit, vreselijk, onvermijdelijk. 'Het was Julien,' zegt ze. 'Ze kwamen naar me toe, ze hadden me door. Ze vertelden dat ze hem ook hadden, maar ze zeiden dat als ik hun namen kon geven...' Haar stem sterft weg.

'Wat, wat zeiden ze?'

'Ze beloofden dat ze hem zouden laten gaan. Ze zouden ons allebei naar de Vrije Zone laten brengen, ons helpen uit Frankrijk weg te gaan.'

Alice kijkt haar vol woede en medelijden aan. 'En geloofde je dat, Marcelette? Dacht je echt dat ze dat zouden doen?'

Het meisje haalt ellendig haar schouders op. 'Ik hield van hem,' zegt ze simpelweg. 'Ik zou alles hebben gedaan wat nodig was.'

59

New York, september 1986

'Ik wil het verder niet meer over die plek hebben. Ik heb er drie jaar van mijn leven gesleten,' zei Alice. 'Het is niet zo dat ik er niet over kan praten, hoor. Het is het feit dat er, alleen maar door over die dingen te praten iets van hun ontaarding terug de wereld in sijpelt. Snap je?'

Ik knikte.

'Mooi zo.'

'Maar, nog één ding, als ik het vragen mag. Hoe hebt u het overleefd?'

'Dat was geen indrukwekkende prestatie, hoor,' zei ze. 'Ik was niet moediger of sterker dan degenen die zijn gestorven. Misschien had ik meer geluk. Dat mijn zweren niet gingen woekeren zoals bij sommigen het geval was. Dat ik pas op het allerlaatst echt ziek werd, toen we op het punt stonden te worden bevrijd. Ze noemen het kaakklem.' Ze zag waarschijnlijk dat ik het niet begreep, want ze lichtte toe: 'Tetanus.'

'Maar ik dacht dat dat fataal was.'

'Vaak wel ja, als het de kans krijgt zich te ontwikkelen. Opnieuw had ik geluk. We waren al bij het Poolse Rode Kruis toen ik symptomen begon te vertonen. De dokters wisten meteen wat het was. Ze hadden genoeg gevallen gezien bij mannen aan het front.'

Het kamp was in januari bevrijd, maar Alice was pas in mei in staat te reizen. Toen ze buiten gevaar was, was ze met een groep anderen naar een boerderij in Zweden gebracht om aan te sterken. 'We logeerden bij een ouder echtpaar. Ze voerden ons room, eieren en vis, dingen die moeilijk te krijgen waren geweest, zelfs toen we weer vrij waren. In het kamp had ik mezelf gekweld met dromen over dergelijke voedingsmiddelen, maar toen ik ze kon krijgen, leken ze zo heftig dat ik ze bijna niet weg kon krijgen. Het echtpaar was heel vriendelijk, maar ik wilde niets anders dan hem gaan zoeken.'

60

Londen, maart 1946

Alice loopt door Upper Street. Ze is zich ervan bewust dat ze een vreemd figuur slaat. Ze is nog niet terug op een gezond gewicht en verdrinkt in de te ruime jurk en mantel – geschenken van haar Zweedse gastheer- en vrouw. Haar huid is grauw, haar haar dun en slap. Ze is nooit ijdel geweest, maar vermijdt het nu toch naar haar spiegelbeeld in de etalageruiten te kijken.

Overal om zich heen ziet ze het bewijs van de bombardementen. Gapende kraters waaruit de wind verpulverde specie meevoert. Maar er wordt weer gebouwd en mannen gaan het puin te lijf met schoppen en pikhouwelen. Alice versnelt haar pas. Ze wil niet stilstaan bij de mogelijkheid dat Toms huis in puin zou kunnen liggen.

De deur wordt opengedaan door Rosa. Ze is het zonder twijfel: de ver uit elkaar staande blauwe ogen, de kin met het grappige deukje en zelfs het fijne donkerblonde haar, dat is allemaal niet veranderd. Vergetend hoezeer ze zelf is veranderd wacht Alice op een blijk van herkenning van haar kant. Die komt er niet.

'Kan ik u helpen?' vraagt Rosa.

'Is Thomas Stafford hier?'

Rosa schudt haar hoofd. 'Nee, ik vrees van niet. Hij zit op Corsica. Waar gaat het over?'

Alice weet niet precies waarom ze het doet. Misschien is het de vernedering van niet te worden herkend, het besef van hoezeer ze moet zijn veranderd. Of misschien komt het doordat ze zich niet langer Alice Eversley voelt, alsof ze de laatste restjes van de persoon die ze voorheen was in dat kamp heeft afgeschud.

'Mijn naam is Célia,' zegt ze. 'Ik ben een vriendin van Tom. Ik wilde vragen...' Ze hapert. Wat wil ze eigenlijk precies weten? 'Ik wilde vragen... of het goed met hem gaat?'

Alice voelt Rosa's nieuwsgierige blik op haar gericht. 'Wilt u misschien binnenkomen voor een kopje thee?'

Als ze samen aan de keukentafel zitten en Rosa het gezicht van Alice aan een nauwkeuriger onderzoek heeft onderworpen, zegt ze: 'Neem me niet kwalijk, maar hoe zei u ook weer dat u heette?'

'Célia.'

'Want weet u, nu ik u nog eens bekijk zou ik bijna kunnen zweren...' Ze schudt haar hoofd. 'Het zal wel gewoon een gelijkenis zijn. U doet me denken aan iemand die ik lang geleden heb gekend. Kijk eens,' zegt ze terwijl ze een cake tussen hen in op de tafel zet. 'Kan ik een plakje aanbieden? Ik hoop dat u het me niet kwalijk neemt dat ik het zeg, maar u ziet eruit alsof u het wel kunt gebruiken.'

Alice kijkt omlaag naar zichzelf. Het is nog steeds een schok als ze dat doet en het frêle figuur van een vreemde ziet: de sterk vermagerde ledematen en de platte borst; het lichaam van een oude vrouw. 'Ja,' zegt ze, 'ik ben ziek geweest.'

'Dus u komt voor Tom.' Rosa neemt een hapje van haar cake. Terwijl ze kauwt, ziet Alice het kuiltje in haar ronde wangen tevoorschijn komen, precies zoals toen ze klein was. Alice had dat kleine detail destijds fascinerend gevonden. Rosa had altijd al een expressief gezicht gehad en het kuiltje had in Alice' ogen altijd haar emoties verraden.

'Ja,' zegt ze wanneer Rosa opkijkt en haar ziet staren.

'Waar zei u dat u hem van kende?'

Alice denkt snel na. 'Uit... New York. We hebben elkaar in New York ontmoet.'

'Aha. Het gaat goed met hem, gelukkig wel. Hij had wat granaatscherven in zijn been – in het scheenbeen – maar hij is goed hersteld. Hij was echter niet helemaal zichzelf toen hij terugkwam uit Frankrijk.' Zachter vervolgt Rosa: 'Mijn vader had destijds wat... problemen na de vorige oorlog, dus we waren op het ergste voorbereid.'

Alice doet haar best om vriendelijke bezorgdheid uit te stralen – zoals een kennis dat zou doen – zonder iets van haar echte bezorgdheid om Tom te laten merken.

'Maar het lijkt allemaal vanzelf in orde te zijn gekomen. Hij is naar Corsica vertrokken. Ik geloof dat hij daar voor de oorlog wat tijd had doorgebracht.'

Alice wil haar jas en tas al pakken. Corsica. Ze had kunnen weten dat hij daarheen terug zou keren.

'En,' zegt Rosa opgewekt, 'hij schijnt nota bene te zijn getrouwd. Ma was gekwetst dat we niet uitgenodigd waren, maar gezien de omstandigheden neem ik aan...' ze zwijgt en kijkt Alice aan. 'Maar, mevrouw, is er iets?'

61

New York, september 1986

'Ik weet niet wat me ertoe bracht te liegen,' zei Alice tegen me. 'Of het nou een of ander instinct tot zelfbehoud was, of een idee van wat ik wellicht zou ontdekken, ik weet het niet. Maar ik was uiteindelijk blij dat ik haar niet de waarheid had verteld.

Dus je ziet, ik was te laat terug in Londen.' Ze zei het luchtig, maar ik kon me alleen maar proberen voor te stellen hoe vreselijk moeilijk het geweest moest zijn, tot de ontdekking te komen dat de man van wie je hield al met een ander getrouwd was.

Moest ik haar vertellen dat hij haar was gaan zoeken? Ik wist het niet. En voor ik een besluit kon nemen ging zij verder en was de gelegenheid voorbij.

'Mijn volgende bezoek,' zei ze, 'was aan het adres in Hampstead dat Sophie me had gegeven, het adres van haar vrienden. Toen ik daar aankwam, ontdekte ik dat de De Rosiers nooit waren gearriveerd. Ik had de hele oorlog gedacht dat ze veilig in Engeland waren, maar ze hadden Frankrijk nooit verlaten.

Achteraf gezien kan ik gemakkelijk zeggen dat ze te lang hadden gewacht. Ze hadden niet de juiste papieren, wat ook voor problemen gezorgd zou hebben, maar ze hadden ook gewoon pech. Het laatste telegram dat Sophies nicht van hen kreeg, meldde dat ze bij een hotel in Montoire waren gestopt om te overnachten. Terwijl ze sliepen was alle brandstof uit de tank van hun auto gestolen, waardoor ze te voet verder zouden moeten.

Dat telegram was het laatste wat iemand nog van hen heeft gehoord.'

'Dat is vreselijk.' Zelfs terwijl ik die woorden uitsprak, was ik me ervan bewust hoe hopeloos inadequaat ze klonken. 'Wat was er met de kinderen gebeurd?'

'Die waren godzijdank wel in Engeland aangekomen, dankzij Sophies voorzorgsmaatregel om hen vooruit te sturen. Ik was zo blij hen te zien dat ik begon te huilen. Marguerite heeft me later wel eens verteld dat ze me aanvankelijk niet herkende, uitgemergeld en veranderd als ik was, dus dat moet er angstaanjagend voor hen hebben uitgezien.'

'Marguerite?'

'Ach ja, je hebt Marguerite ontmoet, dat was ik vergeten. Ze is de dochter van Sophie. Ze lijkt zo sterk op haar moeder dat ik soms maar moeilijk kan geloven dat het niet Sophie is die ik zie, ook al is ze nu ouder dan haar moeder was toen ik die kende.

Toen tante Margaret niet lang na de oorlog overleed, liet ze me nogal wat geld na. Ik wilde het in eerste instantie niet aannemen. Ik was namelijk in mijn leven het gelukkigst geweest toen ik op mijn armst was. Ik zag niet in hoe geld mijn lot zou kunnen verbeteren. Maar toen realiseerde ik me wat ik ermee kon doen. Ik kon het me veroorloven Marguerite en haar broer Antoine te onderhouden en dus werd ik hun voogd. Ik hield toch al bijna zoveel van hen alsof ze van mij waren.

Dus gingen we gedrieën terug naar Parijs. We wisten niet waar we anders heen hadden gemoeten, het was ons thuis. Bovendien moesten we wel terug, anders zou het zijn alsof ze ons ook dat hadden afgenomen.'

Alice glimlachte en ik kon zien hoe moe ze was, al was ze ongetwijfeld niet van plan dat toe te geven. Ik zou zelf zeggen dat ik moest gaan.

'Kom je morgen naar de galerie?'

'Ja, dat lijkt me erg leuk.'

'Mooi zo.' Ze leek erg blij.

Op weg terug naar de metro kon ik de rampzalige reis die ze naar Islington had gemaakt, alleen maar om er achter te komen dat de man van wie ze hield voor altijd voor haar verloren was, niet uit mijn gedachten zetten. En daarna naar Hampstead... Ik voelde me – het is moeilijk uit te leggen – door haar verdriet besmet, alsof ik erdoor bezeten was. Ik wilde Oliver bellen om er met hem over te praten. Ik aarzelde bij een telefooncel, rekende het tijdsverschil uit. Ik realiseerde me dat het in Frankrijk heel vroeg in de ochtend zou zijn, dus ik liep door.

Terug in mijn hotelkamer dacht ik aan Oliver en ik besefte dat ik sinds zijn laatste korte berichtje niets meer van hem had gehoord. Realiseerde hij zich, nu we niet bij elkaar waren, dat het allemaal toch te snel voor hem was gegaan? Begon hij te twijfelen? Ik niet, zei ik bij mezelf. Ik voel geen enkele twijfel. Maar is dat genoeg?

62

New York, september 1986

De galerie was in een zijstraat van East 64th Street. Ik weet niet precies wat ik verwacht had, maar het gebouw was veel plechtstatiger dan ik me had kunnen indenken. Mijn eerste gedachte was dat het wel een grote witte, niet-kerkelijke tempel leek. Prachtig en ontroerend in zijn zuiverheid.

Alice wachtte op me in de lounge, een indrukwekkend, zonverlicht atrium. Ze droeg een van haar karakteristieke kleurige zijden sjaals en haar witte haar leek de kleuren bijna te weerkaatsen. Ze was blij, dacht ik, maar er was nog iets anders. Met enige verbazing realiseerde ik me dat ze nerveus leek.

Het licht in het atrium was heel bijzonder, alsof het werd gefilterd door de nevel van een waterval, en ik realiseerde me dat het effect het gevolg was van de grote glazen panelen die het omringden. Ik had nog nooit zulke glas-in-loodramen gezien, in een abstract dessin van groene en blauwe, op bladeren lijkende vormen.

Alice volgde mijn blik. 'In Zuid-Frankrijk in een plaats die Vence heet, staat een kapel. De Chapelle de Rosaire. Matisse heeft die ontworpen met soortgelijke ramen als deze. Toen ik die bezocht, vond ik het de vredigste plek waar ik ooit was geweest. Zoiets wilde ik hier ook. Ik wilde dat de mensen van de drukke, vuile straat naar binnen zouden komen en hier een toevluchtsoord zouden vinden. Een zuivering, zo je wilt, van hun dagelijkse beslommeringen, voordat ze zouden doorlopen om de kunst te gaan bekijken. Dus heb ik

Matisse gevraagd deze voor me te maken. Ik geloof dat het werkt, jij niet?'

Ik knikte. 'Jazeker.' Matisse, dacht ik. Henri Matisse heeft ze voor haar gemaakt.

We gingen door naar de volgende verdieping. Er was geen trap, alleen een cirkelvormige gang die geleidelijk omhoogging. Het was een doordeweekse ochtend, maar het was al aardig druk in de galerie en veel van de bezoekers leken studenten die zaten te schetsen en aantekeningen te maken.

Alice wees naar een lange rij banken tegen een muur. 'Die heb ik laten plaatsen zodat mensen kunnen gaan zitten om te tekenen of gewoon te kijken. Ik vind dat er nooit genoeg zitplaatsen zijn in galeries om ontspannen te gaan zitten kijken. Ik wil niet dat de vreugde van de mensen over het zien van de werken wordt getemperd door rugpijn of vermoeidheid.'

Ze noemde namen terwijl we langs de kunstwerken liepen: 'Epstein, Stafford, O'Keeffe, Miller, Stafford, Newman, Still, Stafford, Stafford...' Ze draaide zich glimlachend naar me om. 'Herken je een patroon?' Ze was niet zachter gaan praten en sommige studenten keken op toen ze voorbij kwam met gezichtsuitdrukkingen variërend van geamuseerdheid tot irritatie. 'Ze denken dat ik een of ander gek oud mens ben,' zei ze vergenoegd.

Bij elk stuk van Stafford stapte ik naar voren om het beter te bekijken. Er hingen diverse stukken uit de serie van New York bij nacht waar hij het over had gehad, de kleuren licht vlekkerig alsof je door de regen heen keek. Taferelen van Corsica vanuit het Maison du Vente, taferelen die ik zo goed kende en die Alice, zo realiseerde ik me, niet noodzakelijkerwijs ook uit de eerste hand kende. Dat besef zette me aan het denken.

Alice spoorde me aan door te lopen. 'We zullen naar mijn werkkamer gaan, dan kunnen we rustig praten.'

Het was minder een werkkamer dan een elegant ingerichte salon en er was nergens een bureau te zien, alleen een grote glazen tafel in het midden, bezaaid met boeken en met twee leunstoelen erbij.

Nog meer boeken stonden op planken die de hele lengte en breedte van een muur overspanden. De ramen in de buitenmuur waren van hetzelfde blauw-groene glas in lood als het atrium. De andere twee muren hingen vol kunstwerken.

Het waren grotendeels eenvoudige monochrome studies in potlood, inkt en houtskool. Allemaal van Stafford. Sommige waren van New York, maar veel stamden uit een eerdere periode zoals bleek uit de handgeschreven jaartallen.

'Ze zijn allemaal van hem.' Ik liep langs de muur en bestudeerde ze stuk voor stuk. Eentje sprong eruit omdat het een aquarel was: een uitzicht op de Grain de Sable met op de voorgrond de witte veeg van een jachtzeil. *Bonifacio, 1939* las ik en ik begreep waarom ze dit doek hier had gehouden. Dit was een uitzicht dat ze waarschijnlijk zelf had gezien.

'Bijna,' zei Alice, 'maar niet helemaal.' Ik volgde haar blik en plotseling zag ik het, pal in het midden waar ik er daarvoor op de een of andere manier overheen had gekeken. Ik moest twee keer kijken voor ik het helemaal zeker wist.

'Dat is er een van mij,' zei ik. Het was er een uit de serie die ik van mam had gemaakt – blootsvoets, opzwepend in de bewegingen – voor mijn afstudeerexpositie.

Ze knikte. 'Het was mijn lievelingsfoto. Ik kon niet uit Londen vertrekken zonder die foto.'

Al die jaren, dacht ik, al die jaren waarin we van niets wisten, was er toch iets van mam en mij hier bij Alice geweest.

Daarna vond ik een serie van een jonge vrouw die ik nu onmiddellijk herkende: op een Corsicaans strand gezeten, in een restaurant aan de kade, achter in een kleine boot. 'Dit bent u, op al deze schilderijen.'

'Ja, ik denk van wel. Het is egoïstisch van me om ze hier bij me te houden. Ik weet dat ze op een dag gedeeld zullen moeten worden, maar sommige lijken bijna te intiem voor de ogen van vreemden. In elk geval zolang ik nog leef. Als ik er niet meer ben – wat niet heel lang meer kan duren – dan is de tijd er rijp voor, denk ik.' Ze zei het filosofisch, alsof ze er goed over nagedacht had. 'Voor nu houd ik ze hier om me aan haar te herinneren, aan het meisje dat ik was. Soms vergeet ik gemakkelijk dat zij en ik dezelfde persoon zijn. Ondanks al haar onvolkomenheden – de zelfzuchtigheid, de naïviteit – wil ik me haar toch blijven herinneren.' Alice lachte. 'Misschien ben ik inderdaad wel een gek oud mens.'

'Nee,' zei ik. 'Stafford – Tom – zei iets soortgelijks. Dat hij soms niet kon geloven dat hij ooit die jongeman is geweest... de persoon die deze heeft gemaakt. En dat hij andere keren niet begreep hoe het kon dat hij hem niet meer was, dat hij plotseling oud was geworden.'

Ze keek naar me op en ik moest mijn ogen neerslaan, omdat de hare zich hadden gevuld met tranen.

'Het spijt me,' zei ze. 'Ik breng je in verlegenheid. Het is gewoon... nou ja, voor mij zal hij altijd die jongeman blijven. Ik neem aan dat het voor hem hetzelfde is...

'Vind je het mooi?' vroeg ze plotseling.

'Wat?' vroeg ik, in de war.

'De galerie.'

'Jazeker, het is nog veel mooier dan ik had gedacht.'

'Ik heb echt geluk gehad dat ik dit kon doen.'

'Hoe is u dat gelukt?' vroeg ik, bedenkend hoeveel het gebouw alleen al moest hebben gekost.

Ze glimlachte. 'Tante Margaret. Ze liet me een groot deel van haar fortuin na toen ze stierf. De rest ging naar haar favoriete projecten, naar kunstenaars die nog niet de kost konden verdienen met hun werk. De kunstwereld stortte zich in rouw. Een aantal prominente figuren schreef over de invloed die zij op hun carrière had gehad. Zoals je misschien al hebt geraden was Tom er daar een van.'

Haar stem haperde even toen ze zijn naam uitsprak.

'Het leek juist om het geld dat ze me had nagelaten in kunst te investeren. Ik had het gevoel dat ze dat goedgekeurd zou hebben. Eerst kwam de galerie in Parijs. Ik kocht het oude Dupré-museum. De oude monsieur Dupré was gelukkig naar zijn dochter op het platteland vertrokken nadat Georgette en Étienne waren opgepakt. De Duitsers waren het museum binnengedrongen en hadden alles vernield of geroofd. Alles van waarde namen ze mee. De rest werd kapotgegooid en -geslagen of verbrand.

'In het begin waren de herinneringen zo pijnlijk dat ik niet wist of ik mijn plan kon doorzetten. Zelfs nu, na al die jaren, kan ik niet de kelder ingaan zonder hen daar slapend in elkaars armen te zien liggen. Uiteindelijk leek het echter de juiste optie, de enige optie. Ik denk graag dat ze blij zouden zijn geweest met wat ik heb gedaan.

'Het eerste stuk dat ik daar ophing was de tekening die ik je adoptiegrootmoeder heb gestuurd. Ik had hem teruggevonden in een pakhuis vol stukken die de moffen hadden buitgemaakt. Een van de vele dingen die ze Sophie hadden afgenomen.'

Wat Alice daarna zei, kwam als een verrassing: 'Ik zou nooit meer van iemand houden, niet zoals ik van Tom had gehouden,' vertelde ze me, 'maar dat wil niet zeggen dat ik in de jaren die volgden geen minnaars heb gehad. Velen van hen zijn vrienden voor het leven geworden. Allemaal fantastische mannen, op hun eigen manier, al waren ze niet die ene persoon die ze nooit zouden kunnen vervangen.'

Ik moet geschokt hebben gekeken, want ze glimlachte en zei heel zachtaardig: 'Ik zeg dat niet om je in verlegenheid te brengen. Ik wil gewoon niet dat je me als een slachtoffer ziet, als iemand die ophield te leven toen ik degene verloor van wie ik hield. Het zou vreselijk en egoïstisch zijn geweest dat te doen nadat ik iets had overleefd wat zo velen het leven had gekost. Op veel manieren is mijn leven net een grootboek geweest van verloren en gevonden voorwerpen. Verloren: de liefde; gevonden: onafhankelijkheid. Verloren: een dochter; gevonden: een kleindochter.'

Ik voelde iets in me aanzwellen, een gevoel van pijn bijna... maar wel pijn van het goede soort.

'Ik maakte in 1939 een bepaalde keus,' zei ze, 'al had ik niet kunnen weten wat de consequenties zouden zijn. Ik weet dat mijn leven heel anders zou zijn verlopen als ik na dat weekend op Corsica met hem mee was gegaan. Het is moeilijk – uiteraard – om niet te blijven stilstaan bij wat had kunnen zijn en daar moet ik me tegen verzetten.' Ze zweeg even. 'Dat wil niet zeggen dat ik sindsdien niet elke dag aan hem heb gedacht. Het verzamelen van zijn werk was mijn manier om met hem verbonden te blijven.'

Ik vroeg haar iets wat me al een poosje intrigeerde: 'Hield u uw nieuwe naam zodat hij niet zou weten dat u het was?'

'Het was meegenomen, al was dat niet de belangrijkste reden. Er was zo veel gebeurd dat ik onmogelijk weer Alice Eversley kon worden. Célia was mijn manier om een nieuw leven te beginnen, een manier van overleven, zou je kunnen zeggen. Ik wist vanaf het begin dat de galerie niet mijn naam zou dragen. Het zou de Galerie De Rosier worden.'

Deze keer kon ik het niet nalaten het te vragen. 'Wist u dat Tom u was komen zoeken na de oorlog? Dat hij madame Fourrier had gesproken en dat zij dacht dat u dood was?'

Ze schudde haar hoofd. 'Ze heeft wel iets gezegd, maar het was te laat. Hij was al getrouwd.'

'U hebt niet...' Ik wist dat ik het niet hoorde te vragen, maar een of ander duiveltje in me dwong me door te gaan. 'U hebt niet overwogen naar Corsica te gaan om hem te zoeken?'

Ze wendde haar zilveren blik niet af. 'Ik was te laat. Misschien wist ik het zelfs al voordat ik met Rosa had gepraat. Of misschien zelfs al voor de oorlog, toen ik ervoor koos in Parijs te blijven. In een ander leven was het misschien anders gelopen. Of als ik een andere persoon was geweest, zou ik met Tom zijn meegegaan toen hij me dat vroeg. Dan zou ik uit Frankrijk zijn vertrokken toen het nog kon.

'Maar ik was die andere persoon niet. Ik was mezelf.' Ze glimlachte naar me. 'Ik begrijp wat je wilt, Kate. Je wilt een liefdesgeschiedenis. Maar zie je, dit is wat ik je kan geven. Het gaat gewoon niet altijd precies zoals men het zou hebben geschreven. Je zou kunnen zeggen dat onze generatie niet gezegend was met veel happy ends.'

Naschrift, 2014

Alice leefde nog een jaar. Ze overleed in de herfst van 1987. Julia zei dat het was begonnen als een hardnekkige verkoudheid die maar niet over wilde gaan. Ze weigerde naar het ziekenhuis te gaan, zelfs op het laatst, en stond erop elke dag naar de galerie te worden gebracht, tot ze te ziek was om nog uit bed te komen.

Je zou kunnen zeggen dat het verdriet dat ik voelde buiten proporties was voor de korte tijd dat ik haar had gekend, maar ik vind van niet. We waren immers al geen volstrekte vreemden voor elkaar voordat ik haar voor het eerst ontmoette, of zelfs voordat Stafford me over haar vertelde. Er waren zoveel dingen – haar sterke karakter, haar schoonheid, haar moed – waarin ze net als mijn moeder was. En ik hoop dat ze in sommige dingen ook een beetje was zoals ik.

Ze liet me bijna alles na wat ze van Staffords werk had, ook de stukken die ze voor zichzelf had gehouden, in haar werkkamer in de galerie. In het begin wist ik niet wat ik moest doen. Maar toen herinnerde ik me dat ze had gezegd dat ze hoopte dat ze ooit met de wereld gedeeld zouden kunnen worden. Diverse stukken hangen nu in de National Portrait Gallery in Londen, hoewel de Galerie De Rosier het leeuwendeel in de collectie heeft.

Dan was er nog de studie die Stafford van mij had gemaakt. Hij liet me die zien toen ik weer op bezoek ging en ik begreep toen wat hij had gezien toen we elkaar voor het eerst ontmoetten. Ernaar kijken bezorgde me hartzeer, want het was alsof ik behalve mijn eigen gezicht nog twee andere zag, die me allebei heel dierbaar waren.

Toen Stafford vroeg of hij het nog een poosje mocht houden, stemde ik toe. Ik had immers nooit het gevoel gehad dat het aan mij toebehoorde.

Het vreemde is dat het na Alice' dood in haar appartement werd aangetroffen, naast de foto van mam die ik haar had gestuurd. Maar iets weerhield me ervan Stafford ernaar te vragen. Toen we de studie een paar weken later opnieuw inlijstten voor de expositie, ontdekte ik een envelop tussen het perkament en de rug: een vreemde plek voor zoiets. Hij was geadresseerd aan mejuffrouw Alice Eversley, per adres het museum. De brief die erbij moet hebben gehoord is nooit gevonden. Het is bijna alsof Alice hem heeft meegenomen toen ze ging.

Stafford is er ook niet meer. Hoewel ik, als Oliver en ik naar het Maison du Vente gaan, wat vaak gebeurt, altijd voel dat hij daar ergens is, net buiten het zicht. Beneden op het strand, misschien, of in het zwembad. De vloeren en muren van het atelier zitten nog steeds onder de verfspetters in alle mogelijke kleuren en bij een bepaalde lichtval glimt de verf alsof die nog nat is en dan moet ik glimlachen.

Epiloog

De twee tekeningen hangen nu naast elkaar. Als je er snel langsloopt, zou je kunnen denken dat ze van dezelfde vrouw zijn. Bij nadere inspectie wordt duidelijk dat dat niet het geval is. Er is een zekere gelijkenis tussen de beide gezichten, maar die is eerder familiaal dan identiek. Het zijn de gezichtsuitdrukkingen die bijna griezelig gelijk zijn. Beide vrouwen dragen een blik van licht ongeloof, alsof ze zich niet prettig voelen bij het idee van zichzelf als muze. Hun blik is ook onderzoekend, hij vraagt iets van degenen die naar hen kijken. De stille en geduldige passiviteit van andere modellen is niets voor hen. Je voelt dat hun aandacht elk moment kan worden afgeleid, gevestigd op iets dringenders en verleidelijkers buiten de grenzen van het papier.

Vreemd genoeg zullen de meeste kijkers geneigd zijn dat allemaal al op te merken voordat hun de brede kloof tussen de twee jaartallen opvalt: 1929 en 1986. Bijna een mensenleven.

Dankwoord

Ik wil graag mijn dank betuigen aan iedereen die me heeft aangemoedigd tijdens het schrijven van *Het boek van gevonden voorwerpen* en heeft geholpen het de wereld in te sturen. Zonder de volgende mensen was dit boek nooit meer dan een slecht opgemaakt Word-bestand op mijn laptop geworden. Daarom veel dank aan:

Cathryn Summerhayes, voor je briljante agentschap, je eindeloze steun en het feit dat je zo verschrikkelijk leuk bent om mee samen te werken. Ik ben dolblij dat ik jou aan m'n kant heb.

Dorian Karchmar, Annemarie Blumenhagen, Siobhan O'Neill en Ashley Fox, voor al jullie wijsheid, adviezen, geduld en intelligentie.

Kim Young, omdat jij *Het boek van gevonden voorwerpen* al in het prille begin in je hart sloot en precies begreep waar ik naartoe wilde... en omdat je na vijf keer lezen nog steeds van dit boek houdt! Ook dank aan Laura Tisdel en Jennifer Lambert, omdat jullie samen met Kim een driedelige bron van internationale redactionele wijsheid vormen (en die wijsheid altijd even tactvol weten over te brengen), waardoor het boek zoveel sterker is geworden.

Het team bij HarperCollins: Ann Bisell – pr-wonder (en voorvechter van de zedigheid) –, Charlotte Brabbin, Sarah Benton, Claire Palmer, Heike Schuessler (de creatieve drijvende kracht achter het omslagontwerp), Katie Sadler, Charlotte Dolan en Thalia Suzama.

Het team bij Little, Brown: Terry Adams (met een extra bedankje voor het feit dat je je hart aan Corsica hebt verloren!), Fiona Brown,

Miriam Parker, Reagan Arthur en Carina Guiterman.

Het team van HarperCollins Canada: Iris Tupholme, Cory Beatty, Michael Guy-Haddock, Rob Firing en Colleen Clarke.

Sherise Hobbs en Clare Foss, voor alle opbeurende lunches en onovertroffen insidersadviezen.

Mark Lucas, omdat je zo'n fantastische mentor bent.

Richard Charkin, omdat je me al die jaren geleden hebt aangemoedigd om te gaan schrijven. Ik ben je advies niet vergeten!

Mijn lieve ouders, Sue en Patrick Foley, voor de achtentwintig jaar liefde en aanmoediging die jullie me hebben gegeven – en voor alle jaren die nog komen. Jullie hebben me altijd het gevoel gegeven dat ik alles kon doen wat ik maar wilde. Ook dank aan Kate en Robbie, voor al het plezier dat jullie in mijn leven brengen (en de inspiratie voor de spelletjes die Alice en Tom op het strand spelen!). En dank aan de voltallige familie (Foleys, Colleys, Simmonds, Allens, O'Flynns en Crofts!) voor al jullie steun.

Mijn lieve Alex, want zonder jouw geduld en wijsheid had ik dit boek nooit voltooid, laat staan gepubliceerd. Dank je wel voor al die lange zondagen samen in de kroeg waarop ik mezelf gek zat te maken over continuïteitsfouten en zinsconstructies. Dank je wel dat je mijn proeflezer, cheerleader en meesterstrateeg wilde zijn. Ik hou van je.

De jonge fotografe Kate is kapot va[...]
moeder Jane, een weeskind dat uitgr[...]
ballerina. Terwijl Kate rouwt, wil ze ni[...]
hebben, behalve Evie, de adoptiemoed[...]
als een oma voor Kate is [...]

Als Evie onthult dat ze meer van Janes [...] ooit heeft willen toegeven, besluit Kate op zoek te gaan naar een familiegeschiedenis die ze voorgoed verloren had gewaand. Ze stuit op een tragisch liefdesverhaal van twee mensen die door omstandigheden van elkaar werden gescheiden – en die in tijden van oorlog, politiek tumult en armoede altijd van elkaar bleven houden.

'Wat een superdebuut: op en top romantisch en heerlijk om te lezen.' ***Daily Mail***

© Tommy Clarke

Lucy Foley (1986) woont in Londen en is redacteur bij een uitgeverij. *Het boek van gevonden voorwerpen* is haar debuut. Momenteel werkt ze aan haar tweede roman.

Best of Romance

Ga naar bestofromance
voor inspirerende boekentips

WWW.BOEKERIJ.NL
ISBN 978-90-225-8099-8
9 789022 580998
NUR 302